全球乡村：野心、远见和胆识

关于乡村可持续旅游和乡村再生产

邵颖萍等 著

本书为南京市青年文化英才培养资助项目
『文旅融合创新研究博士工作站』（第一期）成果

南京出版社
南京出版传媒集团

图书在版编目（CIP）数据

全球乡村：野心、远见和胆识：关于乡村可持续旅游和乡村再生产 / 邵颖萍等著. -- 南京：南京出版社, 2025. 5. -- ISBN 978-7-5533-5399-9

Ⅰ. F592.3

中国国家版本馆CIP数据核字第2025RV5537号

书　　名　全球乡村：野心、远见和胆识——关于乡村可持续旅游和乡村再生产
作　　者　邵颖萍等
出版发行　南京出版传媒集团
　　　　　　南　京　出　版　社
社　　址　南京市玄武区太平门街53号
邮　　编　210016
联系电话　025-83283873、83283864（营销）　025-83112257（编务）

策划统筹　徐　智　张静阳
责任编辑　徐　智
装帧设计　赵海玥
责任印制　杨福彬

印　　刷　南京爱德印刷有限公司
开　　本　787 毫米 × 1092 毫米　1/16
印　　张　26.5
字　　数　364千字
版　　次　2025年5月第 1 版
印　　次　2025年5月第 1 次印刷
书　　号　ISBN 978-7-5533-5399-9
定　　价　70.00 元

序

一个人生存在世界上，是要有一点精神的。这个精神就是对人生理想的追求和人生价值的持续创造——在追求个体生命价值与生活价值过程中，追求为社会做出更多的奉献，追求创造一个完美的人生……虽然，理想不一定能全部实现，但是追求的过程本身就是一种人生的存在意义。——这是我和本书的作者也是我的学生在曾经的一次关于人生理想类型的对话时，本书作者如是说。

2025 年 3 月底写这一篇《序》是有重要意义的，或许我会在相关的文章中做出说明。

作者是我的学生，所以被邀请为其出版的系列学术研究成果写一篇序，我欣欣然接受。我认为，要想解释和说明一本书的学术价值和对经济社会的应用价值，至少应该从对作者的学术研究经历和相关研究成果的了解开始。

我从事教育工作 40 余年，指导硕士和博士生 30 多年，韩愈“弟子不必不如师，师不必贤于弟子”这句话从未忘怀过，并将此作为我培养硕士生和博士生的一种理念。老师的职责就是“传道”“授业”“解惑”，而“闻道有先后，术业有专攻，如是而已”。韩愈还说：“无贵无贱，无长无少，道之所存，师之所存也。”老师之所以称为老师，就是要带领学生追求真理，追求学术真谛，追求学术创新，追求创造人生价值……董仲舒在《春秋繁露》中说：“治身者以积精为宝，治国者以积贤为道。”育人与治国之道同理，教师也必须以“积贤为道”，培养出有理想、有道德、有才华、有创新能力的学生，并能够让德才兼备的人会聚在自己的门下。所以，我对我门下的硕士生和博士生都不止一次地说过：在你的研究领域一定要超过导师[①]。我可以肯定地说，我的很多学生在很多方面都已经超过导师，至少我是这样认为的。

我是在南京大学社会学院讲授“城市社会学”专业课时认识作者的，我的“城市社会学”这门课，每年都是在大四上半学期开始上的。城市社会学课堂非常强调、注重实践与田野调查和对社会问题能够提出解决方案，所以要求听课的同学要通过实地调研来完成课堂和期末作业，很多同学非常积极地参与，唯独作者选择了一个有风险的课题，去河南省的一个艾滋病山村做田野调查，这在当时是一个重点社会问题，她了解了很多鲜为人知的事情。另外，为了解城市社会中很多人未知的一种城市文化——城市寺院文化，作者在南京鸡鸣寺住了多天，研究寺院里喜怒哀乐的生活日常……她能够从某一个社会问题和社会存在的侧面剖析现代人的存在方式和文化价值的选择，从中提出并理解了城市社会学的概念和范畴——“城市社会的异质性特质”，等等。从中可见作者对城市研究和城市社会学研究的兴趣。

我能够观察到，在读书阶段，作者在寻求自我成长、自我发展和自我塑造中，主动追求复合型的人生价值，既对学术研究有追求——城市社会学研究、城乡规划研究、文旅融合规划研究、区域经济与产业规划研究、城乡发展战略研究、民宿经济文化研究以及相关其他经济、社会和文化领域社会问题研究等，同时，还在个体人生的发展中，主动追求和创造职业生涯与学术生涯的融合特色——在自己的理想追求上做出了很多努力，不断建构一个追求相对完美人生的过程……当然，正如作者自己谈到的，也是我们共同认识的：“事实上生活中不存在真正完美的人生，完美人生只存在于追求完美的过程之中。”

本书作者是副研究员，担任南京大学城市科学院院长助理、江苏省扬子

---

① 张鸿雁，等.城市社会学新论［M］.南京：南京大学出版社，2023：前言.

江创新型城市研究院理事长、南京市文旅融合创新研究博士工作站负责人，是教育部 MTA（旅游管理专业学位研究生）水平评估行业专家、全国旅游民宿等级评定和复核专家，多年来获得了很多荣誉，如江苏省第六期“333 高层次人才培养工程”第三层次培养对象、江苏省产业教授（研究生导师类）、南京市宣传文化系统“五个一批”人才、南京市中青年拔尖人才等，还要特别提出的是，作者还是一个规划设计咨询团队的创始人和带头人。

和我的许多优秀学生一样，作者是一个既充满激情又能踏踏实实做研究和做实事的青年人。她是 2005 年开始在南京大学读的本科，后来硕博连读，毕业后，本以为她会寻求留在高校或科研院所工作，因为在硕士和博士学习期间，她发表过多篇学术论文，我也知道有关高校和社会科学研究机构已经答应录用她去工作，但她最终还是选择了自己的生活方式与工作方式——多面人生的追求与创造：一面从事理论与学术研究；一面在高校兼职担任硕士指导老师；一面又从事城乡规划、文旅规划、区域经济规划和产业发展规划等，同时还选择了一个丰富多彩的创新、创业的奋斗人生。经过多年的努力，她已经率领自己创建的规划设计团队在南京、在江苏、在全国很多省市地方留下规划设计成果，如她自己所说：追求把优秀的作品写在祖国大地上。

在南京大学学习期间，作者受到了很好的社会学、城市社会学、城市文化学、城市经济学、社会学调查方法和城市规划学（作者专门到南京大学城市规划系进修听课）等方面的教育和训练，加上自己的努力，表现出一种敢于探索的精神。作者从本科四年级起开始参与学校和导师的多种多样的科研项目，特别是在攻读博士学位期间，作者跟随导师参加了教育部重大攻关课题、国家级哲学社会科学重大课题、省级重大课题、市县的发展战略研究课题以及众多横向学术课题和企业委托课题。值得重点提出的是，在参与国家和省市重大课题时，作者已经能够独立完成重要篇章和独立发表相关学术文章，并将之贯彻到之后的学习、工作和创业发展的过程中。15 年来，作者参与“我国东部发达地区率先基本实现现代化的理论与实践研究（项目编号

11&ZD001）”“特色文化城市研究(项目编号:12&ZD029)”等国家课题5项，主持并参与“文旅消费监测及指标创新研究”“促进文化旅游深度融合 推动旅游业高质量发展”“长江国家文化公园江苏段打造世界级文化和旅游目的地研究”等省市课题20余项，出版《落脚乡村与民宿经济——莫干山特色文化重构》等4本著作，在《社会》《南京社会科学》《城市问题》《江苏社会科学》等期刊发表20余篇学术论文，并且获得江苏省政府哲学社会科学一等奖（合作）和三等奖（独作）、“中国余天休社会学优秀博士论文奖”提名奖、江苏省旅游规划一等奖、江苏省旅游优秀著作奖一等奖等荣誉。

作者是苏州人，自带苏州人典型的温雅且自信的气质，也经常自诩是受惠于苏州这座城市给的“文化胎教”，大多数苏州人笃信“腹有诗书气自华”的人生态度。在我教学生涯的40多年里，我的门下获得博士学位的有70多人，获得硕士学位的有100多人。上课时，我经常反复地讲芝加哥城市社会学派的案例，反复地告诉我的硕士生和博士生，我会像芝加哥城市社会学派创始人帕克那样，做调查研究，要带领学生走遍所在城市的角角落落，而事实上，我和我的学生们已经尽力像芝加哥城市社会学派那样，一起走遍了南京城市的角角落落，并追求一起创造“南京城市社会学派”、创造“金陵派文化”……我可以肯定地说，我的硕士生和博士生特别是那些跟我硕博连读的学生们，他（她）们跟随我走遍了南京的山山水水、大街小巷，甚至有些社区的家家户户……在南京，幕府山、聚宝山、栖霞山、青龙山、无想山、游子山、外秦淮河、中山陵、莫愁湖、熙南里、创意东八区、阅江楼片区、玄武湖、鼓楼区的36个社区、江宁区所有的街道、高淳区桠溪国际慢城等都有作者参与或主持规划调研的足迹，这个足迹逐渐在扩大，后来，她走出南京，走向江苏省13个地级市，走向全国。在湖北蕲春、浙江奉化、河南老君山、吉林长白山、辽宁城子山、河北唐山、北京怀柔等都有作者主持并带团队完成的项目。

或许是在南京读书的原因，作者对南京有着特别的偏爱，因为从本科、硕士到博士，作者都是在南京大学度过的，青春年华的最好时光就是学生时代。

作者认为，南京和苏州有相似的一面：古老、诗意并有经典的城市街巷旧事；当然也有不同的一面：不同的时空、不同的世事、不同的诗话、不同的人和不同的“城南旧事”……特别是那六朝文化所体现的经典的奢华历史所创造的文化底蕴，为未来南京能够伟大创造了深厚的文化土壤……作者在和我谈论书稿的形成过程时还说过：“在南京，我和许多在南京求学的青年学子一样，成为南京故事的演绎者，既是看客，也是舞者，更是主人，并把自己的荣耀与南京城市的荣耀联系起来。”

2012 年底，作者在读书的阶段，就创建了一个规划设计咨询团队。之后，作者带领团队中的硕士、博士和有高级职称的规划师、策划师们，在做学术研究项目的同时，有很多策划、规划和设计项目得到实施和落地。作者带领团队研究起草《江苏省关于贯彻落实国家文化数字化战略的实施意见》《江苏省乡村旅游民宿集聚区建设指南（试行）》《江苏省旅游风情小镇评价办法》《江苏省文化产业示范基地评价标准（试行）》等多项省市文件和标准，服务国家对外文化贸易基地、国家全域旅游示范区、国家级文化产业和旅游产业融合发展示范区、国家级文化产业示范园区、文化产业赋能乡村振兴国家试点、国家甲级旅游民宿等多项国家级品牌创建，主持参与《吉林省城市更新研究》《吉林省肉牛／梅花鹿全产业链算力设计和品牌策划》《苏州市“十四五”文化和旅游融合发展规划》《盐城市城市文旅高质量发展总体研究》《南通市城市旅游形象与旅游文化资本发展研究》《泰州市打造城市硬核、塑造都市功能对策研究》《南京市玄武湖—紫金山区域历史文脉梳理研究》《洛阳市栾川县老君山入口处总体策划和首开区方案设计》《浙江奉化雪窦山总体策划与概念设计》《南京秦淮区文商旅融合战略研究》《南京江宁区全域旅游发展模式建构》《南京建邺区文化旅游发展总体规划》《溧阳市天目湖国家级旅游度假区战略规划》《盐城建湖淮剧小镇总体策划与顾问指导》等城乡规划、文旅融合、乡村振兴、景区建设各类研究课题和项目 300 余项，这些项目有很多已经成为经典案例，有的受到省市的表彰。

我之所以介绍作者的相关成果和学术研究经历，旨在说明，作者对城乡规划、文旅融合规划、城市发展战略规划、产业规划及相关的学术研究是有很好的理论素养和实践基础的。

本系列成果是作者从2022年担任“南京市文旅融合创新研究博士站”负责人期间主持完成，并转化为学术研究和应用研究成果的。这一系列研究成果最显著的特点：一是系列成果是作者在以往主持的众多规划设计项目研究实践的基础上完成的；二是系列成果既注重理论与政策研究，也注重理论与实践结合、策划与规划结合、方略与方案结合、战略与战术结合，具有现实的应用性；三是系列成果所提供的实践案例，有很大一部分是作者主持或者参与规划设计的项目和研究课题，这些研究方法和内容是对成果作为“原创作品”的一种塑造，也是对这一系列成果理论实践与应用价值的一种注脚。

我和我的学生们长期研究城市和乡村问题，谨此，用2019年我发表于《探索与争鸣》的文章《网络社会视域下的全球城市理论反思与重构》中的一个段落（反思二：全球城市“社会秩序支配功能”弱化：从“全球城市”到“全球乡村”）作为本序言的一部分，来阐述我们对于“全球乡村”这一议题的基本观点，想来也是合适的。

在全球社会网络一体化理论认知视角下，全球城市在经济领域的高度集中和节点控制功能正在发生某种改变，其最突出的是金融中心高度集聚功能的某种改变。美国学者马克·戈特迪纳等对萨森的“全球城市控制功能”概念也提出了诸多质疑：他认为现代全球网络社会的智能化发展，在一定意义上使金融中心“完全脱离了特定城市中金融活动的中心化”，譬如证券交易商协会自动报价系统（NASDAQ）已经成为世界第四大股票市场。与纽约、伦敦或东京的交易所不同，NASDAQ缺少交易场地（应该翻译为“不需要交易场地”——笔者），而是通过电话和光纤电缆将世界50万商人联系起来。与此类似，巴黎、比利时、西班牙、多伦多等近期都废止了场地，金融从业者的“股东可以处于任何地方”[①]。他还认为“全球城市的命题在许多城市案例中总是会被简单化”，因为“新兴的信息经济，以及对各类型的电子通讯的加速使用，即具有去中心化的反向趋势，又为包括多中心的区域增长在内的新中心的发展提供了支持”。这里强调了“去中心化”和“新中心”的发生，新的网络社会科技的繁荣和全球网络一体化，改变的不仅仅是相关理论；还包括改变着人们对世界认知和改造的手段，从广泛的意义上同时获取信息，又以全球远距离管理控制工作的方式，既改变了工作岗位的空间区位定义，也改变了工作时间的定义，还改变了就业关系和企业组织形式。最近在“中国信息化百人会”的“网络经济和网络企业”高层论坛上，卡斯特在演讲中说：“全球化经济的另一个层面是金融市场，金融市场遍布全球，所有的东西都是放在金融的大云当中。而这个云是在以光速不停移动，货币与货币之间，国家与国家之间快速的流动实现了货币价值的最大化。”[②] 抑或可以说，全球城市之所以称为全球城市，其核心价值就是在全球流通中对金融流通的主导性控制，在以往的全球城市理论中，哪个城市成为全球意义上的金融中心，哪个城市必然是全球城市，虽然目前仍然是如此，但是内在已发生了明显变化，特别是“全球网络一体化金融”和金融网络化的发展大大超出了人类的预期，给人类带来惊喜的同时伴生社会发展的意外。“伴随着许多次级活动被数字化和去中心化……在过去的 10 年中，伦敦已经见证了金融服务业岗位的大幅缩减。这些岗位将由商业服务的增加所弥补。”显然，中国金融业务岗位的缩减更加明显。更值得深思的是，马克·戈特迪纳还认为，“伦敦经济中的 60% 的就业岗位要指望地方和国家而非全球市场需求。所以，认为金融交易

---

① 马克·戈特迪纳，莱斯利·巴德. 城市研究核心概念［M］. 邵文实，译. 南京：江苏教育出版社，2013：51.

② 参见曼纽尔·卡斯特在中国信息化百人会上的发言，“网络经济有五个相互关联的维度，中国需更加关注技术创新”，由中国信息化协会秘书处发布于2019年3月4日。

活动需要那种可形成在‘全球城市’中心街区聚焦的同类型的面对面的互动，这种假设现在有可能被高估了”[①]。他们对全球城市金融中心的控制能力与价值的怀疑是直截了当的，现代网络社会带来的工作方式革命，正在检验、校正全球城市的功能与价值，其变革率先出在金融领域并不是偶然的，中国现实生活中普遍的非货币化倾向——穷乡僻壤也可以用手机付费，则从一个侧面反映了这一变化。

丹尼尔·贝尔在《后工业社会来临》一书中曾这样描述后现代社会的城市：“一个大规模的社会的特点不在于巨大的人口数量”，“过去是通过大量的城市集中，今天是通过大规模的通讯交往，一个大规模社会的特征才显示出来”[②]。从过去的“大量的城市集中”到今天的“大规模的通讯交往”反映的是网络社会的结构性特征，“无定位城市区域正以一套复杂的社会和经济网络体系取代实际上的中心城市。迅捷的交通使设址于中心地带沦为一种选择而不是必须，新的西部城市将采取更为松散、开放的格局”[③]。这一观点始于上个世纪的70年代，1977年出版的《延伸的城市——西方文明中的城市形态学》作者万斯，描述未来新型城市是没有中心、没有明确定位的。未来城市将是“无顶、无底、无形、无际……随机的、迷乱的、未加计划”的。“它的郊区是‘不定型的’，它是一个‘强烈进取的有机体’。”越来越多的城市发展表现了全球城市价值链中高端环节的控制功能，并直接参与了“全球产业新文化分工”。现实的国际经济体系已经不仅仅是国家之间的竞合关系，

① 马克·戈特迪纳，莱斯利·巴德. 城市研究核心概念［M］. 邵文实，译. 南京：江苏教育出版社，2013：51.

② 转引自安东尼·吉登斯. 失控的世界［M］. 周红云，译. 南昌：江西人民出版社，2001：8。

③ 卡尔·艾博特. 大城市边疆——当代美国西部城市［M］. 王旭，译. 北京：商务印书馆，1998：135. 詹姆斯·万斯. 旧金山海湾地区的地理与城市的演化［M］. 伯克利：加利福尼亚大学，政府研究所，1964. 梅尔文·韦伯，等. 关于城市结构的探索［M］. 费城：宾夕法尼亚大学出版社，1964：79－153.

在某种意义上也是由城市价值链相互联系或由相互贸易依赖形成结盟关系的各种共同体之间的竞合关系，全球构成了以“要素经济为纽带”的全球网络社会体系，“全球秩序控制节点”可能、可以发生在任何大城市，也可能、可以发生在任何中小城市或任何地点。所谓全球网络一体化在某种意义上是包含网络与智能技术、金融与人才市场、国际贸易与跨国生产，以及某种程度的科技和专业劳动在内的“泛全球化分工”，即除了全球城市以外，某个村庄、某个有技能的个体也能够参与全球分工并创造新的控制节点。全球化网络社会体系使经济系统互动可以在全球各层次相互跨界连接，无中心化趋势是网络时代的一个结晶和时代财富，具有不可抗拒性和中心地点的模糊性，正在“创造着一个崭新的、全球性的社会结构”①，这个“全球性的社会结构”是全球网络社会嬗变的结果，并带来“功能均质化”和中心定位无序化。金融中心在网络上的“区位熵”随时随地可再造，甚至出人预料。网络社会的金融集聚促成了新中心结构并在任何地点都可以发生，虽然这种成长不是极端型的某一空间的发展，但在网络社会已经产生新的功能。长期研究网络社会的曼纽尔·卡斯特对网络社会带来的全球城市变化又有了新的认识，他用网络经济五个相关联的维度说明全球城市功能与价值体系的变化。第一，网络经济是全球性的，“网络经济是基于全球的金融、生产、消费、商务、科学、技术和创新的网络”。全球主要的研究型大学，有 90% 都是在欧美国家②。全球研发比例有 75% 都集中在欧美的企业和组织当中。这决定了发展速度和科学技术设施的发展状况。比较相关的数据我们知道，全球研究型大学、全

① 曼纽尔·卡斯特. 网络社会的崛起［M］. 夏铸久，王志弘，等译. 北京：社会科学文献出版社，2003：120. 莱斯特·瑟罗. 资本主义的未来：当今各种经济力量如何塑造未来世界［M］. 周晓钟，译. 北京：中国社会科学出版社，1998：112. 尼葛洛庞帝. 数字化生存［M］. 胡泳，范海燕，译. 海口：海南出版社，1997：213－214.

② 参见曼纽尔·卡斯特在中国信息化百人会上的发言，“网络经济有五个相互关联的维度，中国需更加关注技术创新”，由中国信息化协会秘书处发布于2019年3月4日。

球研发中心是全球城市发展“文化动力因”之一，甚至具有某种因果关系，有了这样的内生动力和创新机制，才使得纽约、伦敦、巴黎、柏林和苏黎世等城市成为全球经济秩序的控制节点。第二，是全球信息运用的竞争性，以及引入创新用于生产和流程中的能力。第三，是网络经济会创造新的组织结构，又叫网络体验。第四，体现在工作流程上：劳动力就业现在已经变得越来越具灵活性。第五，是知识和信息的不平等分配。显然，他的第五条观点已经有些过时，网络社会的最大价值在于“知识和信息可以平等获取”，因知识和信息不是“被分配的”，只要你愿意或在一个公平的社会机制内就可以随时随地获取知识和信息，这也是动摇全球城市垄断基石的根本原因所在。总结卡斯特的观点可以理解为：建构城市内在发展的能动性、创造性和自觉性，应该是全球城市研究的重点所在。

全球网络社会智能化为全球化城市竞争创造了高速轨道，一方面迫使城市发展、竞争必须强化自身特色，寻找差异化定位；另一方面又在创造多中心和多元化网络集聚模式，建构广域化“长尾蓝海市场”，其结果孕育、催生了国际化意义上“全球乡村”的产生！它与“全球城市”概念构成一对范畴，表现了全球化多中心、多节点、多样态、多极化和去中心化的趋势，全球网络中心节点发生的模糊化和具有不可抗拒性的结果，反证了“全球乡村”发生的必然性。正如吉登斯所说，“全球化不仅产生向上的拉力，而且也产生向下的拉力，给地方独立带来了新的压力”[①]。而这个新的压力集中体现在：“人类历史上第一次出现了任何东西都可以在世界上任何地方生产并销售到世界各地的现象。”[②]这一现象带来的结果是，任何地方都可以产生新的经济要素集聚与扩散高地。全球社会网络化在建构“全球性的社会结构”——在传统

---

① 安东尼·吉登斯. 失控的世界［M］. 周红云，译. 南昌：江西人民出版社，2001：8.

② 莱斯特·瑟罗. 资本主义的未来：当今各种经济力量如何塑造未来世界［M］. 周晓钟，译. 北京：中国社会科学出版社，1998：112.

城市化即农村人口向城市流动的图景下，如今浩荡的“全球乡村”重构或者说在“再地方化”的图景中，全球化网络化将城乡关系嵌入更加复杂的社会背景之中，处于全球关系网络节点位置的乡村与城市一样，以“地方网络行动者的身份”参与全球网络社会的生产分工，这一时代的回响超过任何时候！“网络社会好比摆在我们面前的城建用地，邀请我们设计和建设比特之城（即21世纪的都市）……这将是一个不依附于地球上任一确定地点而存在的城市，其格局不取决于交通的便利和土地的有用性，而受互联性与带宽程度的制约。”① 以网络身份参与全球分工的“乡村行动者”业已产生结果，在此仅举三例：一是全球范围“国际慢城文化”在中国乡村中的建设推广②；二是浙江莫干山“洋家乐”文化的兴起；三是“全球化乡村样板”、全球网络社会一体化的经济范式——中国淘宝村的崛起。2018年，全国淘宝村数量有3202个，年销售总额超过2200亿元。2018年，被概念化为“全球乡村”的徐州沙集镇淘宝村销售额达110亿元，其下辖东风村1180户4849人，3000多家淘宝网店，销售总额为33亿元。一个村庄的网络集聚成为全球范围某种商品流通的“全球节点”，网络社会没有形成以前，这类“全球节点”一定是产生在大城市里，而现在可以产生在偏远的乡村里。信手拈来的案例还有很多，比如，广东省狮山镇有30多家500强企业，产值超过千亿元；江苏省玉山镇产值达650亿元；江苏省张家港市永联村，2017年销售收入超过700亿元；等等。很多特色产业小镇的特色产业甚至“垄断”了全球市场，如小提琴、钢卷尺、游泳衣、淡水珍珠……

“全球乡村”节点控制功能有如下特征：一是控制着某类商品信息和价

---

① 威廉·J. 米切尔. 比特之城·空间·场所·信息高速公路［M］. 范海燕，胡泳，译. 北京：生活·读书·新知三联书店，1999：25.

② 笔者主持制定了中国第一个国际慢城的《南京桠溪国际慢城的概念规划与策划》（2011年），目前南京桠溪国际慢城已经成为国际慢城中国总部，是全球化乡村的一个样板。

格指数；二是控制着经济领域某些产业的成长、发展和商品的全球流通广度，在某种程度上控制着某一类产品的产量、价格和品质；三是控制着市场和商品未来的发展方向，如产品创新的功能和属性等；这些就是“全球乡村”在“全球城市”面前的价值与意义。甚至可以说，一方面，在全球新产业分工中，“全球乡村”的“网络行动者”正在分担和分化全球城市的某些功能；另一方面，其也在补充和优化全球城市结构性功能的不足。我们认同卡斯特的观点：“我们社会中主要支配性过程都连接在网络里，这些网络连接了不同的地方，并且生产财富、处理信息以及制造权力的层级，分配每个地方特定角色和权力，而这最终决定了每个地域的命运。”① “全球乡村”使处于区域中心位置的全球城市正在被重新定义，淘宝村的口号是“我们在买世界和卖世界”，一个淘宝村可以定义和定位为全球市场，参与全球的产业分工，这也是网络社会条件下“全球乡村”价值之所在。“全球乡村”在某些方面业已产生了与“全球城市”相对应的价值与功能，虽然还处在发展阶段，但是某些产业和行业在全球流通中的“依赖与控制”功能已经显见，“全球乡村”已经成为参与全球城市分工的一个结构化的空间节点和全球城市价值链的一个关键环节。

从城市社会学视角看，“全球乡村”正在重新定义全球城市化与全球城市文明普及率的内涵，城市化就是城市生活方式的普及化。比如，浙江德清的“洋家乐”作为一种特殊的经济文化载体，在深山的村落群里自发形成国际化的“洋家乐”民宿群（散落在十几个村落），通过全球网络直接与世界联通，莫干山周边村庄已经成为国际知名的创业、就业、研学和休闲的“全球化乡村”，可以全球预订并拥有统一品牌、商标、网站、微信账号和整体对外营销形象。在村庄里，既有巴黎人、首尔人和开普敦人开的“洋家乐”，也有中国的上海人、北京人和南京人开的“洋家乐”，一面改变、引导乡村

---

① 曼纽尔·卡斯特. 网络社会的崛起［M］. 夏铸久，王志弘，等译. 北京：社会科学文献出版社，2003：509.

人的生活方式；一面传递、创造城市文明，构建有特色的“全球化乡村”的生活方式。深山民宿的夜晚有来自世界各地的创客和游客聚会，是一个典型的“克里奥耳化”的地方——“全球本地化的另一个同义词就是克里奥耳化，克里奥耳这个术语一般指混种的人，但它已被延伸到‘语言的克里奥耳化’这一概念……”其更深刻的意义是，网络社会使全球不同的文化可以在偏远的乡村相遇，并创造一种“全球化与本地化融合的空间”。下面的例子或许可以用来说明这两个概念以及全球本地化的概念：“坐在伦敦（或‘洋家乐’——笔者）的一家星巴克咖啡店里（现在，它们在那里非常普遍了），伴随美国‘海滩男孩’乐队的演唱‘但愿她们都是加利福尼亚姑娘’，喝着一位阿尔及利亚的侍者送上来的意大利浓咖啡。”[①] 这样的乡村，融合着全世界，一面在创造网络社会时代的城市文明生活方式，一面在创造与世界一体化同步的全球化乡村节点。

全球网络社会改变着“全球城市”，也在建构着“全球乡村”，因应时代召唤，中国淘宝村给我们很多启示：经济增长要素的“集聚与扩散”，已经不以“集中与分散”的方式展开，传统实体空间区位价值正在被新的“网络区位空间”所替代，在全球范围展开——去中心化是一种新的经济革命。用淘宝村村主任的话说：“网络世界让我们在全球范围内随时随地面对面工作与沟通，而不需要到大城市中心去。”

一个青年学者主张一方面“用生命赞美城市”——这是作者团队的文化精神理念；另一方面也主张“用脚丈量城市和乡村”，并以追求创造每一座城市、每一个城镇和每一个乡村的美好未来为己任——这些是难能可贵的，也是老师应该向学生学习的一面。

祝作者和她的团队，能够继续用脚丈量祖国大地，用心为城市与乡村社

---

① 乔治·里茨尔. 虚无的全球化［M］. 王云桥，宋兴无，译. 上海：上海译文出版社，2006：110.

会规划美好生活。

我在写这篇《序》的时候，作者在病房里改书稿……

我多么愿意在这里说：向那些勇于追求理想的青年学子致敬！

世界是属于青年人的，特别是属于那些不断追求的青年人！

张鸿雁

2025 年 4 月 26 日于慎独斋

目　录

第一章
乡村的全球性在场：新范式、新机制与新文明实验

长期以来，我们对于融入世界体系的小社区类型并没有充分地关注。然而，随着地方社区通过数字平台、生态资源和文化资本与全球发生高频互动，这种被忽视的空间正逐步获得战略性再定位。当意大利“慢城”联盟将阿尔卑斯山麓的葡萄园变为全球中产的疗愈圣地，当莫干山的夯土墙民宿在 Airbnb 上获得比巴黎公寓更高的溢价评分，当肯尼亚马赛牧民通过区块链售卖碳汇额度——这些看似矛盾的场景，正悄然重构着全球化叙事的地理坐标。乡村不再是被动承受现代化冲击的“剩余空间”，而是成为技术、资本与文化多重网络中的活跃节点。这种“全球性在场”①的转向，标志着人类正在突破“城市 = 现代性，乡村 = 传统性”的认知枷锁，开启文明演化的新实验场。

在经典发展主义理论叙事中，乡村始终扮演着双重他者角色：既是现代化进程需要改造的对象，又是都市文明投射乡愁的镜像。这种认知范式在 21 世纪遭遇根本性质疑。Sassen 于 1991 年提出的“全球城市”理论遭遇“全球乡村”（Global Countryside）实践的反向解构：云南咖啡农通过星巴克 CAFE Practices 标准直连纽约交易所，景德镇陶工借力 NFT 拍卖重塑全球陶瓷定价

① MORETTI M，BELLIGGIANO A，GRANDO S，et al. Characterizing value chains' contribution to resilient and sustainable development in European mountain areas [J]. Journal of rural studies，2023.

权——乡村正以生产者、创新者而非原料供应者的身份，嵌入全球价值链的高端环节。这种身份转换的背后，是数字技术对空间层级的消解，更是生态危机下人类对可持续发展路径的集体反思。

“全球乡村”的崛起，本质上是现代性危机的创造性回应。当气候变化迫使人类重新审视“增长至上”逻辑，当数字平台消弭了城乡信息势差，当文化消费从同质化转向在地性追寻，乡村因其生态冗余度、文化异质性和制度弹性，成为新文明形态的孵化器。**乡村的全球性在场，既非对城市文明的简单模仿，也非对传统农耕文化的怀旧复辟，而是在生态临界点上展开的文明范式创新。当乡村从现代化的客体转变为重构全球关系的主体，**我们或许正在见证一个多样化的未来——地方性与全球性、传统智慧与技术革命、生态约束与人类发展，将在新的维度上达成辩证和解。这不仅是地理空间的再定位，更是人类文明认知框架的自我超越。

一、“全球乡村”：一个新概念的提出

全球化浪潮正深刻改变着世界各地的乡村社会经济结构和发展路径。在传统观念中，乡村常被视为封闭落后的代名词，一度被认为可充当“全球化避风港”——与快速变化的城市相比，乡村仿佛能保留纯粹的地方文化与慢节奏生活。然而，这种将乡村隔绝于全球化之外的想象早已难以成立[①]。自20世纪下半叶以来，交通运输网络和信息通信技术的进步加剧了“时空压缩”，全球要素流动的加速使曾经偏远的乡村地区也日益融入世界体系。当代乡村并非全球化的局外人，而是被卷入复杂的跨境网络之中，其土地、劳动力、资本和文化都与世界其他地区发生着前所未有的关联。

---

① WOODS M. Engaging the global countryside：globalization，hybridity and the reconstitution of rural place［J］. Progress in human geography，2007，31（4）：485-507.

1. 乡村研究的时代嬗变：乡村在全球体系中的角色

20 世纪中叶之前，在城市化迅猛发展的同时，全球范围内的乡村正面临着普遍性的衰退。在“城市导向”的主流价值取向中，现代主义立场的乡村研究转而对乡村共同体的社会病理性问题更加关注，倾向于把乡村变迁描述为侵入的外来者叠加原住民而产生的阶层冲突[①]或者强调低等级的乡村文化需要被高等级的城市文明掌管或接替[②]，甚至表达了乡村社会在对抗城市化、工业化和全球化冲击时的斗争是无用且毫无希望的[③]——相对于城市无论在规模还是在权力上的扩张，乡村被视为被边缘的、被驱逐的，甚至应当被牺牲的。20 世纪中叶开始，伴随着农业社会向工业社会的转型，世界范围内关于乡村改革的探索呈现出从局部突破到整体推动、从技术改进到制度革新的燎原之势，日本的“造町（村）运动”和村镇综合建设规划、韩国的“新村运动”、德国的“乡村更新规划”、英国的“乡村中心居民点规划”、法国的“农村整顿”、美国的“示范城市计划”、瑞典的“农家人”合作社、加拿大的“农协伙伴计划”、印度的“乡村综合开发运动”——没有一个乡村的繁荣和振兴是轻而易举的[④]。这些国家和地区对于乡村振兴的探索和努力逐渐展现出新的发展方向，即不再将乡村的人口、资源、产业局限于本地循环，而是放置于“城乡交换”和“全球流动”的双重视野之中。随着世界经济一体化进程的深入，城乡联系日益增强，两者的相互作用不再被简单地理解为“此消彼长”，而是你中有我、我中有你的“相互渗透”：我们看到乡村的日常世界，

---

① CLOKE P，THRIFT N. Class and change in rural Britain［M］//Rural restructuring. London：Routledge，2023：165-181.

② SHUBIN S. The changing nature of rurality and rural studies in Russia［J］. Journal of rural studies，2006，22（4）：422-440.

③ MURDOCH J，PRATT A C. Rural studies：modernism，postmodernism and the ‘post-rural’［J］. Journal of rural studies，1993，9（4）：411-427.

④ 邵颖萍. 落脚乡村与民宿经济——莫干山特色文化重构［M］. 南京：江苏凤凰教育出版社，2019：4-5.

无论是生产链条、生活场景还是关系网络，不仅包含现代化的转向，也包含全球化的渗透——各种全球要素正通过商品、资本、人才和信息流动深刻重塑乡村的面貌。

在经济交换上：从跨境电商平台的普及到农资市场的全球定价机制，乡村不再是封闭的生产与消费空间，而是被嵌入全球商品流通和价格体系中的多维节点。乡村提供大量初级产品和原材料（如农产品、矿产品、手工制品），构成全球产业链的重要环节；与此同时，乡村日常生活所需的食品、日用品与技术设备越来越多地依赖于跨国供应体系，形成绵延万里的消费路径。在此过程中，乡村的市场结构、生产逻辑与消费行为也在悄然被全球力量重塑。

在土地投资上：在全球资本与国家政策双重作用下，土地不再只是地方性的生产资料或生活空间，而成为可以配置的资源与可预期的资产。一方面，通过乡村土地整治、流转与开发，外部资本以农业、旅游、地产、能源等多种形式进入乡村，重塑土地使用方式与空间结构；另一方面，这一过程也带来了土地权属的再分配与利益格局的重构，使土地成为连接地方与全球、公共与私人之间复杂博弈的关键节点。

在社会变迁上：乡村既是传统文化与生活方式的保存地，同时也深受全球文化流动与人口迁移的影响。外来人口（如旅游者、返乡创业者、“候鸟式”居住人群）的持续进入与本地人口的外出（如打工移民、留学生、城市移居者）交织共存，打破了原有的社会结构与认同边界。新型社区关系、流动性身份以及“他者视角”下的乡村再想象逐步浮现，使得乡村成为地方性与全球性、稳定性与流动性并置的社会空间。

上述种种事实充分表明：全球化正通过不同方式影响着乡村地区，而乡村也并非全球化的旁观者，而是在地理上嵌入并参与着全球化进程的意义空间。过去的研究往往聚焦“全球城市”对于全球经济的控制力，而忽视了乡村的作用和角色——探索全球化如何塑造乡村，以及乡村如何回应全球化，具有重要的理论与实践意义。

2.“全球乡村”的内涵特征：关注自下而上的地方力量

“全球乡村”是近年来兴起的一个学术概念，用以描述那些通过参与全球经济、社会、文化联系而重构自身发展轨迹的乡村社区。2007 年，英国地理学者迈克尔·伍兹（Michael Woods）在《人文地理学进展》发表论文，系统阐述了“全球乡村”的概念内涵，旨在将之作为“全球城市”的对应物来理解乡村的全球化。伍兹指出，传统上地理学将注意力集中于像纽约、伦敦这样的“全球城市”，但实际上全球化同样在悄然改造乡村空间。他将“全球乡村”描述为一种理论上的理想类型，运用“混杂”与“组装”的概念刻画乡村全球化过程，认为乡村地方的重构源自本地和全球要素的交织[①]。具体而言，全球化过程为乡村带来新的全球互联网络，这些网络与原有的本地社会结构交织缠绕，形成“混杂组装”（hybrid assemblages）的地方实体 。外来资本、资讯、文化等元素与本地要素不断融合，催生出具有地方特色又深度连接全球的社会经济形态。伍兹强调，在这一过程中，地方性并未消亡：“全球化的经历会改变乡村地方，但从未根除地方性。”[②]地方性在全球化浪潮中并未被吞没，而是在与全球力量的互动中不断被重构。例如，在欧洲和中国的乡村发展案例中，地方对全球要素进行了有选择的吸纳与重组，形成了“地方性重组”（locality reconstitution）和“创造性乡土”（creative ruralities）等表现形式[③]。需要指出，伍兹在提出“全球乡村”概念时也强调，它是一种“未完成的进行时”。换言之，迄今尚无任何乡村完全达到类似“全球城市”那般彻底全球化的程度；“全球乡村”更多的是一个渐进演变的过

① WOODS M. Engaging the global countryside：globalization，hybridity and the reconstitution of rural place[J]. Progress in human geography，2007，31（4）：485-507.

② WOODS M. Regions engaging globalization：a typology of regional responses in rural Europe[J]. Journal of rural and community development，2013，8（3）.

③ WOODS M，MCDONAGH J. Rural Europe and the world：globalization and rural development[J]. European countryside，2011，3（1）：1-18.

程，而非静态。各地乡村融入全球网络的程度不同，表现出参差多样的形态，不同乡村在全球化过程中会呈现出独特的经历和结果。伍兹进一步指出，全球化并非自上而下地完全主导乡村的进程，本地社会具有一定的能动性，可以在一定程度上塑造、调适全球化带来的影响①。例如，一些乡村社区通过集体行动、制度创新来争取在全球价值链中的有利地位，体现了“在地化”的反作用力。这种视角打破了过去那种将乡村简单视作全球化受害者或旁观者的成见 。

伍兹对于“全球乡村”的观照更多地强调乡村在全球脉络中被赋予新的功能和意义，并不是指乡村变成城市或失去乡村特性——这种本地与全球相互渗透的主张，在承认当地社会经济过程卷入全球体系的同时，反复重申全球力量也因地制宜地被本地化，进而形成多样化的乡村变迁路径。在此基础上，本书对于“全球乡村”的定义更有所指，即全球化背景下深度融入全球网络并产生重要影响力的乡村地域。简而言之，不是所有参与全球化进程的乡村都是“全球乡村”，本书所要讨论的“全球乡村”，指这类乡村在某个细分领域或关键环节中掌握了显著的资源支配力和行业话语权，因而突破了一般乡村的地域局限，成为全球体系中的重要节点。作为融入世界体系的小社区类型，“全球乡村”突破传统乡村低水平重复发展的困境，表现出深度嵌入全球网络、行业话语权与资源控制力、本地—全球的高度融合、动态演变与在地差异四个显著的特征。

深度嵌入全球网络。“全球乡村”与国际市场、跨国资本、全球信息流等建立了密切联系，其生产、消费、交流活动跨越国界。在经济层面，这意

① 部分学者也有类似的观点，全球化与地方化并非对立，而是一种共构的过程。全球资本、文化和制度渗透至乡村空间，但本地社会通过“意义的协商”形成具有自主性的新地方实践。参见LONG N. Globalization and localization：new challenges to rural research [C] //SYKAS A. Rural transformations and the changing rural world. London：Routledge，2003。

味着乡村的主导产业面向全球市场（如大量出口或服务外包）；在社会层面，外来人口、侨民网络、国际非政府组织等参与本地事务；在文化层面，全球通用的观念、时尚、生活方式渗透乡村，同时乡村的文化产品（如旅游体验、特色手工艺等）也输送到全球。

行业话语权与资源控制力。“全球乡村”通常在某一特定行业领域占据举足轻重的位置，能够影响该行业的全球格局。例如，肯尼亚的纳瓦沙湖地区因鲜花出口在全球花卉贸易中占据重要份额，成为欧洲情人节鲜花市场的“命脉”之一；又如，中国浙江的若干乡镇凭借专业化产业集群，垄断了全球相当比例的小商品生产，对相关产业具有价格和供给上的影响力。这种在细分领域的资源支配力，使得乡村不再只是被动适应全球市场，而是对市场规则有一定发言权。

本地—全球的高度融合。“全球乡村”不是简单地“被全球化”，而是本地要素与全球要素融合的结果。全球性力量虽然推动经济与制度重构，但地方的可持续性实践、价值观和身份意识构成对全球逻辑的现实修正[①]，当地的自然禀赋、社会结构、文化传统等通过与全球力量交汇，形成混杂的新形态。例如，摩洛哥阿尔干树生长带的农村妇女在全球需求推动下组建合作社生产出口护肤油，她们既使用传统工艺也采用国际有机认证标准，以本地社区组织形式对接全球市场[②]。由此产生的社会经济模式兼具本地色彩与全球属性，体现了地方对全球化的改造和吸纳。

动态演变与在地差异。“全球乡村”并非统一范式，不同地区走向“全球乡村”的路径和结果各异。有的乡村可能在外资驱动下快速融入全球产业链，有的则通过自身特色产品逐步打开国际市场，还有的乡村靠侨民网络连

---

① O’RIORDAN T. Globalism, localism, and identity: fresh perspectives on the transition to sustainability［M］. London: Earthscan, 2001.

② ROBINSON D F. The Moroccan argan trade: producer networks and human bio-geographies［M］. London: Routledge, 2020.

接起全球资源。这些差异源自各乡村不同的发展基础、政策环境和文化社会资本[①]。因此，“全球乡村”更像一个分析框架，提醒我们去考察全球化如何具体地在某个乡村展开，而不是给出放之四海而皆准的标准模式。

综上所述，“全球乡村”概念揭示了乡村全球化的深入程度和独特方式，强调乡村能够成为全球网络中的重要节点并对世界产生影响。它既区别于传统意义上相对封闭、自给自足的乡村，也不同于一般意义上被全球市场裹挟的边缘地区；它是指那些通过某种优势嵌入全球体系、在特定领域发挥关键作用的乡村区域。

3. 理论框架的探索争鸣：全球化重塑乡村 / 乡村再定义全球化

尽管“全球乡村”作为学术概念正式提出于 21 世纪，但其思想渊源可追溯至更早。20 世纪中叶，在全球资本主义扩张和城乡差距拉大的背景下，“全球乡村”一词一度被赋予政治动员意义，象征全球农民联合抗衡城市资本的乌托邦愿景[②]。冷战后，随着经济全球化加速和新自由主义政策扩散，乡村地区的全球联系迅猛发展，经典的城乡二元分析无法解释农村地区所经历的跨国变化。2007 年，伍兹的标志性论文提出以全球化视角重新审视乡村空间。“全球乡村”概念由此进入学术讨论，成为农村地理学领域理论转向的重要里程碑。

伍兹之后，围绕“全球乡村”的理论框架逐步丰富。伍兹本人主持的“全球乡村：全球化背景下的乡村变迁与发展”项目（GLOBAL-RURAL，2014-2019）开展了跨越 13 国 31 个案例的实证研究。该项目引入“组装体理论”（assemblage thinking）作为分析工具，在加拿大与新西兰的案例中，伍兹指

---

① MURDOCH J. Networking rurality：emergent complexity in the countryside［C］//CLOKE P，MARSDEN T，MOONEY P. Handbook of rural studies. London：Sage，2006：171-184.

② 参见迈克尔·伍兹.全球乡村？——全球化背景下的乡村能动性与乡村转型［M］//龙花楼，等，编. 农政与发展. 北京：商务印书馆，2018：45。该文指出“全球乡村”一词曾于20世纪中期被赋予政治动员含义，强调全世界农民联合对抗资本主义全球城市的运动思想，但伍兹在重新使用该术语时弱化了其政治意涵。

出乡村并非静态空间，而是由地方、政策、资本、流动性、移民等组成的不断重构的动态“组装体”[①]。这种方法强调解构全球化为具体的连接和互动，通过地方研究揭示跨地联系如何塑造农村经济与文化[②]，从而理解为何不同乡村呈现出不同结果[③]。在对乡村未来的展望中，伍兹指出，“全球乡村”项目揭示的一个关键认知就是：一方面确认了全球化并非单一力量，而是由无数跨地方互动累积而成；另一方面指出影响乡村全球化进程的中介因素很多，包括物质条件（资源禀赋）、制度环境（法律法规）、企业决策、土地竞争、本地社会关系等[④]，它们共同决定了哪些地方成为赢家、哪些地方遭遇衰退 。

中国学者也开始积极探讨全球化背景下乡村发展的新特征和新理念，一些研究直接引入“全球乡村”概念进行阐释，另一些则关注中国乡村如何在全球体系中寻找振兴之路。邵颖萍在研究莫干山乡村地区的社会变迁时提出处于关系网络节点位置的乡村地方行动者参与全球生产网络的响应，被概念化为“全球乡村”，其研究重点在于分析乡村如何自下而上地反馈、回应宏观的经济社会进程，包括乡村特色产业形态参与全球产业价值链分工、乡村振兴和乡愁带来的地方文化反哺等[⑤]。张鸿雁在其城市化与全球化的研究中提出，“全球乡村”已经成为参与“全球城市”分工的一个结构化的空间节点

---

① WOODS M. Territorialisation and the assemblage of rural place：examples from Canada and New Zealand［C］// DESSEIN J，BATTAGLINI E，HORLINGS L. Cultural sustainability and regional development. London：Routledge，2015：29-45.

② JONES L，HELEY J，WOODS M. Unravelling the global wool assemblage：researching place and production networks in the global countryside［J］. Sociologia ruralis，2019，59（4）：744-763.

③ WANG C M，MAYE D，WOODS M. Planetary rural geographies［J］. Dialogues in human geography，2023.

④ WOODS M. The future of rural places［C］//SHUCKSMITH M，BROWN D L. Routledge international handbook of rural studies. London：Routledge，2019：582-591.

⑤ 邵颖萍. 落脚乡村与民宿经济——莫干山特色文化重构［M］. 南京：江苏凤凰教育出版社，2019：36.

和全球城市价值链的一个关键环节，其节点控制功能有如下特征：一是控制着某类商品信息和价格指数；二是控制着经济领域某些产业的成长、发展和商品的全球流通广度，在某种程度上控制着某一类产品的产量、价格和品质；三是控制着市场和商品未来的发展方向，如产品创新的功能和属性等；这些就是“全球乡村”在“全球城市”面前的价值与意义。甚至可以说，一方面，在全球新产业分工中，“全球乡村”的“网络行动者”正在分担和分化“全球城市”的某些功能；另一方面，“全球乡村”也在补充和优化“全球城市”结构性功能的不足[①]。刘彦随等人提出了“全球乡村观”，呼吁从全球视野理解乡村人地关系与城乡融合[②]，强调乡村不再是发展的落后段，而是全球网络中的功能节点，应重估乡村对区域乃至全球的价值。李思梦等人对“全球乡村”发展理论的演进进行系统梳理，强调政策制度在乡村全球化过程中的作用，指出各国经验表明政府的引导和干预（如补贴、基础设施、教育投资）对乡村抓住全球化机遇至关重要，认为在当前全球背景下，乡村被赋予新的角色，如提供生态系统服务、传承文化多样性、维护粮食安全等，中国应超越单纯农业增产思维，构建多元综合的乡村发展模式，将乡村纳入国内国际双循环[③]。

“全球乡村”研究领域也存在一些理论上的讨论和分歧。其一是全球力量与地方能动性的张力。部分研究者强调全球资本和跨国机构对乡村的主导作用，认为乡村日益成为全球体系的从属空间。例如，曼弗雷德·佩尔利克（Manfred Perlik）等人研究阿尔卑斯山区等非核心地区，提出在后福特主义

① 张鸿雁. 网络社会视域下的全球城市理论反思与重构[J]. 探索与争鸣，2019（5）：158-172.

② 刘彦随，龙花楼，李裕瑞. 全球乡城关系新认知与人文地理学研究[J]. 地理学报，2021，76（12）：2869-2884.

③ 李思梦，杨忍，龙花楼. 全球乡村发展理论演化及其对中国乡村现代化的启示[J]. 地理学报，2024，79（4）：854-872.

时代，资源和决策向大都市高度集中，乡村被功能性地转变为“大都市附属空间”[①]。这些边缘地区为了生存被迫走专业化道路，提供大城市所需而自身匮乏的独特资源（矿产、清洁水、电力、景观等），成为全球供应者。区域政策也鼓励其打造独一无二的卖点，通过“供应全球城市”的方式融入全球经济链条。此过程中，不少乡村传统产业（如牧场放牧）被牺牲，人口向外流出或被高端旅游移民置换，导致新的不平等。这一视角对“全球乡村”持较悲观态度，认为乡村沦为全球化的从属参与者，自身发展空间受限。与之相对，另一些学者（以伍兹为代表）强调乡村的能动作用和多样结果。他们承认全球化过程具有强大的渗透力，但同时强调地方的地理、历史和文化条件会调节全球化的作用，带来不同的可能路径[②]。例如，同是全球糖业扩张，巴西甘蔗种植的激进增长导致澳大利亚制糖厂倒闭[③]，毛里求斯甘蔗田改种他物[④]，但这一链条的冲击在不同地方因土地制度、企业决策等因素而截然不同。再如，新西兰乳业主动调动金融资本、水资源、技术与物流等多个“组装元素”来抓住中国市场机遇，展示了全球化过程在地化“过滤”的典型路径[⑤]。这些例子说明全球化效应经过层层中介“过滤”，地方可以有所作为。伍兹等据此反对将乡村简单视为输家，强调通过合适的策略，乡村可利用全球化

① PERLIK M. Mountains as global suppliers：new forms of disparities between mountain areas and metropolitan hubs［J］. Journal of alpine research| Revue de géographie alpine，2015，103（3）.

② WANG C M，MAYE D，WOODS M. Planetary rural geographies［J］. Dialogues in human geography，2023.

③ HUNGERFORD L J. The sugar industry as a commodity system：an analysis of agricultural restructuring within the Australian sugar industry［D］. Rockhampton：Central Queensland University，2001.

④ LAEIS G. PhD thesis in development studies［D］. Palmerston North：Massey University，2019.

⑤ MOUAT M J. Assembling the land of milk and money：the work of money in New Zealand’s dairy industry［D］. Palmerston North：Massey University，2023.

带来新的机遇。两种观点的争鸣推动了更全面的认识："全球乡村"既存在结构性的依附风险，也蕴含主体能动的空间，关键在于如何趋利避害。其二，关于同质化与异质化的讨论。有人担心全球化会抹平乡村的多样性，使各地乡村趋同（文化商品化、景观迪斯尼化等）。但越来越多的研究发现，全球化在乡村催生出"杂合景观"，并未产生如城市般的景观趋同[①]。例如，全球化背景下的乡村旅游地，既有麦当劳这样的全球连锁品牌，也出现本地文化与国际元素融合的新形式，呈现"全球—本地"并存的独特风貌。乡村的发展路径因为全球网络的嵌入而更加多元：有的成了国际度假村，有的成了跨国劳工聚居地，有的则成为全球抗争的象征地。这种异质性也引发关于概念的反思："全球乡村"究竟是普遍现象还是零散发生的特例？学界对此尚未完全达成共识，但普遍的看法是，相对于清一色的城市摩天楼景观，乡村因自然资源、文化传统的不同，在全球化中展现出更丰富多彩的变迁路径。这也意味着理论上需要结合具体区域来分析，而不能作简单类比。

二、洞察与探寻："全球乡村"的研究热点和前沿议题

全球化是当代农村地区变革的主要驱动力，涉及社会、经济、政治和文化关系在空间上的倍增、延伸和加强[②]。近年来，越来越多国内外学者关注这一领域，从不同角度探讨全球化背景下乡村发展的路径和影响，"全球乡村"研究出现多元化的热点议题和前沿案例，近年来的研究则更加关注具体领域的实证与微观机制。"全球乡村"作为一个新兴议题，相关研究横跨社会学、人类学、地理学、政治经济学等学科领域，本篇回顾总结近十年（2015—2025）相关研究的最新进展，重点围绕以下五个方面展开论述：①特色农业

① WOOODS M. Engaging the global countryside：globalization，hybridity and the reconstitution of rural place［J］. Progress in human geography，2007，31（4）：485-507.

② WOODS M. Globalization and rural areas［J］. International encyclopedia of geography：people，the earth，environment and technology，2016：1-6.

与全球市场；②乡村融入全球价值链；③乡村数字化的全球实践；④乡村旅游和消费文化全球化；⑤全球化和地方化在乡村的博弈。

1. 特色农业与全球市场

农业是乡村融入全球最传统也最重要的路径，许多乡村地区通过大宗农产品出口或特色农业实现全球影响。早期发展经济学视域下的乡村全球化研究，多聚焦大宗农产品贸易对乡村经济的拉动效应[①]；但近年来的讨论逐步突破传统“中心—边缘”分析框架，更加关注特色农业的差异化竞争优势和乡村的地方性主体能动。

一是乡村如何借助地理标志（Geographical Indication，GI）和单一产地品牌发展特色农业，在全球市场中获得超额收益。GI 制度不仅是一种法律标签，更是一套嵌入地方生态、知识与社会网络的品质治理体系。地理标志产品通常依赖特定的地理条件、独特的生产工艺和历史文化背景，在全球贸易中形成强大的品牌竞争力，通过声誉资本与不可复制性创造“原产地垄断”换取溢价[②]。法国罗克福尔奶酪作为全球首个获得法律保护的地理标志产品，自 1925 年确定以来一直被视作乡村地区通过制度性壁垒获取全球市场垄断地位的典范[③]。Barham 指出，获得欧盟 PDO 认证后，其出口单价从 23 欧元 / 公斤提升至 38 欧元 / 公斤，溢价率高达 65%，并占据全球高端蓝纹奶酪市场 72% 的份额。这种制度化的市场保护使得仅 600 人口的罗克福尔村掌握着全球蓝纹奶酪市场的定价权，虽然出口量仅占全球总量的 2.3%，却贡献了行业 19% 的利润。

---

① PORTER M E. Clusters and the new economics of competition［J］. Harvard business review，1998，76（6）：77-90.

② BELLETTI G，MARESCOTTI A，TOUZARD J-M. The geographical indication pathway to sustainability：a framework to assess and monitor the contributions of geographical indications to sustainability［J］. Sustainability，2021，13（14）：7535.

③ BARHAM E. Translating terroir：the global challenge of French AOC labeling［J］. Journal of rural studies，2003，19（1）：127–138.

二是乡村如何通过出口导向的农业专业化和合作社角色转型，有效融入全球市场。Marsden（2020）构建的“全球—地方行动者网络模型”[①]揭示，中国云南咖啡产业通过星巴克“咖啡种植者支持中心”的技术赋能，成功嵌入全球精品咖啡供应链。Starbucks 自 2009 年起在云南通过与地方农业企业合资设立种植者支持中心，导入质量标准与认证体系，为小农户提供培训和采购合同，推动“链主企业 + 地方生产者”模式的稳定落地[②]。该模式提升了农户议价权与咖啡豆品质，促进了地方农业的全球嵌入。根据质量管理体系评估，地方农户通过认证体系对接国际市场，收益持续增长，形成区域品牌认同与质量保障的良性循环[③]。在欧洲，荷兰花卉合作社的“数字拍卖革命”具有示范意义，通过建立全球实时交易系统，将传统 3 天的拍卖周期压缩至数分钟，大幅提升中小花农参与全球市场的能力与交易效率。这一机制不仅改变了拍卖周期与价格发现模式，还通过信息化手段赋能边缘生产者，使其得以与国际买家直接对接[④]。

三是乡村如何通过“新乡贤”全球网络和文化资本构建，重塑全球市场中的关系优势。Bathelt 和 Glückler 提出的“情境化竞争优势”理论指出，特色农业的全球化能力不仅源于资源禀赋，更取决于其嵌入全球市场网络的关系深度[⑤]。中国浙江青田华侨研究的田野调查表明，该地 3.2 万海外经营户形

---

① MARSDEN T. Agri-food systems in transition：conceptual and methodological issues［J］. Journal of rural studies，2020，76：161-165.

② NEILSON J，WANG，J H Z. China and the changing economic geography of coffee value chains［J］. Singapore journal of tropical geography，2019，40（1）：70-89.

③ CHEN，L. Quality management，certification and related agricultural organisations along the value chain［D］. Bonn：University of Bonn，2015.

④ WILKINSON J. China：The pivot of the global agri-food system restructuring［M］//The global political economy of food systems. Bristol：Bristol University Press，2024：Chapter 5.

⑤ BATHELT H，GLÜCKLER J. Institutional change in economic geography［J］. Progress in human geography，2014，38（3）：340-363.

成的“跨国乡贤网络”，推动浙江青田杨梅实现高溢价出口，出口单价从8欧元/公斤提升至28欧元/公斤。Bofulin研究指出，青田的海外移民网络不仅促进了“侨汇经济”的形成，也构建了以文化资本和地方身份为中介的跨国商品流通模式，为中国多个移民之乡提供了一种“侨乡式全球化”的发展路径①。这种基于地缘与血缘信任的“跨国商业嵌入”重塑了全球农产品市场的话语权和价值链分配格局。

2. 乡村融入全球价值链

除农业外，制造业和手工业在乡村的全球嵌入正在成为“全球乡村”研究中的热点议题。全球价值链理论（Global Value Chains, GVC）为理解乡村如何参与国际分工提供了理论框架，乡村可通过原料供给、加工制造、手工艺输出等多种路径嵌入跨国公司的采购与生产体系。

印度的蒂鲁普尔（Tiruppur）针织品产业集群作为全球快时尚产业的核心节点，是此类“乡村制造嵌入”的典型案例。该集群位于印度南部泰米尔纳德邦乡村地带，由超过150个村庄、1万余家中小企业组成，2021年出口额突破30亿美元，占印度针织服装出口额的约48%②，形成了以棉质针织品为主导的“乡村制造网络”（Rural Production Network, RPN）。研究表明，蒂鲁普尔形成了以“环节控制+快速响应”为核心的柔性生产体系，核心企业负责接单与质量控制，卫星村庄中的家庭作坊通过“订单分包树”（order subcontracting tree）完成刺绣、水洗等工序，建构一种“集中协调+分散执行”

① BOFULIN M. Imported commodity city：a new model for the development of China’s emigration hometowns? [J]. Anthropological notebooks，2021，27（2）：29-45.

② VIJAYABASKAR M. Constraints to upgrading and employment expansion in the Tiruppur knitwear cluster [M]//Industrial clusters in India：theoretical and empirical perspectives. New Delhi：Routledge India，2021：49-72.

的弹性网络[①]。该集群通过技术本地化与组织创新，在成衣、印染与饰品三大环节中分别建立起专业优势：如 7 日交付制度满足快时尚需求，自主研发的硬水染色工艺广泛应用于中低端牛仔布仿旧处理，刺绣订单则依赖约 70 万农村女性的居家工坊完成[②]。蒂鲁普尔的案例表明，乡村区域可通过对关键环节的专精化掌握，而非对整个价值链的垄断，获得全球市场的议价权。

与蒂鲁普尔不同，中国山东曹县的棺木制造业集群则展示了一种以“文化转译”（Cultural Translation Mechanism）为核心的全球嵌入路径。产业数据显示，该产业覆盖庄寨镇等十余乡镇，年产棺木超 500 万口，占据日本殡葬市场的 70% 以上[③]。其全球竞争力的关键，不仅在于价格控制与生产效率，更在于对目标文化的深度适配：将中国传统榫卯工艺与明清木作装饰风格，转化为符合日本“物哀美学”（mono no aware）的产品形态，例如通过对樱花纹样雕刻的深浅渐变控制、内饰材质的柔光处理与静音开启结构的标准化，达成情感层面的文化共鸣[④]；借助日籍设计师担任“文化中间人”，在款式与符号翻译之间架起桥梁。此类适配机制正如 Gould 所言，是“对死亡消费品的感知规约过程”，即产品不仅要满足功能需求，更要在视觉与触感层面符合特定文化的哀悼逻辑[⑤]。这种文化嵌入形成非关税壁垒（Non-Tariff

---

① VIJAYABASKAR M. Flexible accumulation and labour markets：case of the Tiruppur knitwear cluster［C］// RAY R. Handbook of labour in India. London：Routledge，2017：Chapter 3.

② SAHAY A. Indian industrial clusters［J］. Global business review，2006，10（4）：99–117.

③ Nikkei Asia. China dominates Japan's coffin market，quietly［EB/OL］.（2021）［2025-05-19］. https://asia.nikkei.com/Business/Markets/Commodities/China-dominates-Japan-s-coffin-market.

④ CHEN X. This small Chinese inland country makes 90% of coffins in Japan［EB/OL］.（2021-05-27）［2025-05-27］. https://www.globaltimes.cn/galleries/3900.html.

⑤ GOULD H. When death falls apart：making and unmaking the necromaterial traditions of contemporary Japany［M］. 2023.

Barriers），即便日本本土企业生产成本降低 30%，仍难以破解消费者认知和仪式性消费的深度绑定[①]，难以撼动曹县产品的市场地位。有学者批评曹县模式实质是“文化套利”（Cultural Arbitrage），利用日本老龄化社会的脆弱性获取超额利润[②]；但曹县棺木的渗透本质更值得理解为一种静默的全球化（Silent Globalization）——避开显性文化输出的冲突与抵抗，通过“生命终端消费”这一全球共通场域，实现跨文化的低摩擦渗透与市场控制[③]。

放眼中国东部沿海，众多乡村制造集群亦在以“专业化 + 文化嵌入”为方向重塑全球分工格局，完成从农业村落向全球生产节点的跃迁，这也是国内“全球乡村”最显著的体现。研究者指出，这种转型背后不仅有乡镇企业遗产、本地工匠文化与弹性家庭式作坊网络的支撑，也离不开地方政府对出口产业链条的政策护航。在全球需求牵引下，这些条件共同促成了乡村区域在细分产业中形成价格影响力和议价主导力[④]。

3. 乡村数字化的全球实践

数字革命为乡村发展带来了新的机遇，被视为乡村突破地理限制、融入全球经济的“游戏改变者”。近年来，大量研究聚焦于农村电商、数字支付、远程工作等新兴数字经济形态对乡村的影响。

首先，农村电子商务的兴起打破了乡村信息和市场封闭的局面。2023 年

---

① GHODSI M. The impact of Chinese technical barriers to trade on its manufacturing imports when exporters are heterogeneous［J］. Empirical economics，2020，59（4）：957−986.

② YAKOVLEVA S. Privacy protection（ism）：the latest wave of trade constraints on regulatory autonomy［J］. University of Miami Law Review，2019，74（2）：457−496.

③ DAS G. Conclusion：OBOR architecture and BCIM−EC：an interplay of geo-economics and geo−politics［M］// BCIM Economic Cooperation，2018：261−268.

④ VIJAYABASKAR M. Constraints to upgrading and employment expansion in the Tiruppur knitwear cluster［M］//Industrial clusters in India：theoretical and empirical perspectives. New Delhi：Routledge India，2021：49−72.

印度农村互联网渗透率达48%，较2015年提升37个百分点[①]：印度Kisan Network平台连接20余万小农户，使用该平台的农户销售溢价提高20%左右，而信息获取时间成本降低83%[②]；包括旁遮普邦在内的多个农业主产区，农户通过数字化农产品流通平台如Ninjacart，缩短供应链环节、实现数据驱动的物流匹配，不仅获得比传统批发渠道高出约15%—20%的收入，而且减少了食品在流通过程中的损耗与时间成本[③]，显著提升了农民议价能力和利润空间。在肯尼亚，Twiga Foods平台通过数字化手段重构农产品流通网络，直接连接乡村生产者与城市零售商，将农产品的采后损耗率从平均30%降低至4%，同时提升了农户的收入水平[④]。许多学者关注中国“淘宝村”现象，发现电商集群能够在乡村培育创业生态，为当地创造就业和财富。截至2023年8月，中国淘宝村总量达7802个，覆盖28个省级行政区，较2020年增长62%；2022年淘宝村总交易额突破1.2万亿元，占中国农村网络零售额58%[⑤]。北京大学邱泽奇团队基于10年追踪研究发现，淘宝村通过数字技术压缩地理层级，重构了以往中心—边缘结构的市场逻辑，形成了以村庄为节点对接全球市场的网络化

---

① KANTAR，IAMAI. Internet in India report 2023［R］. Internet and Mobile Association of India，2024.

② RAJKHOWA P，QAIM M. Personalized digital extension services and agricultural performance：evidence from smallholder farmers in India［J］. PloS one，2021，16（10）：e0259319.

③ NARAYANAN S，NARAYANAN A. Digital platforms and agricultural marketing in India：promise and challenges［R］. Indira Gandhi Institute of Development Research（IGIDR），2020，Working Paper No. 2020-005.

④ NJONJO P. How Twiga Foods reduces the price of food in Nairobi using technology. How we made it in Africa［Z］. 2020. KOECH R，et al. Twiga Foods case study［J］. FARA research report，2024，8（4）.

⑤ 阿里研究院. 2023中国淘宝村研究报告［R］. 阿里巴巴集团，2023：12.

格局[①]。斯坦福大学的Scott Rozelle等人在研究中指出，中国部分淘宝村推动了一批农村居民年收入达到8—15万元，形成介于传统小农与城市中产之间的“新兴农村中间阶层”（Digital Middle Peasantry）[②]。电商平台的兴起不仅推动了农村微型企业的发展，也显著提升了女性在数字经济中的就业参与度和创业参与率，这在东部地区的淘宝村中表现得尤为突出：以浙江、山东等典型淘宝村为例，女性在家庭作坊、电商客服与直播营销等岗位中广泛活跃，形成“以家为厂”的柔性劳动结构，有效缓解了传统农村女性就业机会有限的问题[③]；淘宝村中女性主导的网店占比显著上升，部分地区甚至超过一半，但由于算法推荐机制与平台流量分配模式的偏向，女性创业更集中于服饰、美妆等低附加值品类，难以突破“性别化的类目壁垒”，逐渐形成所谓的“粉红数字鸿沟”（Pink Digital Divide）[④]。

其次，数字金融和支付在乡村的普及大大促进了普惠金融和商业发展。即便在金融基础设施薄弱的乡村，手机也能提供便捷安全的支付服务，进而推广数字普惠金融，以服务乡村的贷款、保险和汇款需求。在非洲和东南亚的多个国家，移动支付（Mobile Money）的普及有效刺激了农村家庭的消费能力和创业意愿，间接带动了非农收入的增长。在柬埔寨农村地区，移动金融服务对于微型创业者的商业能力与收入稳定性提升作用明显，在缺乏传统

---

① ZHANG S，QIU Z. Why is rural e-commerce successful? A sociological analysis of the mechanism for actualizing technological dividends［J］. The journal of Chinese sociology，2024，11（1）：2.

② ROZELLE S，HELL N. Invisible China：how the urban-rural divide threatens China’s rise［M］//Invisible China. Chicago：University of Chicago Press，2020.

③ YU H，CUI L. China’s e-commerce：empowering rural women?［J］. The China quarterly，2019，240：970-990.

④ YU H，CUI L. China’s e-commerce：empowering rural women?［J］. The China quarterly，2019，238：418-437.TANG L. Burnout market feminism：urban Chinese businesswomen in the internet age［D］. Oxford：University of Oxford，2020.

金融基础设施的村落中，对比尤其强烈[①]。此外，数字金融渗透率的提高与劳动参与率、工资性收入水平呈正相关，被认为是破解农村贫困与就业困境的重要机制[②]。在肯尼亚，M-Pesa[③]使乡村家庭获得紧急贷款的概率从 9% 提升至 63%[④]，广大农户通过 M-Shwari 等数字储蓄产品[⑤]提升了储蓄能力和金融积累能力[⑥]。需要引起重视的是，65 岁以上群体在移动支付的接受与使用上明显滞后，主要依赖现金交易，导致即使引入智能 POS 系统，其利用率和转化效果依然有限。典型的如在英国乡村地区，数字金融工具（如移动银行、非接触式支付与数字 POS 系统）在提升小商业韧性方面具有积极意义，然而老年经营者对此的采纳率远低于中青年群体。实证研究指出，超过 1/3 的农村老年人由于缺乏技能、设备与信任，对数字支付工具持排斥态度，形成了以年龄为核心的“数字金融鸿沟”[⑦]。与此同时，乡村商户的数字消费中，有

---

① VONG J，FANG J，INSU S. Delivering financial services through mobile phone technology：a pilot study on impact of mobile money service on micro-entrepreneurs in rural Cambodia［J］. International journal of information systems and change management，2012，6（2）：177-186.

② YITAYIH M，KASSIE G T，DESSIE T. Evolution and scope of rural and agricultural finance in developing countries：a review［R］. CGIAR，2023. BAHIA K，CASTELLS P，CRUZ G，et al. Mobile broadband，poverty，and labor outcomes in Tanzania［J］. World bank economic review，2023，37（2）：235-258.

③ M-Pesa是非洲革命性的移动支付系统，由肯尼亚电信运营商Safaricom（沃达丰集团控股）于2007年推出。

④ SURI T，JACK W. The long-run poverty and gender impacts of mobile money［J］. Science，2016，354（6317）：1288-1292.

⑤ M-Shwari是由肯尼亚电信巨头Safaricom（M-Pesa运营商）与Commercial Bank of Africa于2012年联合推出的移动银行服务，通过M-Pesa平台提供储蓄与信贷服务。

⑥ KARLAN D，KENDALL J，MANN R，et al. Research and impacts of digital financial services［R］. National Bureau of Economic Research，2016.

⑦ PHILIP L，COTTRILL C，FARRINGTON J，et al. The digital divide：patterns，policy and scenarios for connecting the ‘final few’ in rural communities across Great Britain［J］. Journal of rural studies，2017，54：386-398.

较大比例的交易是由外来游客驱动的，造成“表面数字繁荣、内在代际断层”的结构性特征①。而更为普遍的挑战则表现为平台化交易带来的新型剥削结构——数字中间商的佣金攫取与数据控制权垄断，在多个发展中国家的研究案例中，平台抽佣率高于传统中介接近一倍，小农户不得不上调产品售价以维持收益，最终因价格劣势失去客户，形成“接入即依赖、依赖即失控”的数字困境②。这一现象在水果、花卉等短链高频交易品类领域尤为显著，部分合作社虽获得国际订单，却需以让渡控制权为代价，换取流量与物流便利。③

最后，远程工作和数字外包为乡村居民参与全球劳动力市场创造了新的途径。远程工作与数字外包正深刻重塑全球农村的就业逻辑，尤其在东欧地区，这一趋势愈发显著。以拉脱维亚为例，伴随跨境远程就业机会的增加，一部分原本在西欧或本国大城市工作的 IT 专业人士选择“逆城市迁徙”回到乡村，为全球客户提供如软件开发、数据处理与远程技术支持等数字服务——这些返乡者通过稳定的数字平台实现了“在乡村从事全球劳动”，改变了长期以来“数字工作 = 城市中心”的路径依赖，也在一定程度上缓解了农村地区的人才流失和经济空心化问题④。越来越多农村留守者和返乡者将传统住房空间进行“智能化改造”，作为远程协作与数字接单的工作节点⑤，如印度喀拉拉

---

① ELLIS M E，OTA M，CHEN A N. Digital divide of perceptions，usage，and purchase items in Japanese e-payment adoption [J]. Journal of international technology and information management，2021，30（2）：30-58.

② AKER J C，GHOSH I，BURRELL J. The promise（and pitfalls）of ICT for agriculture initiatives [J]. Agricultural economics，2016，47（S1）：35-48.

③ TRENDOV N M，VARAS S，ZENG M. Digital technologies in agriculture and rural areas [M]. FAO，2019.

④ MIERIŅA I，ŠŪPULE I. Rise of remote work across borders：opportunities and implications for migrant-sending countries [J]. Frontiers in sociology，2024，9：1290629.

⑤ SALEMINK K，STRIJKER D，BOSWORTH G. Rural development in the digital age：a systematic literature review on unequal ICT availability，adoption，and use in rural areas [J]. Journal of rural studies，2017，54：360-371.

邦女性通过亚马逊土耳其机器人（MTurk）完成数据标注工作，时薪（2.1 美元）是当地农业劳动的 3 倍[①]。印度乡村离岸服务外包的实践揭示了全球数字劳动地理重构的复杂图景。RuralShores、DesiCrew 等企业实行乡村业务流程外包（Rural BPO），在卡纳塔克邦等地通过雇佣本地青年，开展呼叫中心、数据处理等数字劳动，逐步建立起“数字飞地”结构。这一模式在技术适配与人力资本投资方面展现出系统性策略，被视为印度数字经济下的“包容性外包”范例[②]。企业常以 CEFR 框架[③]为目标标准，提升雇员在全球业务环境中的沟通与技术能力[④]——当地青年通常需接受数百小时的定制化语言与 IT 技能培训，包括 SAP 与 Salesforce 等平台的应用操作。这种“离土不离乡”的就业模式不仅使“足不出村，服务全球”成为可能，企业的劳动力成本降至班加罗尔同等岗位的 40% 以上[⑤]，更引发深层次社会变革，例如，DesiCrew 等项目中女性员工比例超过 65%，并有研究指出，这类收入来源显著提高了女性在家庭事务中的参与度[⑥]；同时，这些外包中心对所在社区形成“教育激励效

---

① GHOSH A，RAMACHANDRAN R，ZAIDI M. Women workers in the gig economy in India：an exploratory study［J］. SSRN 3944205，2021.

② NATHAN D，KELKAR G，MEHTA B. Platform economy，techno-nationalism，and gig workers in India［M］//The Routledge handbook of the gig economy. London：Routledge，2022：374-391. KATHURIA R，KEDIA M，VARMA G，et al. Future of work in a digital era：the potential and challenges for online freelancing and microwork in India［J］. 2017.

③ CEFRL（Common European Framework of Reference for Languages，欧洲语言共同参考框架）是欧洲委员会于2001年正式发布的语言能力评估标准，现已成为全球应用最广泛的语言能力参照体系。

④ LOCKWOOD J. Training the call centre communications trainers in the Asian BPO industry［M］//The routledge handbook of language and professional communication. London：Routledge，2014：501-520.

⑤ KATHURIA R，KEDIA M，VARMA G，et al. Future of work in a digital era：the potential and challenges for online freelancing and microwork in India［J］. 2017.

⑥ FAITH B，BANGA K. How digitally restructured value chains are reshaping labor futures for women in the Global South［J］. SSRN 4037243，2021.

应”，中学入学率和 IT 学习热情显著提升[①]。

4. 乡村旅游和消费文化全球化

全球范围内，乡村旅游兴起成为农村经济多元化的重要趋势之一[②]，乡村旅游被广泛视为乡村融入全球消费文化的重要媒介。UNWTO 2023 年“最佳旅游乡村”项目在 74 个国家遴选出 54 个范例，数据显示入选村庄平均将非农就业比重提升至 46%，高于全球农村均值近 20 个百分点[③]。这类研究探讨了旅游全球化对乡村社区的影响，核心围绕乡村旅游全球化带来的利益谈判——发展与保护如何权衡，包括文化商品化风险、本地人参与程度以及社区对旅游收益的分配等问题。

文化商品化的双重困境主要表现为从符号生产到意义流失。本尼迪克特（Bell）等人在研究英国乡村文化时提出“乡村景观全球化”[④]，例如乡村旅游地为了迎合国际游客，会在本地传统中嵌入符合全球审美的元素，或者反过来强化“地方性”以满足游客对乡土体验的期待，这实际上也是对全球文化逻辑的响应。Urry 等人提出的“第三波游客凝视”理论指出，后现代消费者不再满足于传统田园想象，转而追求“可拍摄的乡愁”（photogenic nostalgia）与“可消费的在地性”（consumable locality）[⑤]。在法国普罗旺斯等农业景观区，地方经济发展越来越依赖“风景商品化”，以薰衣草田为代表的农业元素被重新包装为可感知的“嗅觉景观”，借助精油提炼、观光路线、

① GRAHAM M. Changing connectivity and digital economies at global margins［J］. Digital economies at global margins，2019：1–18.

② PETELCA O，GARBUZ V. Social and economic effects of rural tourism on the development of rural areas［J］. CES working papers，2020：123–143.

③ UN World Tourism Organization. Best tourism villages 2023［R］. UNWTO，2023.

④ BELL D. Variations on the rural idyll［J］. Handbook of rural studies，2006：149–160.

⑤ URRY J，LARSEN J. The tourist gaze 3.0［J］. 2011.

主题节庆等形式打造出“感官真实感”的消费体验[①]，通过积极推广“浪漫”、“自然”和“健康”等文化符号[②]，成功将农业空间转化为文化资本积累场域，但导致传统耕作知识传承断裂率高达67%。中国婺源油菜花海项目揭示了视觉经济悖论，政府调控花期与种植密度形成摄影景观，地区全年旅游人数与收入显著提升[③]，农户依赖旅游获得的收入占比从12%跃至58%[④]，但观赏导向的油菜花栽培在耕作方式、轮作周期与水肥资源配置上存在冲突，造成其他传统粮食作物的减产甚至弃种现象[⑤]，资源偏移带来的主粮作物产出损失不可忽视，部分区域甚至出现41%左右的减产现象。巴厘岛的乌布地区通过发展瑜伽和精神疗愈旅游引领健康消费，带动了区域经济增长，但也引发了环境和文化保护问题[⑥]。要想实现长期繁荣，仍需重视规划管理和文化传承，确保当地社区真正受益并保持乡村之所以为“乡村”的独特价值。

本地人参与鸿沟与权力重构主要表现为从被动卷入到主体性建构。周期性的田园雅致（rural chic）表达了城市中产阶级对乡村生活的向往，城市移民和返乡农民为乡村带来文化观念和生活方式的城市渗透。中国莫干山民宿经

---

① SALAZAR N B. Tourism imaginaries：a conceptual approach［J］. Annals of tourism research，2012，39（2）：863-882.

② BESSIÈRE J.‘Heritagisation’，a challenge for tourism promotion and regional development［J］. Journal of heritage tourism，2013，8（4）：275-291.

③ LI J，HAN Z，XIAN M. Exploration and application of agriculture-tourism technologies based on rape flowers in rural revitalization of China［J］. Oil crop science，2022，7（3）：122-126.

④ ZHANG J，WU Z，ZHU X，et al. Strategies and economic benefit analysis for productive landscape of rape flower sea in cold regions［J］. Journal of Northeast Agricultural University，2024，31（2）.

⑤ TANG J，LI G，CHEN X，et al. Does multifunctional agriculture increase farmers' enthusiasm for production? Evidence from Chinese winter rapeseed farmers［J］. Evidence from Chinese winter rapeseed farmers.

⑥ PICARD M. Bali：cultural tourism and touristic culture［M］. New York：Cornell University Press，2021.

济的研究样本显示，由传统农业乡村转型而来的功能逐渐完善的旅游社区已经形成：全球化和城市化双重动力下的服务业，尤其是围绕乡村旅游延展开来的餐饮业（农家乐）、住宿业（“洋家乐”）等原先以城市或专业市场为载体的产业形态对传统乡村农业的侵入，冲撞了原先的区域社会组织和结构，使得家庭重新成为值得关注的经济生产合作单位，全家动员的民宿社区正在生长[①]。墨西哥瓦哈卡州的“文化护照”制度（ritual tourism）是一种具有突破性的旅游治理实验[②]，通过设置语言与仪式参与门槛，重构了游客与土著社区之间的权力关系，游客需学习基础的萨波特克语，并参与如玉米祭祀与歌谣吟唱等仪式性活动，方可进入深度旅游项目。这种做法挑战了殖民遗产中的“凝视霸权”（gaze hierarchy），将旅游空间从“被观看对象”转化为“知识转译界面”，社区主权得以彰显[③]，本地文化不再被动呈现，而是以其自身节律设置参与门槛；导游与仪式主持人也不再仅是“表演者”，而是文化知识的“守门人”，在设定参与边界的同时重建文化主权。此举使旅游收益的再分配显著向土著社群倾斜，本土导游的参与收入比例从 31% 升至 69%，并推动濒危语言使用率提升 42%。

收益分配的全球政治经济学主要体现为从涓滴效应[④]到制度创新。日本“越后妻有大地艺术祭”（Echigo-Tsumari Art Triennale, ETAT）被认为是“艺术

---

① 邵颖萍. 落脚乡村与民宿经济——莫干山特色文化重构［M］. 南京：江苏凤凰教育出版社，2019：303.

② MARTINEZ C E. Rethinking structural inequalities and emotional injuries within Oaxacan communities［M］. Berkeley：University of California，2022.

③ AFFOURTIT L J. Visualizing decolonial democracy in the Oaxaca commune［M］. Minnesota：University of Minnesota，2020.

④ 涓滴效应（Trickle-down Effect）是经济学中一个具有争议的理论假说，主要描述通过优先促进高收入群体或资本持有者的经济活动，最终使经济增长的收益“自上而下”渗透至社会各阶层的理论。其核心逻辑在于：富裕群体或企业的财富积累会通过投资、消费和就业创造等方式间接惠及低收入群体。

介入乡村”的开创性典范。其通过邀请全球艺术家将传统农具、粮仓、灌溉设施转化为大型装置艺术，重构了“村落即展场”的空间想象，使人口外流严重的乡村年均吸引游客230万人次①，进而衍生出“艺术稻田认养”模式——城市消费者以9万日元购买0.2公顷的价格认购稻田，获得定制艺术稻米及稻田插秧节、秋收祭祀等在地农业文化的线下体验权，带动农户收入增长4.8倍，农产品溢价达400%②。不仅如此，许多农户在认养合作中扮演双重身份——既是生产者也是“在地策展人”，通过艺术语言对传统生活进行再叙述③。韩国江原道以“农乐”（pungmul）为核心非遗资源，结合防弹少年团（BTS）音乐与国际平台Netflix的传播优势，推出了具有强烈跨界文化符号的沉浸式旅游产品——《K-Farm Experience》，创新地激活了“边缘乡村”的文化旅游价值，重塑了游客对韩国乡村的刻板印象，推动了沉睡地区的文化再发现④。Netflix纪录片《韩国乡村故事》（Korean Village Stories）为该项目提供了全球化媒介扩散通道，成为韩国软实力在农业文化层面传播的重要一环，通过流量聚合机制导入的《K-Farm Experience》吸引了来自23个国家的游客参与，带动了当地非遗相关项目年均超5亿韩元的新增营收⑤，参与该项目的

---

① DE GROOTOVÁ Ž. The role of art and culture in the revitalisation of shrinking regions in Japan［J］. 2022.

② LEUNG K Y，THORSEN L M. Experiencing art from a field of rice：how farmers relate to rural revitalisation and art at Japan's Echigo - Tsumari Art Festival［J］. Sociologia ruralis，2022，62（3）：611-631.

③ PENG Y. Transcendent boundaries：the impact of Art Festivals on rural revitalization in East Asia［D］. Sotheby’s Institute of Art-New York，2024.

④ RICHMOND S，BABE A，FERRARESE M，et al. Lonely planet Korea［M］. Melbourne：Lonely Planet，2024.

⑤ 정선호. How South Koreas media industry is impacted through digital trade［D］. 서울대학교 대학원，2022.

传承人收入增长也达到5.6倍[①]，验证了文化遗产与流行内容交叉编排所具备的经济激活潜力。中国安吉余村近年来率先探索“生态产品价值实现”路径，尝试构建生态价值与消费行为之间的转化机制，其“生态积分”制度以GEP（Gross Ecosystem Product）核算中的12%生态产值转化为游客消费券，直接注入本地旅游经济体系，使生态价值不再停留于“评估指标”，而成为可流通的绿色资产[②]。这一机制有效实现了碳汇价值的“属地化回收”，避免了生态红利在金融化链条中外流，同时也带来了可量化的农户增收效益——生态保护红线与GEP挂钩的旅游反哺机制使农户年均收入增加了约1.2万元，主要来源包括生态券抵现、绿色导览分成与认养型消费返利[③]。更重要的是，生态积分的积分分配机制与乡村治理紧密联动，实现了生态治理与农村集体经济协同增长。这些实践推动学界重构“可持续旅游”和“高质量旅游”理论框架，强调分配正义的测量维度，使得乡村地区能够通过旅游业获得改善增值、积极互动和经济参与的机会。

5. 全球化和地方化在乡村的博弈

全球化不仅是经济现象，也重塑了乡村的社会关系和文化图景。Hecht S认为乡村在全球体系中面临经济与生态重构，但“新乡村性”（new rurality）通过保留文化、农地治理方式和生态认同表达出地方性的坚持[④]。全球化与地

---

① HERRERA J L Q，PÉREZ-TAPIA G. Tourism as a driver of soft power：the case of South Korea［J］. Sustainable tourism，culture and heritage promotion：development，management and connectivity，2024：221.

② ZHAI X，WANG K，LI Z，et al. Value accounting and evaluation of gross climate ecosystem product in Anji county，Zhejiang province［J］. Advances in climate change research，2024，20（4）：475.

③ ZHANG C，LIN D，WANG L，et al. The effects of the ecological conservation redline in China：a case study in Anji county［J］. International journal of environmental research and public health，2022，19（13）：7701.

④ HECHT S. The new rurality：globalization，peasants and the paradoxes of landscapes［J］. Land use policy，2010，27（2）：161-169.

方化之间的博弈体现为地方在全球化压力下通过文化抵抗、制度设计和社会运动等方式保护本土利益与文化特色。面对持续深化的全球化压力，乡村不仅是全球问题的前线，更是文化韧性、制度创新与社会动员的实践场域。

首先，文化抵抗体现为乡村本土认同的再生产与象征性反抗。乡村社区在全球文化侵入中的应对策略之一是文化抵抗，文化抵抗是地方对全球文化同质化的首要回应。伍兹指出，文化抵抗是一种通过强化地方文化符号、语言和仪式来对抗全球标准化与商品化趋势的实践①。伍兹在威尔士、爱尔兰小镇的实地研究显示，本地社群借由“乡村世界主义”论述欢迎多元族裔，但实际操作常陷于“脆弱的包容”——话语与实践间的裂缝引发新一轮地方认同谈判。在东南亚地区，农民通过重塑传统农业节庆、恢复地方祭祀体系来维系社区认同感②。这种文化抵抗不仅是对文化入侵的防御性回应，也是一种象征性的政治表达——通过再生产“地方性”，乡村主体在全球化背景下重新塑造其社会合法性与政治空间。这在墨西哥恰帕斯等地的玛雅土著运动中体现得尤为明显，其抵抗不仅基于土地权益，也借助本土文化表达全球政治诉求③。在中国西南，竹艺村案例揭示了“后乡村”空间的生成逻辑：外来资本植入以全球审美打造“网红”景观；村民则通过竹编非遗、社区企业等方式嵌入全球市场的同时捍卫在地文化，从而形成 LOT（外向型）与 CBT（社区型）治理模式的交错融合。这类研究拓宽了“文化抵抗”内涵：抵抗不再是零和对抗，而是在全球 / 地方力量缠绕中生产新的地方性与新消费景观。

其次，乡村地区通过创新治理机制应对外来冲击。面对全球治理机制和

---

① WOODS M. Social movements and rural politics [J]. Journal of rural studies，2008，24（2）：129-137.

② TURNER S，CAOUETTE D. Shifting fields of rural resistance in Southeast Asia [M] //Agrarian angst and rural resistance in contemporary Southeast Asia. London：Routledge，2009：21-44.

③ EDELMAN M. Rural social movements [J]. The wiley-blackwell companion to political sociology，2012：431-443.

市场力量的冲击，许多乡村通过制度创新来提升自治力。这种创新体现在农业政策制定、土地制度改革和本地经济网络的构建等方面。“新乡村范式”（New Rural Paradigm）概念强调乡村社区通过生态经济策略、地方治理机制和社会创新，对全球市场施加反向影响。这种“在地化反作用力”打破了“乡村弱者论”，为乡村重新建构在全球的位置提供了路径[①]。希腊学者 Apostolopoulou 研究了“激进社会创新”在欧洲南部乡村的扩展，指出地方社群通过创建公共土地信托、生态社区和共享经济平台等机制，强化了对资源和空间的制度性主权[②]。匈牙利学者 Kelemen 等人指出，通过赋予社区和农户生态管理权，西班牙加泰罗尼亚地区在 2018 年以前已成功将超过 3.2 万公顷农田纳入社区性生态治理框架中，通过长期土地租用、生态补偿、地方非政府组织协调等手段，维系农田生物多样性与土壤保护实践[③]——“土地监护”（Land Stewardship）制度成为欧洲可持续农业治理的重要案例之一。日本学者 Ito 等人对中国江苏地区土地租赁市场的研究表明，通过制度性安排如土地合同规范与流转平台的搭建，可有效降低交易风险、提升农户议价能力，从而实现“资本增效”与“权益不剥夺”的双重目标[④]。中国学者黄季焕与丁劲峰则进一步指出，在小农转型过程中，合作社、土地股份制等形式化制度创新能够增强农民在市

---

① HORLINGS L G，MARSDEN T K. Exploring the ‘New Rural Paradigm’ in Europe：eco-economic strategies as a counterforce to the global competitiveness agenda［J］. European urban and regional studies，2014，21（1）：4–20.

② APOSTOLOPOULOU E，BORMPOUDAKIS D，CHATZIPAVLIDIS A，et al. Radical social innovations and the spatialities of grassroots activism：navigating pathways for tackling inequality and reinventing the commons［J］. Journal of political ecology，2022.

③ KELEMEN E，MEGYESI B，MATZDORF B，et al. The prospects of innovative agri-environmental contracts in the European policy context：results from a Delphi study［J］. Land use policy，2023，131：106706.

④ ITO J，BAO Z，NI J. Land rental development via institutional innovation in rural Jiangsu，China［J］. Food policy，2016，59：1-11.

场链条中的主体性，从而防止制度性边缘化[①]。在贵州传统村落保护项目中，逐渐成形的“基金会—合作社—村委会”三级治理结构[②]被认为是一种突破性的制度创新，有效统筹了外部资源注入与社区自我治理之间的张力。中国学者范海芹等以贵州隆里、龙井等村为代表的案例研究中发现，合作社主导的文创产品与旅游线路开发，实现了村民年均增收32%，同时推动非遗技艺再生产与土地景观的持续维护[③]。在中国语境中，“乡村振兴”战略充分体现了地方制度调适的尝试。虽然总体仍处于国家主导框架下，但地方政府和社区也在通过培育地方合作社、推动农业品牌化和生态文明试验区等方式，对接全球绿色发展议程，实现“有韧性”的本土发展。

最后，社会运动成为地方主体博弈全球化的有力工具。伴随全球资本下沉，乡村社会运动呈现出跨域联结与数字动员的新特征，尤其是在抵抗跨国公司、全球农业政策和环境掠夺等方面。印度拉贾斯坦邦农村妇女主导的“微型种子银行”运动，体现了地方知识体系对抗全球农业知识霸权的具体实践。跨国农业公司通过转基因种子和专利制度输出单一性、科学化、技术主导的发展逻辑，而农村妇女则以“种子保存—共享—再生”的实践，重申种子是“共享遗产”而非“商品资产”。127种地方作物种子通过家庭厨房中的微型

---

① HUANG J，DING J. Institutional innovation and policy support to facilitate small-scale farming transformation in China［J］. Agricultural economics，2016，47（S1）：227-237.

② 作为上层引导主体，基金会（如阿拉善SEE、万科公益等）通过提供启动资金与项目管理制度，打通了生态保护与文化活化的资金瓶颈；中间层的村级合作社则发挥资源整合与收益分配功能，将村民纳入旅游运营、非遗手工等产业链；最基层的村委会则维持组织协调、事务民主化与文化规范的传承。

③ FAN H，LI X. Research on the evolution of the governance logic of ethnic-minority villages from the perspective of tourism development—a case study of Longjing Village，Guizhou Province［J］. Sustainability，2023，15（4）：3187.

种子银行被保留与轮种，每年有效阻止 3—5 个商业转基因品种的渗透[①]，成为知识抵抗的微观场域。这种“厨房政治”（Kitchen Politics）将再生产劳动转化为生物多样性保护行动，颠覆了传统公私领域划分。学者 Martínez-Torres 与 Rosset 对“农民之路”（La Vía Campesina）运动的研究指出，这一运动虽源于拉美农村社会，但通过构建全球南北农民网络，实现了从地方抗争到全球议程设定的跃迁[②]。在亚洲，Turner 与 Caouette 研究了东南亚地区的“去领域化抵抗”运动（De-territorialized Resistance），揭示乡村社会如何通过非传统组织网络，打破国家与市场主导的政治结构，实现“由下而上”的空间正义诉求[③]。中国公众环境研究中心《蔚蓝地图年度报告 2023》显示，其开发的环保 APP 推动解决乡村污染问题 4200 余件，形成数字时代的环境抗争新模式[④]。有学者在对中国东南部沿海发达村庄滕头村的研究中发现，全球资本和产业结构的进入促进了乡村振兴，村企改制赋予了滕头产业发展的活力、参与全球市场竞争的能力和克服障碍的发展韧性[⑤]，尤其是地方政府与居民强调文化保护与生态本土性，实现地方性重构。

三、解码与重构：“全球乡村”的内生机制和外显类型

各国乡村都在全球化洪流中经历着转型重构。有的乡村抓住机遇，脱胎

---

① SINGH P. Politics of knowledge in development：explorations in seed sovereignty［J］. Studies in Indian politics，2021，9（1）：105-117.

② MARTÍNEZ-TORRES M E，ROSSET P M. La vía campesina：the birth and evolution of a transnational social movement［J］. Journal of peasant studies，2010，37（1）：149-175.

③ CAOUETTE D，TURNER S. Agrarian angst and rural resistance in contemporary Southeast Asia［M］. London：Routledge，2009.

④ 公众环境研究中心. 蔚蓝地图年度报告2023［R］. IPE，2023：7-9.

⑤ LIU Y，DAI L，LONG H，et al. Rural vitalization promoted by industrial transformation under globalization：the case of Tengtou village in China［J］. Journal of rural studies，2022.

换骨成为全球产业链或文化网络中的关键节点，跻身“全球乡村”之列；有的乡村则出于种种原因未能融入，甚至愈发边缘化。全球化与乡村并非对立面，而是可以相互成就的——在全球化背景下，“小地方”可以通过“专而精”在全球舞台上取得话语权。

1.“全球乡村”的运行逻辑

“全球乡村”的形成并非偶然，其背后有一套内在的运作逻辑和生成机制。简单而言，就是全球力量如何通过多种渠道嵌入乡村，并与本地要素互动，最终塑造出具有全球属性的乡村社会经济结构。概括而言，乡村融入全球体系主要通过以下机制实现：全球价值链嵌入、资本下乡与制度安排、技术与数字连接、社会网络与文化中介、在地能动性与地方创新。这些要素共同作用，解释了不同乡村在全球化中的机遇与挑战。

全球生产网络嵌入机制。首先是经济层面的全球生产网络（Global Production Network, GPN）嵌入。现代商品生产日益转向跨国分工，一个看似偏僻的乡村可能是全球价值链中的重要一环。跨国公司和全球市场在决定哪些乡村纳入其生产体系时，往往看重当地的特定优势：低成本劳动力、独特资源禀赋、宽松的环境管制，或季节气候优势等。当这些优势与全球产业需求相契合时，乡村便通过国际贸易和投资链条被卷入全球生产网络[①]。这种嵌入往往通过全球买家的资本、技术与渠道输入，以及地方提供的土地、劳力等要素实现双向对接，从而形成完整的全球生产网络结构[②]。地方经济借此获得工业化与就业机会，但也形成了对外部市场的高度依赖性。一旦全球需求

① YEUNG H W C. Transnational corporations，global production networks，and urban and regional development：a geographer’s perspective on multinational enterprises and the global economy [J]. Growth and change，2009，40（2）： 197-226.

② GEREFFI G，HUMPHREY J，STURGEON T. The governance of global value chains [J]. Review of international political economy，2005，12（1）：78-104.

变化或价格波动，这些乡村经济极易受到冲击，表现出显著的脆弱性[①]。这种全球生产网络嵌入机制解释了许多外向型乡村（Export-Oriented Villages）的兴衰逻辑：全球市场一旦开启，乡村便飞速成长为生产基地；反之，外部市场萎缩时，乡村又可能陷入困境。近年来，以仓储、冷链、初级加工为核心的“中游革命”在亚洲和非洲乡镇快速扩张，大量中小企业掌握粮食流通的主要份额，为农户提供了新的就业与溢价机会[②]。跨国零售商向产地下沉的私人标准又把质量、环境与劳工规范嵌入生产流程[③]；地方政府或合作社若能参与标准解释、品牌共建与能力建设，就有可能实现由“资源提供者”向“规则共建者”与“文化价值输出者”的转型[④]，提升乡村在全球链条中的议价地位。

资本下乡与制度安排。资本流动（包括商业投资和开发援助等形式）与地方规则的动态博弈构成乡村全球化的制度性嵌入。在许多国家，政策引导下的金融资源、大型企业投资以及产业基金流入乡村，引发了土地制度、生产组织和利益分配方式的结构性调整。地方政府在招商引资与保护在地权益的张力中，往往通过弹性制度设计实现平衡，制度透明度和法治化程度直接影响外来资本在乡村的行为规范[⑤]：产权制度改革释放土地流动性，环境

---

① MAYER F W，PHILLIPS N. Outsourcing governance：states and the politics of a ‘global value chain world’［J］. New political economy，2017，22（2）：134–152.

② LEE J，GEREFFI G，BEAUVAIS J. Global value chains and agrifood standards：challenges and possibilities for smallholders in developing countries［J］.PNAS，2012，109（31）：12326–12331.

③ OUMA S. Global standards，local realities：private agrifood governance and the restructuring of the Kenyan horticulture industry［J］. Economic geography，2010，86（2）：197−222.

④ PARRILLI M D，NADVI K，YEUNG H W C. Local and regional development in global value chains，production networks and innovation networks［J］. Local and regional development，2016：1−25.

⑤ BOUDREAUX K C. Land governance as a corporate performance standard：opportunities，challenges and recommended next steps［J］. Bonn （Germany）：global donor platform for rural development，2015.

规制体系约束资本扩张，社区共治机制保留传统治理智慧。这种制度拼贴（Institutional Bricolage）催生混合型治理模式——既吸纳国际 ESG 标准构建合规框架，又嵌入地方性知识维系社会韧性[①]。制度安排的优劣决定了乡村能否真正受益，当资本逻辑与地方规则深度耦合时，可能触发两种演化路径：或通过“社会许可经营”机制实现包容性增长，资本可以带来技术转移、基础设施建设利好乡村（比如外资农场修建灌溉渠也惠及周边农户）；或因权力寻租导致“制度俘获”，可能出现资本剥夺土地、水源，损害当地小农利益的情况[②]。近年来兴起的公私合作制（PPP）及公平贸易认证等，也可被视为制度设计的外向主张，前者通过合作模式引导私人资本投资乡村公共服务，后者则通过国际认证制度确保乡村生产者在与资本的交易中获得公正待遇；而社区土地信托（CLT）与合作社股权结构的创新则更强调制度安排的内倾要求，正试图重构资本—社区的利益分配格局，其本质是通过制度创新将外部资本转化为内生发展动能。

技术与数字连接。技术进步与数字基础设施的普及正在压缩乡村与全球市场的时间—空间距离。互联网、移动通信与数字平台的下沉，极大地降低了乡村对接全球市场和知识的门槛，尤其是在数字技术支持下的农业、物流、教育与金融服务，为乡村提供了与全球连接的路径[③]。以电子商务为代表的数字连接，改变了传统中间商控制市场的信息不对称，实现了资源的远程配置和交易，给予了乡村生产者直接参与全球贸易的机会——这种连接具有双重面相：一方面，平台经济通过数据采集与流量分配，将乡村纳入数字劳动的

---

① MUTSWIRI P. Institutional theory and rural connectivity：examining the interplay of ESG strategies and regulatory frameworks in Zimbabwe［J］. Journal for business，development and leadership，2024，1：2957-7136.

② EAP Region. Country Partnership Framework for the Republic of the Union of Myanmar for the period FY15–FY17［EB/OL］.World Bank Group，2015.

③ VAVEKANAND R，KUMAR S. Rural agricultural development through e-commerce platforms［J］. Authorea preprints，2024.

新国际分工体系[①]；另一方面，区块链等分布式账本技术为小农户提供了可溯源的贸易路径，打破了跨国贸易商对流通渠道的垄断，为小规模生产赋权提供了可能[②]。但这种连接伴随隐性支配，算法规则决定供需匹配优先级，数据所有权归属平台而非生产者：掌握数字技能的乡村可借助直播电商重塑品牌溢价，而技术边缘群体则沦为数据提取对象[③]——当然，技术赋能需要配套的人力资本提升，教育和培训能够让乡村人口拥有使用技术和适应全球市场的技能，这也是技术机制有效运转的前提[④]。数字技术带来机遇也伴随新的挑战，部分乡村由于基础设施不足或信息技能缺乏，难以有效利用技术红利；过度依赖外部技术平台也可能导致乡村经济自主性的下降。因此，技术与数字连接机制要求地方政府与企业在基础设施建设、技能培训及技术适配性方面展开深度合作，以确保技术赋能真正惠及乡村。

社会网络与文化中介。“全球乡村”的转型不仅依赖市场和资本，更深植于社会网络中，特别是移民网络与跨地缘关系。这些社会网络成为全球机制在地化的“隐形通道”，使边缘乡村与全球市场之间形成“替代性连接”[⑤]，这些路径并非传统物流体系中的一部分。文化中介人——如回流乡村的青年、NGO、国际志愿者等——在信息传递、观念传播与资源连接中扮演关键角色。他们不仅推动知识转译与资本流动，更重塑地方文化形象，使地方性知识与

① LIANG T. Future development paradigms of smallholder economies and internet business opportunities［J］. Artificial intelligence and acientific research，2025，1（1）.

② SHARMA G，SWADIMATH U C. Leveraging technology for inclusive rural development in India［J］. 2025.

③ MHLANGA D. Digital revolution in african agriculture［J］. SSRN 4697324，2024.

④ ZHANG L，MALEK J A，HUSSAIN M Y，et al. Identifying the characteristics of rural regions in China where e-commerce can effectively drive rural revitalisation［J］. International journal of services and standards，2024，14（3）：240-267.

⑤ RICHTER R. Rural social enterprises as embedded intermediaries：the innovative power of connecting rural communities with supra-regional networks［J］. Journal of rural studies，2019，70：179-187.

实践有机会被纳入全球流通体系[①]。大量乡村移民在城市或海外建立的社群网络，为乡村引入资本、技术和管理经验，形成“人力资本回流”，推动地方的经济社会变革，这在移民和侨民网络中体现得尤为明显，侨民社群通过侨汇投资与知识反哺，将宗族关系转化为跨境商业资本[②]。与此同时，国际组织与跨国社会力量通过“标准化认证”和“文化翻译”等机制[③]，如哈尼梯田获“全球农业文化遗产”认证，慢食运动将乡土食材编码为道德消费符号等，使地方性知识获得全球流通资格：特色农产品、乡村旅游项目、民俗手工艺品等通过文化符号的再造和传播，成功进入国际市场。但这种中介过程暗含权力的不对称：一方面，本土文化需经国际标准“翻译”才能产生交换价值，导致地方叙事被选择性重构；另一方面，这种重构往往导致本土叙事的选择性表达与文化内涵的稀释[④]——因此，在全球传播与本土文化真实性之间寻求平衡，成为文化中介机制中不可忽视的挑战。可以说，人在网络中的流动与联系，本身就是乡村融入全球的重要机制，社会情感纽带与非正式网络机制在其中发挥着经济分析难以量化的作用。从某种程度上说，非正式社交网络

① MAGUIRE J S，MATTHEWS J. Are we all cultural intermediaries now? An introduction to cultural intermediaries in context［J］. European journal of cultural studies，2012，15（5）：551-562.

② APAYDIN M，THORNBERRY J，SIDANI Y M. Informal social networks as intermediaries in foreign markets［J］. Management and organization review，2020，16（3）：629-656.

③ THEODORAKOPOULOS N，BENNETT D，SÁNCHEZ PRECIADO D J. Intermediation for technology diffusion and user innovation in a developing rural economy：a social learning perspective［J］. Entrepreneurship & regional development，2014，26（7-8）：645-662.

④ LI H，JUNG S. Networked audiences and cultural globalization［J］. Sociology compass，2018，12（4）：e12570.

往往比正式制度更具有推动全球边缘地带经济社会变革的潜力[①]。

在地能动性与地方创新。在“全球乡村”的运行机制中，在地能动性与地方创新被广泛认为是抵御同质化冲击、重塑发展自主性的核心动力。这种能动性并不仅仅是对全球化压力的被动反应，而是主动通过本地知识、制度创新与技术融合，探索并构建具有地方特色的替代性发展路径。必须强调的是，地方行动者在全球化压力下能通过地方化策略构建新的发展逻辑，其能动性根植于地方文化与资源的再利用能力[②]。地方创新是这一过程的重要载体，其核心在于激发和调动乡村内部的创造性资源与治理潜力。社区、基层组织和地方政府在本地资源的创造性运用上发挥着至关重要的作用，通过有效的制度安排和技术应用，实现经济、社会与生态的协调发展。这种地方创新不仅关乎资源再分配，更具有现代性重塑意义：乡村不应被视为“全球化的末梢”，而是制度实验、社会想象与现代性竞争的重要场域[③]。在全球化压力和机遇面前，具有强社会资本（如村庄组织健全、领导人开明）的社区，更善于引导全球资源为己所用；反之，如果地方内部组织涣散，则可能任由外力摆布，难以真正受惠。因此，乡村的发展并非完全由外部全球化力量预设，而是取决于乡村自身的社会组织结构、治理能力与创新精神。推动乡村积极融入全球体系，需要在制度设计、技术创新和治理能力建设等方面进行协同努力，

---

① YAŞLAK B，AKGÜN A A，BAYCAN T. Social networks of online rural entrepreneurs：the case of Turkey［J］. The annals of regional science，2023，70（3）：705–721.

② LONG N. Globalization and localization new challenges to rural research［M］//The future of anthropological knowledge. London：Routledge，2003：37–59.

③ DALLA TORRE C，RAVAZZOLI E，DIJKSHOORN–DEKKER M，et al. The role of agency in the emergence and development of social innovations in rural areas. Analysis of two cases of social farming in Italy and The Netherlands［J］. Sustainability，2020，12（11）：4440.

确保乡村在全球化的机遇与挑战中真正实现自主、可持续的发展[①]。“全球乡村”的未来，不是被预设的收编，而是地方主体在多重网络中持续协商、试错与制度创造的结果。

综合以上机制，我们可以勾勒出“全球乡村”的运作逻辑闭环。首先，全球市场的需求与外部动力促使资本、技术和劳动力等跨国要素流入乡村；这些全球要素与乡村本地资源和文化在特定制度框架下交汇、重构，形成具有地方特色的生产生活新模式——这种跨地方嵌入（Translocal Embeddedness）构成了乡村发展中的核心机制，有助于边缘区域通过全球网络实现资源与知识的流动[②]。在制度环境和社区组织的调节下，乡村社会对这些变化做出能动回应，通过整合本地资源、调整治理结构和强化社会资本，来增强对积极效应的吸收能力并规避潜在风险，这种能动嵌入不仅仅限于经济层面，还包括社会、文化和生态层次的互动。最终，乡村社会嵌入全球网络体系，并在其中发挥独特作用，其本地社会结构、文化逻辑及生态系统也随之发生重组——地方行动者的政策赋权与社区自主参与在实现这一嵌入的过程中起到关键作用，尤其是在推动“地方发展机制”方面[③]。从学科视角来看，经济地理学提供了分析乡村如何通过空间网络嵌入全球价值链的工具；政治经济学揭示了资本流动与制度安排的权力逻辑；社会学与人类学关注地方社会如何在全球化语境中建构身份与文化意义；而环境科学则提醒我们注意生

① MYTELKA L K. Local systems of innovation in a globalized world economy［J］. Industry and innovation，2000，7（1）：15-32.

② DUBOIS A. Transnationalising entrepreneurship in a peripheral region–the translocal embeddedness paradigm［J］. Journal of rural studies，2016，46：1-11.

③ MANTINO F. Rural areas between locality and global networks. Local development mechanisms and the role of policies empowering rural actors［J］. Bio-based and applied economics，2021，10（4）：265-281.

态成本，特别是在出口导向型农业背景下的水资源压力等问题[①]。只有整合这些学科视角，我们才能真正把握“全球乡村”的动态生成机制与多维运作逻辑。

2.“全球乡村”的实现路径

厘清“全球乡村”运作逻辑后，关键在于探索实现乡村积极融入全球化的路径。全球化时代乡村影响力的重构逻辑，是一种超越边缘的勇敢者尝试，正如本书的书名一样，是乡村野心、远见和胆识的集体谋划。

目标定位：明晰乡村全球影响力的战略方向。目标定位是战略制高点，要求乡村在全球文明坐标系中找到独特生态位，其决定了乡村未来发展的核心方向与路径选择，直接关系到产业布局、资源配置和市场开拓策略的精准性。目标定位的制定应建立在对全球趋势的深刻理解和本地资源禀赋的综合评估基础之上，既要找到独特的资源优势，又要匹配全球产业链的需求，避免与已有的乡村全球品牌形成低位竞争和过度竞争。法国勃艮第葡萄酒乡村集群确立了“全球葡萄酒文化圣地”的品牌定位，构建了强烈的文化识别性与价值导向[②]。乡村在全球定位中必须同时兼顾动态性和灵活性，根据市场变化、技术进步和全球社会趋势，及时调整和优化定位，以确保目标始终适应国际环境的变化。中国浙江省安吉县将目标锁定为“全球绿色乡村示范地”，专注于生态经济与可持续发展方向，成功创建了联合国认可的全球生态经济示范区，体现了战略性和前瞻性的地方智慧。最终，通过清晰的目标定位，乡村能够凝聚资源、明确路径、形成共识，奠定全球化发展的坚实基础。

产品突围：培育乡村全球话语权的核心载体。核心产品不仅是乡村参与

---

① BIRÓ Z A，SÁROSI-BLÁGA Á. Embeddedness or marginalization? Aspects for analysing the local embeddedness of innovative agricultural enterprises in Szeklerland[J]. Acta Universitatis Sapientiae. Social Analysis，2020，10：77-93.

② FOUNTAIN J，CHARTERS S，COGAN-MARIE L.（2021）. The real Burgundy：negotiating wine tourism，relational place and the global countryside[J]. European urban and regional studies，2021，28（2）：178-193.

全球市场竞争的主体，更是乡村形象传播和品牌建设的重要载体。产品的选择必须基于乡村的自然资源特色、文化历史底蕴与创新潜力，同时还要符合国际市场的需求趋势。江苏东海县从“水晶之都”发展至“穿戴甲产业链中心”的实践证明成功的产品突围依赖于产业链的整合跃迁：从上游的原材料生产到中游的批发代工再到下游的高端定制和海外市场拓展，从家庭作坊到规模化生产再到跨境电商和直播带货，从代工低价产品到掌握文化设计定价权，东海县实现了完整的穿戴甲产业链布局和升级，2024 年穿戴甲销售额近 80 亿元，出货量约占全国总量的 70%，出口量达 8000 万副，北美市场占比超 40%。乡村发展核心产品时需要注重品质标准化和品牌故事化，强化产品的国际认证与文化营销，突出产品的独特性与不可复制性；尤其是乡村文化产品的成功不仅取决于功能性价值，还需融入在地哲学、历史与视觉语言，实现“文化编码—市场解码”的有效转译[①]，强化产品的技术创新与设计创意，使乡村产品持续焕发活力与提升竞争力。只有具备稳定的品质、明确的定位与独特的品牌故事，乡村核心产品才能持久获得全球消费者的认同，使“地方产品”具备“全球表达”，真正实现产业和品牌的双重全球化。

市场锚定：深耕乡村全球价值体的精准区域。精准锁定全球关键市场，决定了乡村全球化战略的落地与实施效果。成功的“全球乡村”品牌往往以“切入特定关键市场”为突破点，通过深耕文化接受度高、需求高度匹配的区域，逐步实现品牌的全球扩张。例如日本的越光大米之所以能够成为全球知名高端稻米品牌，在很大程度上得益于东亚和欧美市场对日本文化的高认可度与对优质健康食品的持续需求[②]。类似地，新西兰皇后镇之所以成为国际旅游目

---

① XIE L，CHEN G. Research on the development path of “Yin Yang and Five Elements” cultural creative products based on cross-border e-commerce［C］. The International Conference on Social Science and Education，2021.

② DE ST MAURICE G. The Kyoto Brand：protecting agricultural and culinary heritage［D］. Pittsburgh：University of Pittsburgh，2015.

的地的代表，除了得天独厚的自然生态景观，其通过围绕欧美市场定制旅游内容与体验场景，并构建以户外运动为核心的品牌形象，有效建立了市场—文化契合度模型，从而获得高端游客的长期偏好与忠诚[①]。乡村选择关键市场时，要考虑与市场的文化契合度和产品需求匹配度，特别是文化亲和性与价值观共鸣，这直接关系到产品推广的顺利程度和品牌接受度。乡村需要在市场推广与渠道建设方面进行精细化的战略布局，善于利用国际电商平台、专业展会与当地经销网络，逐步实现全球市场渗透。此外，乡村全球品牌建设还需强调战略伙伴关系与品牌联合，例如区域农业品牌集群模式、地方产品原产地联合推广等，可有效增强市场稳定性与品牌黏性，实现“从单点突围到多点融合”[②]的全球扩展策略。

人才建设：壮大乡村全球辐射度的行动主体。人才队伍不仅是产品研发、品牌推广与市场营销的执行者，更是推动文化传播、制度创新与技术进步的核心主体。乡村在全球网络中的竞争力提升日益依赖于其能够吸引并融合多元化人才的能力发展，这包括本土人才的培养与国际人才的引入、数字技术型人才的结合，以及文化中介者的嵌入式参与[③]——如传统守护者、科技融合者、文化转译者等不同角色的人才群体。乡村人才建设应体现多层次和多样化特征。例如，中国云南的“乡村振兴人才工程”推动了本地创新人才与海归专业人才的协同发展，这与全球趋势一致，即地方振兴需要跨文化和跨学

---

① PADHIARY M，ROY P. Collaborative marketing strategies in agriculture for global reach and local impact［M］//Handbook of research on agricultural marketing and supply chain management in the Global Economy. IGI Global，2025：143-161.

② PADHIARY M，ROY P. Collaborative marketing strategies in agriculture for global reach and local impact［M］//Handbook of research on agricultural marketing and supply chain management in the Global Economy. IGI Global，2025：143-161.

③ YANG C，SHAO J，ZHAO Y. Post-COVID-19 sojourn choices：exploring the distribution and preferences of Chinese digital nomads［J］. Sustainability，2025，17（1）：130.

科的知识交汇[①]；类似地，荷兰的乡村发展模式强调青年人才国际化教育和国际专家短期介入机制，以维持其在农业科技和乡村旅游领域的全球领先地位[②]。近年来兴起的“数字游民”机制和“候鸟科学家计划”等模式，提供了打造跨国人才流动平台的新范式。在中国数字乡村治理背景下，数字游民社群已被提出作为激发地方创新与外部连接的新动力[③]，这一机制有助于构建可持续的乡村创新生态系统，推动乡村知识与文化的国际转译与传播。要实现上述目标，需通过人才激励政策、专项培训计划和国际交流平台的构建，建立动态、互补且具有韧性的乡村人才生态。

政策引领：构筑乡村全球渗透性的支撑体系。政策是“制度性赋能”的关键渠道，而制度韧性则直接决定了乡村全球化路径的可持续性和渗透力。全面且高效的政策体系不仅应当鼓励乡村产业的技术创新和国际市场开拓，更需提供稳定的制度保障与资源供给，增强乡村对资本、技术和人才的吸附能力。在意大利托斯卡纳地区，地方政府通过出台专门针对乡村产业国际化的政策体系，不仅确立了葡萄酒、橄榄油等标志性产品的品牌保护机制，还构建了支持生态农业、可再生能源利用（如农场沼气）与农村绿色创新协同发展的跨领域平台——这些政策有助于构建地区品牌的国际认知，拓展其在全球市场中的竞争空间[④]。乡村还应围绕国际化战略建立包括产业扶持、人才引进、技术激励与国际合作在内的政策矩阵，形成全方位、多维度的全球对接通道。同时，为提升政策的灵活性和适应性，构建多级政府、市场与社会

---

① CHEN P. Urban–rural mobility，landscape，and displacement：rural tourism makers in China［D］. Southampton：University of Southampton，2021.

② VAN DER PLOEG J D. The new peasantries：Rural development in times of globalization［M］. London：Routledge，2018.

③ MAO Q， XU S.（2024）. How digital nomad communities can empower rural revitalisation［C］. AEIMPS，2024.

④ GAVA O. Opportunities and threats of farm biogas diffusion at the regional level in Italy［D］. Padova：Università degli Studi di Padova，2017.

组织共同参与的政策协商机制，有助于增强地方在全球竞争中的主动性与抗压能力。这种整体性的政策布局，不仅提升了乡村品牌在国际市场中的渗透力与适应性，也为乡村全球化提供了坚实的制度基础和持久的制度保障。

生态保障：夯实乡村全球可持续发展的韧性筑基。生态保障体系的构建不仅关乎自然环境的可持续性，更是国际市场对乡村品牌信任的核心基础。生态保障体系应融合自然韧性与社会稳定两大维度，通过生态旅游、有机农业、绿色认证、文化遗产保护等多路径协同，建立具有内外部支撑力的可持续发展基座。如奥地利在“未来区域平台”战略中，强调在25%的农地内实施有机农业，并结合音乐、康养、文化等软价值打造乡村生态综合体，有效提高了生态韧性与乡村品牌全球识别度①。同时，绿色认证体系和生态监管制度的建立，成为提升乡村产品国际信誉的关键手段。例如欧洲“ETGG-SME 2030”政策报告指出，发展可持续乡村旅游需推动认证机制和环保意识教育，塑造“负责任的生态形象”，这一体系对于获取国际投资与消费者认可至关重要②，此外，生态保护还需融合地方文化元素。在意大利有机农业区，当地不仅制定生态农业制度，还通过媒体文化传播强化文化基因的生态防御机制，从而实现环境与文化双重护航③。可见，乡村全球化必须将生态保障制度系统化、品牌化与文化化，强化其生态与人文双重友好性的国际表达力。这种生态人文的双重保障策略不仅有助于夯实乡村全球战略的可持续基础，还将为其赢得国际社会的高度信任与投资热情。

价值创造闭环模型是乡村全球化中实现系统协同与持续演化的关键路径。

---

① HAUGER G，STAGL S，BRAITH J M，et al. International platform for the regions of the future：recommendation paper［A］. 2022.

② KOSMAS P C. European SME going green 2030 report：boosting sustainable tourism in Europe［R］. 2022.

③ GRANDI C，TRIANTAFYLLIDIS A. Organic agriculture in protected areas：the Italian experience［R］. FAO，2010.

该模型以六个维度构成一个正向反馈的战略螺旋：目标定位指引产品方向→核心产品打开市场空间→市场收益反哺人才建设→人才创新催生政策突破→政策红利强化生态保障→生态优化重塑战略定位。这一路径不仅是乡村实现外部渗透与内部迭代的治理逻辑，也是一种可推广的乡村全球竞争力构建范式。

3.“全球乡村”的类型表达

通过对“全球乡村”运行逻辑和实现路径的多维剖析，我们越来越清楚地认识到，全球化并非单向的空间渗透过程，而是一种制度性、文化性与地理性的多向互动实践①。“全球乡村”不仅是理论范畴，更是可被测度的现实场景，它们在产业集群、数字技术接入、旅游经济参与和国际合作指标中均可被观察和归类。从占据全球市场份额的产业集群，到席卷农村的数字经济浪潮，再到获得联合国认可的旅游村落，各类案例共同勾勒出“全球乡村”的轮廓：那些地理上身处乡土，但通过多种途径与世界相连并产生广泛影响力的社区。通过对世界范围内“全球乡村”的分类，可以初步归纳出“全球乡村”的八种类型：资源输出型、文化出口型、旅游依赖型、数字连接型、制度嵌入型、侨汇驱动型、产业链转移型、可持续转型型。这种分类学突破具有双重意义：其一，解构了“城市主动—乡村被动”的二元对立，证明乡村可通过制度创新、技术适配等策略掌握发展主动权；其二，揭示了全球化对乡村的差异化形塑机制以及乡村的不同回应。理解这种多样性，方能摆脱“乡村振兴＝工业化追赶”的单一叙事，在生态文明与数字文明交汇的新语境下，探索乡村参与全球化的多元可能。

资源输出型“全球乡村”：资源输出型“全球乡村”通常位于全球价值

---

① WOODS M. Regions engaging globalization：a typology of regional responses in rural Europe［J］. Journal of rural and community development，2013，8（3）. SHUCKSMITH M，BROWN D L. Routledge international handbook of rural studies［M］. London：Routledge，2016.

链的最上游，主要承担初级产品的生产与输出职能。这类乡村依托当地的自然禀赋，通过农业种植、矿产开采、林木伐采等活动，向全球市场提供基础原料或初级产品，形成依赖外部市场波动的经济结构。例如，哥伦比亚安第斯山脉地区的乡村广泛种植咖啡，其生产高度依赖欧美市场的消费需求[①]；非洲刚果（金）农村大量开采钴矿，服务于全球新能源电池制造链；中国东北粮食主产区县域通过出口粮食产品参与国际贸易。然而，这种乡村经济模式面临资源价格波动、环境退化和地方利益难以保障的风险。同时，其与全球的连接方式较为单一，在全球产业链中缺乏主动权，通常处于被动适应国际市场的状态。因此，推动附加值提升、拓展产业链条、引导技术渗透与多元经济发展，成为资源输出型"全球乡村"实现可持续发展的必要战略方向。相关政策建议包括推进本地初加工能力建设、推动原产地认证与品牌塑造、导入绿色转型路径，以缓解"资源诅咒"效应并重构发展韧性。

文化出口型"全球乡村"：文化出口型"全球乡村"将地方的传统文化、手工技艺等非物质文化遗产转化为全球化商品，依靠文化符号化形成的独特价值实现市场差异化竞争。这类乡村以"文化差异性"为优势，善于挖掘本地文化资源，形成具有鲜明地域特色的品牌和产品形象，借助文化展览、跨境电商、国际节庆与侨民网络，将本土文化嵌入全球市场体系，在国际市场上拥有高度识别性。印度尼西亚爪哇岛的蜡染（Batik）工艺村，将传统染织技艺转化为高端时尚品牌[②]，广受欧美与亚洲市场青睐；墨西哥瓦哈卡州乡村

---

① 虽然咖啡带动了地方就业，但由于附加值主要集中于品牌商和国际分销体系，产地乡村在全球价值链中处于低收益环节，面临结构性收益劣势。参见PHILLIPS J L F. Natural resources，opportunity，and global justice［D］. 2010。

② 蜡染（Batik）工艺于2009年被联合国教科文组织认定为人类非物质文化遗产，蜡染村通过设计创新、文化授权与国际交流，将传统工艺重构为"时尚文化标识"，形成了基于文化资本的价值溢出。参见TANDJUNG J E. A trade-oriented indonesian position on the protection of Traditional Cultural Expressions（TCEs）： a case study of Indonesian Batik［R］. 2017.

出产的手工彩绘木雕（Alebrijes），借助文化艺术展览和国际贸易平台，将地方手工神话形象转化为艺术收藏与文创消费产品，建立了以“神话再造”为核心的全球文化市场通道；非洲加纳库马西地区的肯特布（Kente）纺织村依靠非洲侨民在欧美的文化传播力量，以及通过参与非洲文化节、设计师合作与时尚周展演等形式，将传统纺织技艺成功传播至全球，构建了文化与身份的跨国连接纽带[①]。这种模式有利于提升乡村的经济收益和文化自信，也伴随着潜在的风险：如文化误读、知识产权模糊、商业化泛滥与本土语境弱化等问题日益凸显。因此，文化出口型“全球乡村”应在增强文化产业化能力的同时，建立合理的文化阐释机制与权利主张体系，实现文化价值的保护与转化之间的动态平衡。

旅游依赖型“全球乡村”：旅游依赖型“全球乡村”以景观消费和体验经济为核心，通过吸引国际游客实现经济增值。这类乡村多以独特的生态环境、传统文化景观或历史遗迹为核心吸引物，嵌入全球消费网络之中[②]。瑞士阿尔卑斯山区乡村策马特（Zermatt），以优质滑雪运动和阿尔卑斯乡村风情著称，是典型的景观驱动型乡村旅游地；泰国清迈山区乡村依托社区旅游模式，将传统农业、民俗节庆转化为体验经济资源，反映出文化商品化对全球游客吸引力的强化[③]；加拿大班夫国家公园的乡村旅游依赖自然景观推动生态旅游，构建了以可持续性为诉求的消费生态圈[④]。但旅游依赖型“全球乡村”也面临

① ANTONS C.Intangible cultural heritage，intellectual property，and the politics of development in Southeast Asia [Z]. Taylor & Francis Online，2022.

② OSAWE A I. Preserving the rural place：a geotourism in a globalized world [J]. Journal of tourism，hospitality and sports，2021.

③ KLEINOD M. The soft power of authenticity：Lao ecotourism as participatory exclusion [J]. Journal of political sociology，2024.

④ KHATER M，FAIK M. Tourism as a catalyst for resilience：strategies for building sustainable and adaptive communities [J]. Journal of hospitality & tourism education，2024.

典型困境。一方面，社区文化商品化可能削弱文化本真性[①]，使乡村逐渐沦为标准化的“文化展览馆”；另一方面，过度开发与游客的潮汐式涌入将削弱生态环境承载力，导致本地资源不可持续利用[②]。因此，有效的社区治理、生态保护和地方赋权是实现旅游可持续发展的关键，适度“去增长”（degrowth）策略可以防止旅游资本化对乡村社会结构和自然环境的破坏。

数字连接型“全球乡村”：数字连接型“全球乡村”借助互联网和数字技术平台，突破地理局限，实现与全球资本、信息、服务网络的虚拟连接。这类乡村的核心特征在于：以数字化市场通道为纽带，通过电子商务、远程服务、数字内容创作等模式实现经济跃迁和社会联通。在东欧部分国家，尤其是保加利亚、罗马尼亚等地，乡村因具备较低的劳动力成本与良好教育基础，成为欧美数字经济的外包节点，从数据标注、客服支持到网页设计，这些数字外包服务正通过远程方式嵌入全球供应链，推动乡村从传统农业向“信息劳动密集型”转型[③]；巴西东北部乡村依靠政府支持的互联网基础设施项目，积极开展网络教学、在线医疗服务，显著改善当地居民的生活质量；中国云南西双版纳边远村寨借助数字平台推动本地农产品的品牌塑造和在线销售，例如野蜂蜜、古茶树茶等商品在短时间内打入全国乃至东南亚市场，显著增强了经济自主性与文化表达能力[④]。然而，数字连接的乡村也面临基础设施不均衡、数字技能缺乏以及数字鸿沟等问题，尤其是弱势群体（如老人）难以有效融入数字经济，可能导致新的社会分化。因此，数字连接型“全球乡村”

---

① FANG W，YONG Z，HUA L. Cultural impacts of mass tourism at hidden costs for local communities[R]. JTCMS，2024.

② JUDIJANTO L，RESPATI R D，KARTINI R A，et al. Bibliometric analysis on ecotourism and cultural tourism development[R]. ResearchGate，2024.

③ ZEKOS G I. E-globalization and digital economy[M]//Springer handbook of e-commerce and digital economy，2021.

④ FERRARO R. The Chinese urban-rural digital divide and the development of E-commerce in rural China[R]. 2020.

的可持续发展需要国家政策与社会组织共同推进数字基础设施普及、数字技能培训与老龄友好型平台设计，以实现“数字普惠”而非“数字排斥”。

制度嵌入型“全球乡村”：制度嵌入型全球乡村通过地理标志认证（GI）、原产地命名保护（PDO）、公平贸易（Fair Trade）、环境社会治理（ESG）等国际规则体系实现对接全球市场，将制度合规性作为竞争优势，提升产品议价能力、品牌可信度与可持续性。意大利帕尔马乡村通过欧盟 PDO 认证[①]的帕尔马火腿（Prosciutto di Parma）产品，成功获得国际高端食品市场的认可；哥伦比亚威拉地区（Huila）的咖啡种植园借助“公平贸易”与可持续咖啡认证机制（如 Rainforest Alliance）[②]，成功打入欧美高端咖啡消费市场，显著提升农户收益与地方治理参与度；希腊克里特岛乡村的橄榄油因 PDO 认证体系，确立了其在国际橄榄油市场中的文化与品质象征地位，成功占据国际橄榄油市场高端份额。制度嵌入型“全球乡村”的优势是通过制度保障实现长期市场收益，但认证费用、技术标准达标、追溯体系建设以及持续监督机制等都构成较高的制度进入成本，特别是对于规模较小、资源薄弱的乡村主体而言，这种制度嵌入可能加剧不平等；而缺乏本地化的产业配套机制（如加工链条、营销渠道、法律支持）也常使认证作用大打折扣[③]。因此，推动制度嵌入型“全球乡村”的可持续发展，需要构建跨部门支持机制、公共资助补贴制度、专

---

① PDO标签不仅提高了产品附加值，也成为意大利农村维系“农业—文化—生态”一体化发展的制度工具。参见FLINZBERGER L.Geographic Indications as flagship products for sustainable landscape management in the European Union［D］. Göttingen：University of Göttingen，2023。

② 据研究，全球已有超过40万户咖农纳入此类认证网络中，这一机制在保护环境、提升质量和强化供应链治理方面效果明显。参见HIELM A，SAMPSON G，PAMPIN M P，et al. Improving standards and certification in agri-food supply chains：ensuring safety，sustainability and social responsibility［Z］. 2024。

③ FLINZBERGER L.Geographic Indications as flagship products for sustainable landscape management in the European Union［D］. Göttingen：University of Göttingen，2023.

业技术支持平台，以及更具包容性的认证合作网络，使乡村在制度合规基础上真正获得长期稳定的全球收益能力。

侨汇驱动型“全球乡村”：侨汇驱动型“全球乡村”依托跨国移民网络所形成的经济流与社会资本回流路径，成为全球南方国家乡村社会的一种典型发展范式。这类乡村通过移民侨汇、回乡投资与社群参与，构建起超越国界的经济资源输送通道，推动基础设施建设、公共服务改善与乡村社会形态转型。在中国东南沿海，如福建泉州、广东梅州等传统侨乡，华人移民在东南亚、美洲和欧洲形成稳定社群，不仅定期寄送侨汇，还通过兴建学校、医院与文化场馆，塑造“跨国乡建”的制度性渠道。这些“制度化侨汇”通过地方宗亲组织与海外同乡会实现资金回流与社会动员，被认为是一种“民间国际发展合作”机制[①]。在菲律宾农村，侨汇约占其 GDP 的 9% 以上，是数百万家庭生活支出的主要来源，农村基础设施投资、房产建设甚至社区节庆均深受海外劳工回汇的支持[②]。墨西哥中南部乡村将移民输出视为“家庭战略”核心，侨汇成为社区建设与产业投资的重要资本源泉。然而，这种乡村普遍存在经济结构单一、对侨汇依赖程度过高的问题，一旦海外经济环境恶化或移民政策收紧，极易出现发展中断。因此，侨汇驱动型“全球乡村”需要积极推动产业多元化发展，培育本地产业基础，引导侨汇从消费性用途向投资性用途转化；建立侨汇产业引导基金与合作社，将资本嵌入可持续农业、文旅开发与乡村金融等领域；建立跨境侨乡合作网络平台，利用海外社会资本推动“链式发展”而非“点状回馈”。

产业链转移型“全球乡村”：产业链转移型“全球乡村”承接发达地区劳动密集型产业外包，以低成本生产优势参与全球制造链，成为跨国资本全

① KAPUR D. Remittances：the new development mantra?［J］. Remittances：development impact and future prospects，2005，2（1）：331-360.

② PIDO E J. Migrant returns：Manila，development，and transnational connectivity［M］. Durham：Duke University Press，2017.

球布局中的“成本洼地”节点。这类乡村依赖廉价劳动力、低土地成本和松散监管吸引外资设厂，快速融入全球供应链并实现初步工业化。如柬埔寨金边以外的乡村地区通过大量承接服装制造产业转移，依托外资建立规模化服装加工厂，成为全球服装产业链重要节点；墨西哥北部乡村则在美国—墨西哥—加拿大协定（USMCA）推动下，成为汽车零部件制造等制造业向南转移的重要承接地，特别是索诺拉、奇瓦瓦等地区逐渐形成乡村工业园带，承接车用电气、线束和内饰件等零部件装配工序；孟加拉国农村地区广泛发展服装、皮革加工产业，融入国际制造供应链，大量农村人口依赖这些产业获得家庭收入。该模式虽然短期内有效，但在可持续性与劳工保护方面仍存在显著缺陷[①]。产业链转移型“全球乡村”在嵌入全球产业体系的同时，面临“三重压力”：环境污染、劳工剥削[②]与价值链控制权缺失。因此需要积极实施产业升级战略，鼓励从“代工—组装”向“设计—品牌”链条上游延伸；加强环境监管和劳工权益保护，制定并执行与国际接轨的环保与劳工法规；提升本地治理能力，发展地方产业组织、工会力量与第三方监管，防止制度空壳化。

可持续转型型“全球乡村”：可持续转型型“全球乡村”积极融入全球可持续发展议程，成为生态治理、绿色发展和气候适应战略的前沿实践场域。此类乡村通过发展有机农业、参与碳汇交易、申报全球重要农业文化遗产（GIAHS）等方式，积极嵌入绿色转型的全球制度框架。在肯尼亚、越南、秘鲁等地，碳交易与支付生态服务（PES）机制正在将自然保护与社区收入结合起来，森林碳伙伴关系基金支持的越南 REDD+ 项目即通过碳减排量交易为乡村提供生态保护资金[③]。南美洲安第斯山区的可持续转型路径强调生态农业

---

① TANG U. The recent development of the Cambodian garment industry：global firms，government policies，and exports to the US［D］. Athens： Ohio University，2016.

② FERNANDEZ-STARK K，BAMBER P，COUTO V. Analysis of the textile and clothing industry global value chains［R］. Inter-American Development Bank，2022.

③ Carbon Fund. Ministry of Agriculture and Rural Development，Vietnam Final ER-PD［R］. 2016

与认证机制相结合，使高山农业产品得以进入国际高端市场，这类“基于自然的解决方案”将农业遗产系统、社区参与和国际支持连接起来，实现生态与经济的双赢[①]。中国云南红河哈尼梯田则是联合国粮农组织 GIAHS 项目的典型案例，作为生态系统保护与文化遗产传承的融合样板，该地通过 GIAHS 机制争取国际资金、政策与技术支援[②]。然而，这类乡村的转型路径仍受到技术能力、组织协同、国际支持连续性等多方面制约，GIAHS 和碳交易等机制若缺乏长期投入与本地能力建设，将难以支撑可持续的乡村复兴[③]。因此，这类乡村的可持续发展仍需依赖政策机制与全球伙伴关系的强化支持。

四、发现与想象：“全球乡村”中国样本的进行时和未来时

作为全球化进程中最大的发展中国家，中国的乡村转型提供了独具价值的“全球乡村”样本。改革开放以来，中国乡村逐步融入世界经济：农业出口增长、乡镇企业承接国际产业转移、新型业态连接全球市场，种种变化使中国一些农村地区呈现出鲜明的全球化特征。近年来，中国政府提出乡村振兴战略，也强调加强城乡融合和国际合作，为乡村发展注入全球视野。我理解的“全球乡村”，既是对现实变化的描述，更是对未来乡村振兴的期许。除了前文讨论的关于“全球乡村”的种种，我还经常性地会思考两个问题：

---

① ARNÉS GARCÍA M，SANTIVAÑES T. Nature-based solutions in Europe and Central Asia［Z］. Google Books，2021. ROMEO R，MANUELLI S，GERINGER M，et al. Mountain farming systems – seeds for the future［Z］. Google Books，2021.

② HE S Y，JIAO W J，MIN Q W. The transition of the food system for a nature-positive world：a GIAHS-based solution［J］. Journal of ecology and rural environment，2022，38（10）：1249-1257.

③ ALLEN K E，ORTIZ-PRZYCHODZKA S，COELHO-JUNIOR M G，et al. Grassroots relational approaches to agricultural transformation in Latin America［J］. Ecosystems and people，2024，20（1）：2390470.

谁规定在乡村应当做什么？

谁规定乡村应当是怎样的？

下面的两幅图，左图是 2014 年在浙江莫干山区一家民宿，当地的阿姨早上给我做完手冲咖啡之后，自己也冲了一杯，然后就着薯片吃了起来；右图是 2022 年我在江苏溧阳的乡村宠物庄园拍到的一对留守老人，60 多岁的他们没有蹲在自家门口择菜或者聊天，而是趁着夕阳未落悠闲地荡着秋千。这些都是乡村，都是乡村里的生活。我想，如果我不告诉你们，可能大多数人并不觉得这是应当发生在乡村的图景。

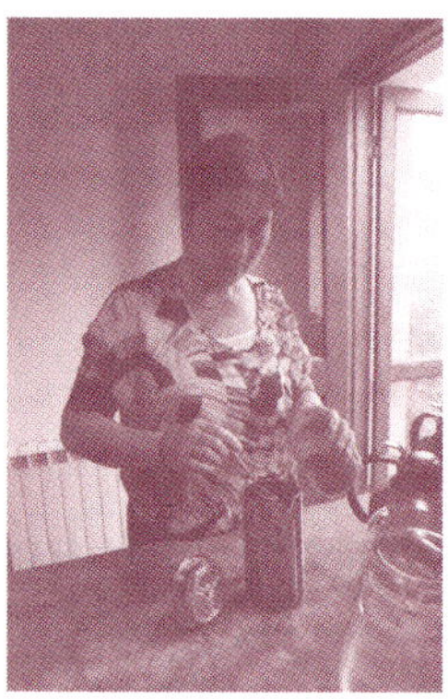

下面的两幅图，左图是 2015 年我在浙江莫干山山腰上的竹林民宿，邂逅了一群来自世界各地的朋友们，晚上的时候我们一起嬉笑攀谈；右图是几乎同期我在莫干山山脚下的农户家里，看到传统的竹床竹椅和日常的农民生活。这些都是乡村，都是乡村里的模样。我想，如果我不告诉你们，可能大多数人并不会觉得这发生在同一个时空。

我是城市社会学专业出身。2014年，在做博士学位论文调研的前后，我选择了莫干山乡村地区及其民宿经济作为我的研究对象。原因是我觉得“莫干山呈现出另一种可能性，在传统的乡村村落格局中衍生出现代城市的生活方式——莫干山地区是乡村，但他已日益蜕变为一个城市区域。生活在莫干山的民宿人们，同样遵循城市的生活仪式和交往逻辑。……从这个意义来讲，莫干山区域正在成为‘村庄里的城市’”[①]，“莫干山研究既是区域发展历史的整体性描述，也是中国百年历史变迁中的一个乡村社会的缩影，还是被裹挟在全球化和地方化激烈互动过程中的时代叙事……不仅是这个区域的过去、现在和未来，也是它在经济全球化过程中所展现的地方文化自觉的态度”[②]。我在博士学位论文中提出“全球乡村”的设想，初时欣喜地觉得自己找到了对照于“全球城市”并能够为之补充的分析框架，而后在做进一步的研究时我发现了英国地理学者迈克尔·伍兹对于“全球乡村”的论述（与前辈的差异之处在于，我对于“全球乡村”在学术设想上更倾向于强调其在某个细分领域或关键环节中掌握了显著的资源支配力和行业话语权，因而突破了一般乡村的地域局限，成为全球体系中的重要节点），似乎有了理论的倚仗。其中我尤为赞同的是迈克尔·伍兹提出的“新利基创新”（Niche Innovation），它是在全球化背景下乡村通过挖掘地方独特性、创造差异化价值，从而在保持自主性的同时参与全球竞争的核心策略。这一概念源于对乡村能动性的重新发现，强调地方主体通过“创造性适应”（Creative Adaptation），将全球要素与本土资源融合，形成不可复制的竞争优势[③]。其

① 邵颖萍. 落脚乡村与民宿经济——莫干山特色文化重构［M］. 南京：江苏凤凰教育出版社，2019：12.

② 邵颖萍. 落脚乡村与民宿经济——莫干山特色文化重构［M］. 南京：江苏凤凰教育出版社，2019：13-14.

③ WOODS M. Regions engaging globalization：a typology of regional responses in rural Europe［J］. Journal of rural and community development，2013，8（3）.

核心逻辑在于：通过构建“地方特异性—全球稀缺性”的价值闭环，乡村能够突破“依附性发展”的困境，成为全球化进程中的主动参与者而非被动接受者。对于大多数在全球化浪潮中谋求出路的乡村来说，应寻找“新利基创新”，通过“去地方化”解构和“再地方化”建构，重新定义乡村经验与想象的表述，突出乡村是如何被感知和表征的，从对实体、物质空间的关注转向对关系网络、人文经济的强调，关注：乡村如何自下而上反馈、回应宏观的经济社会进程；乡村特色产业形态参与全球产业价值链分工；乡村振兴和乡愁带来的地方文化反哺；乡村性和都市性在城乡连续统一的概念体系中互为作用。

经年以来，我和我的团队跟踪乡村、调研乡村、规划乡村、经营乡村，我们从乡村中获得给养，也尝试着反哺乡村。我们相信，乡村是被生产和再生产的，比起描述“乡村是什么”，我们更关注“乡村是如何被建构的”。因为乡村得以在语境中被不断重构，不同情境中的乡村交织着多方社会结构、利益分配、交往网络和权力关系，产生不同的符号意义，“我们不是有一个‘乡村’，而是有很多‘乡村’”。而由科技进步催生的现代经济和意识形态，与乡村传统的情感归属、价值认同、习俗规范等协商角力，重构了一种现代与传统、现实与虚拟相混杂的乡村性。是的，不仅乡村在发生变化，乡村性——使乡村成为乡村的可能——也在发生变化。传统乡村在全球化和现代化的双重裹挟下发生变化，乡村不再是线性发展的单一逻辑，伴随着乡村农业生产功能的边缘化，在从生产主义乡村向后生产主义乡村的转变过程中，我们应当接受多样化乡村和多功能乡村的普遍化和常态化，甚至我们应当能够允许有相当一部分乡村走向衰亡——如果我们承认无论乡村还是城市都是作为一种生命体而存在的话。基于此，我对于乡村的态度简单而直白：响应时代，尊重人民，让乡村成为现实场景，而不仅仅是历史符号，让乡村长在生活里，比印在书本上、存在相机里、留滞在回忆中更重要。本书接下来要讨论的六个案例，都是我的团队曾经规划、研究、服务并跟踪至今的案例，其中有些满载全球声望和国际影响，有些获得国家荣誉和区域表彰，有些成长为市场标杆和行业示范，有些还在落地实施的阶段——我相信，它们构成了“全球乡村”不同的成长阶段，从萌芽到雏形到孵化再到加速生长，不可避免地会遇到挫折，未来也可能会遭遇阶段性失败。囿于本书篇幅的限制和主题的限定[①]，为了更加聚焦典型案例和功能类型，此次研究样本的选取以文旅类乡村为主，涉及文化出口型、旅游依赖型、制度嵌入性、可持续发展型等多种“全球乡村”类型。特别感谢南京市委宣传部对本项人才项目的资助，感谢南京市社会科学院对本项人才项目的支持，感谢南京出版社对本书出版的关照，感谢我的导师南京大学张鸿雁教授对团队经年的指导，也要感谢团队成员张俊、昌昊甜、钱留平、吴俣等对本书的诸多贡献，他们在田野调查、资料收集、文字撰写、书稿编辑和整理方面付出了很多心血，在此一并表示感谢。

1. 制度性对话中的乡村全球化实践：国际组织与学术样本的地方共构

“全球乡村”是在制度性对话中实现的本地—全球共构过程，地方性知识通过参与全球标准制定或学术话语塑造，获得重新定义与价值升维的机会。

南京高淳国际慢城是国际慢城网络体系中最具代表性的中国样本之一。作为中国第一个国际慢城，其全球化实践不仅体现、对接了国际慢城联盟（Cittaslow International）关于环境、基础设施与生活质量等 55 项全球标准，更重要的是，通过与国际慢城联盟总部及其他国际成员的协商对话，本地生态治理逻辑、农业文化与日常生活方式获得了全球表达权[②]。中国的慢城推进并非照搬意式模式，而是形成了“制度嵌入中的地方再造”路径，高淳案例中所体现的“慢文化系统创意设计”及“生态—文化双核机制”，正是对全

① 本书同作者的另一本著作《文旅融合的城市叙事：场景、想象力和美好生活》（南京：南京出版社，2025）形成呼应，分别从城市和乡村两个维度阐释文旅融合的作用机制和场域表达。

② SHI Y，ZHAI G，ZHOU S，et al. Slow City development in China：process，approaches and acceptability［J］. Third World quarterly，2019，40（7）：1265-1282.

球标准的在地化协商的产物[①]。这一过程展现了“地方知识再生产”的能力，即通过制度嵌入，乡村不再只是全球标准的被动接受者，而成为全球制度协商的参与主体。团队自2010年开始跟踪服务高淳国际慢城，先后完成《中国桠溪“国际慢城”概念规划与旅游策划》（2011）、《第五届高淳国际慢城金花旅游节整体方案设计》（2013）、《中国桠溪“国际慢城”全景慢文化系统创意与整体设计》（2013）、《第五届高淳国际慢城金花旅游节整体方案设计》（2014）、《高淳国际慢城吕家村改造设计》（2018）等，坚持提出将高淳国际慢城打造为以“东方慢城”文化为特色的原生态人文旅游目的地和新农村建设特色创新示范区，并推动高淳国际慢城实行“两年富民倍增计划”[②]，建议并助力高淳国际慢城成为中国国际慢城总部，推出中国国际慢城指标体系，与高淳地方合作成立我国首个专注于“慢城文化”研究的博士工作站——“南京大学城市科学研究院慢城博士工作站”。这一系列尝试与探索，展现了“本土经验—全球框架”的协商能力，说明中国乡村可通过制度性对话参与全球治理架构的塑造，构成一种新的“知识主权”表达[③]。

苏州吴江开弦弓村（江村）则体现了另一种制度性对话形式，即通过学术凝视与文化再现参与全球化叙事的构建。自1936年费孝通在此开展田野调查并完成《江村经济》以来，“江村研究”始终居于中国乡村研究的核心地位，其开创了“微观社区研究”的范式革命，将人类学从“异文化”研究转

---

① LI D，XU D，ZHOU Y，et al. Sustainable rural development through slow tourism images：a case study of Gaochun International Cittàslow in China［J］. Journal of destination marketing & management，2024，32：100903.

② 即旅游人次和旅游收入在规划实施两年后每年翻一倍，旨在将高淳慢城打造成为一处“东方主义田园生态慢城”，成为“就地城镇化”的样板。

③ BAYCAN T，GIRARD L F. Case study window–culture in international sustainability practices and perspectives：the experience of ‘Slow City Movement–Cittaslow’［M］//The routledge research companion to planning and culture. London：Routledge，2016：273-289.

向本土社会解剖。江村的学术价值已超越单一案例，成为全球理解中国乡村社会转型的“元叙事”载体，也是“全球乡村”研究的“理想型”样本。其学术地位也折射中西学术权力博弈：西方学者曾长期将其视为“中国问题的诊断样本”，强调其被动性[①]；中国学界通过“江村学派”重构解释框架，突出其内生创新性[②]；当前“村民口述史计划”更让农民成为学术叙事主体，挑战“他者化”研究传统，这不仅打破了知识的外部凝视模式，也推动了“知识可见性”在地方空间的生根与转译[③]。外部学术话语在记录与重构乡村形象的同时，也促使地方在文化策略和景观营造上形成自我镜像——通过“被观看”意识强化文化景观的展示性与互动性，将之转化为对外交流与文化旅游资源。这种由知识生产反哺地方发展的机制，正逐渐成为地方政策的组成部分[④]。团队于2019年前后开始跟踪研究苏州吴江区，与江村相关的研究服务内容包括吴江区全域旅游创建指导（2020）、南太湖文化产业园区总体规划（2021）、中国江村景区创建服务（2022）和乡村旅游重点村创建服务（2023）、吴江区文化产业和旅游产业融合发展示范区创建服务（2023）等。我们看到，这种“制度性话语—地方实践”的双向互动，不仅彰显了江村的“知识资本”属性，也重构了地方在全球文化网络中的能动性位置：当年江村蚕丝业与家庭手工业的转型，揭示了传统农业社会向现代经济过渡的普遍矛盾，其“乡土工业”理论至今仍是乡村振兴研究的重要参照系；作为“世界观察中国的窗口”，江村在数字经济时代的表现和应对，从一根丝（江南丝绸文化传承

① BAKKEN B. The exemplary society：Human improvement，social control，and the dangers of modernity in China [M]. Oxford：Clarendon Press，2000.

② FEI X. Globalization and cultural self-awareness [M]. Beijing：Foreign Language Teaching and Research Press，2015.

③ 周星. Ancient villages and old towns in contemporary Chinese society [J]. 文明 21，2022（48）：15-33.

④ SHEN Y，YANG L，YANG R. Integrating Chinese and Western knowledge：a case of scholar Fei Xiaotong [J]. Higher education，2024，87（4）：1085-1101.

和产业升级）、一片田（中国农业文化遗产和生态文明）到一个村（“中国江村”文化品牌和共同富裕）的守望，展现了其穿越时空的文化自觉和价值韧性。

2. 文化资本转移的“全球乡村”路径：民宿经济与非遗传承的时代转译

在“全球乡村”的实践中，文化资本的“在地转译”成为构建文化韧性与市场连接的重要手段。

常州溧阳李家园村是典型的“民本经济型”文化乡村，其转型路径并非依赖外来资本主导的大拆大建，而是以村民为核心，在保留原有村落肌理与生活方式的基础上，通过设计引入与文化转译，实现从传统民居到文化民宿的可持续转化。这种路径本质上属于“文化资本的再组织”过程，不依赖大规模外部投资，而是通过本地饮食、手工艺、节庆、日常生活等生活资源的体验化与美学化，使乡村文化得以在消费社会中焕新，从而避免“空心化”和“表演性”陷阱[①]。李家园村的成功也得益于其精准对接都市中产阶级的审美偏好与国际慢生活理念，打造了“共享式文化资产”经济，即地方文化作为共享体验内容，参与文化创意与旅游产业价值链[②]。这类资产模式将文化、生态与体验经济融合，有效支撑乡村经济多元化。李家园村是中国首批乡村旅游重点村，全村背靠南山竹海和御水温泉两个国家5A级旅游景区，依托山林资源和景区优势，结合竹林经济和茶旅融合，实现了由传统农家乐向高品质民宿集聚地的跃升，这不仅重构了乡村空间，也提升了其文化创新能级。团队自2017年开始跟踪研究溧阳，重点研究天目湖板块和南山竹海板块（李家园村位于南山竹海板块），与李家园村相关的规划研究包括《溧阳南山竹

---

① AULISIO A，PERENO A. Regenerative design approach for twin transition in travel and tourism sector［C］//Sustainable tourism design. Berlin：Springer，2024.

② WANG Y. Urban regeneration through culture-led creativity［D］. Milan：Politecnico di Milano，2009.

海风情小镇专题规划》（2017）、溧阳市“十四五”全域旅游发展规划（2021）、溧阳市乡村旅游专项规划（2021）、《天目湖旅游度假区重点区域十四五发展战略规划编制》（2021）、《天目湖镇重点地块旅游发展策划》（2021）、《关于推进世界级旅游度假区建设暨全域旅游示范实施意见及配套行动计划》（2021）、《戴埠镇溧戴河景观二期改造概念方案设计》（2024）等。

盐城建湖淮剧小镇以国家级非遗淮剧和杂技为基础，以九龙口国家湿地公园为依托，以打造百姓喜闻乐见的文旅产品为目标，以为地方争取未来年轻居民和受众为希冀，积极探索优秀传统文化创造性转化和创新性发展的文旅深度融合道路。在地方政府与艺术院团的推动下，淮剧这一具有深厚地方文化根基的传统剧种[①]，获得了制度性保护、系统教育传承与现代传播平台支持，形成了“活态非遗”的发展生态。同时，以沙庄村为载体的淮剧小镇通过剧场空间、戏曲集市与研学旅行的结构性布局，将传统戏剧文化转化为可体验、可消费的文化旅游资源，吸引国内外文化游客，实现了“文化资本—旅游消费—乡村振兴”三位一体的发展逻辑。通过文化资本转移实现全球连接，赋予乡村稳定而深层的文化身份与品牌认同，利用非遗转化实现乡村形象再造，是增强“地方依附”与“文化归属”的有效路径[②]。团队自2020年开始持续为淮剧小镇建设发展提供智力输出与决策辅助，提出以市场化思路引入潮流消费业态对小镇进行二次开发，以现代文旅产品体系重塑东方戏曲美学的新时代表达方式，致力于打造集湖荡湿地观光、淮杂文化体验、水乡生活涵养、田园休闲度假于一体的淮剧文化全景体验地。团队全程承接淮剧

---

① 传统戏剧作为非遗中的重要类别，在中国整体非遗结构中占比超过12%，不仅是地方文化身份的象征，也具备显著的旅游开发潜力。戏剧旅游的可持续化发展路径，正在成为非遗保护与乡村振兴之间的重要桥梁。参见ZHAO X，ELAHI E，WANG F，et al. Sustainable tourism development for traditional Chinese drama’s intangible cultural heritage［J］. Heliyon，2024.

② ANCUȚA C，JUCU I S. Sustainable rural development through local cultural heritage capitalization：a case study of Hărman，Romania［J］. Land，2023，12（7）：1297.

小镇发展方案策划编制工作，并作为顾问团队持续在小镇建设和运营过程中提供专业咨询服务，迄今已完成100余次现场指导，定期出具咨询服务月报，范围涵盖建筑设计、景观施工、招商运营、业态遴选、民宿改造、产品策划、灯光亮化、旅游演艺、功能布局、室内装潢、文创IP设计、标准指导等十余个领域，持续助力小镇文旅发展。

3. 新型全球化关系的乡村实验：校友经济与宠物消费的市场回应

新时代的“全球乡村”不再局限于传统的农业国际化或文化输出，而是在多元社会力量与生活方式的互动中，探索出新型全球化关系的实验场。

南京浦口响堂村基于“文艺赋能乡村振兴”的典型实践，未来可依托南京高校聚集的资源优势，打造全国首个校友乡村。2021年3月，浦口文旅集团全面启动以乡村振兴为主旨的文化与商业合作——“响堂计划”，邀请艺术家、设计师、新消费主理人共同参与，并引入Gardenia栀咖啡（网红咖啡）、宿里（品牌民宿）、大马营（草坪露营）、村宴（特色餐饮）等多元业态，用艺术对乡村要素进行解构与重构，实现乡村与文化文艺、生态资源的深入融合，响堂村用一朵栀子花重启了人们对于乡村的想象。团队于2024年受浦口区的邀请对响堂村的未来发展进行新一轮的策划，我们希望将村落基础与城市资源充分结合，衔接市场趋势和消费走向，以“校友经济”为媒介，为响堂村打造具有全球影响力的身份标识，共同推动知识型社区的建立，探索“都市精英与本地社群共生”的共享乡村形态。通过邀请大批高校毕业返乡者、设计师与文创创业者，直接连接南京院校校友组织和网络，通过合作社、共创空间与新型居住机制，将全球流动人才的价值系统与本地生活实践结合，构建出一种知识、资本、文化与土地交织的新型共同体，把响堂村打造成为校友们的纪念地、聚会地、创业地、生活地。“校友乡村”模式借助南京高校校友资源，实现了知识资本的精准下沉与地方生态的协同发展——如此，艺术、设计、教育资源在响堂村的集聚，不仅是文化资本流向乡村的现实体现，也是文化认同与地方空间重构之间互动机制的体现[①]，其符合“社会资本嵌入式乡村振兴”理论，将“地方性身份”与“全球文化资本”对接，实质上是对“认同驱动型全球化”[②]的一种积极回应。

南京江宁孟塘北村的开发逻辑展现了文化根基薄弱但潜力丰富的“文化空地”属性，恰好适合情感消费与都市审美下沉的融合性探索。这个曾经的移民社区已经搬迁，文化和物质留存匮乏，但也因为没有沉重的文化包袱而适合各种充满想象力的尝试。团队经年来一直服务江宁区的文旅发展，涵盖全域旅游模式输出[③]（2019）、《“十四五”江宁区提高城乡居民收入思路与对策研究》（2019）、《“十四五”江宁区区域合作发展规划》（2019）、《“十四五”江宁区商务发展规划》（2020）、《江宁区现代服务业发展工程实施方案》（2021）、《江宁区文化产业赋能乡村振兴试点方案》（2023）、《江宁区消费品牌提升思路研究》（2023）以及多个地块和景区的策划规划等。2023年团队根据孟塘北村的实际情况，提出其根据地处大城市近郊且位于国家级旅游度假区核心区域内的区位优势，或可尝试打造国内首个宠物友好乡村。宠物作为“情感经济”的核心媒介，正在城市消费文化中发挥越来越强的连接作用，其延伸至乡村地区，代表了一种新型的城市—乡村关系重组[④]。全球范围内“宠物友好”型旅游空间已逐步成为文化消费与空间再生产的实验场。在消费主义驱动下，乡村空间通过围绕针对宠物的服务设施（如宠物农场、犬只训练营、共生民宿）等重新组织业态与景观布局，正体现着“第二自然”

---

① LIU M. An analysis of the inheritance and development path of rural culture in rural revitalization [J]. Journal of humanities and social sciences，2024（12）：52-64.

② DUXBURY N，CAMPBELL H. Developing and revitalizing rural communities through arts and culture [J]. Small cities imprint，2011，3（1）：1-14.

③ 参见南京市江宁区全域旅游发展研究中心，编.全域旅游的江宁发展之路：江宁织造双面绣：“五位一体”城乡统筹.北京：中国旅游出版社，2020。

④ BAKER C. The pet’s ‘Perfect Bowl’：environmental and welfare discourse in alternative pet food movements [D]. Lexington：University of Kentucky，2022.

（Second Nature）的再生产[①]。孟塘北村可以通过空间再生产，展示全球化消费文化如何以情感中介的方式扎根本地，形成全新的“情感驱动型乡村经济”；我们甚至可以称之为一种乡村的新实验，因为其强调乡村空间不仅仅是传统农业的补充，而是日益演变为一个创新社会实践的平台，在这里，中产阶级的情感表达、消费品位与场所认同形成高度耦合，催生出跨界经济与文化交融的新结构[②]。这种“反向全球化”[③]路径，使乡村从全球产业链末端跃升为特色消费空间生产者，其创造的“人宠共栖”理念正在影响国际乡村规划范式，也激发了地方在全球生活方式演化中的主动性与创造力，揭示了消费全球化对乡村空间的重塑逻辑。

以上所有对于乡村的观察，都基于这样一个逻辑出发点：把乡村视为一个生命体，在城市—乡村的连续统视角下去理解城乡关系。充分尊重城乡发展的历史规律和时代价值，客观认知传统乡村也有萌发—生长—成熟—衰败的生命发展周期和历程，敢于接受不同社会形态下部分乡村的消亡或转型，积极探索优秀传统乡村文化的创造性转化和创新性发展。乡村是被构建和再生产的可持续发展形态，若以“全球乡村”为视角重新定位本土村庄，则文化建构、产业连接、品牌塑造与人文区位提升构成其核心路径。“全球乡村”是可以被发现，也是可以被建构的：跳出传统思维桎梏，洞察产业供应链机遇和区域市场级差，发现和创造乡村特色产业优势，以文化和品牌引领为经济提供方向，塑造乡村人文区位，创造乡村时代价值，或许能够为大多数乡村找到“活下来、被看到、走出去”的勇气和动力。

---

① LI Y，REN X. Everyday oblivion in eco-civilized China［J］. Theory and society，2024.

② SIMON D. Peri-urbanization［C］//Global encyclopedia of public administration，public policy，and governance. Berlin：Springer，2023.

③ DOORLY B V. Megatrends defining the future of tourism［M］.Berlin： Springer，2020.

第二章
高淳国际慢城：国际标准协商下的地方性知识再生产

位于南京高淳的桠溪国际慢城是我国第一座国际慢城，也是国际慢城中国总部所在地。慢城总面积约 50 平方公里，核心区是一条长约 48 公里的“生态之旅”风光带。随着“生态立县”战略的实施，慢生活理念逐渐融入高淳全域旅游建设，在更大范围内构建出“山水文”大慢城格局。高淳慢城通过与生态对话描绘慢城休闲农业蓝图、与地方对话实现就地城镇化、与国际对话推动东方慢城模式落地，立于乡土而仰望苍穹，迸发出无穷的生命力。

一、慢文化背景：探析国际慢城的历史进程与全球案例

国际慢城作为一种新兴的城市发展模式，在全球范围内产生了广泛的影响。它倡导慢生活，支持地方文化与传统，注重可持续发展等理念，为城市的发展提供了一种新的思路和方向。西方国家后工业化时代出现了一系列“慢城”，并逐渐形成一种可借鉴的慢城模式，对中国的慢城而言，其应有价值即是在“慢城”概念本土化的基础之上，弘扬可持续发展理念，以实现自然生态与社会发展的双赢。

1. 慢城镜像里，自然与社会的矛盾映现全球现代化发展的哲思

慢城以回归自然、尊重生态为核心理念，倡导低碳环保、悠闲自在的生活方式，试图在快速发展的现代社会中保留一份宁静与纯粹，成为一种超脱现实生活的理想模型。一方面，人们渴望逃离都市的喧嚣，享受慢生活的宁

静；另一方面，现代化进程却不断推动着人们追求速度、效率与物质满足。这种矛盾冲突，不仅反映了人与自然关系的紧张，也揭示了现代化发展带来的精神困境。慢城的存在，正是对这种困境的一种反思与回应，它提醒我们，在追求现代化的同时，不应忽视对自然的敬畏与对心灵的呵护。

一味追求城市快节奏容易引发自然与社会问题。城镇化并非单纯的人口地域性迁移，而是历史进程中人类文明演进的浓缩与结晶，深刻映照着经济发展与社会进步的成就。城市，作为大众认知中“快餐、速行、即讲”的生活舞台，其内在的“快”节奏不仅极大地提升了我们的日常生活便利性，更成为推动工作效率飞跃的强大引擎，但是快速发展必然带来一些城市问题，英国经济史学家哈孟德夫妇用“迈达斯灾祸”[①]来形容人类现代化进程的起点——工业革命[②]。以速度为价值准则的工业文明延续至今，自然资源、人类健康、生活乐趣全部被用来交换：2023 年全球的近地表温度比工业化前（1850—1900 年）基线高出了 1.45℃，非常接近《巴黎协定》设定的 1.5℃[③]下限；大气中温室气体的浓度在 2022 年达到了创纪录的水平，二氧化碳浓度比前工

① 哈孟德夫妇把英国工业革命之后由于城市爆炸而产生的一系列问题称为“迈达斯灾祸”。迈达斯是希腊神话中的人物，梦想点石成金，但其在目的达到后却几乎饿死。参见华飞.英国的“迈达斯灾祸”——对第一个工业化国家“城市病”的探讨［J］. 都市文化研究，2008（0）：295-306。

② 哈孟德夫妇认为：“工业革命带来了物质力量的极大发展，也带来了物质力量相伴着的无穷机遇……然而，这次变革并没有能建立起一个更幸福、更合理、更富有自尊心的社会，相反，工业革命使千百万群众身价倍增，而迅速发展出一种一切都为利润牺牲的城市生活方式。”参见钱乘旦. 工业革命与英国工人阶级［M］.南京：南京出版社. 1992：35。

③ 《巴黎协定》（The Paris Agreement）是由全世界178个缔约方于2016年共同签署的气候变化协定，是对2020年后全球应对气候变化的行动作出的统一安排。《巴黎协定》的长期目标是将全球平均气温较前工业化时期上升幅度控制在2℃以内，并努力将温度上升幅度限制在1.5℃以内。

业化时代高出了50%，并且还在持续上升[①]；日本一年有710例可能导致过劳自杀的精神障碍被认定为工伤，数量创历史新高[②]；全球一年有74.5万人死于长时间工作导致的中风和缺血性心脏病[③]……速度、速度，还是速度。

过度强调全球化模糊了城市的独特性和个性。捷克小说家米兰·昆德拉在长篇小说《慢》中质疑："慢的乐趣怎么失传了呢？啊，古时候闲荡的人到哪儿去啦？民歌小调中的游手好闲的英雄，这些漫游各地磨坊，在露天过夜的流浪汉，都到哪儿去啦？他们随着乡间小道、草原、林间空地和大自然一起消失了吗？捷克有一句谚语用来比喻他们甜蜜的悠闲生活：他们凝望着仁慈上帝的窗户。凝望着仁慈上帝窗户的人是不会厌倦的；他幸福。"[④]在城市之中，快节奏的生活仿若汹涌浪潮，正以生产力为堂皇借口，肆意扭曲着我们的生活轨迹，侵蚀着周遭的环境根基。面对如此情境，不得不重新审视那种以牺牲自然为沉重代价、短视且低端的发展模式，追问其存在的合理性与可持续性，探寻更加平衡、长远的发展路径，以期在发展与自然保护之间寻得和谐共生的支点，避免在一味求快的歧途上渐行渐远，最终迷失于荒芜的"发展泥沼"之中。如果慢的乐趣真的同自然一起消失了，那人类栖居在哪里？在《社会的麦当劳化》一书中，美国马里兰大学的社会学教授乔治·瑞泽尔阐述道，效率至上、精确性、可计算性、可预测性和可控制性等速食餐厅的原则，正日益渗透并主导着美国社会及全球其他众多领域的各个部门[⑤]。

---

① World Meteorological Organization. State of the Global Climate 2023［R］. WMO，2023.

② 劳动基准局 总务课. 令和5年版 过劳死等防止对策白书［R］. 厚生劳动省，2023.

③ World Health Organization，International Labour Organization. Global monitoring report：WHO/ILO joint estimates of the work-related burden of disease and injury，2000-2016［R］. WHO，ILO，2021.

④ 米兰·昆德拉. 慢［M］. 马振聘，译. 上海：上海译文出版社，2003：3.

⑤ 乔治·瑞泽尔. 社会的麦当劳化［M］. 顾建光，译. 上海：上海译文出版社，1999：47.

除了现代化高速度的强制掠夺，人类还被迫面临着另一个严重的问题：丧失主体性。统一的标准和规范的程式使得几乎所有的物都被纳入“产品”的轨道，被铸模、被复制、被批量生产。个人丧失思考的能力，沦为生产的道具；城市丧失地方文化和本土精神，被千篇一律的水泥森林吞噬；冷漠、疏离和区隔充斥现代社会，现代社会的契约理性和法律意志对传统社区的共同体意识有着无可奈何的消磨作用，世界通行的规则是西方标准化而不是鼓励多元个性。全球化的发展还导致了城市身份的同质化，在较小的城市地区尤其如此。这些地区没有得到太多的关注，经常发现需要用所谓的不重视当地身份的外国“解决方案”来谋发展。国际慢城联盟是一个有组织的小城市网络，正试图通过选择保留每个城市地区自身独有的特征，将城市和区域规划集中在基于“地点的身份”[①]的主要资源上。

恶性增长以生态环境的恶化为代价。全球化的西方霸权不仅体现在价值观的垄断方面，同样表现在产业发展和环境保护方面。不可否认，发展中国家和地区已经沦为世界级的工厂、试验场和垃圾场。发达社会将高耗能、处于价值链低端的产业转移到发展中国家和地区，以低廉的劳动力成本、环境成本和社会保障成本在发展中国家和地区推行速度至上、效率至上的工作准则，在获取大量的劳动产品后以高昂的价格重新销售给后者，从而为本国的持续发展积累雄厚的资本，进一步拉大与落后地区的差距——这种恶性循环周而复始。更为糟糕的是，发展中国家和地区不仅要承受上述“恶性增长”带来的非均衡发展，而且要承受发达国家的环境污染源转移和垃圾填埋。全球化在创造全球财富的同时，同样创造着地区间的不均衡发展，深化发展中国家和地区的弱势地位。过度发展的现代化和极端发展的全球化是不可持续

① RADSTROM S. A place sustaining framework for local urban identity：an introduction and history of Cittaslow［J］. Italian journal of planning practice，2014，1（1）：90-113.

的发展模式，它不仅带来人类社会和自然环境的不平衡，带来国家和地区间发展的不平衡，更为重要的是，人类当下的发展是以牺牲子孙未来的发展空间为代价的，过去十年的发展可能消耗的是未来一百年的资源、环境和财富！工业社会的速度至上发展观和牺牲一切谋求经济发展的增长模式是一种杀鸡取卵的短视逻辑。可持续的发展应当是融合了人口增长、经济发展、社会进步、文化繁荣、科技探索、生态涵容等多方面权衡和思考的发展，应当是人与自然互惠共生的发展，应当是国家地区合作共荣的发展，应当是在为后代人留下足够的发展空间的基础上的发展，应当是一种长远的发展。

2. 慢享生活下，慢食慢城的出现彰显地方逆城市化进程的诉求

在快速城市化带来的诸多危机之下，出现了不少“反叛者”。为对抗“快餐文化”，“慢餐运动”应时而生，在此基础上衍生出以城市为关注对象的“慢城运动”，并逐步发展成为一场全民参与的大规模文化运动，延伸出慢居、漫游、慢学、慢行、慢工、慢疗、慢养等多元文化内涵，致力于让人们回归更为自然、可持续的生活节奏。

“慢思想”促成“慢餐运动”，“放慢速度”日渐成为一种渴望。工业化后期，人们开始反思“效率第一，速度至上”的生产生活方式[①]。1986 年，意大利记者卡洛·佩特里尼目睹了几十名学生在广场上大口啃食汉堡的场景后深感震撼，于是创立了“国际慢餐协会”。与此同时，部分意大利民众也开始对大型快餐连锁店挤压本地家庭小餐馆的现象表达不满，他们更倾向于选择本地生产或种植的食材，而非那些经过长途运输和多重加工的食品。截至 2023 年底，国际慢餐协会在全球范围内的注册会员超过 100 万名，遍布 160 个国

① 雷诚，初筱，范凌云. 国际慢城：中国村镇振兴特色发展路径之经验镜鉴［J］. 规划师，2021，37（16）：35-41.

家和地区①。慢餐运动的支持者指出，快餐和速食食品的泛滥导致肥胖问题日益严峻，糖尿病发病率持续攀升，人类不健康的饮食体系正在威胁地球的未来。

慢餐运动促成了慢城理念的形成，慢城运动随之诞生。1999年，在意大利奥尔维耶托市举办的一次慢餐活动中，为了摆脱市场机制的速度束缚并获取自主性，来自意大利四个小城——基亚文纳、布拉、波西塔诺和格雷韦因基安蒂的市长们携手行动，共同发布了《慢城运动宪章》，这一举措被视为“慢餐运动”的进一步延伸与拓展，将慢生活理念融入城市生活中。随后他们宣布成立国际慢城联盟。国际慢城即国际慢城联盟开始推动的城市计划，它并非一座具体的城，而是指一种放慢生活节奏的城市形态，将慢食、慢游及慢活理念融入城镇生活中，并希望透过减缓居民的生活节奏，减少空间浪费及工作通勤的时间，以提升生活品质。慢城运动旨在探索一种途径，将现代化科学技术融入城市中的传统生活方式和慢节奏的生活态度，使人们在享受现代化带来的种种便捷的同时，也能过上健康幸福的生活，享受自然的美好。虽然普遍认为慢餐运动促进了慢城运动的产生，但是二者并不是决定与被决定的关系，而更多的是互动关系。“慢餐运动”的产生促进了“慢城运动”发展，但是“慢城运动”为“慢餐运动”提供了场所和环境条件，构造了一个适合的场域环境，慢生活和慢旅行模式是建立慢城的主要因素②。

慢城运动影响力逐渐扩大，慢城网络逐步构建成形。尽管“慢城”运动流露出对中世纪与文艺复兴时期城市风貌的深切怀念，但它并不是抵制现代

---

① 慢餐文化推崇的“6M”理念涵盖了精致的美食（Meal）、精美的菜单（Menu）、优美的音乐（Music）、优雅的礼仪（Manner）、温馨的气氛（Mood）以及愉悦的会面（Meeting）。慢餐运动. 慢餐运动2023年年报［EB/OL］.［2024-11-20］. http://pub.slowfood.com/EN_Annual_Report_2023/index.html.

② 施益军，王培茗，李建桦. 桠溪国际慢城发展模式研究［J］. 城市建筑，2013（20）：305，307.

化或者工业化，反而积极吸纳生态学及可持续发展领域的最新科学成果[①]，倡导的是一种健康、科学、可循环的城市发展方式。实质上，“慢城”理念旨在构建一个更加贴近理想生活的模式，融合传统韵味与现代智慧，共筑美好未来。慢城的“慢”代表着更高的生活质量，以及人们花时间去实现和欣赏这种高质量生活的意愿，为了衡量这一关键指标，中外国际慢城组织制定了一系列的标准，其核心理念可概括为对传统城市发展模式和生活方式的回归与升华，强调对生活品质的注重、对自然环境和文化传统的尊重和传承。《国际慢城认证标准》中规定了国际慢城认证的“七大面向”[②]“八大公约”[③]及55项指标。国际慢城提倡利用现代技术来改善环境与市镇生活的品质，并共同遵守八大公约。《中国国际慢城发展指南》[④]发布于2016年，基于中国的慢城发展，提出了本土化的指导意见，包括基础要求（组织管理、环境质量、污染防治、生活保障、安全应急）和特色要求（自然生态、文化氛围、社会生活、慢行系统、慢产业发展、慢食文化、慢文化宣传）两大主体。截至2024年10月，全世界共有303个地区加入国际慢城联盟[⑤]，遍布全球33个国家和地区，意

---

① 王立. 国外慢城市生活研究进展及启示［J］. 现代城市研究，2012，27（6）：95-100.

② 能源及环境政策，基础设施政策，城市生活质量政策，农业、旅游、手工艺政策，招待、意识与培训政策，社会凝聚力政策和合作政策等，下设55项指标作为对国际慢城申请者的认证标准。

③ 人口不超过5万，致力于保护与维持纯净的自然环境，大力倡导与推行可持续发展的新技术，培育本地文化、保护当地风俗习惯与文化资产，推行健康的饮食方式与生活方式，支持当地手工艺人与本地商业的发展，热情接待外来客人，以及鼓励积极参与公共活动等。参见关于国际慢城——台湾慢城联盟［EB/OL］.（2020-05-08）［2024-08-28］. http://www.cittaslowtaiwan.org/index.php/about-us/。

④ 高淳国际慢城联盟会. 中国国际慢城发展指南［EB/OL］.（2016-01-01）［2025-05-19］. https://www.ebiaozhun.com/std/0c6c9cbf450948fdbd2192018c183e9f.html.

⑤ 现国际慢城联盟总部主席莫罗·米格里尼（Mauro Migliorini）、秘书长皮埃尔·乔治·奥利维蒂（Pier Giorgio Oliveti）。

大利是拥有“国际慢城”最多的国家，共有 86 个。中国大陆通过国际慢城联盟认证的城市有 17 个[①]，中国台湾地区获得国际慢城联盟认证的城市有 6 个，高淳为国际慢城中国总部。

如今，慢城运动已发展成为一项全民参与的可持续性生活方式。慢城不仅仅意味着减缓城市节奏，更在于营造一个能够抵抗时钟束缚与快节奏生活压力的环境。这一运动为城乡发展开辟了新的路径，逐步确立了以慢文化、慢生态、慢生产和慢生活为核心的慢城建设理念。围绕慢生活的核心理念，慢城进一步衍生出慢居、慢游、慢学、慢行、慢工、慢疗、慢养等多元化的文化内涵。英国摇滚音乐家约翰·列侬曾言：“当我们为生活疲于奔命时，生活已悄然离去。”这句话深刻揭示了生活的真谛：在追求事业成功与物质财富——即多数人眼中的更好生活的过程中，我们不应忽视生活本身的意义。国际慢城联盟理念建立在为居民提供高质量生活的愿望之上。国际慢城联盟旨在保持城市自身的独特特征，同时改善城市，使其成为一个更好的环境，让居民能够享受生活。该理念指出，“毫无疑问，对于当代人和子孙后代来说，它将更加环保和明智；该项目将尊重日益全球化的互联世界中的小现实”[②]。这种可持续生活方式，对重塑城乡发展、提升人们的生活质量都发挥着无可替代的作用。

表 2.1　全球各国的国际慢城数量[③]

序号	国　家	国际慢城数量	序号	国　家	国际慢城数量
1	意大利	86	18	英国	3
2	波兰	38	19	哥伦比亚	3
3	德国	24	20	挪威	2
4	土耳其	26	21	美国	2
5	中国大陆	17	22	日本	2

① 参见高淳国际慢城官网，http://www.chinacittaslow.com/index.php?c=article&id=827。

② 参见国际慢城官网，http://www.cittaslow.org/content/philosophy。

③ 参见国际慢城官网，http://www.cittaslow.org/sites/default/files/content/page/files/246/cittaslow_list_june_2024.pdf。

续表

6	韩国	17	23	丹麦	2
7	法国	13	24	巴西	1
8	西班牙	11	25	芬兰	1
9	荷兰	10	26	匈牙利	1
10	比利时	9	27	冰岛	1
11	中国台湾	6	28	爱尔兰	1
12	北塞浦路斯土耳其共和国	5	29	新西兰	1
13	葡萄牙	4	30	卢森堡	1
14	加拿大	4	31	俄罗斯	1
15	奥地利	3	32	南非	1
16	克罗地亚	3	33	瑞典	1
17	澳大利亚	3			
总计	303				

3. 国际经验中，“主客共享”的语境突出人们健康规律生活的主张

慢城旨在向全球提供一种城市管理模式，并通过一定程度的本地化自治，应对全球化带来的潜在危机。国外“慢城”通常具有较小的人口基数，产业基础优越，其发展以社区为本，借助地方政策支持，重点发挥居民的作用，促进生态、文化、产业、休闲的良性循环。尽管各个入选国际慢城的小城有着一致的“慢生活”底色，但不同的地域文化与传统底蕴也塑造了慢城不同的特色。

韩国目前有 17 座慢城，以其特色生态风光与传统文化为亮点。新安郡曾岛地处韩国全罗南道，这里由 1004 座岛屿构成，是韩国最大的单一盐田之所在，并且被联合国教科文组织列为生物多样性保护地域。曾岛于 2007 年成功入选国际慢城，成为亚洲首座获此殊荣的城市。岛内的太平盐田是韩国最大的单一盐田，面积达 462 万平方米，制盐传统被评为韩国近代文化遗产。当地为保护盐田及海岸滩涂建设了盐博物馆和曾岛滩涂生态展示馆，游客可在此体验转水车、集盐、运盐等制盐过程。在饮食方面，当地有着韩国唯一一家以盐咸草为主题的餐厅，还有海盐咖啡和海盐冰激凌等供游客选择。为营造慢

生活氛围，曾岛开发出五条游览路线，让游客能够放慢脚步，体会海岸与乡村之美。盐洞疗养中心是一个康养休闲之处，其用海盐模拟天然盐洞，在氧气房中加入盐分，对一些疾病如气管炎、咳嗽、皮肤病及失眠等有着很好的疗效。同时，曾岛还通过举办“新安岛滩涂庆典”等庆祝活动，持续推广生态旅游的理念，扩大慢节奏生活的影响力。**全州韩屋村浓缩了特色鲜明的韩国传统文化**。全州是朝鲜王朝的发源地，也是韩国的传统文化艺术之都，于2010年被评为国际慢城。韩屋村位于全州市中心，建造于日本殖民时期，留存有独特的韩国建筑风格，旨在抵御日本的文化入侵。村内有730多间传统民居，是韩国最大规模的传统民居集聚区[①]，也是全州的地标，被用作居民住所、民宿、配套设施、作坊以及文化体验空间，游客在此可以体验多种多样的韩国传统文化，如韩屋住宿、全州石锅拌饭制作、盘索里[②]体验和韩服礼仪等，每年接待游客达300万人次。每年十月的全州拌饭庆典是韩屋村一年一度的美食文化旅游盛会，从大型试吃活动到拌饭制作比赛，从百人共制拌饭的街头活动到传统饮食文化展示，活动丰富多样，为游客带去难忘的文化体验。**长兴有治是一处生态农业与主题村庄**。长兴郡位于首尔以南，拥有温暖的海洋性气候，自然生态环境独特，周围群山环绕，河海汇流。2022年，长兴郡有治面加入国际慢城联盟。有治面有着韩国传统农村景色，居民为保留健康自然的原始农村面貌，广泛使用有机农业技术，通过应用有机肥料或天然肥料、对病虫害实施生物防治等策略维护农业生态平衡，提高农作物品质。村庄为当地濒临绝种的蜣螂举行庆典也是一道特色景象。除此之外，当地还有长寿

---

① 韩国旅游发展局. 全州韩屋村［Slow City］（전북 전주 한옥마을 ［슬로시티］）［EB/OL］.［2024-10-12］. http://big5chinese.visitkorea.or.kr/svc/whereToGo/locIntrdn/rgnContentsView.do?vcontsId=93722&menuSn=351。

② 盘索里是一种朝鲜传统曲艺形式，发源于朝鲜王朝时期的全罗道，流行于朝鲜半岛及我国东北朝鲜族聚居地区。“盘索里”为朝鲜语的直译音，意思是大庭广众面前演唱的歌曲，表演时一人坐以击鼓，一人立以说唱。

金龟子村、蚯蚓生态体验场、香菇村等各种主题生态体验村。周末的风物市场，更集结了长兴蛤、韩牛和传统豆腐等美味，以及投壶、打田螺、踢毽子、染色、制作风筝各类活动，为游客构建出一处短暂逃离快节奏现代生活的桃花源。

德国目前有 24 个慢城，以典型田园风光与农业文化为主导。德国第一座慢城——赫斯布鲁克，位于巴伐利亚州，人口约 12500 人，于 2001 年加入国际慢城联盟。它与 12 个乡村一同发起“健康地区”活动，促进区域可持续发展。它充分运用自身农业资源，在注重当地历史与文化的同时，兼顾环保与经济发展。为了促进当地居民增收并保护当地的农场，赫斯布鲁克地区联合农民、政府和地方企业组建了一个合作联盟。此外，他们还促进本地生产者与美食供应商之间的联合，农民提供应季的本地食材，而餐厅则据此设计特色菜单。同时，他们还注重对年轻一代进行食物知识与品鉴能力的培养，以此强化当地文化景观与社区经济发展之间的紧密联系。与生活各个领域的全球化相反，从经济、社会、生态和文化的角度来看，赫斯布鲁克希望成为值得居民居住的地方。生活质量、减速和可持续性是赫斯布鲁克希望保留现代城市典型特征和自身特征的三个主要总括性术语。玛瑞尼村是目前世界上最小的慢城，人口仅有 260 人，它于 2017 年加入国际慢城联盟。这座村子建于 1306 年，并以它原先的主人——骑士玛瑞尼的名字命名。玛瑞尼村的居民们都享受着花园般的生活环境，美化村庄是这里的一项重要内容。粉刷外墙、整修房子，或是在自家的花园里种上色彩丰富的花花草草，对当地居民而言是一种工作方式也是生活乐趣。石头房子是玛瑞尼村的显著特点，它们是住宅、是酒馆、是粮仓，也可能是生产马车的工厂。沿着起伏的山坡，能看到村子悠久的建筑传统和生活智慧。居民们细心地保护着这些特殊的记忆，耐心地修整和打扫，并竭尽可能地让老房子获得新用途——他们将一座 200 年前的宫殿改造为全新的酒店。由于村民一点一滴的努力，玛瑞尼村成了一个充满各式植物的大花园。更令人惊喜的是，村内种植众多可食植物，让村子变得“秀色可餐”。能入口的“绿色”成了玛瑞尼村的一大亮点，让慢餐和绿色食品的理念根植于此[1]。由此可见农业为当地景观和居民生活方式留下的深远影响。

美国现有2座慢城，分别为塞瓦斯托波尔和索诺马，有着鲜明的农业特色。索诺马有着“葡萄酒乡村”的美誉，是加州重要的葡萄酒产地之一，于2009年入选国际慢城联盟。索诺马县位于旧金山以北72.42公里的索诺马山谷，索诺马山谷居民约4万人，索诺马县人口为1万人[2]。区域内共有18个葡萄栽培区，土壤与气候条件各不相同，种植的葡萄品种超60种[3]，知名产区包括以黑皮诺为代表的俄罗斯河谷、以仙粉黛为代表的干溪谷产区等。镇上由葡萄酒衍生出酒庄、餐厅、画廊等多种业态，吸引了众多游客。当地政府成立了索诺马谷教育基金会以及索诺马社区活动中心，以发展地方教育、培育地方文化[4]。塞瓦斯托波尔坐落在索诺马县西部，位于12号公路和116号公路的交会处，于2010年被评为国际慢城。塞瓦斯托波尔人口约8000人，以丰厚的农业传统、现代的创新精神著称，苹果、葡萄和奶制品是当地重要的农产品。它坚守“本地风味、国际视野”，积极开展“慢食俄罗斯河”、“地球夏令营”、“雕塑漫步”、品酒会与音乐会等多项农业、艺术活动。原本用于农业发展的铁路线被改造为定时维护的自行车道，成为骑行、自驾、观赏野生动物的特色路线。

---

① 阿友. 中国慢城 一个被上帝调慢时钟的小山村［J］. 资源与人居环境，2015（4）：60-65.

② 国际慢城官网. 索诺马［EB/OL］.［2024-10-12］. http://www.cittaslow.org/network/sonoma.

③ 美国旅游局. 加利福尼亚州索诺马县：在葡萄酒之乡尽享快乐假期［EB/OL］.［2024-10-12］. http://www.gousa.cn/experience/sonoma-county-california-8-simple-pleasures-savor-wine-country.

④ 施益军，翟国方，关雷. 中外慢城发展模式比较研究［J］. 城市问题，2016（3）：13-21.

二、实践探索：聚焦高淳山水文“大慢城”发展战略四阶段

2010 年，在慢城运动兴起的十年后，高淳成为中国首个落地国际慢城的地区。这一年的中央一号文件明确提出，将加强中小城市和小城镇发展作为重点[①]。“慢城模式”正为小城镇的破局而出提供一条清晰的思路，慢城建设也成为小城镇建设发展的重要战略选择。高淳桠溪国际慢城总面积为 50 平方公里。其长达 48 公里的柏油路，被命名为“生态之旅”[②]，高淳的慢城建设主要由政府引领，借助文旅开发打造地方品牌，进一步带动文化、生态和三产融合的发展，最终成为慢城理念本土化的一项生动实践。

1. 初步建立与认可（2004—2010 年）：确立“生态立县”，打造生态发展典范

在全球现代化过度消耗自然和环境的大背景下，中国高速的城市化也带来居高不下的高耗能模式[③]，环境保护与经济增长之间的矛盾愈演愈烈。进入 21 世纪，中国更加关注生态和环保问题，尤其强调可持续的生态政策[④]。在这一背景下，高淳确立“生态立县”战略[⑤]，积极筹备慢城建设，力争打造生态发展典范。

高淳将生态建设始终置于重要位置，以“生态立县”为战略指引。高淳

---

① 孙根紧.慢城运动对我国小城镇发展的启示［J］.发展研究，2012（7）：105-109.

② 杨伊宁.价值植入与文化建构——慢城特色小镇的本土实践［M］.南京：江苏凤凰教育出版社，2019：12.

③ 张鸿雁.西方城市化理论反思与中国本土化城市化理论模式建构论［J］.南京社会科学，2011（9）：1-4.

④ “可持续发展，就是要促进人与自然的和谐，实现经济发展和人口、资源、环境相协调，坚持走生产发展、生活富裕、生态良好的文明发展道路，保证一代接一代地永续发展。”参见中国青年报.胡锦涛在中央人口资源环境工作座谈会上的讲话［EB/OL］.（2004-04-05）［2024-08-22］. http://zqb.cyol.com/content/2004-04/05/content_849960.htm。

⑤ 高淳原为南京市辖县，于2013年撤县立区。

位于南京市最南端，以低山丘陵和平原圩区为主要地貌，早期交通不便，加之远离城市腹地，造成地区的工业化程度较为滞后，人口外流程度严重。为寻求破局之法，高淳县政府确立了以“生态立县”为核心的发展战略，明确摒弃了依赖周边工业扩张来驱动经济增长的传统路径，转而致力于探索一条以环境保护为核心、充分发掘并利用本土环境优势的可持续发展之路，发挥高淳生态特色鲜明、人居环境较佳的优势，并致力于打造特色生态县。2004年，高淳县在第十次党代会上确立了“工业强县、生态立县、特色兴县”的发展战略[①]，标志着一场聚焦高淳县的生态文明建设的绿色“马拉松”就此开始。2005年，高淳前瞻性地设定了“三步走”的发展蓝图——首先发展生态农业，奠定坚实基础；进而力求创建国家生态示范区，拓宽生态建设的广度与深度；最终将高淳打造成为国家生态示范县的典范，为区域的生态发展之路注入源源不断的活力与强劲动力。

高淳坚定落实生态战略，着力构建以绿色产业为主导的现代产业体系。自2005年起，高淳进行有计划的产业整合，迁移境内生态破坏型企业（塑料厂、采砂场、采石场等），并且连续4年禁止桠溪镇新增任何建设用地项目，制定严格的耕地保护责任体系，确保绝大部分乡村生态风貌原真性。自2008年开始，高淳明确将休闲观光农业置于主导产业地位，致力于充分挖掘并利用其得天独厚的生态保护屏障、丰富的农业资源以及“生态之旅”品牌的影响力。通过积极发展休闲农业采摘活动、农作物种植体验项目以及有机农产品的规模化生产，高淳不仅有效延长了农业产业链，还显著提升了农业生产的经济价值。这一系列举措不仅促进了农业生产产值的稳步增长，更为农民开辟了多元化的增收渠道，成功地将自然资源、生态环境优势转化为实实在在的经济优势，有力推动了当地社会的全面发展与繁荣。截至2007年，全县用于生

① 沈正禹. 高淳：强县富民的生动实践［EB/OL］.（2007-09-14）［2024-08-22］. http://txhistory.zjol.com.cn/txnews/system/2007/09/14/010056385.shtml.

态建设的投入达14.5亿元，组织实施了135项重点生态工程[①]，经过多年努力，高淳于2010年正式获得“国家生态县”称号，为江苏省首个国家生态县。

高淳以“生态之旅”旅游品牌为基础，申请国际慢城。2005年，为了实现新农村建设的“村村通”工程，高淳投入1500万元，在桠溪镇西北部地区修建了一条48公里的柏油马路，串联起沿线的各个行政村，此后，这条公路及周边村落进一步被开发成为“生态之旅”旅游品牌，使高淳成为长江之滨一颗璀璨的“美丽乡村”明珠。2010年7月，国际慢城联盟副主席安杰罗·瓦萨罗亲自到访高淳，表达了高度的赞赏：“这里所展现的一切，完美契合了国际慢城的核心理念与标准。”紧接着，桠溪启动了加入国际慢城联盟的申报流程，并在同年12月收获喜讯——南京高淳桠溪镇获评“国际慢城”的殊荣，这标志着它成为中国首个获此认证的地区。高淳成为“国际慢城”看似偶然，但背后是高淳“生态立县”战略实施的必然，因而尽管高淳并没有刻意按照慢城标准来打造，但其以“可持续（Sustainable）、低碳（Low-carbon）、选择（Option）、富有（Wealthy）”为内涵的“SLOW”理念[②]非常符合国际慢城的发展理念与评价标准。

2. 整体规划与布局（2011—2013年）：转力当地资源，实施“两年倍增计划”

加入国际慢城网络之后，高淳慢城自2011年起开始了系统的规划布局，在南京大学城市科学院院长张鸿雁教授的提议下，制定了“旅游经济指标两年倍增计划”，即旅游人次和旅游收入在规划实施的两年后每年翻一倍，旨在将高淳慢城打造为一处“东方主义田园生态慢城”，成为“就地城镇化”的样板。

---

① 张进中，左年生. 江苏高淳：“生态立县”渐入佳境［N］. 经济日报，2007-09-25（3）.

② 宗仁.“国际慢城”在中国及其现实意义研究［J］. 现代城市研究，2011，26（9）：14-17.

以“就地城镇化”破解空心村难题，规划“慢城模式”。随着现代化的快速发展，中国一直以惊人的速度实现城镇化的快速变迁，大量的劳动力离开家乡来到城市，出现了很多空心村，其带来的一系列土地闲置、产业空洞、儿童留守等现象，是新型城镇化必须着力解决的问题，而“就地城镇化”正提供了一条有效的解决路径。“就地城镇化”通过对现有村落自然生态资源的提质扩容，发挥传统村落应有社会、经济、文化价值，成为乡村振兴“留住乡愁”的关键。高淳国际慢城落地后，高淳将慢城范围内的 6 个自然村纳入村庄环境综合整治范畴。通过改善村庄基础设施，如道路重建、雨污分流等，村庄的整体环境质量得到了进一步的提升；同时，通过开发旅游活动，提升慢城产业经营能力，进而提高村民生活水平。慢城区域内的吕家村，流转 40 多公顷土地，开发建成桃花扇休闲旅游广场、吕家大草坪等景点。其中桃花扇广场总面积达 3 万平方米，以清代孔尚任创作的传奇剧本《桃花扇》为名，建有扇形舞台、休闲广场和配套停车场，作为慢城重要的景观节点，更成为此后每年金花节的举办地。广场对面的 2010 街市同样是举行节庆活动的重要场地，慢城竹笋、蓝莓原浆、铁皮石斛、牡丹花茶、世界村的富硒米等慢城伴手礼在活动市集上一应俱全，以慢城品牌带动农副产品的销售推广。慢城书院作为高淳首个书院，占地 800 多平方米，以木结构装修风格打造出一片原生态的小天地。读者们来到这里点上一杯咖啡或茶，就可以一边品味一边融入惬意的慢生活中。

高淳慢城成为国际慢城中国总部，一跃打响知名度。2012 年高淳慢城全年接待人数 118 万人次，经济收入 1.3 亿元[①]，证实了“两年倍增计划”的强大生命力。2013 年 1 月，高淳国际慢城被评为江苏省级旅游度假区。2 月，经国务院批准，高淳“撤县设区”，下辖 1 个省级经济开发区，1 个省级高新区，

---

① 高淳区审计局. 江苏高淳：审计助力国际慢城“快”发展[EB/OL].（2013-08-29）[2024-11-22]. http://www.audit.gov.cn/n4/n20/n524/c34979/content.html.

1个国际慢城，8个镇（街）、145个村（社区），原“生态立县”战略传承为“生态立区”战略。2016年7月，在国际慢城的年会上，高淳被正式授予国际慢城中国总部的地位，这一事件标志着高淳慢城自此承担起处理中国慢城日常事务的责任。2016年7月，国际慢城联盟正式在高淳成立中国国际慢城协调委员会（国际慢城中国总部）。高淳国际慢城以“打造健康可持续性的经济、原真性的文化、和谐的环境”为目标，形成了原生态、慢下来的慢生活哲学和慢城理念，强调始终遵循生态发展规律、恪守生态优先理念，与习近平生态文明思想高度契合，与新发展理念高度吻合，对统筹推进人与自然和谐、城乡融合、乡村振兴也有重要示范意义。可以说，国际慢城既是“两山理论”的基层实践，亦是美丽南京建设尤其是美丽乡村发展的有益模板。

慢城博士工作站成立，推动慢文化研究进展。2013年3月，我国首个专注于“慢城文化”研究的博士工作站——“南京大学城市科学研究院慢城博士工作站”正式成立。该工作站致力于构建新型有机循环生态社区，推动中国慢城组织的快速发展，将高校高端学术资源与慢城实际科研项目相结合，旨在打造一个倡导回归自然的“后现代生活示范区”。通过制定中国国际慢城指标体系、推广慢城文化、培养慢城的管理人才、慢城文化国际对外联络等举措，慢城博士工作站不断提升博士生课题研究的理论水准和应用价值，也为高淳的地方社会经济发展提供人才和智力支持，为国际慢城中国化整体发展研究与社区有机城镇化的转型发展做出了卓越的贡献。南京大学城市科学研究院慢城博士工作站一直致力于将慢城理念融入区域规划，近年来委托国内外知名规划设计单位按照国际一流水准深化设计慢城功能形态、标志建筑和景观布局，将慢生活、慢品质的理念充分融入慢城总体规划和详细规划，细化完善重点功能片区的控制性规划，以及功能设施的建设性详规，先后编制4个专业性详规和3个建设性详规。

3. 综合提升与创新（2014—2021 年）：统筹山水文“大慢城”，普及“慢”生活理念

在成为国际慢城中国总部之后，借助全域旅游战略的东风，高淳慢城开启了“山水文”大慢城建设新篇章。这一举措标志着高淳慢城自身已发展至新高度，更将全区的旅游资源、文化特色和生态环境纳入了统一的规划与建设之中，“慢生活”理念成为高淳的特色地方品牌。

高淳慢城明确“中国首席慢生活休闲度假胜地”目标，积极升级旅游服务。2014 年 11 月，高淳国际慢城获评国家 4A 级旅游景区，这标志着慢城在旅游发展方面取得了阶段性的成就，慢城的品牌影响力进一步提升。高淳慢城的旅游开发注重在食、住、行、游、娱、购等多方面落实慢文化理念，在村庄里，文化墙上遍布的慢城格言、标志以及富有创意的手绘作品，无不在提醒着游客放慢脚步，享受悠闲时光。景区内精心设计了包括自行车观光道、骑行道、生态步行道、登山小径以及田间小径在内的多元化“漫游”网络，让游客能够全方位体验区域魅力。值得一提的是，除行车道外，其余道路的铺设均采用了当地材料，与自然景观完美融合。在餐饮方面，桠溪国际慢城致力于传承与发扬本土美食文化，不仅积极研发具有地方特色的菜肴，还推出了九大主题宴席，并特别设计了富有特色的餐具与沉浸式的乡村用餐环境，让食客在品味美食的同时，也能感受浓厚的乡土氛围。至于娱乐休闲，景区内设有慢城书院、青茶空间等室内休息场所，以及桃花扇广场等户外观景与休闲广场，此外，还配备完善的室外休息与卫生设施，确保游客的舒适体验。购物方面，慢城小镇内的购物中心汇聚了各类土特产与特色手工艺品，满足游客的购物需求。2016 年 10 月，高淳慢城入选住建部首批特色小镇名单。截至目前，高淳慢城正逐步形成以村镇为根基，凭借地域特色资源驱动，通过旅游促进全面发展的发展新趋势，巩固了其在生态农业和乡村旅游领域的领先地位，吸引了大量游客前来体验田园生活、品尝农家美食、感受乡村文化。

高淳构筑山水文“大慢城”全域旅游蓝图，树立全域旅游典范。高淳具

有三分山、两分水、五分田的生态黄金比例，山水城林融为一体，让这一江南小城别具韵味。2017 年，高淳明确了以东部“山慢城”、中部“文慢城”、西部“水慢城”为核心的 802 平方公里“大花园”的建设要求。东部的“山慢城”即桠溪国际慢城旅游度假区，是世界对高淳的最初印象；中部的“文慢城”是由高淳老街串起的四方宝塔、薛城遗址以及其他历史建筑；西部的“水慢城”是围绕固城湖这一核心水域打造的旅游区域。作为全域旅游发展的核心驱动力，高淳国际慢城携手周边游子山、高淳老街及固城湖等关键景点，实现了联动开发，逐步构建起“大慢城”① 区域格局。通过这些举措，高淳在环境质量和农村环境整治上，也树立了省市乃至全国范围内的典范，率先达到国家生态镇、生态村等目标，“慢城”概念也获得了更广泛的应用，2021 年，高淳区入选江苏省级全域旅游示范区。

高淳开发中国慢城数字平台，推进慢城智慧化建设。2021 年，由南京高淳旅游文化股份有限公司开发的中国国际慢城市场云平台“游慢城”小程序上线，是中国慢城旅游总入口，致力于打造数字慢城、拓展中国慢城文旅资源推介。小程序基于高淳慢城而开发，整合慢城及高淳区文旅资源，设置预约购票、休闲度假、文创特产、酒店民宿和定制旅游五大功能板块，为游客提供了便捷、智慧的一站式旅游体验，既能线上预约景区及项目门票，体验餐饮住宿，又能直接提交定制旅游需求及预算。此外，平台还开设有招商咨询专栏，向外推介慢城及周边的招商项目，例如七家村、游子山仿古街、慢城小镇等地，积极招揽商铺进驻。

---

①　“大慢城”理念指各地区借助国际慢城名片推动全域经济发展，形成“慢城效益”。参见雷诚，初筱，范凌云. 国际慢城：中国村镇振兴特色发展路径之经验镜鉴［J］. 规划师，2021，37（16）：35-41。

4. 全面优化与引领（2022—2024 年）：推动产业提质，打响“国际慢城”品牌

当高质量发展成为时代强音，高淳慢城在延续“慢生活”独特韵味的同时，不断寻找与现代化发展的契合点。如今的桠溪国际慢城是以“国际慢城”称号为引擎，以“生态之旅”景区为依托，以“东方慢城”文化为特色的原生态人文旅游目的地和新农村建设特色创新示范区。高淳慢城以产业提质增效为根基，推动生态农业与文旅产业深度融合；以智慧化管理为依托，将数字技术融入乡村治理、旅游体验和服务升级，赋予慢城更高效、更智能的运行模式；以品牌化建设为突破，深挖地方文化内涵，塑造具有国际影响力的“慢生活”名片。一系列“慢”中有进、“静”中有为的举措，展现出高淳慢城与时代共振的先进理念。

推动“慢生活”农文旅融合发展，助力乡村产业升级。2024 年，高淳慢城对 520 公顷的休闲农业体验区进行了整治，包括对有机稻田、茶园、油菜田、牡丹园等景观进行相应的改造升级，开发为相应的农业景观与体验场景。同时，慢城建设有农事教育基地，与中小学合作打造农事教育体验课程，将“慢文化”“慢生活”的种子播撒进孩子心中。如今，慢城已建成石墙围精品民宿村、吕家田园驿站等乡村民宿群，有效盘活了闲置房屋，为本地村民提供更多就业途径。位于高淳慢城内小茅山脚村的淳青生态观光茶旅，作为江苏省唯一入选“全国茶乡旅游精品线路”的茶园，也是高淳慢城农文旅融合的一大标杆。高淳还积极主动协调慢城发展中“保护与开发”之间的矛盾，通过精明保护和开发，并落地形成近远期重点项目库，指导未来保护与建设。民宿产业也呈现出蓬勃生机，区域内枕松云居、房车营地、归来兮度假庄园等一批重点项目先后投入运营，且赢得市场一致好评。

构建“慢旅游 +”旅游发展模式，旅游富民福民效益显现。近年来，高淳从桠溪国际慢城的生态之旅出发，凭借“慢经济”模式持续推动产业的融合与创新发展，带动高淳区旅游产业规模不断扩大。据统计，2022 年全年高

淳区新增就业 4500 人，吸纳大学生就业 5000 余人，帮助就业困难人员实现就业 1674 人，实现 632 名有就业需求的退捕渔民 100% 就业，扶持 694 名农民自主创业，支持企业自主开展各类培训，发放 167 家单位培训补贴 89.37 万元，完成新型学徒制培训人数 110 人。全区全体居民人均可支配收入 53785.88 元，增长 4.4%，高于 GDP 增速 2.2 个百分点。其中，城镇居民人均可支配收入 67774.05 元，增长 3.6%，农村居民人均可支配收入也达到 34636.79 元的新高度[①]。以生态旅游为核心议题，休闲度假为发展重心，并凸显生态田园的独特魅力，荣获由农业农村部颁发的“全国休闲农业与乡村旅游示范县”以及住房和城乡建设部颁发的“中国人居环境范例奖”等殊荣。当前，高淳正稳步迈向构建 70% 生态涵养区与 30% 生态经济区的宏伟蓝图，充分彰显了高淳在生态保护与文化传承方面的坚实基础和卓越成效。

强化“慢城”特色品牌建设，擦亮“慢城”金字招牌。自获评“国际慢城”后，高淳慢城历经十余年的发展，逐步构建起“慢城”特色品牌体系。高淳现有“固城湖螃蟹”“慢城”两大区域公用品牌，农产品区域公用品牌“慢城味到”也逐渐打响知名度。晨湖稻米、潘西西红柿、康之源牡丹、珊珊果蔬、归来兮有机蔬菜、桥李有机茶等企业品牌已有了一定的影响力，“慢城味到”有助于集聚区域内的优质农产品资源，形成“1+N”的规模效应，提升慢城农产品的整体形象和市场竞争力，进而以产业发展切实带动农民就业、集体增收。在体育方面，慢城创新打造品牌赛事，以青少年成长为切入点，举办了“慢城英雄青少年户外挑战赛”，鼓励青少年面对自然主动探索，面对极限无畏挑战，进一步延伸了“慢城”品牌的引领作用。2024 年元旦期间，高淳区累计接待游客约 10.87 万人次，同比增长 163.2%，其中，桠溪国际慢城、

---

① 高淳区统计局. 高淳区2022年国民经济和社会发展统计公报［EB/OL］.（2023-09-28）［2024-07-17］. http://www.njgc.gov.cn/gcqrmzf/202309/t20230928_4024011.html.

高淳老街、游子山[①]、固城湖四大景区累计接待游客 5.49 万人次，同比增长 211.7%。由旅游带动的消费收入约 0.54 亿元，同比增长 170%，其中四大景区实现营收约 403.67 万元，同比增长 169.89%。

三、与生态对话：引领高淳国际慢城 48 公里“生态之旅”风光带

慢城的可持续发展之路，是一条充满智慧与希望的绿色之路。改造自然并非盲目开发，而是基于生态保护和可持续发展的前提，利用现代科技手段优化自然环境，同时，慢城强调回归自然，鼓励居民亲近自然、享受自然，通过徒步、骑行等低碳出行方式，体验慢生活的宁静与美好。高淳桠溪国际慢城，不仅是一处自然风光旖旎的生态观光胜地，更是一个融合了农事体验、高效农业实践与休闲度假多元功能的理想休闲之地[②]，为游客提供了一个远离喧嚣、亲近自然、享受慢生活的绝佳选择。

1. 以三类经济为指引，坚守生态优先绿色发展路径

高淳在追求绿色发展的征途中，展现了一系列环境整治与生态保护的坚定步伐：从矿山的综合整治到固城湖畔退圩还湖的浩大工程；从率先制定全国县级层面的“全域山水林田湖草生态系统整治保护规划”，到开创性地构

---

① “一座游子山，千年赏游史”，游子山因孔子而得名。这里山清水秀，人杰地灵，孕育着高淳悠久的历史文化和优美的自然环境。目前，南京游子山休闲旅游区总面积650公顷，是国家级森林公园、国家AAAA级旅游景区、中国孔子研究院国学教育体验基地。

② 刘晓倩. 国际背景下的“中国慢城”团体标准实践研究与思考［C］//中国标准化协会. 第十五届中国标准化论坛论文集. 中国标准化协会，2018：4.

建县域“生态系统生产总值（GEP）核算标准体系”[①]；每一项举措都彰显了高淳“珍视生态如同守护眼眸”的坚定决心。目前，高淳地区螃蟹的生态养殖比例已高达95%，并成功建成了总面积达117.67平方千米的特色农业基地，其涵盖了水稻、茶叶、旱园竹以及经济林果等多种作物。这一系列举措有效推动了农村居民收入的增长，人均可支配收入达到了34636.79元的新水平。

高淳区始终贯彻生态赋能，助力农田经济全面转型。早在6300年前，高淳的先民就已经开始“饭稻羹鱼”的生活，千百年来为高淳留下了“鱼米之乡”的美誉。高淳国际慢城拥有丰富多样的农田景观，其种植结构呈现出多元化的特点。从各类土地占比来看，水田占比达25.32%，旱地占23.41%，林地则占17%。[②]在水田的种植方面，主要种植的品种有中稻、早稻、晚稻以及籼稻，并且在桃花扇广场的周边区域，水田还会与油菜进行轮种，以此来实现土地资源的高效利用和农作物的合理更替。而旱地所种植的作物种类颇为丰富，涵盖了玉米、小麦、豆类、薯类、糖类、棉花、芝麻等，这些旱地作物在不同的季节里生长成熟，共同构成了高淳国际慢城别具一格的农田风光。随着农业机械化、智能化水平的提高，如今高淳区的村民种植农田大多依靠智能化系统，实现粮油生产的全程机械化、生产加工仓储各环节管理智能化。在新质生产力的加持下，这里的农业生产正焕发着新的生机。数智化农耕的方式不仅提升了水稻产量，还节约了劳动力成本，平均一亩田的收益会比之前高100元。此外，农业产业化联合体的组建，成为推动农业转型的新动力。在龙头企业的引领下，多个农民合作社与家庭农场纷纷参与其中，共同组成

---

① 生态产品价值是指某一类生态产品的货币价值；GEP是生态系统生产总值，是指一个地区的生态系统为人类福祉和经济社会发展提供的所有最终生态产品价值的总和，包括生态系统提供的生态物质产品价值、调节服务产品价值和文化服务产品价值。GEP一般以一年为核算时间单元，可以用来衡量“绿水青山”所产生的各类生态产品的总价值。参见中国科学院. GEP核算，认与知[EB/OL].（2021-08-11）[2024-08-26]. http://www.cas.cn/zjs/202108/t20210811_4801684.shtml。

② 杨威. 高淳国际慢城村落景观情境研究[D]. 南京：南京林业大学，2020.

了联合体。该联合体凭借服务链与收益链的有机整合与一体化运作，取得了颇为显著的成效，在农业发展领域展现出独特的优势与活力，为产业的协同共进提供了成功范例，有力地推动了农业生产经营模式的创新与发展。高淳慢城通过电子商务发展体系的建设，盘活了农产品种植、生产、销售的全产业链，推动了农业种植模式从传统型向多元化和高附加值化的转型。高淳的农田经济转型，不仅为当地农民带来了实实在在的收益，也为全国的农业现代化提供了可借鉴的经验。在新时代的征程上，高淳正以创新之笔，描绘出一幅“新时代鱼米之乡”的多彩图景。

林果经济是高淳区合作社的主要依托经济形式。林地种属包括桑、茶、梨、桃、油茶、葡萄等，毛竹、刚竹、早园竹、淡竹等各类竹子郁郁葱葱，形成了大片的竹林区域，不仅增添了自然之美，还具有重要的生态价值。高淳国际慢城是有机茶叶生产基地，并拥有早园竹、葡萄、花卉等多项知名农产品。在2022年中国生态文明论坛南昌年会开幕式上，高淳区被生态环境部正式命名为第六批“绿水青山就是金山银山”实践创新基地，是南京市首个获此殊荣的区[①]。这标志着高淳区在践行“两山”理念的道路上取得了卓越成就，也为南京市乃至全国的生态文明建设提供了可资借鉴的成功范例。高淳区小茅山脚乡村旅游专业合作社、东坝红岗经济林果专业合作社主要采取“基地+合作社+农户”的模式发展。如今，组织化程度较高的农民专业合作社在高淳区广袤的土地上遍地开花。截至2023年，全区农民合作社达893家，农民合作社示范社达151家。其中国家级示范社8家、省级示范社22家、市级示范社29家、区级示范社92家。高淳区将继续开展示范社培育及监测工作，扎实开展典型宣传、双优评选、贷款贴息等工作，持续推广综合社建设，探

① 高淳区人民政府. 高淳区获评国家“两山”实践创新基地[EB/OL].（2022-11-29）[2024-08-26]. http://www.njgc.gov.cn/jrgc/gcyw/202211/t20221128_3766410.html.

索村社共建、产业富民双赢的新路径。东坝街道红松村自 2000 年起就开始种植水果，近年来不断进行品种更新，从原先单一的葡萄、梨子，到枇杷、冬枣，不仅提升了村集体的收入，也广泛吸纳周边村民参与就业，村民人均收入由 2012 年的 16404 元增长至 2020 年的 3.4 万元[①]。同时，高淳区始终围绕“一村一品”进行生态产业建设，不断扩大经济林果的种植规模，实现村民的集体增收，在高淳慢城理念的影响下，福民富民的原则贯彻始终，高淳切实帮助村民解决实际问题，实现产业振兴、农民增收、人居和谐的乡村振兴新格局。

螃蟹经济是高淳以慢城哲学引领乡村蜕变的生动写照。螃蟹产业是高淳慢城的重要产业基础之一，是推动乡村振兴的关键驱动力。在 20 世纪 90 年代，高淳的螃蟹养殖便已形成“种草、养螺、稀放、精养”的浅水生态养殖模式，使固城湖螃蟹拥有明显的“肥、大、腥、鲜、甜、绿、早、靓”八大特征。但这一时期高淳的螃蟹养殖以分散的养殖经营户为养殖主体，市场占有率不成规模，而螃蟹养殖投入高、风险大，分散经营抗风险能力较弱。2008 年，青松水产专业合作社成立，以“市场 + 专业社 + 基地 + 农户”的运作模式吸纳多家养殖户加入，以“五个统一”[②]树立固城湖螃蟹品牌。合作社聘请专家教授常年为社员提供技术指导，建立“保底价收购”风险共担机制，维护社员利益。2010 年，合作社联合南京、苏州等 5 个省辖市的农民专业合作社，通过资源整合、优势互补，成功搭建起一个更具规模与影响力的合作平台——江苏省首家省级水产类农民专业合作联社。社员从最初的 94 个增加到了 3000 多个，在全国 150 多个大中城市开设了专卖店，线上进驻 10 余个电商平

---

① 高淳区人民政府. 发展林果和房东经济 带动村民就业村集体增收［EB/OL］.（2022-12-09）［2024-08-26］. http://www.njgc.gov.cn/jrgc/gcyw/202212/t20221209_3780289.html.

② 即：统一苗种引进、统一技术培训、统一质量标准、统一产品收购、统一品牌策划。

台[①]。至2019年，在联社的基础上，江苏青松生态农业科技发展有限公司成立，吸纳多家企业入股，每年带动农户亩均增收3000元[②]。高淳螃蟹养殖业在稳定中持续增长，养殖面积由2001年的84平方千米增长至2022年的143.87平方千米，产量由2815吨提升至1.86万吨，产值更是由2.29亿元突破性地达到25亿元[③]。如今，以螃蟹养殖为核心的生态养殖模式已成为高淳区名副其实的致富之路，显著促进了当地经济的繁荣与民众生活的改善。受益于固城湖螃蟹的优良品质和高淳区委的支持，固城湖螃蟹品牌已连续五年针对授权商家出台相应的扶持补助政策。高淳以蟹为媒，带动当地食品加工、电子商务、文化旅游、餐饮服务等诸多产业发展，构建起惠及10多万农民、产值达百亿元的"螃蟹全产业链"[④]，"固城湖螃蟹"成了实打实的富民"金螃蟹"。2021年，高淳区凭借螃蟹产业链入选全国农业全产业链典型县。在农业之外，高淳螃蟹产业更积极向其他领域拓展，以提升自身影响力，如高淳独具特色的"螃蟹马拉松"，是中国第一个"吃螃蟹的马拉松"，可谓独一无二的存在。

2. 以四大节庆为抓手，描绘国际慢城四季变换图景

对于高淳来说，特色乡村节庆活动不仅承载着深厚的精神文化意蕴，更是旅游产业文化创意的根基与源泉[⑤]。高淳慢城有着丰富的节庆文化，最具代表性的是依托万亩油菜花海打造的金花旅游节。"春赏金花夏荷花，秋吃螃

---

① 周爱明，刘全民.【奋进新征程 建功新时代】他带领10万户农民走上共富路［N］.南京日报，2022-05-23.

② 由1000元流转费、1000元分红和1000元工资补贴构成。

③ 我苏网.蟹苗投放正当时 高淳小螃蟹托起富民大产业［EB/OL］.（2023-02-10）［2024-08-26］. http://www.ourjiangsu.com/a/20230210/1676034849786.shtml.

④ 白雨.南京高淳：擦亮产业"金名片" 打造幸福"慢"生活［EB/OL］.（2023-09-22）［2024-11-20］. http://home.china.com.cn/txt/2023-09/22/content_42532677.htm.

⑤ 周平，刘婷，熊少波.民族传统节庆体育与旅游产业融合发展研究——以黔东南苗族传统节庆体育为例［J］.广州体育学院学报，2017，37（6）：50-53.

蟹冬年货”，围绕春夏秋冬季节变换组织各类节庆活动，构建出一幅四季节庆图景，持续增强着高淳旅游的品牌知名度与吸引力。

春季金花旅游节，以油菜花打造高淳慢城“金名片”。近年来，高淳区努力探索慢城与文化、农业、旅游、体育等多元融合发展模式，已成功打响金花旅游节品牌，逐渐打造生态环境与慢城标准契合、绿色产业与慢城理念吻合、文化保护与慢城运动融合的全域旅游发展“高淳样板”[①]。每年三月举行的“中国·高淳国际慢城金花旅游节”，依托区域内万亩金色油菜花海，持续时间近两个月，自2009年起至2023年已成功举办十五届。金花节设立之初，以“开放、发展、友谊、合作”为宗旨，是集经贸洽谈、形象展示于一体的大型招商推介与商贸洽谈活动。发展至今，金花节已经成为高淳的富民节会、旅游节会、文化节会、艺术节会，是展示高淳经济社会发展成果的重要平台。高淳以金花为引领，休闲农业产业蓬勃兴起，通过“农业+”的创新模式，深度融合主导产业与乡村旅游，将金花节从最初招商引资的“经贸节”延伸成为全民参与的“旅游节”。围绕田园景致、乡土风味、农耕乐趣与农艺传承，高淳慢城不断拓展农业产业链，不仅促进了农民增收，更为市民提供了理想的休闲度假选择，使高淳慢城跃升为长三角地区的热门旅游胜地，成功探索出一条“农旅互促、双轮驱动”的特色发展路径。2018—2023年每年的金花节期间，高淳平均接待游客量达400万余人次，平均旅游收入更是达到48亿元[②]。据不完全统计，全国以油菜花为主题的节庆共有百余个，其中江苏省内的金花节就有20余个。为了从各类“金花节”中脱颖而出，高淳慢城将“中国第一金花节”作为文旅融合发展目标，通过放大自身慢城特色、提升亩均收益、加强农文旅艺体的深度融合等多方面举措，做大做强“金

---

① 高淳区人民政府. 中国·高淳国际慢城金花旅游节入选节庆品牌影响力百强榜[EB/OL].（2024-01-24）[2024-08-26]. http://www.njgc.gov.cn/jrgc/gcyw/202401/t20240124_4153176.html.

② 段仁虎. 火爆15载 高淳金花节凭啥“破圈”[N]. 南京日报，2023-04-14.

花经济”，传递“新征程之春”的高淳信心，在福民富民的同时，促进高淳三大产业的融合发展，以节庆反哺其他产业，扩大节庆品牌影响力。

夏季荷花节，以“荷塘夜色”营造国风特色。高淳固城湖荷花节，则依托水乡“三十里荷花香”的绝美景观，打造成为独具水乡特色的“水慢城”荷花旅游季。高淳水域辽阔，盛产荷花，花期从 6 月一直持续到 8 月。在得天独厚的生态资源基础上，高淳深挖生态、休闲、娱乐、文化四大元素，以“荷”（和）谐高淳为主题，举办系列荷花文化活动，为游客带去独属于江南水乡的诗意画境，更促进了地方餐饮、住宿、零售等多业态的繁荣发展。荷花节以国风美学为自身特色，近年持续打造“荷塘夜色”IP，为游客带来多样的国潮文化体验。2024 年的第十六届荷花节便以“荷塘夜色・莲花江湖”为主题，设立古风市集、武侠人物互动、《莲华倩影》舞台剧演出等活动环节，将水慢城打造成为一处侠客世界。游客还可以身穿汉服乘坐乌篷船体验亲手采摘莲子，品尝荷花季限定“荷花宴”，小酌一杯“莲花特调”，感受时令食材的自然之味。

秋季螃蟹节，以螃蟹产业延伸节庆体验。固城湖螃蟹节，凭借固城湖螃蟹“五个全国第一”的卓越品质，通过组织“游江南、品蟹宴、逛老街、享农情”系列旅游促销活动，全方位推广高淳，成为高淳一大知名节庆品牌。螃蟹节在每年 9 月的螃蟹收获季举行，持续时间约两个月，至今已成功举办了二十三届，是高淳持续时间最长的节庆活动。螃蟹节脱胎于水产品交易会，原以产品交易、项目签约为主要职能，在后续发展中逐渐向旅游节庆活动演变。2017 年，中国高淳固城湖螃蟹节被农业农村部认定为“国家级示范性渔业文化节庆”。节庆期间，游客可以参与品蟹大赛、蟹宴制作大赛等活动，并有机会品尝地道的螃蟹美食，完成一场与水慢城的“蟹逅”。此外，螃蟹节还结合了当地民俗表演和体育赛事，举办如瑜伽聚会、帐篷露营大会、户外定向赛、国际马拉松赛等，增强了节日的趣味性和游客参与感。

冬季年货节，以传统民俗实现淡季旅游突围。冬季年货节的举办历史相对不长，但作为慢城每年度的终场大戏，年货节巧妙捕捉岁末旅游消费高峰，以“慢城过大年”为主题，依托高淳深厚的民俗文化底蕴，举办起年货展销与民俗活动，表明了高淳慢城突破淡旺季桎梏，向全季节旅游扩展的信念，既激发了市场活力，又进一步扩大了高淳的文化影响力。节日期间，通过长街宴、民俗表演和年货大集等活动，慢城营造出浓厚的节日氛围。游客可以在长街宴上品尝地道的年货美食，并欣赏跳五猖、舞狮等传统民俗表演。如今，长街宴已然成为慢城辞旧迎新之际一道亮丽的风景线，既带动了腊肉、土鸡蛋、咸鸭等年货产品的销售，也进一步推广了慢城农家乐品牌。2024 年 12 月枕松云居民宿推出“慢城村宴”活动，村宴以“百米长桌”为载体，将高淳经典菜肴悉数呈现，让游客在品尝美食的同时，也能感受到浓厚的文化氛围。传统的八仙桌从村头到村尾一字排开，千余名市民与游客欢聚一堂，提前感受到了浓浓的年味。在品尝“慢城村宴”过程中，游客还能观赏传统的舞龙舞狮、水乡战鼓等民俗表演。此外，枕松云居还准备了“火塘音乐会”，游客们夜晚可围坐篝火旁，享受音乐、美酒、美食，感受“淳味”生活。

3. 以三种体验为蓝本，诠释伴城伴乡慢城生活理念

慢城的出现，预示着在乡村拥有一种新的生活方式。随着高淳区城镇化水平的提升，许多青年返回乡村，步入慢城休闲农业的发展轨道。在“生态立县”的战略以及全域旅游的战略下，高淳慢城的回乡青年过着“伴城伴乡”的生活，孕育着新的社会生活风貌和消费倾向。

体验田园牧歌生活方式，放慢游客生活节奏。高淳慢城地处南京市远郊，相比都市的繁华和喧嚣，这里是年轻人周末放松游玩的绝佳去处，来到这里的每个人都能暂时放下生活的烦恼和压力，走进田园牧歌般的休闲时光。孩子们在稻田间追逐嬉戏、亲手种植蔬菜、体验农耕文化、学习自然知识，慢城的自然教育活动，如观鸟、昆虫观察，不仅丰富了孩子们的假期，也让家长们有机会与孩子一同成长。对于老年人来说，清新的空气、宁静的环境，以及丰富的文化活动，如茶艺、书法、太极拳，都是老年人修身养性的绝佳

选择，在这里，老年人可以放慢脚步，享受悠闲的退休生活，与老友新朋一起回忆往昔，享受当下。年轻人在高淳慢城可以找到逃离都市压力的出口，骑行、徒步、摄影，或是在慢城的咖啡馆里享受一杯手冲咖啡，都是年轻人放松身心的方式。慢城的音乐节、艺术展览和创意市集，更是年轻人文化交流的平台，让他们在慢生活中找到灵感和激情。国际游客在高淳慢城可以体验到中国传统文化的魅力，这里的传统手工艺、民俗活动和地方美食，都是中国文化的缩影。国际游客可以在这里学习中文，感受当地风俗，或是参与到当地的农事活动中，感受中国乡村的淳朴与热情。总之，高淳慢城“伴城伴乡”的生活理念，不仅是一种放慢生活节奏的生活方式，更是一种内心豁达平静的生活态度，来到这里的游客可以获得与自然和谐共处的愉悦。高淳慢城是一个可以让心灵得到栖息的地方，亦是一个让生活慢下来的地方。

重塑东方田园生活风貌，改善当地居民生活。生活方式的差异不仅是划分社会阶层的关键标志，同时也是推动人口向享有更高生活质量的区域流动与集聚的强大驱动力。如今，“慢城”理念已超越单纯的生活方式范畴，逐步演化为集生产、生活、生态于一体的新型融合空间。慢城旅游业的发展，带动起区域内农家乐、民宿、茶室等休闲空间载体的建设，为当地居民提供了大量就业岗位，并引导村民加入有机农业生产，种植茶叶、草莓、油菜和红薯等作物，在家门口便可售卖农副产品。在公共服务方面，高淳慢城积极优化完善民生设施，2023 年，高淳慢城实现居家养老服务中心全覆盖，打造省级示范性睦邻点 31 个，建成 5A 级居家养老中心 1 个、3A 级居家养老中心 6 个，民营化居家养老服务中心覆盖率达 100%[①]。在温饱问题得以解决的基础之上，随着慢城近几年农家乐的快速发展，“慢城”独特的生活美学价值逐渐被人们所重视，“土特产”“民宿”“非遗手工”等消费标签促使当地

① 2023年度中国慢城工作报告［EB/OL］.（2024-04-20）［2024-11-20］. http://chinacittaslow.com/index.php?c=article&id=1966.

村民开始追求有美学涵养的田园风光和新业态形式。传统的乡村工作，像农耕、制茶、养蟹、蒸米糕、手工活以及木匠活等，已实现了华丽转身，从单纯的生产劳作，脱胎换骨为蕴含着美学价值与文化韵味的行为模式，承载着乡村的智慧与传承[①]。例如，大山村农家乐专业合作社有一支青年创业先锋队，他们别出心裁，在经营中巧妙地加入了丰富多样的亲子手工体验项目，并且精心研发出一款特色产品——“桂花酒”。这款酒将传统手工酿造技艺与充满古朴韵味的蓝印花布包装完美融合，彰显出独特的魅力与创意。“踏入高淳先买糕”，米糕是高淳的传统特色小吃，慢城在过年期间会为游客提供亲手制作米糕的机会，使游客体验到别样的年味氛围。

适应新时代社会需求，构建返乡青年理想归宿。为了增强“乡村吸引力”，留住青年在乡村创业、生产与生活，高淳慢城加速构建并重塑了青年对乡村生活的新认知框架，进而在整个社会层面重构由乡村振兴引领的乡村生活价值体系。尽管慢城本质上仍是一个充满乡村风情的聚落空间，其生活场景尚未全面达到城镇化水平，但这并不妨碍其成为返乡青年心中的理想归宿。高淳国际慢城福民富民两年倍增的目标实现后，大量青年群体返回家乡就业创业，成为重塑田园生活方式的助推力。他们接受过相对良好的文化教育，具备较高的专业技术水准，有着强烈的自我发展意识，彰显鲜明的个性特征，并且处于特定的家庭阶段，有着与之相应的发展需求。这些共同构成青年返乡创业的内在驱动力[②]。然而，对于这部分青年而言，完全脱离大城市的繁华生活，可能会带来某种程度的“单调感”。因此，关键在于深入挖掘并彰显“慢”文化所蕴含的独特价值，以及它对构建健康社会的积极贡献，从而有效缩小慢城生活与大城市生活之间的心理距离，让返乡青年在享受慢生活的

---

① 杨伊宁. 返乡青年的认知重构与价值重塑——基于“慢城”生活方式的研究视角［J］. 中国青年研究，2020（12）：65-70+99.

② 杨伊宁. 返乡青年的认知重构与价值重塑——基于“慢城”生活方式的研究视角［J］. 中国青年研究，2020（12）：65-70+99.

同时，也能感受到生活的丰富与多彩。在慢城，文化融合了乡村性与都市性，为返乡的青年构建起一个理想的生活状态和生活方式。在网络直播经济蓬勃发展的浪潮之下，有这样一群返乡青年，他们活力满满、积极奔走，往来于周边农户和种植基地之间，用心挑选各类地道的土特产，包括鲜活肥美的螃蟹、肉质紧实的老母鸡、营养丰富的土鸡蛋以及鲜嫩爽口的旱园竹等，还有随季节更替而成熟的时令鲜果，诸如草莓、蓝莓、葡萄等，通过电商、短视频平台等渠道不断拓展其商业合作网络[①]。他们告别了“城乡间徘徊”的迷茫，坚定选择了“工作与生活在乡村”的“二次扎根”之路。慢城的兴起，不仅将慢城周边的乡村融入了一个日益开放且全球化的价值观体系，更在全球性、都市性、现代性与本土生活之间架起了一座意义非凡的桥梁，紧密地串联起多元的生活维度和价值内涵。正是这些元素相互交织、彼此支撑，共同筑牢了慢城抵御“速度社会”侵蚀的坚实壁垒，也成为激发个体“文化自觉”的关键所在，为人们在快节奏的时代浪潮中寻回内心的宁静与坚守，铺就一条充满希望与力量的心理基石之路，引领人们在生活的旅途中更加从容、坚定地探索与前行，找寻到真正契合自身的生活节奏与价值追求，守护住那些被快节奏生活掩盖的珍贵情感与精神寄托，让生活重新焕发本真而持久的魅力。

四、与地方对话：打造高淳国际慢城的特色村落“就地城镇化”之路

“慢城”理念是一种着眼于小城镇发展的新策略，它强调生态发展，重视地方资源、经济活力、文化底蕴以及城市历史脉络的整合。以大山村、吕家村和垄上村为实践案例，“慢城”理念展现了一条融合地方特色的可持续

---

① 高淳区人民政府．第二十届中国·高淳固城湖螃蟹节新闻发布会［EB/OL］.（2020-09-10）［2024-08-26］. http://www.njgc.gov.cn/hdjl/xwfbh/202009/t20200921_2412390.html.

发展路径，三个代表性的村庄展现出不同的发展之路。该理念与我国乡村振兴战略及新型城镇化的改革方向高度契合，展现了深刻的共鸣与协同性。

1. 大山村：发展特色农家乐，探索农旅融合地方振兴之路

大山村是“中国美丽休闲乡村”蓝溪村下的一个自然村，位于高淳区东部，于 2019 年入选江苏省 5 星级乡村旅游区。大山村地处“生态之旅”路线与通往高淳城区方向的红旗路的交会点，有村民 203 户，人口 532 人，是高淳慢城的一处典型村落，也是就地城镇化的代表案例之一。一直以来其特色的城镇化发展，不仅带动了村民增收，也有力辐射到了周边村庄的未来振兴发展之路。

建设农家乐特色村，推动产业结构转型。孟德拉斯在《农民的终结》一书中写道，“较之工业的高速增长，农业的缓慢发展可以给人一种安全稳定、千年平衡的印象”[①]。过去，大山村以传统农业为主，种植有稻谷、油菜、茶等作物，在国际慢城落地后，城市游客的乡土体验诉求激发出大山村旅游农业的潜力，大山村的农业定位由原先的保障性转变为经营性[②]。通过政府帮扶发展农家乐、农家客栈等特色项目，大山村逐步探索出一条绿色发展之路。“国际慢城”的落地为大山村注入了强劲的发展动力，在此之前，尽管有着良好的自然资源，但大山村及其周边地区因地理位置偏远，缺乏主导产业，难以受到周边城镇的经济辐射，丰富的生态资源未能有效转化为发展动力。“国际慢城”落地之后，在大山村人“家本位”的价值观念和行动逻辑之下，农家乐经营在村中稳步展开。2010 年，大山村通过以点带面、就地取材、因地制宜的模式，对口帮扶 6 户农家乐，实施“帮装修、帮带客、帮培训，扶

---

① H. 孟德拉斯. 农民的终结［M］. 李培林，译. 北京：中国社会科学出版社，1991：4.

② 施德浩，陈浩，于涛. 城市要素下乡与乡村治理变迁——乡村振兴的路径之辩［J］. 城市规划学刊，2019（6）：107-113.

上马送一程”[①]的“三帮扶持”措施，建设起村内的第一批农家乐。2011 年清明假期的第一天，每户农家乐的营业额均超过了 6 万元，当年农副产品销售等旅游收入达 300 多万元，旅游经济收入总计达 1800 万元，农家乐的示范带动作用开始显现出来[②]。2012 年，地方政府继续扶持了第二批 10 家示范户，由政府出资做好装修和物品配备。试点的成功激发了周边村民经营农家乐的热情，带动了一批居民自发经营起农家乐，大山村的农家乐规模进一步扩大，逐步形成“农家乐一条街”的集聚效应。截至 2023 年 10 月，大山村有农家乐 65 家、户均收入 15 万元，每年接待游客 133 万人[③]。

农家乐合作社成立，进一步推动农家乐品牌建设。2015 年 11 月，由返乡创业青年牵头，大山村率先成立了名为“慢淳乡村旅游专业合作社”的首家农家乐合作社，这标志着当地开始尝试将合作组织与农村休闲旅游产业相融合。“慢淳农家乐服务站”成为该合作社的运营依托，在此基础上，合作社凝聚起农家乐、农家客栈、农副产品销售店与周边经济林果种植户等各方力量，通过“统一客源安排、统一产品采购、统一品牌包装、统一服务标准”的模式，携手推动业务不断发展。此外，合作社还设立巾帼农家乐联谊会，吸纳当地妇女加入农家乐经营，成为培育农村妇女创业就业的一大亮点。在合作社的组织下，各家农家乐提供的服务也进一步丰富，不仅仅是吃饭、购物，还可以让游客通过观赏油菜花、采春笋和学习传统编织技艺等活动体验乡村原汁原味的慢节奏生活。2019 年，合作社通过一系列措施进行创新改革，不断提

---

① 县级与镇级政府各部门对口扶持，政府出资统一装修，购买家具、餐桌椅、空调等设备，并对经营者进行相关培训。2011年春节开门营业后，两级政府动员各部门的公务接待优先到大山村农家乐。

② 杨伊宁. 价值植入与文化建构——慢城特色小镇的本土实践［M］. 南京：江苏凤凰教育出版社，2019：48.

③ 高淳区人民政府.「小城追光——党的二十大精神在高淳」农家乐里奔幸福［EB/OL］.（2023-10-24）［2024-08-28］. http://www.njgc.gov.cn/cxgc/xydt/202310/t20231024_4038529.html.

升乡村的运营能力，包括打造餐饮特色，制定成员店铺差异化经营路线；成立乡村导服队伍，拓展教培业务，设计研学课程；拓宽合作交流渠道推广慢城模式；等等。合作社的发展擦亮了大山村“慢享大山”的品牌，截至 2023 年 6 月，合作社拥有餐位 200 个，民宿床位 50 个，开发有“乡村考察 + 红色教育”研学路线 6 条，每年接待游客达万人次[①]。

通过农家乐产品创新，稳步提升市场竞争力。农家乐的集聚使得大山村举办的“长街宴”这项一年一度的特色活动，成为慢城农家乐的年度狂欢。长街宴通常在每年元旦之际举行，上百张八仙桌沿村中主路一字排开，可容纳一千多人就餐。长街共八道菜肴，分别为清炖老母鸡、椏溪红烧肉、年年有鱼头、红烧羊肉锅、农家肉圆、农家“步步糕”、油豆腐包肉、农家全家福（火锅），由不同的农家乐负责制作，从选材到制作都是高淳本地做法，是农家乐的地道手艺。截至 2024 年元旦，长街宴已经举办十年有余，成为每年辞旧迎新之际慢城的一大特色活动。2024 年元旦的长街宴为大山村带来蓬勃的商机，在长街宴结束后的一周内，大山村内各农家乐每天收入达到 1000—2000 元[②]。农家乐合作社也积极创新改革，丰富产品内容。合作社联合牡丹、蜂蜜等专业合作社，打造出“休闲农业 + 牡丹宴”餐饮品牌、“慢淳”金花蜜等特色产品。为推动村内经济发展，合作社充分利用村内资源，将空置房与闲置老房屋重新盘活。同时，积极发动全村具有经济头脑和专业技能的致富能人，参与到具有地方特色的米酒手工制作中，建立起集加工生产、销售于一体的综合性基地，并开设了米酒直营店，成功开发出“慢淳”桂花米酒这一特色产品。不仅如此，合作社还组织返乡创业青年前往浙江，学习慢城传统美食手工水塔糕的制作工艺，并注册了“慢淳”商标。凭借其独特

① 陈孜. 南京市慢淳乡村旅游专业合作社：打造农旅融合新业态［J］. 中国农民合作社，2023（6）：46-47.

② 王鹏. 万亩油菜花即将盛放！2024年高淳国际慢城金花旅游季开幕［N］. 现代快报，2024-03-16.

的口感和传统工艺的魅力，“慢淳”手工水塔糕赢得了广大游客的喜爱与欢迎，为乡村经济发展增添了新的活力与动力，也进一步提升了乡村特色产品的知名度和影响力，1 天最高售卖 3000 盒[①]。此外，大山村积极探索融合新业态，多次与南京高校合作，承办乡村旅游培训班、乡村研学班；携手南京“天才计划”手工坊，合力开展青少年手工教育课程的研发。在此过程中，高淳慢城邀请了各个领域的专家学者参与合作，巧妙地将慢城的地方文化特色融入亲子课程体系之中。

2. 吕家村：聚焦傩舞“跳五猖”，重塑非遗文化乡村生产场域

吕家村位于“生态之旅”国际慢城南部入口处，毗邻 301 县道与桠溪慢客中心，村域面积 58.8 公顷，人口 219 人，户数 70 户，现为江苏省级休闲农业精品村、省级特色田园乡村。高淳国际慢城建设之初，吕家村便发展起以农家乐为代表的休闲农业；至 2019 年，吕家村对村落的区位价值和功能定位进行了重新界定，整合文化资源，以当地特有的“跳五猖”文化为源头，开发出诸多文化创意产品，吕家村也由“美食村”升级为“文创村”。

生活演绎视觉盛宴，以节庆活动讲述传统文化故事。“跳五猖”现为江苏省级非物质文化遗产，它起源于西周时期的宫廷傩舞，是在古代神灵出巡、祭祀的基础上衍变的一种古典民间舞蹈，具有深厚的文化底蕴和独特的艺术价值。“跳五猖”“小马灯”等非遗表演因寄托了民间对美好生活的向往，成为当地乡村生活空间的一处重要注脚。每当节庆或旅游旺季，当地都会组织精彩的跳五猖表演，祈求风调雨顺、居民生活幸福安康。每场演出人员最多可达 200 人，或手执彩旗开道，或饰演神官舞蹈，或敲锣打鼓奏乐，队列有序，浩浩荡荡，营造出古朴的氛围，也为游客带来一场场视觉与文化的盛宴，彰显出高淳慢城的深厚文化底蕴。

---

① 康晨远. 发展乡村文旅产业 发掘乡村多元价值——记南京市慢淳乡村旅游专业合作社［J］. 中国农民合作社，2020（5）：22-24.

非遗走入寻常生活，将非遗保护传承融入乡村生活空间。“场域”的本质是文化，所有的“场域”在具体的生活中，都具有文化的本质属性[①]。以往为了满足游客需求，吕家村大力发展农家乐产业，由原来的一产为主，转到后来的一三产结合的综合发展模式，成为高淳区最早的一批农家乐村庄。后来随着游客的不断涌入，吕家村的农家乐在经营规模扩大的同时，也产生了诸多问题，如农家乐产业缺乏引导、品质低下、同质化严重、周边农家乐恶劣竞争等[②]。为了改善这一局面，吕家村大力挖掘“跳五猖”文化，进行保护性开发，既迎合了慢城运动主倡原生态文化保护的理念，也推动了村庄产业的转型升级。吕家村在保留乡村风貌、乡村肌理的前提下对乡村景观进行提档升级，通过土地流转、盘活闲置农房等方式，对整个村庄进行合理的业态布局。自 2019 年起，吕家村流转村民房屋 3000 多平方米、投入 1300 万元，将村庄打造成为集文化创意、特色民宿、餐饮休闲等功能于一体的“五猖”文创村。为了打造文创村，吕家村进行了全面的环境整治和基础设施建设，村庄道路、市政管线、照明、景观等方面都得到了提升。在文创村建设过程中，吕家村积极发展民宿和餐饮业，将传统建筑改造成具有文艺气息与非遗特色的民宿、餐厅、咖啡馆等现代消费空间。步入吕家村，入眼便是整洁统一的白墙黛瓦，主干道路以青石铺设并以明丽色调装饰，处处可见“五猖”墙绘，村内文创空间、手工作坊、书吧等一应俱全，为游客带来丰富的文化与旅游体验。

积极举办文创大赛，打造文创与乡村旅游融合的典范。2018 年，高淳国际慢城管委会主办了“淳慢城 · 傩舞吕家文创大赛”，点燃了吕家村转型发

---

① 张鸿雁. 中国城市文化资本论［M］. 南京：南京出版社，2024：431.

② 赵汗青，沈骁茜. 乡村振兴视角下的村庄建设提升策略探索——以高淳国际慢城吕家村为例［C］//中国城市规划学会，杭州市人民政府. 共享与品质——2018中国城市规划年会论文集（18乡村规划）. 南京大学城市规划设计研究院有限公司，2018：13.

展的火苗。吕家文创大赛将 IP 形象和文创设计提升到引领性高度，在当时的文旅行业中可谓罕见。这一赛事不仅让吕家村的千年古村形象与非物质文化遗产实现了完美融合，还催生了吕家文创村的演变。文创大赛分为 IP 设计类、主题民宿类、文创产品类、体验类、创新农业类媒体社群类、科技类和其他类等多条赛道，积极鼓励住宿类、工坊类作品落地，并为之提供相应的建筑补贴或一段时间的免租政策，有效地降低了项目落地门槛，提振了参与者的创业信心。文创大赛以 IP 创意点亮乡村未来，一批本土文化创意人才相继入驻吕家村，成为吕家村的活力源泉。文创大赛后，南京高淳慢之城文化产业发展有限公司成立，“五猖”文化正式落户吕家村，吕家文创村的名号也随之打响。为适应文创村的建设，吕家村开展了一系列培训活动，促使文创村的各业态服务提档升级并向规范化、有序化发展，向品质化、标准化转变。凭借这一重大赛事，吕家村在 2019 年的博鳌文创论坛暨文创博览会上入选中国乡创地图[①]乡村振兴创新示范村。因文创大赛而来的乡村创客们结合吕家村当地特色与优势，从衣、食、住、行、娱乐、教育等多个方向出发，运用社群运营、品牌推广等多种方式，带来一系列的文创方案。文创大赛为吕家村带来超过 100 件文创和衍生品方案、30 多个商业落地计划和 22 种新五猖形象，为吕家村构建起富有生命力的文创产业。入选作品之一的“精五萌”卡通形象在此后成为吕家村全新的 IP 形象，融入村庄的景观建设之中。相较于传统严肃的神灵形象，“精五萌”将“五猖”形象演化为初入人世的幼儿孩童，演绎出调皮捣蛋、无所畏惧、自然灵动的性格特征，并遵照五行将之分别命名为森森、焱焱、鑫鑫、淼淼、垚垚，以幼童寓意万物初生，充满生机和希望。依托“跳五猖”文化，吕家村开发有“五猖”系列 T 恤、钥匙扣、陶瓷杯垫、

① 中国乡创地图是由SMART联合清华文创院、博鳌文创院、中国梁漱溟乡建中心、中国扶贫基金会、台湾文化创意产业联盟协会等机构组织共同评选的中国乡村振兴发展的优秀村庄地图。

单肩包、魔方、手机支架等诸多文创产品，并已投入市场。吕家村借力高淳发展全域旅游，从美食村，到“傩舞吕家文创大赛”，再到今日的“五猖”文创村，一步步在“文创 + 旅游”赋能下，将“五猖”IP 与乡村振兴相结合，让乡村更美、旅游更旺、道路更长。

3. 垄上村：保护原生态环境，慢享茶香古韵手工技艺之美

垄上村位于慢城三条垄片区的南部垄上，村落也因此得名，建成距今有 200 余年历史。垄上村被茶园、林木和水塘环绕，村内绿树成荫，灰墙黑瓦的老旧建筑散发着古朴的气息，宛如一处隐秘而宁静的“世外桃源”。垄上村具有良好的农业基础和生态环境，十分契合慢城理念。围绕田园乡居主旨，垄上村通过一系列措施重塑自然清淡慢生活。垄上村综合利用慢城客流辐射优势，积极发展乡村旅游，推动产业融合发展，实现乡村活力复兴和农民致富增收。

名优茶叶培育和茶乡文化体验是垄上村的两大特色。原本以种茶为主的垄上村，曾是市级经济薄弱村。但近年来，通过引入社会资本，该村成功建设了茶艺文创基地，并进一步拓展了茶文化展示、文创产业以及乡村民宿等相关产业链，因此荣获了全国乡村旅游重点村的称号。垄上村以青山茶场为核心，统领着广阔无垠的 267 公顷茶园，孕育了“淳青”与“金陵春”等享誉四方的茶叶品牌①。依托悠久的种茶历史、卓越的品质及广泛的知名度，垄上村巧妙融合其独有的宁静氛围，精心规划布局，旨在打造一个集田园栖居、文化创意、观光体验于一体的自然清雅茶乡慢生活典范。为实现这一目标，村中积极引入社会资本，流转并精心改造了 14 栋闲置农舍，不仅在外观上保留了乡村风韵，更在内部融入现代生活设施，转型为风格独特的乡村民宿。

---

① 南京日报. 高淳2.6万亩生态茶园一年“吸粉”550万 理念大不同，茶叶变“网红”［EB/OL］.（2023-03-28）［2024-08-27］. http://nyncj.nanjing.gov.cn/nygzdt/202303/t20230328_3873015.html.

同时，紧跟智慧农业发展步伐，对接智慧茶园建设，构建了一个集茶文化展示、茶艺精湛表演、茶叶精品展销、茶品包装设计、茶具亲手制作体验及文创产品研发等多维度创意空间于一体的综合平台。漫步垄上，精心布置的文化小品散落于茶园间，成为一道道亮丽的风景线。而蜿蜒曲折的景观木栈道，则将这些散落的亮点巧妙串联，让游客得以轻松穿梭其间，全方位、多角度地沉浸式体验垄上独有的茶村风情。此外，垄上村还成功创建了智慧茶园示范基地与茶艺文创基地，致力于培养新型职业农民，并推动"互联网+"茶产业的广泛传播。该村不仅融合了特色文化旅游、茶文化展示以及文创艺术基地，还实现了现代农业与第三产业的深度结合，营造出一种自然恬淡的慢生活氛围，从而有效促进了乡村的活力复兴，并带动了农民的增收致富。这一切努力，均围绕着"闲居垄上，漫享茶时光"的美好愿景，以名优茶叶的精心培育为引擎，驱动着智慧茶园示范与茶艺文创的深度融合，共同绘就了一幅农旅文创型乡村的绚丽画卷[①]。

丰富多彩的手工艺艺术，成为垄上村传承与创新并蓄的典范。在这片充满生机的土地上，手工艺不仅是村民们世代相传的技艺，更是他们生活的一部分，承载着对美的追求和对传统的尊重。编织艺术在垄上村是一种家喻户晓、人人皆会的手工艺，村民们利用竹材、藤条等自然资源编织出精美的篮子、簸箕和凉席等生活用品，充满了乡村的质朴与自然之美。刺绣也是一项具有代表性的手工艺，妇女们的刺绣作品不仅装饰了家居环境，更成为外界交流的文化使者。随着时代的发展，垄上村的手工艺也在不断创新与融合。近年来，陶艺和木雕逐渐成了村里的新兴手工艺。村民们利用当地的陶土和木材，创作出各种精美的艺术品。这些作品既有传统元素的融入，又吸收了现代审美观念，展现了垄上村手工艺人的创新精神与艺术才华。在垄上村，手工艺

① 王飞.践行"两山"理论的特色田园乡村建设路径探究——以高淳三条垄—青山片区为例[J].现代城市研究，2021（8）：99-107.

的传承与发展始终是一个重要的话题。村民们深知，这些宝贵的技艺是他们祖先留给后人的宝贵财富，必须得到妥善的保护与传承。为此，他们通过师徒传承、技能培训和品牌塑造等方式扩大垄上村手工艺的知名度，努力让手工艺在新时代焕发出新的生机与活力。

依托茶与手工艺资源，垄上村大步迈入农文旅发展新阶段。当地政府充分利用村庄的自然风光和文化资源，大力发展乡村旅游产业，推动村庄经济转型升级。在政府的引导和扶持下，垄上村建起了一批具有地方特色的民宿和农家乐。这些民宿置身在美丽的乡村之中，不仅环境优美，而且融入了当地的传统习俗，可以感受到浓厚的乡村文化氛围。垄上村还积极举办各种乡村旅游活动和文化节庆活动。如赏花节、采摘节、民俗文化节等，这些活动不仅吸引了大量游客前来参观游览，也促进了当地农产品的销售和旅游经济的发展。2018 年，垄上村农民人均收入达到 2.85 万元，成功摘掉“贫困帽”。如今的垄上村已经成为一个集观光旅游、休闲度假、文化体验于一体的乡村旅游胜地。它以独特的自然风光、淳朴的民风和丰富的文化底蕴吸引着越来越多的游客前来探访和体验。在这里，人们可以远离城市的喧嚣和繁忙，回归自然和本真，感受那份久违的宁静与美好。近年来，垄上村凭借其独特的茶文化与手工艺特色，成为网红打卡点。在文化旅游方面，垄上村通过构建田园居住、文创艺术、观光体验等多种业态形式，营造出一种自然质朴、宁静闲适的慢生活氛围，以此为发展路径，迈向独具特色的乡村发展新征程，旨在为人们提供一个远离喧嚣、回归本真、品味生活的理想之地。村里的特色农产品展示、手工技艺如制陶和竹艺文化，以及现代智慧茶园和生态有机大米种植，都是游客体验和打卡的热点。此外，当地政府利用高淳慢城内部的 17.33 平方千米生态茶园，打造“红色茶香之旅”旅游线路，国内外接待游客量达 550 万人次，成为南京采茶界的网红线路。在文化空间方面，垄上村拥有多家特色民宿和文化空间，如“物外”“不语”“漫居”“凡涧”“家和隐舍”等，这些好听的名字背后是茶室、咖啡屋、民宿、画室等，为游客提供了丰富的休闲体验。在电商直播方面，垄上村将来自周边各个村落的丰富多样、原汁原味的农特产品推向了全国的广阔市场。这不仅拓宽了农产品的销售渠道，更为堰头垅村村民开启了一扇全新的致富之门，成为他们如今津津乐道、积极参与的“新农活”。村里的直播团队将手机架到田间地头，直播带货吸引了大量粉丝，使垄上村成为网红直播第一村。

五、与国际对话：连接外部资源落地高淳“东方慢城”

2013 年 6 月，国际慢城联盟正式授予高淳国际慢城中国总部，几年来，高淳一直积极发挥总部引领作用，在完善自身建设、传播慢城文化、倡导慢城理念、发展慢城盟员等方面作出了巨大贡献。中国“慢文化”的“快发展”，正为国际慢城建设贡献着“绿”“富”“美”的东方智慧。高淳国际慢城希望在世界范围内找到慢城文化在不同空间的共鸣之处，从而让高淳的“慢能量”在“走出去”中取长补短，推动慢城文化向纵深发展。

1. 高淳慢城引领中国慢城，领航国内慢城标准与规范制定

高淳慢城作为我国首座国际慢城，对国内其他国际慢城的申请与建设充当着“探路者”的角色。2013 年，高淳在被确定为国际慢城中国总部后，制定了一系列的慢城评选标准，成为中国慢城运动的推动者。

高淳慢城作为国际慢城中国总部，成为中国与国际慢城沟通的纽带。近年来，高淳深入践行《国际慢城宪章》，认真做好环境保护工作、发展慢城特色产品、传承发扬民俗文化、做好慢城理念教育引导，并积极履行国际慢城中国总部义务。作为国际慢城中国总部，高淳慢城具有完善自身建设、传播慢城理念和发展慢城盟员三大职能。在具体行动上大体可分为三个方向，其一为巩固加强国际交流活动，组织中国慢城参会，如 2023 年中国国际慢城秋季协调会、年会等，主动向国际慢城联盟其他成员推介中国慢城创新工作和申请地区，及时向国际慢城联盟报送中国慢城特色工作、慢城项目推进情况；其二为协调中国慢城事务，规范管理中国慢城，组织协调会传达国际慢城工

作动向，开展慢城申报区培训，指导考察申报工作，协助中国慢城缴纳年费，督促中国慢城继续发扬传承慢城精神；其三为积极打造慢城品牌赛事，以慢城建设和健康理念为切入点，拓展慢城在体育赛事方面的影响力。

高淳慢城是国际慢城中国化的标准制定者，出台相关标准文件。慢城理念并不作为中国慢城建设、运营的始终逻辑，更多是作为中国“慢城运动”的一种“桥梁”，一套标准化的建设规范是中国慢城重要的立身之本。高淳慢城成为国际慢城中国总部后，提出《中国国际慢城发展指南》（以下简称《指南》）这一标准文件，对中国国际慢城发展的总则、基础要求、特色要求和标准的实施监督做出了规定，以适应中国慢城的可持续发展。《指南》中，基础要求包括组织管理、环境质量、污染防治、生活保障和安全应急五个方面，特色要求包括慢城自然生态、慢城文化氛围、慢城社会生活、慢行系统、慢产业发展、慢食文化和慢文化宣传七个方面。与国际慢城联盟出台的《国际慢城认证标准》相比，《指南》在组织管理和安全应急等维度建立起更为细致的要求。慢城文化氛围将中国特色文化纳入考量，譬如将儒文化、禅文化、客家文化等中国传统文化与国际慢城理念融合，注重传统文化的保护。慢产业的发展也是中国慢城标准的特色，尤其在二、三产方面。《指南》指出，第二产业的发展不应加快当地居民生活节奏，无采矿业、无对生态产生污染的制造业、无城市开发类房地产业，保留并推广本地手工艺传统行业工种；第三产业则需做到无大型连锁超市，有体现“慢”特色的主题旅游资源，能将地方文化融入主题产品中，保护历史文化价值景点。通过一系列本土化的标准制定，高淳慢城为中国慢城的发展铺就了一条极富中国特色的发展之路。

高淳慢城创造性提出“慢城典范计划”，推动东方慢城模式建设。最初，中国地区若要加盟国际慢城联盟，需遵循一系列严谨的流程以确保其符合慢城理念与标准。有意申请的地区需向国际慢城中国总部表达明确的加盟意愿，中国总部派遣代表前往申请地区进行实地考察，以全面评估该地区是否符合国际慢城的要求。完成实地考察后，申请地区需提供《自荐信》及《国际慢城考评表》，详细阐述其慢城建设的愿景、现状、优势及未来规划。之后，国际慢城联盟将安排代表对申请地区进行深度考察，考察通过后，申请地区需向国际慢联总部提交包含中英文版《国际慢城考评表》、地区风貌宣传视频及图片在内的全套申报材料，由国际慢城联盟对提交的材料进行全面考核与认证。最终，在通过所有考核与认证后，申请地区将在国际慢城年会上被授予“国际慢城”的荣誉称号，正式成为国际慢城大家庭的一员[①]。为了在中国挖掘具有可持续发展潜力的慢城典范，尽可能地为其申报国际慢城之路提供便利，2018 年高淳慢城出台了“慢城典范计划”，旨在从全国范围内遴选出多个具备潜力的申报区域，由国际慢城中国总部依据六大核心标准——能源与环保政策、基础设施建设、城市品质提升、农业旅游与手工艺发展、好客文化培育及社区凝聚力建设，进行全面而深入的评估与筛选，随后向国际慢城联盟申报慢城称号。2019 年，高淳慢城新发展广西茂林、长白山池北、山东高青等 3 家慢城，推荐了 8 家申报地区加入“慢城典范计划”。此后，高淳慢城先后成功推荐广东梅州雁洋、山东曲阜、湖南永州泷泊等 11 个地区通过“慢城典范计划”加入国际慢城，扩大了中国慢城的世界影响力。“慢城典范计划”旨在守护自然与生态的宝贵资源，促进经济、文化以及居民健康的和谐共生，是对申报地区建设标准的进一步提升，也是对东方慢城模式的创造引领[②]。由此，高淳慢城作为国际慢城中国总部，拉开了具有中国特色的慢城建设序幕，成为东方慢城建设模式的领跑者。

2. 高淳慢城相约国际慢城，共襄经济发展与文化传承盛会

高淳慢城成为国际慢城中国总部后，其品牌吸引力、国际影响力和综合

---

① 参见中国高淳国际慢城官网：http://www.chinacittaslow.com/index.php?c=article&id=123。

② 高淳区人民政府. 高淳发布慢城典范计划 开启加盟国际慢联双通道［EB/OL］.（2018-12-29）［2024-08-28］. http://www.njgc.gov.cn/gcqrmzf/201901/t20190109_1368508.html.

带动力均获得了提升。作为国际慢城联盟的一员，高淳慢城积极参与国际交流活动，与来自世界各地的慢城城市建立了深厚的友谊与合作关系。通过参加国际慢城大会、举办慢城主题展览等方式，高淳向世界展示了中国慢城的独特魅力，同时也从其他慢城那里学到了宝贵的经验和做法。为了进一步加强与国外的文化交流与合作，高淳慢城还策划了一系列跨国文化交流活动。桠溪慢城积极与国际慢城联盟保持紧密联系，通过参与国际交流、合作项目等方式，不断提升自身在国际慢城网络中的地位和影响力。国际慢城联盟的联动作用，为桠溪慢城带来了先进的发展理念和管理经验，也为其打开了更广阔的发展空间。

以国际慢城搭建跨省协作阶梯。2020 年 12 月，陕西商洛柞水县成为西北首个、全国第 13 个国际慢城，这也是深化苏陕协作的重要成果。东西部协作是一项关系我国发展全局、推动实现共同富裕的重大战略性任务，苏陕协作即为江苏、陕西两省坚决贯彻党中央决策部署的体现。“十四五”以来，江苏始终保持苏陕协作力度不减，柞水县的国际慢城申报之路便是其中一个缩影。2020 年 8 月，南京高淳国际慢城旅游度假区管委会与陕西牛背梁国家森林公园管委会正式签署了《南京高淳区—商洛柞水县共创柞水国际慢城合作协议》，引领两地迈向充满无限可能的合作新征程。在慢城创建过程中，商洛与南京两地市委书记亲自安排部署、亲自指挥调度，两市市长积极协调、精准对接、督促落实，形成了齐抓共管、协同配合的创建合力。两地通过国际慢城创建的契机，在景区开发与要素配置领域深入切磋、互通有无，彼此汲取成功经验与创新思路，致力于让各自的景区发展更上一层楼；同时，在旅游产品的丰富拓展以及文化内涵的深度挖掘上，双方也将充分交流、相互启迪，全力打造更具吸引力与深度的旅游产品，赋予其更为深厚的文化底蕴。

以国际慢城铺设亚洲互动交流平台。国际慢城亚洲研讨会是一个旨在促进亚洲地区慢城理念交流、分享慢城发展经验的重要平台。通过这一平台，各地的慢城代表、专家学者、政府官员以及社会各界人士可以共同探讨慢城建设的策略、挑战与机遇，推动慢城理念在亚洲乃至全球的普及与发展。在过去几年中，国际慢城亚洲研讨会已在多个城市成功举办，其中包括中国南京高淳区的桠溪国际慢城。这些研讨会不仅为参会者提供了宝贵的交流机会，还促进了慢城之间的合作与互鉴，推动了慢城理念在亚洲地区的深入传播。2018 年，国际慢城亚洲研讨会在高淳慢城举行，此届研讨会以“慢城教育与农业”“慢城传承与创新”“慢城文明与乡村振兴”为主题，旨在汇集亚洲慢城力量、智慧进行交流碰撞，分享慢城发展的先进经验，激发各地慢城对教育、农业、传统文化等方面新的思考与感悟，为慢城理念在中国的传扬奠定方向。研讨会的成功举办有助于提升慢城品牌的知名度和影响力，推动慢城理念在更广泛范围内的传播与应用，增进参会者对慢城理念的理解与认同，为各自所在地区的慢城建设提供有益的借鉴与启示。

以国际慢城牵线中欧国际合作。高淳先后与法国米兰德市、波兰利兹巴克市等欧洲慢城建立友好城市，签订《建立友好城市意向书》，为高淳与欧洲城市间的旅游文化合作交流开创了新局面。通过与国外慢城的合作，高淳慢城寻找着慢城文化在不同地域空间的共鸣之处，让高淳的“慢能量”在“走出去”中取长补短，推动慢城文化向纵深发展。2020 年 6 月，T20① 中意两国慢城经贸（旅游）云上合作洽谈会举行，重点推介了高淳桠溪国际慢城的旅游特色和高淳投资环境，对建立中意两国慢城旅游合作协调机制、推动两国慢城旅游部门合作、促成两国慢城旅行社之间合作、谋划两国慢城设立特色商品馆等多个方面进行了沟通。2023 年 9 月，南京高淳招商引资推介会在德国辛德芬根市举行，高淳充分利用国际慢城中国总部的资源优势，积极与巴符州开展以医疗器械为主的合作。这些举措不仅有助于提升中欧慢城之间的

① “T20”世界旅游名镇联盟包含Top（最好）、Tourist（旅游）和Town（小镇）三重含义。T20也是国际顶级旅游名镇20强。参见http://www.xinhuanet.com/politics/2016-06/17/c_129071279.htm。

旅游经贸合作水平，还将为中外游客带来更加丰富多样的旅游体验和文化交流机会。慢城作为经济合作的载体，为中欧在旅游、经贸等领域的合作搭建了坚实的桥梁。

3. 高淳慢城燃情国际赛事，掀开体育盛宴与体旅融合新篇

高淳慢城近年来一直积极与国际赛事组织相衔接，举办诸多国际体育赛事，将体育赛事与城市品牌相连接，提升城市品牌形象。围绕“体育＋旅游”的主题，国际慢城体育产业不断推进，持续推进国际慢城内“休闲养生、体育健康、农业体验、民俗文化”等旅游体育的内涵建设，推出具有慢城特色的体育产品。高淳慢城已成功举办击剑公开赛、马拉松赛等赛事，不仅展示了慢城的文化魅力和生态环境，还提高了高淳的国际知名度和美誉度。2024年6月，高淳国际慢城凭借多年来举办体育赛事的优势，荣获江苏省体育休闲基地称号。

举办高淳国际慢城马拉松赛，以“中国第一个吃螃蟹的马拉松”为特色。高淳国际慢城马拉松赛是慢城赛事最具代表性的案例，并由此衍生出“四分马”“慢城英雄青少年户外挑战赛”等品牌赛事，不断促进高淳慢城文体旅产业的融合发展。高淳国际慢城马拉松赛于2015年首次开赛，于2019年入选中国田径协会金牌赛事，也是世界田联标牌赛事。在全国大大小小的马拉松赛事中，高淳马拉松（简称“高马”）看似平平无奇，实则凭借当地螃蟹产业，以“中国第一个吃螃蟹的马拉松”特色在全国乃至全世界的马拉松赛事中脱颖而出，造就了自身无可替代的唯一性。高马正值螃蟹节期间，参赛者在终点可品尝到螃蟹作为能量补充，赛后全、半马参赛者还可获得一公一母的螃蟹礼包作为特色礼物。同时，高马现场以螃蟹为主题视觉，营造出“第一螃蟹马”的浓厚氛围，成为参赛者难忘的体验。为了充分发挥“体育＋”的功能，赛事现场还设有市集专区，携手当地蟹农，招募固城湖螃蟹品牌在现场开展线上直播售卖、线下螃蟹试吃等推介活动。2024年的高马共吸引了15000名选手参赛，半马和健康跑项目不到12小时即全部报满，外地参赛选

手数量创历史新高，占比达到 83.8%[①]，更有来自肯尼亚、马来西亚、美国、俄罗斯、巴西等 10 多个国家的选手参赛，有力彰显了高马赛事影响力。高淳马拉松期间，共计带动旅游消费 2093 万元，乡村度假酒店、乡村民宿平均入住率也分别达到 95% 和 81%，实现营收超 300 万元，赛事“流量”成功转化为文旅“留量”和经济增量。赛事期间的报道和宣传，也让更多人了解了慢城的优美风光和发展潜力，为城市带来了更多的发展机遇。

承办自行车国际赛事，以体育运动“快速度”赋能高淳慢城“慢品牌”。环太湖国际公路自行车赛是我国四大职业公路自行车赛之一，也是江苏、浙江两省打造的一项拥有自主 IP 的国际赛事，截至 2024 年 10 月已成功举办十二届。高淳慢城于 2023 年 9 月承办了第十一届环太湖国际公路自行车赛暨长三角穿越赛（高淳站），是当年赛事的收官之战，吸引了来自全球 24 个国家的 120 名顶尖车手参赛。赛道全长 72.44 公里，以慢城区域内的慢行道路为主要组成部分，包含平路、山地、丘陵等多种赛段类型，不仅全方位考验了运动员的冲刺、爬坡和耐力等综合能力，还让选手们在风驰电掣中感受到“国际慢城，闲静高淳”的竞技旅程。赛道途经文峰塔、吕家大草坪、淳青茶园、石墙围村、枕松云居等慢城特色打卡点，为参赛者呈现出一片如诗如画的初秋田园风光。高淳慢城为这项国际赛事提供了顶级的赛事保障，包括道路管制、补给物资准备、志愿者组织、应急保障等诸多方面，赛前一天，慢城还于吕家大草坪开展了一系列的赛前活动，邀请参赛者和亲友们前来草地露营，体验后备箱集市、儿童平衡车比赛，欣赏草地音乐晚会和露天电影，感受慢城的悠闲时光。高淳慢城的种种温馨之举使得其在赛后收获了来自参赛者的诸多好评，竞技的“快”与生活的“慢”达成完美的契合。

承办篮球国际赛事，以“大慢城”影响力推动高淳打造休闲体育名城。

---

① 卢斌. 2024 南京高淳国际慢城马拉松昨日鸣枪开跑［N］. 南京晨报，2024-11-04.

近年来，高淳区致力于深化全民健身与全民健康、体育产业与体育事业的全面融合，以此作为休闲体育名城建设的坚实基石。2024 年 4 月，由中国篮协支持、国际篮联授权的国际高级别三人篮球赛事——2024 国际篮联三人篮球超级联赛首次全落地中国，高淳承办了四站分站赛之一，是总决赛前的最后一站。来自中国、塞尔维亚、马来西亚、新加坡等国家和地区的 12 支顶尖三人篮球俱乐部齐聚高淳，为球迷带来一场高级别篮球盛宴。开幕式上，大马灯、武术等当地民俗节目轮番登场，为赛事增添了一抹高淳特色，展现了地方文化与体育精神的深度融合。在赛事接待方面，高淳展现出高水平的组织能力与热情的待客之道，赛场周边配备了完善的赛事服务设施，包括运动员专属休息区、专业医疗团队和赛事直播技术支持，确保比赛顺利进行。本次赛事是高淳区首次承办的篮球国际赛事，为高淳“休闲体育名城”建设注入了新活力，同时提升了高淳在国际体育版图上的多样度，为后续更多国际赛事的落户打下良好基础，对扩大高淳知名度、提升城市品质、丰富群众文体生活具有重要作用。各项赛事不断丰富着高淳慢城的体育品牌矩阵，助力高淳慢城以体旅融合走向更广阔的国际舞台，丰富高淳文旅内涵。

高淳桠溪慢城秉承“慢”为核心的发展理念，不仅在强化慢城独特品牌形象上取得了显著成效，还成功实现了社会经济稳健发展的双重目标。以“慢城”为代表的新型生活方式逐渐成为破解城市病的药方之一，高淳慢城让人们对生活节奏有了新的认知，村民们依靠生态农业和生态旅游走上福民富民之路。在慢城，人与自然达到了和谐统一。高淳慢城的建立为中国的特色小镇建设树立了一个标杆。总结高淳慢城的经验模式主要有以下三点。**其一，慢城发展，生态优先**。高淳慢城依托优良的生态环境，坚持“生态优先、绿色发展”、坚定“生态立区”战略，挖掘和活化生态资源，实施八大“美丽工程”，打造了 48 公里的“生态之旅”风光带蜿蜒曲折、贯穿南北，全面提升高淳人居环境质量。**其二，将慢城理念融入全域旅游规划**。高淳明确以东部“山慢城”、中部“文慢城”、西部“水慢城”为核心，把全境 802 平方公里打造成没有边界、没有围墙、居旅相宜的全域美丽大花园，并努力探索慢城与文化、农业、旅游、体育等多元融合发展模式，成功打响金花旅游节等品牌。其三，塑造就地城镇化的样板。对一些乡村进行提档升级改造，挖掘当地特色资源，新增就业岗位。如大山村的农家乐带动了农民致富，两年实现福民富民倍增目标，留住了原住民，留住了乡愁；吕家村的“跳五猖”非遗文化是当地的唯一性文化资源，吕家村把本地传统文化和民俗文化演绎成适合慢城旅游开发的文化新符号，把文化资源转化为文化资本，从而将自身打造成集文化创意、特色民宿、餐饮休闲等功能于一体的特色村落，未来致力于发展成高淳国际慢城特色文化体验地和乡村休闲旅游网红打卡地；垄上村依托茶文化空间、茶点铺和陶艺体验区等，让游客在享受田园美景的同时，还能体验传统文化的魅力。

综上，高淳桠溪慢城作为国际慢城中国总部，倡导的是一种健康、绿色、可持续、和谐的发展方式。作为与国际对话的桥梁，高淳慢城在提供就业岗位，实现富民目标的同时，还注重举办国际赛事，加强国际慢城之间的经济、文化、教育等合作交流，持续贯彻慢城理念。高淳慢城已然占领国际高位，实现与国际组织“对话”，具有成为“世界最佳旅游乡村”[①]的潜力。通过不断强化“片区化运营”和实施“景＋村”的联动发展，坚信未来高淳慢城能够开拓出“慢城＋乡村振兴”的新路径，争取入选“世界最佳旅游乡村”，描绘“稻花香里说丰年”的乡村现代化发展美好图景，呈现文旅融合赋能乡村振兴的“中国方案”，持续提升我国乡村的国际影响力，也为类似的国外乡村贡献中国智慧。

---

① 2024年11月15日，联合国旅游组织公布2024年“世界最佳旅游乡村”，我国湖南十八洞村、安徽小岗村、浙江溪头村、云南阿者科村、福建官洋村、山东烟墩角村、四川桃坪村等7个乡村入选，是本届入选最多的国家；加上2021年入选的浙江余村、安徽西递村和2022年入选的广西大寨村、重庆荆竹村，以及2023年入选的江西篁岭村、浙江下姜村、甘肃扎尕那村和陕西朱家湾村，我国总共拥有15个“世界最佳旅游乡村”，位列世界第一。

第三章
吴江开弦弓村：学术凝视和乡村镜像建构全球化叙事

开弦弓村[①]，这个地处长江三角洲太湖东南岸的江南村庄，因社会学家、人类学家费孝通[②]教授的《江村经济》享誉国内外，成为世界了解和研究中国农村的“窗口”，也成了国内外社会科学研究者向往的圣地。半个多世纪过去，数不清的国内外知名学者追寻费老足迹而来，江村[③]的窗里窗外又上演了怎样的故事？

---

① 开弦弓村位于苏州市吴江区七都镇太湖南岸，占地面积4.5平方公里，土地总面积450公顷，现在的开弦弓村由开弦弓、荷花湾、西草田、天字圩、四方圩5个自然村组成。1936年人口不到3000人。因村内东西流向的小清河与南北向的北塍港呈“弯弓搭箭”之形状，故而得名。江村即开弦弓村的学名，《江村经济》这本书中用江村代指开弦弓村。江村，泛指长江流域的村子，费孝通笔下的江村是江南农村的缩影。

② 费孝通（1910年11月2日—2005年4月24日），当代著名社会学家、人类学家、民族学家、社会活动家，第七、八届全国人民代表大会常务委员会副委员长，中国人民政治协商会议第六届全国委员会副主席，民盟第五、六、七届中央委员会主席。参见秦雪.费孝通《江村经济》对当下的启示［N］.团结报，2023-11-16（7）。

③ 截至2024年9月底，经CNKI统计，以“开弦弓村”为主题的文章240篇，以“江村”为主题的文章3963篇。2010年，以“江村”为主题的研究达到高峰，共发表论文323篇，研究主要聚焦农业经济、社会学及统计学、建筑科学与工程等学科。

一、背景起源：《江村经济》是一个理想的观察中国农村社会的窗口

费孝通曾坦言，此书的诞生并非源自作者刻意的规划与培育，而是缘于一系列不可预见的、外在的偶然因素交织①。《江村经济》原是费孝通的博士毕业论文，由于这本书全面展示了当时农村社会的面貌，在时代的影响下，开弦弓村成为世界瞩目的社会学和人类学研究的重要案例。《江村经济》对于社会学来说，最具有开创性的意义便是深入研究对象所处的生活环境进行跟踪研究，并且以历史发展的视角纵观研究对象的变化，这种学术责任感深刻影响着后来的学者进行社会学研究②。

1. 开弦弓变奏：传统与现代交织下中国农村经济的革新图景

《江村经济》的写作背景可以从三个方面来说。首先是社会背景，当时的中国社会正处于动荡之中，农村经济落后、农民生活困苦、传统手工业逐渐衰落等问题亟待解决。1936 年，机械工业进入农村，西方的机器工业取代了当地传统手工业，在这样的背景之下，作者详尽地描绘了开弦弓村的地理环境特征，深入剖析了村民的家庭结构，并深入调研当地的经济生产模式，对开弦弓村当地村民的财产分配与继承机制进行了全面的阐述。其次是个人背景，费孝通来到开弦弓村撰写《江村经济》是一次无心插柳下的结果，这是他为完成博士毕业论文而撰写的研究报告；最后是书籍出版背景，《江村经济》1939 年在英国出版，但直到 1986 年《江村经济》才在中国本土翻译出版。

---

① 费孝通. 江村经济：中国农民的生活［M］. 北京：商务印书馆，2001：1.

② 《落脚乡村与民宿经济——莫干山特色文化重构》是邵颖萍博士的毕业论文，2019年由江苏凤凰教育出版社出版。该书获得第六届余天休社会学优秀博士论文奖、江苏省第十六届哲学社会科学优秀成果奖三等奖、江苏省旅游优秀专著奖一等奖等奖项。作者基于5年的持续跟踪、15次的“故地重游”与136例深度访谈，研究侧重个案研究（Case Study）的方式，采取社会史学法、社区分析法、深度访谈法和参与观察法，试图从“传统—现代”“地方—全球”“生产—消费”三个维度来深描和分析“洋家乐”民宿社区的日常生活。

20 世纪 30 年代的中国农村饱受帝国主义侵袭之苦，农民群体迫切寻求自我救赎之道。地处吴江县的震泽地区，自古便是享有盛誉的湖丝生产基地，千百年来，农民依靠传统方式以鲜茧缫制土丝，此产业是当地农民的经济支柱。然而，随着近代机械缫丝工业的快速进步和国内外市场对丝绸品质要求的不断提高，传统的土丝制造业面临着前所未有的挑战，并陷入了困境。为了应对这一危机，1923 年，江苏省立女子蚕业学校选择开弦弓村作为前沿阵地，发起了一场以推广优质改良蚕种和科学养蚕技术为核心的蚕丝产业革新运动。在这场运动中，费孝通的胞姐费达生以其卓越的远见与不懈的努力，成为改革浪潮中的中流砥柱，积极倡导并组织了多项改良措施，力求重振土丝产业，引领农民走向新生。在这个时期，以费达生为代表的一批充满理想与热情的知识分子，将先进的科学技术引入乡村，亲自指导农民掌握科学养蚕与制丝技术，并大力扶持农民创办合作性质的丝厂。1929 年 2 月，标志着中国农村工业化新篇章的“吴江县震泽镇开弦弓村有限责任生丝精制运销合作社”正式成立，它开创性地成为中国首个采用股份制模式运营的乡村工业企业，具有里程碑式的意义[①]，不仅极大地推动了当地蚕丝业的发展，还因其显著的成效而深受农民群众的欢迎与赞誉。至 1935 年，该合作社进行了全面而深入的技术革新，其核心生产设备——主机，全部升级替换为更为高效的新型立缫机，这标志着生产能力的质的飞跃。梁漱溟先生主编的《村治》杂志，在其“乡村运动资讯”专栏中，特别刊载了一篇题为“开弦弓村合作社运营成效概览”的文章，以此彰显该村合作社所取得的显著成绩[②]。在这一时期，开弦弓丝厂成功实现了“社厂一体化”的管理模式，其中理事会负责整体的领导工作。至于生产技术方面，则是由费达生女士以及江苏省立女子蚕业学校的师生团

① 钱晓燕，王来刚. 留存江村记忆丰富乡土文化——吴江开弦弓村口述历史资料采集工作的实践与思考［J］. 档案与建设，2019（2）：51-53.

② 梁漱溟. 开弦弓村合作社办理之成绩［J］. 村治，1930，1（7）.

队共同承担。确保了技术上的先进性与专业性。费达生在开弦弓村的这段工作经历，不仅为当地带来了实质性的变革，更为费孝通在乡村调查领域的研究提供了宝贵的实地经验与便利条件，使其能够更深入地理解中国乡村社会的真实面貌与内在运作机制。为了促进更多学者投身于中国社会与经济结构的研究，费孝通分别于1933年和1934年，先后为费达生代笔撰写并发表了《我们在农村建设中的经验》《复兴丝业的先声》两篇重要文章[①]。这一系列举动不仅体现了费孝通对乡村发展及经济复兴的关注，也预示着在亲身踏足江村之前，他已然对开弦弓村的缫丝工业有了一定的初步认知与了解。

费孝通严谨的学术责任感以及对农村的深刻洞察，使得《江村经济》成为一部学术杰作。1935年秋，费孝通从清华大学研究生毕业，同年与新婚妻子王同惠一起前往广西大瑶山做瑶寨实地调查，在瑶山走访时费孝通误入瑶族猎户为捕捉野兽而设的陷阱，因而脚部严重受伤无法行走，妻子王同惠便只身一人奔出森林欲呼喊村民前来帮忙，后不幸坠崖身亡。悲痛万分的费孝通为了治疗腿伤和平抚丧妻之痛来到江苏苏州吴江的开弦弓村。当时费孝通的姐姐费达生正积极投身于吴江县开弦弓村助力当地农民筹建“生丝精制运销合作社”，受姐姐的邀请，费孝通来到开弦弓村进行了一次休养。在时任开弦弓村村主任陈杏荪[②]的接待下，费孝通目睹了开弦弓村农民将传统劳动方式与现代缫丝机器进行的精妙融合[③]。在养伤期间，费孝通在开弦弓村写作《江村通讯》，用以记录当地人的生活、生产方式，以及记录姐姐的功劳和给当地人带来的变化。他在1936年7—9月共写作了7篇通讯。“反正没有别的事，

---

① 王莎莎.江村八十年——中国乡村研究的回顾与展望［J］.原生态民族文化学刊，2016，8（4）：85-96.

② 余广彤.费孝通和姐姐费达生［M］.北京：中央文献出版社，2007：65-66.

③ 张冠生.费孝通［M］.北京：群言出版社，2011：109.

开始问长问短，搞起‘社区研究’来了。”[①] 此后，费孝通先生一生中 26 次[②] 造访江村，从 1936 年的初次，到 2003 年 4 月的末次，横亘近 70 年完成追踪研究，考察这个江南村庄从农业社会到工业社会的变迁过程[③]。王建民也将费孝通的“一访”到“二十六访”进行阶段划分，第一阶段（1936—1982 年），从“一访”到“四访”，费孝通先生的研究聚焦于两大核心议题：一是深入探索农村存在的实际问题，二是致力于乡村工业的复兴与重建策略。紧接着，第二阶段（1982—1986 年），在“五访”至“十一访”期间，他的研究视野进一步拓宽，转向了对小城镇发展的深入探索与研究；第三阶段（1987—1991 年），“十二访”至“十五访”，随着我国经济结构的逐步转型和我国外贸业务的发展，这一时期主要研究的是乡镇工业的深化和区域发展；第四阶段（1992—2003 年），“十六访”至“二十六访”，费孝通在学术生涯的晚年主要进行学术总结和反思。从 26 岁到 92 岁，费孝通先生的学术生涯几乎都在研究江村。这 20 余次的“故地重游”后，费孝通先后写下 25 部著作[④]，江村也被誉为“中国第一个探索现代化的村庄，是一个理想的观察中国农村社会的窗口”。自 1985 年起，费孝通先生开始派遣其博士研究生深入江村进行长期而系统的考察研究，这一举措不仅延续了村落研究的传统，更将研究视野拓展至乡村工业化、小城镇发展等新兴领域，展现了其学术探索的广度与深度。通过不懈的亲身实践与坚持，他不仅构建了江村持续追踪研究的独特范式与深厚谱系，更为中国人类学领域开辟了一条“贴近人民”的本土化理论与实践道路，使这一领域的知识体系得以丰富和深化。

---

① 方旭东. 费孝通与《江村经济》[J]. 百年潮，2008（12）：67-69.

② 亦有学者统计是28次来访开弦弓村。参见王莎莎. 江村八十年——中国乡村研究的回顾与展望[J]. 原生态民族文化学刊，2016，8（4）：85-96。

③ 邵颖萍. 落脚乡村：莫干山“洋家乐”的社会学研究[M]. 南京：江苏凤凰出版社，2018：1.

④ 王建民. 个人、学术与国家的关联——费孝通“江村调查”的学术心态史及其启示[J]. 社会学评论，2017，5（3）：51-64.

《江村经济》是费孝通的博士毕业论文，后几经辗转顺利出版。在 1936 年的夏末秋初之际，一艘游轮自上海启航，目的地是风光旖旎的水城威尼斯。在随后为期两周的航行中，时年 26 岁的费孝通，精心梳理了关于他家乡——开弦弓村的田野调查资料。此时马林诺夫斯基引领的人类学功能主义正步入辉煌“黄金时代”，全球人类学者怀揣着探索未知的“猎奇”热情，热衷到遥远的“野蛮之地”进行调查，试图了解原始人类的生活。而马氏对这一方向并不感兴趣，但一时又没找到人类学新的发展方向。此时费孝通带来的博士毕业论文让他“眼前一亮”，他认为人类学的研究方向有了新的突破，即开启对“文明人”的研究[①]。最初，这篇论文的标题是“Kaihsienhung：Economic Life of a Chinese Village”，即《开弦弓：一个中国农村的经济生活》。1939 年，费孝通的博士毕业论文出版，在 Routledge 书局编辑的建议下，书名最终定为 *Peasant Life in China*（《中国农民的生活》）[②]。该书首先在海外出版，当时国内的《图书季刊》[③]上也对该书的出版予以介绍。1986 年，费孝通委托戴可景翻译书稿，终于在 1936 年完成书稿的 50 年后，江苏人民出版社出版了这本英文博士毕业论文，同时将书名确定为《江村经济——中国农民的生活》[④]。马林诺夫斯基在书的序言中，将这本书称为“人类学实地调

---

① “从其去世后公之于世的《一本严格意义上的日记》，足可见他在西太平洋特洛布里恩岛人中调查的诸多‘无奈’和‘不快’。”参见谷家荣，王慧珍.“老来依然一书生”：费孝通诗作中的乡村关怀［J］. 楚雄师范学院学报，2024，39（2）：19-27。

② 费孝通先生的导师马林诺夫斯基先生曾在序言中坦言：“此书虽以中国人传统的生活为背景，然而它并不满足于复述静止的过去。它有意识地紧紧抓住现代生活最难以理解的一面，即传统文化在西方影响下的变迁。”参见费孝通. 江村经济：中国农民的生活［M］. 北京：商务印书馆，2001：13。

③ 国立北平图书馆图书季刊编辑部. Fei，Hsuaio-tung：Peasant life in China（费孝通：江村经济）［J］. 图书季刊，1939，1（4）.

④ 黄春宇. 江村经济：历史、变迁与现状［N］. 文汇报，2016-04-08（W08）.

查和理论工作发展中的一个里程碑”[①]。

2.《江村经济》：中国经济转型时乡村蜕变的典型案例

费孝通先生以一个知识分子的学术责任感和拳拳爱国之心写出了《江村经济》这本人类学著作，书中对开弦弓村的社会经济生活状况展开了详细的描写，其目的是揭示中国农民收入不足的原因和破解方法。该书运用平实亲切的语言和鲜活的实例，向读者深刻揭示了解决中国土地问题的核心在于提升农民收入水平，而非单纯缩减其开支。基于此，费孝通先生多次强调，“最终解决中国土地问题的办法不在于紧缩农民的开支而应该增加农民的收入。因此，让我再重申一遍，恢复农村企业是根本的措施”[②]，是通往解决之道的关键所在。

《江村经济》细致讲述了当时开弦弓村的社会经济发展现状。这本书详细地描写了20世纪30年代中国农村居民的社会结构、生活文化结构，农村的变迁与影响，以及作者对中国土地问题的思考。《江村经济》的大部分内容是叙事性的，对开弦弓村的农民生活描述翔实、论据充分[③]。《江村经济》一书以详尽的内容，深刻剖析了根植于中国文化的社区与社会结构，采用人类学的方法，通过田野调查获取第一手资料，进行深入的社会学分析，在社会学上这种长期跟踪、调查、研究的学术责任感深刻影响着后来的中国社会学学科发展。费孝通以充满自信、毫无偏见的写作态度描绘了当时开弦弓村

---

① 费孝通. 江村经济：中国农民的生活［M］. 北京：商务印书馆，2001：13.

② 正如费孝通在书中感叹道：“大家都应该承认这一点。一个站在饥饿边缘上的村庄对谁都没有好处。”参见费孝通. 江村经济［M］. 戴可景，译. 北京：北京大学出版社，2012：251；费孝通. 江村经济：中国农民的生活［M］. 北京：商务印书馆，2001：22-23。

③ 马林诺夫斯基称赞：“（《江村经济》）对农村生活、农民生活资料、村民的典型职业的描述以及完美的节气农历和土地占有的准确定义等都为读者提供了一种深入的确实的资料，这在任何有关的中国文献中都是十分罕见的。”参见费孝通. 费孝通文集：第2卷［M］. 北京：群言出版社，1999：218。

的社会经济生活面貌，全书除第一章前言外一共 15 章，可以分为四个部分。第一部分（第二章—第六章）阐述农村社会结构、农村生活与文化、农村变迁与外来影响、土地问题与社会思考。具体来说，第二章开始对开弦弓村这一调查区域的农村社会结构进行详细描述，包括对区域界定、地理位置、经济和人口等方面进行介绍，第三章到第六章是从开弦弓村村民的家庭、财产关系、亲属关系、邻里关系进行描述。第二部分即第七章，是农村的生活与文化方面，分别介绍了开弦弓村村民的日常生活、职业分工、劳作日常、农业四大方面。第三部分（第八章—第十五章）是农村的变迁与外来影响，介绍土地的占有制度、蚕丝业的变革、贸易方式和资金筹措问题，开始反映更深层次的在西方工业浪潮的影响下，中国农村家庭手工业逐渐破产，农村经济及农民该何去何从的问题。第四部分即最后的第十六章，总结性地讲述了中国的土地问题与社会思考，将整本书的内容从江村的农民生活调查，上升到中国农村问题，上升到在西方工业社会以及资本主义经济的影响下，中国农村、农民以及中国社会变迁将何去何从的高度。书中以朴实的语言描述开弦弓村村民的生活、生产、消费、贸易和借贷的过程，不仅记录下中国农民的真实生活，其更重要的意义在于揭示当时中国农民的根本问题——温饱问题。在书中的最后一章，费孝通进行了深入的思考。他的核心观点是：只有恢复农村企业，才能从根本上提升农民的收入，解决农民饥饿的问题，进而能够缓解中国的土地问题。

《江村经济》揭示了恢复农村企业是提升农民收入的治本之策。在当时，中国农民的核心问题是吃不饱、穿不暖，面对这一现实挑战，费孝通明确指出解决中国土地与乡村经济困境，并非单纯依靠压缩农民的消费支出，而是应当着眼于如何有效增加农民的收入来源：发展以机械化生产为基础、合作经营为纽带的乡村工业，是提升农民生活质量、实现乡村复兴的根本之道[①]。

---

① 费孝通.江村经济：中国农民的生活［M］.北京：商务印书馆，2001：235-238.

费孝通详细描述了1929年至1935年间开弦弓村合作工厂的试验，认为乡村工业可以通过小规模的工厂实现复兴，不必惧怕城市工厂的竞争——这为乡镇企业的雏形提供了理论支持。这一观点为当时乃至后世的农村改革与发展提供了宝贵的理论指引和实践方向。在《江村经济》中，就有以下类型的农村企业，如蚕丝业是开弦弓村的重要家庭手工业之一，费达生创办的生丝合作厂也是当时的主导企业；此外，还有养羊业、贸易（零售、航船等）以及高利贷和信贷合作社等。

《江村经济》提出增加农民的收入能有效解决土地问题。随着全球工业的迅猛发展，中国传统家庭手工业遭遇了前所未有的冲击，其逐渐衰退不仅颠覆了家庭内外和谐共生的经济平衡，还引发了一系列连锁反应。手工业的没落导致大量女性劳动力闲置，超出了小农经济对劳动力的需求范畴，促使妇女群体大规模从乡村流向城镇，形成了显著的人口流动现象[①]。与此同时，家庭手工业的衰落如同一股寒流侵袭了乡村经济，使其陷入萧条之中。在这一背景下，地租成为压在贫农肩上的沉重负担，激发了贫农阶层的反抗精神，他们团结起来抵制缴纳租金，加剧了地主与佃户之间的紧张关系，土地价值因此急剧下滑，乡村金融体系处于危机边缘[②]，如果中国不进行土地改革，妥善解决农民的温饱问题，农民便会为了生存起义，社会秩序被破坏，国家会更加动荡，国家的复兴便会遥遥无期[③]。在这一背景下，将企业引入农村，农民依靠自己的双手实现增收，可以避免土地问题引起的社会动荡，从这里我们可以清晰地看到费孝通先生志在富民的家国情怀。

3. 行行重行行：费孝通学术生涯中躬身实践的三重飞跃

在人类学本土化的过程中，《江村经济》这本书实现了在学术视野、研

---

① 费孝通. 江村经济：中国农民的生活［M］. 北京：商务印书馆，2001：151-152.

② 费孝通. 江村经济：中国农民的生活［M］. 北京：商务印书馆，2001：165-167.

③ 叶敬忠.《江村经济》：中国的农政问题与农政转型［J］. 社会，2021，41（3）：1-38.

究方法和研究区域的三重飞跃。在学术视野方面，《江村经济》以其在人类学和社会学上的里程碑式的地位，衍生出“江村学”；在研究方法方面，顾全整体的田野调查法是定性研究的社会调查方法，其深入接触被调查对象体现的是作为学者严谨、扎实、负责的学术态度；在研究区域方面，开创了人类学的研究对象落脚到自身所处的地理环境中。

在学术研究上，《江村经济》具有里程碑式的意义，后来衍生出江村学。《江村经济》以朴实的语言客观展现了我国传统农村社会的深层结构和功能，使读者能够真实了解当时农村的生活状态和经济状况。书中对农村经济问题的深入分析，为政府制定农村政策提供了重要的参考依据，有助于推动农村经济的发展和社会进步。随着费孝通以江村为基点的研究逐步扩大到小城镇、中小城市、大城市以及以大城市为中心的经济区域的研究，在此基础上形成的“江村学”将费孝通富有中国文化气质的社会科学研究方法论继承并发扬光大。“江村学”作为一门学术领域，其核心聚焦于江村调查所取得的丰富研究成果之上，它不仅仅是对江村这一特定地域的深入研究，更是对费孝通先生所开创的江村调查事业的全面审视。这一学术领域涵盖了江村调查的起源追溯、历史脉络梳理、学术贡献总结、社会效应评估，以及所采用的研究方法的深入剖析[①]。同时，“江村学”还致力于对费孝通先生提出的农民致富路径、乡村工业化探索、小城镇发展策略以及“三级两跳”[②]等理论模型进行系统的综述、细致的分析与客观的评论。尤为重要的是，它运用实践数据作为检验标准，来验证这些理论构想的合理性与科学性，从而不断丰富和完善

① 李友梅.“从实求知”与作为研究范式的“江村学”[J].江苏社会科学，2017（1）：53-59.

② “大体上可以说，我这一生经历了二十世纪我国社会发生深刻变化的各个时期。这段历史里，先后出现了三种社会形态，就是农业社会、工业社会及信息社会。这里边包含着两个大的跳跃，就是从农业社会跳跃到工业社会，再从工业社会跳跃到信息社会。我概括为三个阶段和两大变化，并把它比作‘三级两跳’。”参见费孝通.“三级两跳”中的文化思考[J].读书，2001（4）：3-9。

江村研究的理论体系，为乡村发展与社会进步提供有力的学术支撑[①]。更有学者评价“江村学”是一种具备中国特色，用于分析和解读中国社会的理论与话语建构。它以文化主体性为核心社会诉求，倡导文化自觉与学术反思作为思想探索的轨迹，旨在推动社会学实现中国化、本土化与理论化的学科发展目标[②]。在分析过程中，它秉持整体性审视的视角，同时坚守理论与实践相结合的方法论原则，以确保研究的全面性和实效性。

在研究方法上，《江村经济》运用的是社会调查中非常重要的田野调查法。社会调查是社会学研究的一种基本研究方法，分为定性研究和定量研究两种，定性研究强调对研究对象的性质、特征、意义和内在联系进行深入的、非量化的描述和解释。研究者通常采用深度访谈、参与观察、焦点小组讨论、文本分析等方法收集数据。定量研究是将问题与现象用数量来表示，常采用数据分析软件探索研究对象之间的本质关系。首先开始社会调查是在清末新政时期，其在民国时期得到了一定的发展，但这一时期的社会调查基本是“西学东渐”[③]。到了“五四”时期社会调查形成了一波高潮，这时的社会调查强调社会服务和社会改良功能，主要使用问卷和人口数量的统计，后期形成了以吴文藻为首的“社区研究”[④]。在中国，“社区”最理想的调查单位就是村落，从内部看，村落居民互相之间紧密地联系，在外部，居民又深刻受到传统文化、经济、社会的规训，在社区之中社会生活和家庭关系都是整体的。所以进行社区研究就需要调查者深入社区之中，即居住在被研究的社区，做翔实的访

---

① 刘豪兴.“江村调查”的历程、传承及“江村学”的创建［J］.西北师大学报（社会科学版），2017，54（1）：5-20.

② 李友梅.“从实求知”与作为研究范式的“江村学”［J］.江苏社会科学，2017（1）：53-59.

③ 易申波，彭鑫.中国社会调查的两种传统：发展历程与前景展望［J］.上海行政学院学报，2023，24（6）：23-36.

④ 周飞舟.将心比心：论中国社会学的田野调查［J］.中国社会科学，2021（12）：37-54+200.

谈、问卷等。田野调查是社会调查的一种定性的研究方法，强调“到实地去”，并以“从实求知”和“实事求是”的原则开展研究，这种以实地调查获得的真实资料是《江村经济》的灵魂，也是费孝通开展社会学研究的根本，费孝通的《江村经济》中采用的田野调查法深受芝加哥学派代表人物罗伯特·帕克（Robert Park）强调的“实地调查”的影响[①]。1933 年，燕京大学荣幸地迎来了芝加哥学派的奠基人罗伯特·帕克进行学术讲座。帕克的实地考察研究法以及他秉持的社区整体有机观念，对费孝通的学术生涯产生了极为深远的影响。在燕大的讲台上，帕克以其独特的教学方式深刻影响了台下的学生，费孝通就是其中之一。田野调查的传统调查方法是“参与观察”和“深度访谈”。例如在刚开始调查开弦弓村的时候，费孝通就住进生丝合作社的员工宿舍，每天与员工进行交谈，看似闲散的聊天促使费孝通很快融入村民之中，获得了大量关于当地风俗、文化习惯、邻里关系、农业和手工业发展的一手资料。费孝通在开弦弓村所采用的是社会学中的田野调查法，致力于开展的是“整全性”的社会学研究，费孝通先生曾深刻指出，科学的实地研究是构筑应用研究稳固基石的关键所在。以开弦弓村的研究为例，它便是一个鲜活的实地研究典范，通过严谨的科学探索，我们得以深刻洞察特定农村社区的社会结构与文化特质。不仅仅剖析眼前这个小村落所映射出的中国社会片段，更怀

---

① 刘亚秋. 社区研究中的田野精神——以费孝通早期实地研究为例［J］. 社会科学文摘，2022（11）：103-105.

揣探索更为宏大、繁复的中国社会全貌的雄心壮志[①]。诚然，以单一社区为镜映射整个国情的做法，难免具有局限性。江村虽然无法全面代言中国万千农村的多样性，但在 20 世纪 30 年代的中国，众多农村与开弦弓村条件、现状相似，因此开弦弓村在费孝通“行行重行行”的调查研究之下，成为西方观察中国农村的生动案例。

在人类学史上，《江村经济》让人类学的研究对象落脚到自身所处的地理区域。即从以往人类学关注未开化的人类原始的生活状态转而研究人类的经济生活状况[②]，在早期，人类学的发展受到了帝国主义和殖民扩张的深刻影响。这门学科主要研究的对象是那些即将被殖民的土地，用来获取当地的信息，包括人口、土地情况等，人类学并未发挥真正的价值，现在大多数学者称之为“野蛮社会”。起初人类学并不受到传统观念的认可，20 世纪 30 年代欧美国家把人类学当作“野蛮学”来看待，因为他们认为人类学的研究对象是原

① 在《重读〈江村经济·序言〉》中费孝通说：“马老师心目中我这本《江村经济》只是一部综合中国国情的巨著的初步起点。他还为这部巨著的内容做出了一个启发性的提纲，就是除了我在《江村经济》所勾画的该村土地的利用和农户家庭中再生产的过程，也就是社会基层结构和经济活动之外还应当包括文化、宗教、政治等等方面的社会规范和意识形态方面的叙述和分析，并且把这类研究成果综合起来，成为一幅‘丰富多彩的画面’，其实他可能已看到要达到他的要求，当时我采用的微型研究的方法和理论是不够的，所以像这本书那样的著作只能是编写这样一部综合的有关中国国情的长卷的起步工作。”参见费孝通. 重读《江村经济·序言》［J］. 北京大学学报（哲学社会科学版），1996（4）：4-18+126。

② 正如马林诺夫斯基在序言中称赞道：“本书让我们注意的并不是一个小小的微不足道的部落，而是世界上一个最伟大的国家。作者并不是一个外来人，在异国的土地上猎奇而写作的；本书的内容包含着一个公民对自己的人民进行观察的结果。这是一个土生土长的人在本乡人民中间进行工作的成果。如果说人贵有自知之明的话，那么，一个民族研究自己民族的人类学当然是最艰巨的，同样，这也是一个实地调查工作者的最珍贵的成就。”参见费孝通. 江村经济：中国农民的生活［M］. 北京：商务印书馆，2001：13。

始社会中的野蛮人[①]。《江村经济》不仅标志着社会人类学领域跨越了传统“文明与野蛮”的界限，更在当前中国社会转型的宏大背景下，凸显了费孝通先生对于现代人类学应积极介入文化变迁研究、助力社会改革深化的远见卓识。该书在人类学界的核心价值，在于它实现了研究焦点的历史性转变——从过往聚焦于“野蛮社会”的探讨，转向深入剖析那些在全球经济、社会及文化版图上占据举足轻重地位的民族群体。它不仅是中国人类学发展历程中的一座重要里程碑，更以其独特的视角和深远的影响力，成为该领域研究的标杆与典范，引领后续学者对中国乡村经济社会问题的深入探索与思考。

二、回归本身：江村在百年历史长河中的沧桑巨变

从20世纪初到21世纪，开弦弓村一百多年来的每一个阶段的变革都是历史变迁下的剪影。它在历史的长河中经历了从传统到现代的沧桑巨变，从农业改革到改革开放再到现代化建设，每一个阶段都留下了深刻的印记。开弦弓村的缫丝厂也在时代的映照下，经历了集体工业化向个体工业的转变。今天的江村历经百年，已经成为一个充满活力、富裕和谐的新农村典范。

1.1923—1948年：近代以来，江村掀起中国蚕丝业发展的新浪潮

在20世纪初，受国内外恶劣的环境影响，开弦弓村的蚕丝业一度受到重创，但是我国并未停滞蚕丝业前进的步伐。我国早在五千年前就发明了养蚕取丝技术，后传入朝鲜和日本。经过“丝绸之路”的传播，中亚和欧洲地区也学会了取丝技术。丝绸一直是我国与世界各地沟通贸易的主要物资之一，但是随着20世纪初内外环境的双重夹击，我国蚕丝业举步维艰。西方列强的经济侵略和近代工业的发展，使得中国传统手工业遭受了严重冲击，农村经

① 费孝通在《重读〈江村经济·序言〉》中说：“不论在英国还是美国，社会或文化人类学在30年代前一直是以当时被欧洲人称为‘野蛮人’作为研究对象的。他们把‘人类学’实际上等同于‘野蛮学’。”参见费孝通. 重读《江村经济·序言》[J]. 北京大学学报（哲学社会科学版），1996（4）：4-18+126。

济陷入困境。蚕丝业作为江南地区的传统支柱产业，也未能幸免于难。国际市场对于生丝质量要求的提高，以及国内蚕丝生产技术的落后，使得中国蚕丝在国际市场上的竞争力大幅下降，丝价暴跌，蚕农生活困苦不堪。

开弦弓村首先在全国建立了生丝农民合作社[①]。约 100 年前，为了应对当时中国面临的内忧外患的局面，以梁漱溟、晏阳初为代表的社会活动家就在乡村开展了相关实践。在 20 世纪 30 年代国家内忧外患的局势下，一批有识之士开始寻求蚕丝业的革新之路，希望通过技术改良和农业合作运动来重振蚕丝业。1923 年费达生为推广改良的蚕种和倡导科学养蚕，以江苏省女子蚕业学校（简称“女蚕校”）为据点开展土丝改良运动。1924 年，因目睹农户由于蚕病生意破产、家破人亡，她决心在开弦弓村建立蚕业指导所，以更好地传授养蚕技术。在她的努力下，蚕业指导所由原来的 21 户人家拓展到 1925 年的 120 户，农民纷纷增收，这个消息很快地传遍了太湖周围的乡镇[②]。随后在 1929 年 2 月 23 日，她在开弦弓村成立生丝精制运销合作社，本质上来说这是我国第一家完备的农业生产合作社[③]。合作制工厂扎根于农村，以蚕业合作社为依托，具备先进的技术与设备，所生产的蚕丝质量优良，能够直接在上海市场进行销售，从而避免了遭受中间商的剥削，提升了蚕丝业的利润，因而受到农民群众的大力支持和广泛拥护。1935 年，随着一系列技术改造的顺利完成，工厂内原有的主机设备被全面替换为先进的新型立缫机。开弦弓丝厂在此基础上实现了社厂融合的一体化管理模式，由理事会负责全面的运营监管，而具体的生产技术工作则交由费达生及来自女蚕校的师生团队共同

---

① 农民合作社是伴随着西方资本主义的发展而逐步发展起来的经济社会组织形式和理论体系，它有着理性化和现代化的特征，在当时的社会背景下，欧美、日韩等地的农业合作社在农业农村现代化过程中具有重要的推动作用。

② 余广彤. 蚕魂——费达生传［M］. 苏州：苏州大学出版社，2002：72-75.

③ 金一虹，杨笛. 现代性的另类追寻——费达生20世纪20—40年代的社会改革研究［J］. 社会学研究，2017，32（1）：31-53+243.

承担，这为后续费孝通深入乡村进行社会调查铺平了道路，提供了极大的便利条件[①]。曾有学者评价开弦弓村的生丝精制运销合作社生产了当时中国最好的生丝[②]。但是随着1937年抗战爆发，开弦弓村有限责任生丝精制运销合作社又在扫荡中被毁，合作社机械被掠夺，村民为自保自毁房屋，缫丝厂被迫关闭[③]。

农民合作社带动了开弦弓村的蚕丝价格和质量提升。蚕丝业是开弦弓村村民的一种普遍的家庭副业[④]。由于开弦弓村地处长江三角洲，这里传统的农耕文明和缫丝业发展有着上千年的历史，已经较为成熟，使得蚕丝业成为当时太湖一带村民第二大收入来源。20世纪30年代，我国生丝品质的低迷以及出口量的骤然下滑，给当地农民的缫丝产业带来了前所未有的严峻挑战与考验。费孝通在《江村经济》一书中，通过深入访谈合作社员工，揭示了这一困境的严峻性——采用传统养蚕方式，即便在最为不利的年份，也仅有30%的蚕能够幸存至最终阶段并完成结茧，这一数据直观反映了蚕丝业面临的巨大挑战与困境[⑤]。这一困境的核心原因之一在于我国蚕丝业的技术与工艺未能与时俱进，满足国内外市场日益增长的品质与需求，而相比之下，欧洲与日本的蚕丝业在技艺上实现了超越。鉴于此，近代蚕丝业始终伴随着对技术革新的迫切与改革计划的持续推动。后来随着费达生成立的生丝精制运销合作

---

① 杨艳文.《江村经济》对农民合作社本土化实践的启示［J］. 华中农业大学学报（社会科学版），2022（6）：135-144.

② 李哲，石明芳，林冈. 苏州蚕桑专科学校简史［M］. 苏州：苏州大学出版社，2009：25.

③ 但是我国蚕丝业并未停止发展，其中以郑辟疆为代表。郑辟疆在抗战期间不顾危险率领女蚕校生辗转四川乐山复课，并协助乐山蚕业实验区开展蚕业改良工作。日本投降后，女蚕校迁回江苏，他又为重建和复校历尽艰辛。参见费达生，曹鹗.经纶天下　衣被苍生　挽回权利　谁之任?我国现代蚕丝科技革新的先驱者——郑辟疆［J］. 学会，1994（7）：43-44。

④ 费孝通. 江村经济［M］. 上海：上海人民出版社，2006：139.

⑤ 费孝通. 江村经济［M］. 上海：上海人民出版社，2006：145.

社带领村民一起进行蚕丝业革新，开弦弓村的蚕业逐渐走上了规模化、专业化的道路。一般农户的收入提升到70—90元，蚕丝质量也大幅提升，蚕病也被有效遏制。不可否认的是，蚕丝业的革新和蚕种质量的提升，为开弦弓村的蚕丝业发展起到了重要的推动作用，但是生产效率的提高使得村中以往通过家庭手工作坊谋生的妇女大批失业，加之国际生丝价格的大跌，农民分红变少，许多村民保留蚕茧原料用作家庭作坊使用，开弦弓村的蚕丝业发展变得滞缓。

开弦弓村的农户经营模式转型，由“手工业为主导”逐渐向“工业化为核心”的方向演进[①]。传统中国农村的家庭主要以农业为主业，但是农业收入并不能满足日常家庭开销所需，因此产生了“男耕女织”的传统家庭生产模式，手工业成为农村妇女的一大副业。在苏南地区，蚕丝业是农村妇女的主要副业，为了提升家庭生活质量，这种手工副业正悄然变成农民的主业。20世纪20年代受到全球经济的恶劣影响以及西方工业化的逐步完善，我国的家庭手工业受到前所未有的打击，生丝价格下降，使得家庭作坊个体户的女工只能放弃家庭生产，来到城镇另谋生路。她们在城镇工厂所挣的工资，能够很大程度弥补蚕丝业利润下滑给家庭经济收入带来的冲击。那时，中国女性的地位在家庭中有了一定程度的提升。据费孝通的考察，当时开弦弓村的离村居民主要是25岁以下的成年女性，到1937年就有约占村民总数7%的女性移民来到城镇[②]。但是这种离村现象并不是当时家庭手工业破产的结果，而是乡村的手工业从副业到主业，逐步发展成以城镇工厂生产为代表的工业“主业化”的变迁结果。这种转变代表了中国农民正在变成产业工人，有利于未来中国农村地区的工业化进程和乡村的经济结构调整。

---

① 徐玉英. 20世纪二三十年代中国乡村危机的书写偏向——以江苏开弦弓村、山东台头村、福建黄村为考察中心［J］. 琼州学院学报，2016，23（3）：38-44.

② FEI H. Peasant life in China：a field study of country life in the Yangtze Valley［M］. London：George Routledge，1939.

2.1949—1967 年：新中国伊始，江村翻开农业合作化运动新篇章

1949 年国家逐步实施了农业合作化政策，这一时期的农业发展不仅为后来的工业化奠定了基础，还深刻影响了中国农村的社会经济结构，开弦弓村也迎来了它的农业合作化运动。从新中国成立到缫丝厂复建，开弦弓村充分展现了农村“草根工业”强大的生命力。

在新中国成立初期，开弦弓村的农业合作化进程是中国当时农业革新的一个缩影。新中国成立后，党和政府采取了一系列措施，稳定社会秩序，恢复农业生产。开弦弓村作为吴江县的一个重要村庄，也逐步恢复了往日的生机，此时的开弦弓村，仍然保持着传统的农耕生活方式。农户们以家庭为单位进行农业生产，主要种植水稻、小麦和蚕桑等作物。尽管生产条件相对简陋，但凭借着勤劳和智慧，开弦弓村的农民们还是能够维持基本的生活需求。然而，随着时代的发展，传统的农耕方式已经难以满足日益增长的社会需求，农业合作化运动成为不可逆转的历史潮流。1953 年，随着全国范围内农业合作化运动[①]的兴起，原有的村办生丝厂被整合纳入人民公社体系，转型为社办企业，体现了国家对农村经济的集中规划与引导，开弦弓村也开始了从个体小农经济向集体经济的转变。在这一过程中，开弦弓村积极响应党和政府的号召，组织农民参加互助组、初级社和高级社等集体经济组织。在农业合作化的初期，农民由一开始担心土地会被政府收走、合作化运动并不能起效，到后来发现

---

① 农业合作化运动，农业合作化是在中国共产党领导下，通过各种互助合作的形式，把以生产资料私有制为基础的个体农业经济，改造为以生产资料公有制为基础的农业合作经济的过程。这一社会变革过程，亦称农业集体化。大体分为三个阶段。第一阶段是1949年10月至1953年，以办互助组为主，同时试办初级形式的农业合作社。1954年至1955年上半年，是农业合作化运动的第二阶段，初级社在全国普遍建立和发展。1955年下半年至1956年底，是农业社会主义改造的第三个阶段，也是农业合作化运动迅猛发展时期。参见吴建征，武力.国家整合与体制重塑：以1949—1956年农业合作化运动为中心考察［J］.湖北社会科学，2018（12）：29-35。

农业合作社可以彼此互帮互助、提升生产效率，越来越多的农民开始积极参与到农业合作化运动中来。

在开弦弓村，农业合作化的推进经历了从衰败、提升、停滞到复兴的历程。在初期阶段，由于缺乏经验和管理不善等，一些合作社出现了生产效率低下、分配不公等问题。然而，在党和政府的正确领导下，开弦弓村的农业合作化运动逐渐步入了正轨。通过加强组织建设、完善分配制度、推广先进技术等措施，1955 年开弦弓村的农业生产能力得到了显著提升，水稻亩产 500 斤，比 1949 年增长 66%，紧接着 1956 年当年，农业又一次大丰收，每亩水稻的产量达到了 700 斤。在农副业方面，如果将收入折算成稻谷来计算，人均可获得超过 850 斤的稻谷。而集体收入的年人均分配额达到了 82 元，这一水平不仅高于全国农村年人均收入的 50 元，还与苏州地区的年人均收入持平[①]。1957 年 4 月 26 日—5 月 16 日，费孝通先生再次来到开弦弓村进行重访。此时的开弦弓村已经发生了翻天覆地的变化，费孝通先生通过深入访谈和实地考察，详细了解了开弦弓村在农业合作化过程中的变化和发展，撰写《重访江村》。他发现，尽管农业合作化带来了诸多好处，但也存在一些问题和挑战。例如，由于农业合作社对桑树栽培的忽视，桑叶产量骤减，进而引发了养蚕业的急剧萎缩。具体而言，1957 年相较于 1956 年，蚕种饲养量减少了惊人的 2996 张，更有甚者，因桑叶匮乏，直接废弃了 1620 张蚕种。依据当地常规产茧量估算，每张蚕种平均可产出 35—40 公斤的蚕茧，而每 50 公斤蚕茧的市场价值大约在 200 元。由此推算，1957 年村民通过养蚕获得的收入相较于 1956 年，竟锐减了近 70 万元之巨。针对这些问题，费孝通走街串户地去与村民访谈，盘账计算，得出的结论是，中国农民依然贫穷的原因是缺少副业，仅仅发展农业并不能让农民收入提高。为此费孝通建议政府应该加大对合作

---

① 数据来源：江村百年史[EB/OL].（2019-07-24）[2024-09-27]. http://www.baike.com/wikiid/2644171765714605162?view_id=5kwe7sx5hks00&anchor=4。

社的扶持和指导力度；鼓励农民发展多种经营、增加收入来源；加强合作社的组织建设和管理水平提升等。这些建议对于开弦弓村乃至全国范围内的农业合作化运动都具有重要的指导意义。1958 年开始是人民公社化时期[①]（开弦弓村改名为联三大队，共有 23 个组），全国上下主张进行大炼钢运动，在农业上主张生产土化肥、土农药，试图早日走入工业化进程。农业和手工业的发展滞缓。到 1967 年，开弦弓村的行政区划迎来调整，原联三大队正式更换为立新大队（北村）和红卫大队（南村）的新名称。

《江村经济》吸引了西方学者来观察中国的农村社会。1956 年，新中国农村经历了土地改革和农业集体化运动，这使得一度萧条的农业经济得到了复苏和增长，农民的生活质量也随之提升。国家领导人意识到，为了改变西方国家对新中国的印象，最好的办法是邀请西方人士亲自来参观。因此，中国人民对外文化协会被委以重任，负责邀请一批西方文化界的杰出代表来中国进行访问。葛迪斯是第一位到开弦弓村访问的外国人，他与费孝通同为伦敦政治经济学院的博士生。虽是同门师兄弟，但是 20 世纪 50 年代，两人尚未见过面，费孝通的《江村经济》让葛迪斯对中国江南的这个小小村落充满了好奇与向往。1956 年 5 月，他随新西兰文化代表团访问中国，到中国后的第一件事就是拜见师兄费孝通，然后去看看师兄笔下的江村。葛迪斯看到开弦弓村农民的经济生活的面貌后深感触动，立志要写一本以外国人为观察视角的书籍向新西兰人民介绍中国的农民生活[②]。1963 年，葛迪斯的《共产党领导下的中国农民生活——再探开弦弓村》出版，该著作除序言外精心布局 10 个章节，总计 8 万字，后被纳入费孝通经典之作《江村经济》的中文版附录之中。葛迪斯作为一位西方学者，以其独特的视角和身份，对开弦弓村进行了全面而深入的考察，详尽描述了村庄概貌、人口结构、家庭与户籍状况、

---

① 人民公社化运动从1958年7月1日开始，到1983年10月12日结束。

② 《开弦弓村志》编写组. 开弦弓村志［M］. 南京：江苏人民出版社，2015：388.

村民日常生活、土地分配制度、合作化农业实践、蚕丝产业繁荣、教育普及、宗教信仰与娱乐活动以及行政管理体系等多维度内容。通过对中国农村的深入调研，他认为：土地改革与合作化运动为农村经济注入了新活力，显著提升了农民收入水平[①]。

3.1968—1997 年：集体工业时期，江村踏进改革开放的新征程

1968 年到家庭联产承包责任制实施以来，开弦弓村和其他中国农村一样经历了一些动荡的岁月，缫丝厂恢复重建后又收归公有。步入改革开放春风沐浴下的 80 年代，开弦弓村在吴江横扇镇的示范效应下，悄然兴起了家庭羊毛衫纺织产业。得益于其得天独厚的地理位置——毗邻苏浙边界，这里的羊毛衫成品能够便捷地通过震庙公路[②]与 320 国道这两条经济动脉，直通中国羊毛衫行业的璀璨明珠——浙江省桐乡市濮院镇，融入全国乃至国际市场的广阔舞台。岁月流转，尽管历经多次行政区划的变迁与产业结构的起伏跌宕，开弦弓村与周边市镇之间的纽带却愈发坚韧，它们保持着紧密而深厚的联系，共同书写着区域协调发展的新篇章。

1968 年以来，开弦弓村全力迈进福民富民之路。在人民公社期间，1968 年开弦弓村在当地村民的努力下，与周边的村庄一起重办缫丝厂。彼时，开弦弓村被划分为立新大队与红卫大队，两大队身处公社体制下的普遍贫困之中，却未因此退缩，而是联合周边大队，共同筹集了 27300 元资金，成功复兴了缫丝厂，实行股份制并在当年即实现了盈利，彰显了团结的力量与经济

---

① 葛迪斯在书中深感：“但是今天开弦弓的人民，看来确实比20年前，在物质上要富裕得多，而且有了更大的安全感。”“农民正逐渐变得不太像‘农民’了，而更像中国人民这个整体中，在乡下的一部分。”参见W.R.葛迪斯.共产党领导下的中国农民生活［M］//费孝通.江村经济·附录.南京：江苏人民出版社.1986：382.

② 费孝通1981年第三次来到开弦弓村（江村）做社会调查时提议修建的。“农民教授”姚富坤感叹“这条9米宽的震庙公路就把开弦弓村和世界连在一起了”。这让姚富坤第一次接触到费老“志在富民”的理念——实实在在地为老百姓谋福利、谋发展。

的活力，开弦弓村的工业生产空间再一次萌芽。1972 年重办的缫丝厂收归公有，由于当时经营者管理不善，缫丝厂逐渐落寞，无法恢复往日的蓬勃生机，在时代背景的映照下，开弦弓村的发展仍以农业生产为主。改革开放的曙光初照之际，开弦弓村翻开了历史的新篇章，终结了长达 30 年的生产队长哨声召唤劳作的时代。在 1978 年，开弦弓村的南北村相继建立新丝厂，村中也陆续建立了多家集体制工厂。自 1982 年家庭联产承包责任制实施以来，开弦弓村的副业经济迎来了显著的繁荣期，其中，历史悠久的桑蚕养殖作为传统副业，更是焕发新生，经历了一轮复兴浪潮。开弦弓村的乡镇企业也随之发展，村庄焕发新生，种粮能手与养殖专业户如雨后春笋般涌现，传统副业重获新生，村办工业亦蓬勃兴起。当时，开弦弓村的稻田逐渐改建为鱼蟹池塘，这也为后来的江南鱼米之乡奠定了基础。这一系列变化极大地拓宽了村民的就业渠道，促进了全村经济的迅猛增长，村民的生活水平逐年攀升，迎来了前所未有的提升。尤为值得一提的是，伴随着开弦弓南村与北村相继创办丝织厂，大批村民以“离土不离乡”和“亦工亦农”的灵活方式加入工人行列，实现了身份与职业的双重跨越。在此背景下，村民的人均收入以年均超百元的增速稳步增长，彻底打破了长期以来的收入瓶颈，步入了一个持续增长的良性循环。1984 年，开弦弓村的人均收入实现了显著跃升，突破了千元门槛[①]，标志着温饱难题的圆满解决，村庄正式踏上了历史转折与飞速发展的快车道。因此，开弦弓村步入了集体村办工业的辉煌时代，历经十多年的风雨洗礼，经历了从无到有、由盛转衰的完整历程。一开始开弦弓村的经济主要依赖于农业，尤其是水稻种植和蚕桑养殖。然而，随着时间的推移，工业和服务业逐渐兴起，成为村庄经济的重要组成部分。农业与工商业的经济结构在这一时期发生了根本性变化，从 80 年代初的七三比例（农业占比 70%，工商业占比 30%）逐渐转变为 80 年代末的二八分布（农业占比 20%，工商业占

① 费孝通. 江村五十年［J］. 群言，1986（9）：8-11.

比 80%）[①]。

1978 年之后的开弦弓村发展，城乡融合趋势日渐明显。1978 年之后，吴江隶属于庙港乡，伴随着苏南地区乡镇企业的崛起，城乡二元结构逐渐松动，大量农村居民来到城镇就业，城镇的职能进一步扩充到就业。但是来城镇就业的居民仍未享受到户籍和社会福利的待遇，城乡之间的结构性壁垒依然存在。江村人民已然步入小康生活水平，家家户户皆住进了宽敞的楼房，自来水得以全面接通，抽水马桶得以普遍装配，热水器得以广泛使用，液化气也进入了寻常百姓家。宽带网络与数字电视实现了全方位覆盖，村中的道路全部完成了水泥硬化工程。高达 90% 的家庭购置了小汽车，整个村庄处处洋溢着蓬勃的生机与旺盛的活力。往昔费孝通先生笔下那种木讷、困窘的村民形象已全然消逝不见。不得不说，尽管开弦弓村村民依然居住于农村地域，且在一定程度上保留着部分传统元素，然而他们所享有的生活品质与方式，实质上已与城市居民别无二致。这种变化不仅仅体现在物质生活条件的显著改善，如现代化的居住设施和便捷的交通出行工具，更体现在信息传播与获取的便利性，以及基础设施建设的完善性等多个方面[②]。这一系列变化充分展示了农村在现代化进程中的快速发展与进步，以及城乡差距的逐步缩小和融合趋势。

1997 年由于管理体制的原因，集体工业下的缫丝厂被迫关闭。村集体负债累积至近千万元的沉重负担，村里的宝贵集体资产被迫作为抵押，悉数落入银行之手。这一变故，如同沉重的帷幕缓缓落下，宣告了开弦弓村集体工业在历史舞台上的暂时退场[③]，同时这也代表着以集体工业为代表的“苏南模

---

① 费孝通. 江村五十年［J］. 群言，1986（9）：8-11.

② 韩长赋. 从江村看中国乡村的变迁与振兴［N］. 经济日报，2018-06-05（11）.

③ 张茂元. 近代珠三角缫丝业技术变革与社会变迁：互构视角［J］. 社会学研究，2007（1）：23-48+243.

式”[①] 的结束，留下了一段值得深思与铭记的过往。深究其原因，外部环境的变化不容忽视。昔日的主要竞争对手——受计划经济束缚的国有企业，已逐渐被机制灵活、竞争力强劲的个体私营经济和股份制企业所取代。而内部因素的弊端同样显著，责任、权力、利益界限模糊以及管理混乱等体制性问题日益凸显，使得集体工业在激烈的市场竞争中逐渐丧失了生存的空间，最终走向了“不适者淘汰”的必然结局。同一时期，随着集体工业的淡出历史舞台，开弦弓村迎来了家庭工业与公司工业集团的双轮驱动新时代。这一转型以家庭羊毛加工、针织品编织及化学纤维编织为核心驱动力，不仅成功填补了原村集体企业破产所留下的经济空缺，更在更广阔的层面上拓展了农村工业化的新视野，为乡村经济的多元化发展开辟了新的道路。

4.1998—2024 年：现代化进程中，江村个体工业进程进入新纪元

尽管开弦弓村的生产模式与产业结构发生了翻天覆地的变化，但纺织业的传统根基依旧稳固，实现了从养蚕缫丝到针织衫、窗帘布等纺织品生产的自然过渡与产业升级。步入 21 世纪，开弦弓村经济展现出强劲的自我调整与创新能力，个体与私营工商业蓬勃发展，尤其是以丝织、针织业为主导的家庭工业迅速崛起，成为农村经济的新增长点。

在 21 世纪初，个体工业迅速扩张，村民在开弦弓村主要从事纺织品的加工生产。村民蒋伟芳一家三代人的职业轨迹便是这一历程的生动写照，他们不仅是纺织行业变迁的亲历者，更是开弦弓村百年纺织传统的忠诚守护者

---

① “20世纪80—90年代，在江苏南部苏锡常地区，通过乡村集体力量发展乡镇企业，推动农村工业化和城镇化，实现苏南农村地区的率先发展，形成了大力发展乡镇企业的示范效应，成就了对中国农村发展极具影响力的苏南模式。20世纪90年代，在浦东开放开发的影响下，苏南模式走上了乡镇企业转制和外向型经济发展道路，做大股份合作制经济和大力引进外资兴办工业园区，加速城乡一体化建设，形成新苏南模式的超越。”参见王志凯，史晋川. 苏南模式演进与发展［J］. 上海交通大学学报（哲学社会科学版），2024，32（1）：101-116.

与传承者[①]。家庭作为基本生产单元的传统模式在开弦弓村得以延续并焕发新生，村民姚富坤[②]家的针织衫加工作坊便是其中的佼佼者，通过结合传统生产管理优势与现代电商销售渠道，实现了产品销量的显著增长，这一系列变化不仅反映了开弦弓村在现代化进程中的灵活应变能力，也彰显了其在保留与传承传统文化基础上的创新性发展。新世纪初，开弦弓村经济结构日益多元化，形成了以化纤纺织、针织衫编织及水产养殖为支柱的三大产业体系。得益于优越的生活条件和丰富的发展机遇，开弦弓村成功吸引了年轻人的目光，他们大多选择留在家乡，接过父辈们手中的接力棒，在本村就业创业，为这片传统土地注入了源源不断的生机与活力。

开弦弓村入选“美丽乡村”建设示范点，村居环境得到了较大的提升。2013 年，吴江区启动了一项重要的省级三星级康居村创建计划，而开弦弓村的南村荣幸地被选为这一计划的实施对象，标志着该村在推动农村居住环境优化与升级方面迈出了坚实的一步。同年，开弦弓村在政府支持下投资 686 万元，对村庄的道路、停车场、公厕、景点和绿地等基础设施都进行了更新美化，整体的村庄人居环境显著提升，为了进一步提升村居环境的品质与特色，开弦弓村还充分利用自身的文化资源与地理优势，打造了一系列独具特色的景观节点。例如，结合费孝通先生的学术思想与开弦弓村的历史传统，建设了文化交流中心与养蚕缫丝体验馆，让游客在感受乡村美景的同时，也能深入了解开弦弓村的文化底蕴与特色产业，中国 · 江村的品牌也在这一时期享誉全国。

2016 年之后，开弦弓村已进入工业社会时期，着力打造“中国 · 江村”乡村振兴示范区。到 2016 年，开弦弓村的工商业收入已绝对主导全村经济，总收入高达 3.65 亿元人民币，其中农业仅占 5%，即 0.18 亿元，工业贡献最大，

---

① 韩长赋. 从江村看中国乡村的变迁与振兴［N］. 经济日报，2018-06-05（11）.

② 姚富坤被称为“农民教授”，曾经24次陪同费孝通调研江村。

达到3.12亿元，服务业则为0.35亿元[①]。这一变化意味着传统的“男耕女织、农工相辅”经济模式在开弦弓村已不复存在，取而代之的是工业社会的全面转型。村民身份亦随之变迁，从传统农民转变为现代居民，其生活品质在物质与精神文化层面均已达到或超越城镇居民水平，农民的市民化程度已初步彰显，这不仅标志着开弦弓村村民已稳健步入小康社会，更体现开弦弓村的村民享受着更加丰富和多元的生活方式。2017年，站在新时代的潮头，吴江区以前瞻性的视野和务实的举措，提出了以开弦弓村为核心，辐射带动周边村镇的连片发展规划，旨在通过农文旅深度融合的创新模式，整体打造“中国·江村”乡村振兴示范区。这一战略构想不仅为开弦弓村乃至整个吴江区的乡村发展绘制了一幅宏伟蓝图，也为实现乡村全面振兴探索出一条新路径。为了实现农文旅的有效融合，吴江区采取了一系列创新举措。首先，依托开弦弓村的传统农业优势，大力发展特色农产品种植与加工，推动农业产业升级。同时，结合乡村旅游的兴起，开发了一系列农事体验、乡村民宿、农产品购物等旅游产品，让游客在体验田园生活的同时，也能品尝到地道的乡村美食，感受到浓郁的乡村文化氛围。

三、固本创新：江村的变与不变，统一于乡村发展的历史进程中

开弦弓村的发展实例为研究农村现代化转型提供了极具价值的参考样本，也为进一步推动农村地区的全面发展提供了宝贵的经验和启示。与《江村经济》中细腻描绘的昔日风貌相较，今日的开弦弓村已然经历了翻天覆地的变迁，展现出截然不同的全新面貌。把开弦弓村近90年来的乡村复兴、变迁以及转型进行对比，变化是绝对存在的，而不变则是相对的，它们都统一在乡村发

① 江苏省苏州市吴江区七都镇开弦弓村志编纂委员会. 开弦弓村志[M]. 北京：方志出版社，2017：141.

展的历史进程当中。

1. 江村在乡村复兴之中，不变的是江南水乡空间肌理和乡村美学现实图景

“苏式江南”下的乡村美学缘起于开弦弓村。张鸿雁教授在《中国城市文化资本论》当中写道：“近代‘苏式江南’的‘诗性智慧’与乡村美学和乡村文化振兴缘起于苏州的开弦弓村。”[①] 如今开弦弓村不仅是苏式江南下乡村美学的代表，更是世界观察、认识中国乡村的重要载体。在空间肌理和乡村美学上，开弦弓村一直坚守江南水乡的建筑特色，构筑起现代苏式江南下的乡村图景。

开弦弓村在苏式江南的文化场域下，保留着江南水乡的空间肌理和传统格局。传统观念下的苏式江南，已经成为某种文化属性和类型状态，既有特殊符号化的表征，又有一般意义上的不同文化属性。开弦弓村地处江南水乡，周围有河道、湖泊、稻田和桑园等自然景观元素，水网交织，田园风光旖旎，展现出江南水乡独特的宁静与优美。20 世纪 30 年代，费孝通笔下的开弦弓村展现出一种疏散的村落布局，村民沿河而居，典型的粉墙黛瓦单层民居点缀其间，辅以辅房、牲畜房及院落，鲜明地体现了江南水乡的景致。近年来，开弦弓村致力于推动美丽村庄的建设进程，以优美的环境吸引人们驻足，用丰富的文化滋养人心。昔日废弃的民宅与校舍等空间，经过精心改造与活化利用，蜕变为充满生命力的开弦弓村文化礼堂与文化小书斋等文化地标，生动再现了费孝通先生笔下“美美江村”的绚丽图景，使其从文字走向现实，焕发勃勃生机。在建筑排列方式上，开弦弓村的房屋建筑沿着一张弓似的河道排列展开，形成了建筑体和河道相共生的景象，“小桥流水、粉墙黛瓦、

---

① 张鸿雁. 中国城市文化资本论［M］. 南京：南京出版社，2024：884.

户户临水”的聚落形态[①]展示出苏南建筑文化的地方特色。诚然，苏式江南下的乡村，其特色就在于村庄底蕴古韵深厚、建筑临水而建，在自然生态上拥有乡土气息。“君到姑苏见，家家皆枕河”[②]，现今的开弦弓村，其村落布局依旧沿袭着江南水乡独有的风情[③]，即傍水而居、顺势筑宅的古典空间布局，这一传统不仅生动地勾勒出江南地域的特色风貌，更深刻地传承并弘扬了江南文化的核心内涵与精髓。

江村文化礼堂是开弦弓村在保留原有空间建筑和文化传统上的一次创新。江村文化礼堂原是始建于 1969 年的村公社大会堂，占地约 200 平方米。江村文化礼堂延续其政治文化的功能，现在它不仅是一个多功能的活动中心，举办道德讲座、村民大会、党员活动以及周末电影放映等党群活动，还是一个综合性的文化展示平台，提供木偶昆曲表演、农家书屋以及乡村田野调查课堂等多种文化体验。礼堂内部的地面铺设古朴的青砖，与现代设计元素巧妙结合，彰显了乡村的自然与淳朴，也赋予了空间一种独特的时代气息。江村文化礼堂每年举办超过 50 场活动，服务超过 2000 名村民和 20 多个服务团队。村委会与第三方公益组织携手合作利用文化礼堂作为平台，共同推进“美好家园”、“美丽庭院”和“幸福港湾”等项目。此外，礼堂还定期举办一系列丰富多彩的活动，包括缝补、义诊、手工体验、移风易俗和理论宣讲等，这些活动不仅提升了村民们的生活幸福感，还使得这个空间成为基层群众提升思想觉悟、道德水平、文明素养和法治观念的重要场所。礼堂内部设施完备，无论是图书、木偶展览还是非物质文化遗产展示，每个角落都洋溢着浓厚的文化氛围。农家书屋、田野调查课堂、规划师工作站和社会学研学基地等多

---

① 崔曙平，于春，何培根，等. 江南文化何所寄——江南的历史流变与苏南乡村空间特色保护的现实路径［J］. 城市发展研究，2016，23（11）：60-66.

② 唐杜荀鹤《送人游吴》。

③ 赵毅，黄丽君，秦振兴，等. 江村的过去、现在和未来——《江村经济》与江村价值的再认识［J］. 城乡规划，2022（4）：18-27.

元化的文化机构和平台在这里扎根，为村民提供了丰富的文化资源和学习机会。2023 年，这座文化礼堂因其独特的魅力和丰富的功能，被吴江区评为“美美江南·公共文化特色空间”。

驻村教授工作室是一次焕新老旧房屋的现代价值尝试。驻村教授工作室设立的初衷是吸引学术界的专家和学者到乡村长期居住，效仿费孝通先生当年的做法，让他们在乡村既能享受休闲时光，又能进行田野调查，同时还能沉浸在阅读和写作的乐趣中[①]。原本被忽视的农用辅房，焕发了新生。这座不起眼的小房子，原本只是农村的一处闲置设施，却因其记录着过去生活方式的独特价值，吸引了设计师的目光。他决定通过改造而非拆除，来保留这座建筑的历史韵味，并赋予其新的生命。近年来，驻村教授工作室也迎来了不少学者驻村调研，费孝通“行行重行行”的学术责任感深刻影响着后来的学者。2022 年，中国社科院政治学研究所原所长、四川大学房宁教授，成为第一位访问开弦弓村驻村教授工作室的学者。在三天时间里，房宁教授在开弦弓村生活，以研究者的身份来观察现代的江村发展，白天与村民、干部、商户聊天，晚上在驻村教授工作室记录一天的心得体会，并在《天涯杂志》上发表《江村三日》。

2. 江村在乡村变迁之中，不变的是乡土情深下的传统生活方式和文化习俗

开弦弓村，作为一个微观而典型的研究对象，其跨越八十载的沧桑巨变，实则是中国乡土社会发展历程的一个缩影与镜像。通过开弦弓村我们可以窥见中国广袤农村在时代洪流中经历的翻天覆地的变化，这些变化不仅体现在经济结构的转型升级、社会生活的现代化进程中，还涵盖了文化观念、治理模式的深刻调整。与此同时，开弦弓村亦展示了在快速变迁中，众多传统习俗、

---

① 赵毅，黄丽君，秦振兴，等.江村的过去、现在和未来——《江村经济》与江村价值的再认识[J].城乡规划，2022（4）：18-27.

文化根基以及社会结构的稳定性与延续性，揭示了一种传统与现代交织共生、平稳与跃升并行不悖的复杂社会图景。

吴江的香青菜是江城游子的乡愁记忆，是魂牵梦萦的故乡滋味。香青菜是吴江特产，吴江的香青菜历史悠久，已经在吴江这块广袤富饶的土地上种植了一百多年，现种植面积 6.2 公顷。吴江的香青菜一般在每年 11 月上市，来年 2 月落市。2009 年，吴江香青菜获得江苏省首批、苏州市第一个国家农产品地理标志①。2017 年，吴江香青菜入选全国名特优新农产品目录，2020 年进入江苏省百道乡土地标菜名单。近年来，开弦弓村在推进乡村振兴的过程中，深入挖掘香青菜的潜在价值，通过固本创新，让这一传统农产品焕发出新的生机与活力。固本，即坚守传统，保持香青菜的原汁原味。开弦弓村在种植香青菜的过程中，始终坚持绿色生态的种植理念，采用有机肥料和生物防治技术，确保香青菜的品质和安全。同时，开弦弓村还积极传承和推广香青菜的种植技术，通过举办培训班、现场指导等方式，帮助村民提高种植水平，确保香青菜的产量和品质稳定。创新，则是开弦弓村在香青菜产业上不断探索和突破的关键。开弦弓村在保持香青菜传统品质的基础上，积极探索新的种植模式和销售渠道。他们与科研机构合作，引进先进的农业技术和管理模式，提高香青菜的种植效率和品质。同时，开弦弓村还利用电商平台和社交媒体等新媒体手段，拓宽香青菜的销售渠道，让这一优质农产品走出乡村，走向更广阔的市场。

开弦弓村人祖祖辈辈无论是待客还是自享，都离不开一碗熏豆茶。熏豆茶是由熏豆、芝麻、橘子皮、茶叶、胡萝卜干、桂花等泡制而成的茶。在这几味材料中，熏豆便是最重要的原料。先将熏豆、茶叶、芝麻、桂花、橘子

---

① 截至2024年10月，七都共有六样农产品入选全国名特优新农产品名录：吴江雪里蕻、吴江芹菜、吴江莴笋、吴江大头菜、吴江香青菜、吴江苏州青。参见全国地理标志农产品信息查询系统［EB/OL］.［2024-10-12］. http://www.anluyun.com/Home/Product/27795。

皮等配料放入茶盅，再用开水冲泡，这时候熏豆等配料随着茶汤反复飘荡，渐渐沉于盅底，便可饮用。相传，1700 多年前吴国大将伍子胥曾在今吴江庙港开弦弓村屯兵，当地百姓有感伍将军屯兵苦练，自发地采集土产青豆剥壳留豆肉烘干，以充军粮，又因伍将军练兵吃力口干，就用开水冲泡，加些茶叶，这就成了香喷喷的熏豆茶，从此这种吃茶方法就在太湖沿岸流传成俗[①]。曾经开弦弓村妇女间流传的开茶会习俗，作为一项社会互动的传统形式，持续促进了邻里间情感的交流与信息的共享，形成了若干个稳定的社交圈层，开茶会喝熏豆茶的习俗一直延续至今。如今，随着商品经济的繁荣，人们的社交活动日益频繁，茶作为社交媒介的角色也变得愈发重要。它与香烟和酒一样，已经成为人们社交生活中必不可少的元素。熏豆茶不再局限于家庭、茶馆等传统场所饮用，开始进入一些餐厅、酒店等场所，作为一道具有地方特色的饮品供客人品尝。此外，随着旅游文化的发展，熏豆茶也成了一些旅游景区的特色体验项目，游客可以亲自参与熏豆茶的制作过程，并品尝自己制作的熏豆茶。尽管熏豆茶并不像其他一些名茶那样广为人知，但对于开弦弓村地区的居民来说，它却是一种深入骨髓的存在。无论是在婚礼等重大场合，还是在日常饮食中，熏豆茶都是不可或缺的。它伴随着震泽人民度过了无数个春秋，见证了他们一代又一代的生活变迁和平凡岁月。熏豆茶不仅是一种饮品，更是一种文化精神，流淌在每一个开弦弓村村民的血液之中。在老一辈人眼中，它是无与伦比的饮品。

江村腌桂花，不仅是吴江一带的非物质文化遗产，也是开弦弓村人民智慧的结晶。2014 年七都桂花腌制技艺列入第六批吴江区非物质文化遗产名录项目。在开弦弓村，腌桂花的制作技艺世代相传，成为村里人共同的记忆，开弦弓村的腌桂花并不用于形形色色的糕点，而是熏豆茶里必不可少的原料

---

① 吴江通. 熏豆茶[EB/OL].(2020-02-07)[2024-11-20]. http://www.zhongguodiqing.cn/msdg/202002/t20200207_5086279.shtml.

之一。腌桂花的制作过程是一种艺术，需要在桂花盛开的季节里，精心挑选最新鲜的桂花朵。经过细心地清洗、晾干、腌制等多道工序，才能将桂花的香气和甜味完美地锁在小小的花瓣中。在制作方法上，将洗净的桂花与长枳皮[①]均匀搅和，分三次撒盐，民间俗语称为“三斤橘子一斤盐”。其间再倒入些许长枳汁便可开始分装入瓶。腌桂花的风味与苏州其他地区大有不同，较之常见的糖桂花，七都腌桂花是咸口的，且用途也并非着重于装饰糕点，而在于饮茶。这种传统的腌制技艺，是开弦弓村人对自然馈赠的珍视，也是他们对美好生活的追求。如今在开弦弓村，腌桂花不仅是一种食材，它还承载着家的味道和节日的记忆。每逢中秋佳节，或是家庭聚会，总会有一道用腌桂花点缀的甜点，让人在品尝的同时，也能感受到团圆和温馨的氛围。随着时间的推移，江村腌桂花也在尝试着与现代风味相结合，创造出新的食品体验。无论是用于传统的糕点，还是融入现代的饮品和甜点，腌桂花都能以其独特的风味，为食物增添一份江南水乡的风情。江村腌桂花，是传统与现代交融的产物，它不仅代表了一种地方特色，更是一种文化的传承和创新。

3. 江村在乡村转型之中，不变的是自治、德治和法治的“江村之治”模式

纵观这八十年间，开弦弓村的治理体制机制经历了多次调整与优化，自治与德治作为稳定乡村社会秩序的基石，始终扮演着不可替代的重要角色。自 1929 年起，开弦弓村便踏上了地方自治的探索之路，彼时由当地享有高度声望的乡绅担任村主任，引领村庄事务管理。至 1935 年，开弦弓村进一步实施了乡镇保甲长制度，通过纵横连保连坐的方式强化基层治理。新中国成立后，伴随着国家政治体制的变革，保甲制被废除，取而代之的是行政村制度的建

---

① “长枳”是太湖地区的水果，一种状如青橘的果子，外皮坚硬，个头圆润，皮厚汁酸，如同柠檬，不能直接食用，但经由它的汁水腌制，桂花能长留香气及色泽。

立，标志着开弦弓村治理体系进入了新的历史阶段。在随后的人民公社时期，开弦弓村遵循“三级所有、队为基础、政社合一”的原则，构建了具有时代特色的人民公社管理体制[①]。改革开放的春风吹拂下，开弦弓村再次迎来治理体制的深刻变革。开弦弓村已实现以自治、德治、法治为一体的乡村治理体系。

开弦弓村依托“五社联动”治理体制实现村民自治。开弦弓村成立“江村阿姨调解室”，成为推进基层民主法治建设的样板，于 2022 年获评全国民主法治示范村。近年来，开弦弓村积极践行乡村振兴战略，深入挖掘并高效利用本土自然与人文资源，依托“五社联动”的创新治理模式，即社区、社会组织、社会工作者、社区志愿者及社区公益慈善资源五位一体的联动机制，旨在构建一个以党的建设为引领核心，以文化为强劲内在驱动力，集政府、学校、社会组织、民众等多方主体于一体的多元化、协同性社会治理新格局。这一模式的探索与实施，不仅彰显了党的领导力在基层社会治理中的核心地位，还强调了文化认同与价值引领在推动社会进步与乡村振兴中的不可或缺性。此外，近年来开弦弓村在数字乡村建设方面逐步升级，“江村通”平台的上线融合了区、部门、村各层级的数字应用模块，建成以“1+1+1+N”为整体架构的区级数字乡村治理平台，即 1 个基础通用平台，1 个区级各部门已开发用于乡村治理和服务的业务系统模块，1 个镇和试点村已开发用于乡村治理的模块，N 个特色应用模块。在“江村通”的数字乡村平台上，村民和外地游客可以了解开弦弓村生活、生产、生态建设的三大方面。“江村通”是一个综合的信息化乡村新空间，包含近 30 个功能板块。

开弦弓村的农村议事制度是乡村道德建设的一个关键组成部分。这一制度中的核心人物，即那些因品德和才学而被村民尊敬和推崇的人，他们以自己的声望为基础，以公正和理性的方式处理事务，赢得了村民的信任，并成

---

① 高鸣，芦千文. 中国农村集体经济：70年发展历程与启示［J］. 中国农村经济，2019（10）：19-39.

为村民学习的榜样。2018 年 7 月，开弦弓村在吴江区率先建立了首个“农村议事会”制度，这一创新的道德治理模式的实施，标志着该村在探索乡村治理新路径上取得了重要进展。面对邻里间的矛盾和纠纷，村民们现在更多地寻求村委会的协调解决，而不是依赖宗族势力的介入，只有在涉及重大经济民事争议时，才会采取司法途径。这一变化不仅反映了村民法律意识的提高，也显示了基层组织在解决社区矛盾中的核心作用。在处理承包地调整、集体收益分配等涉及村民根本利益的关键问题时，开弦弓村的多个村民小组都坚持集体智慧和民主精神，通过集体讨论和民主决策的方式，有效预防了潜在的纠纷和矛盾。同时，开弦弓村高度重视并充分发挥了老干部、老党员、老教师等德高望重群体的积极作用，他们通过参与村务监督委员会、村民民主理财小组等多元化、多层次的议事监督机制，被鼓励并邀请广泛参与村庄治理的各个环节，共同营造了一个和谐共生、共治共享的社会治理新生态。具体来说，开弦弓村首先对这些有影响力的人物进行了全面的摸底调查，建立了详尽的信息档案和微信交流平台，旨在通过情感纽带激发他们的归属感和责任感，鼓励他们投身家乡建设，以实际行动支持、服务并造福家乡。在此基础上，议事会被打造成一项制度化的道德治理特色机制，通过细化的议事规则与流程，确保其在村庄治理与发展中的积极作用得以充分发挥。

开弦弓村注重法治建设，构建便民法治文化圈。2023 年开弦弓村是江苏省第七批省级民主法治示范村，为了深化法治文化的普及和实践，开弦弓村精心打造了一个全新的法治宣传网络，这个网络以“一中心五支点全域营造”为框架，有效推动了法治精神在全村的传播和实践。“一中心”指的是村子的法治文化核心——“江村之治、美美与共——乡村治理体验馆”，这是一个专门为村民提供法治教育和治理体验的场所。“五支点”指的是分布在村民日常活动区域的五个关键法治宣传节点，包括“江村法治小公园”、“江村集市”、“法官驿站与人民调解室”、“江村礼堂”和“小清河法治走廊”。这些地点是村民社会生活的重要组成部分，也是法治宣传的关键场所。“全域营造”则是指在整个村落范围内，通过设置展示“三务公开”、“法治宣传”、“垃圾分类管理”、“美丽庭院打造”、“法律明白人公示”和“村民守则”等内容的橱窗和标牌，来营造一个全面覆盖的法治教育环境，从而提升村民的法治意识和自治水平。

四、以文兴业：擦亮中国社会学的研学圣地名片

在如今的开弦弓村，调查研究、社科普及、休闲旅游与文化交流正在以各自的魅力在这片土地上绚烂绽放。从费孝通江村纪念馆作为世界了解江村发展的平台，到现代农文旅结合下，江村 1936 园区成为世界了解中国田园风貌和乡村特色的载体，再到学术研究的集聚地的江村国际论坛，开弦弓村正在着力擦亮“中国社会学研学圣地”这张名片。开弦弓村是故事，是样本，是中华优秀传统文化传承和弘扬的生动注脚，展望文明的进步，开弦弓村以率先探索、树立标杆的姿态砥砺前行。

1. 费孝通江村纪念馆：“经世致用”理念下中国高校的社会学研学圣地

费孝通江村纪念馆以其独特的历史价值和学术地位，向世人展示了开弦弓村丰富的社会文化和历史变迁。自 20 世纪 30 年代费孝通先生首次踏入这片土地，开弦弓村便成了中国农村社会研究的活标本。纪念馆内，珍贵的图片资料、翔实的文字记录、生动的实物展示，无一不讲述着费孝通先生与开弦弓村的故事，以及开弦弓村在不同历史时期的社会结构、经济发展和文化传承。如今费孝通江村纪念馆是中国许多高校社会学的研学基地，他们在这里组织多样的研学活动，使其成为教育和普及文化知识的载体。

费孝通江村纪念馆是如今国内外了解开弦弓村变迁和农村现代化发展的窗口。随着城乡交流日益密切，地域性乡村公共建筑作为连接城乡的桥梁，其角色愈发关键，需适应多元化的功能需求。特别是针对那些蕴含深厚历史文化底蕴的村落，更应着力发掘其独一无二的资源与文化特色，打造独一无

二的建筑地标，借助其文化属性创造附加价值，进一步丰富乡村的文化内涵与吸引力。费孝通江村纪念馆坐落于开弦弓村的南村中心地带。2010 年，当地政府为纪念费孝通 100 周年诞辰在开弦弓村建设费孝通江村纪念馆，包括费孝通展厅、费达生江村陈列馆、江村历史文化陈列馆、孝通广场、景观池和碑廊六个部分，占地 10000 平方米，建筑面积 2234 平方米。纪念馆融合民族文化、地域文化、华侨文化等，从建筑形式到内容内涵，全面展示了费老的学术思想和理念，承载了费孝通跨越七十年的江村调研硕果、费达生蚕丝业革新的历程以及开弦弓村半个多世纪以来的沧桑巨变，书写了费老勤勉不懈、奉献一生的辉煌篇章，彰显了他以富民为己任、心怀家国，忧国忧民的崇高爱国情怀，以及对民众福祉深切关怀的民本思想。作为当今了解开弦弓村“前世今生”的重要途径，费孝通江村纪念馆的构建，为开弦弓村落公共空间的提质升级带来了宝贵的契机。在此过程中，纪念馆的建设被赋予了深远的意义，对内而言，青年一代可以深入洞悉本地居民的文化传统、风俗习惯及生活方式，了解开弦弓村近一个世纪的发展历程，这些建筑成为真正意义上的公共活动中心，成为乡村振兴的内部动力源泉；对外而言，作为世界观察江村发展的一个重要的案例，纪念馆凝练了江村的价值所在。纪念馆不断吸引高校师生前来参观，通过传播本土历史、文化及村落的独特风貌，为乡村注入外部活力与关注。

费孝通江村纪念馆是我国高校社会学研学的圣地。费孝通江村纪念馆内丰富的展陈内容和珍贵的文献资料，为高校社会学专业的学生提供了宝贵的学术资源。许多高校的社会学专业师生组建了研学调研团队，中国人民大学、南京大学、河海大学、上海大学、华东理工大学、苏州大学等高校学子已经把费孝通江村纪念馆视为社会学研学的圣地，定期组织高校社会学新生前来学习，“读费老，走江村”是社会学学子们走进社会学大门的重要一步。南京大学就“人与自然的关系、乡镇企业发展、婚姻家庭关系、人财流动中的城乡关系、商业和服务业变迁”社会学问题进行调研；苏州大学组织党支部成员一起前往与学校有着深厚渊源的费孝通江村纪念馆参观学习，重温历史记忆，开展红色教育活动；河海大学公共管理学院社会学专业师生常到纪念馆学习调研；上海大学社会学院和秋白书院学子开展学院延续十余年的“江村寻源”研学活动，探访开弦弓村，重走费老江村调查之路。通过举办各种研学活动，学生们可以更加深入地了解开弦弓村的历史变迁和社会发展规律，进而推动社会学研究的深入发展。纪念馆还定期举办学术研讨会和讲座等活动，吸引了众多国内外专家学者前来交流和探讨学术问题，促进了学术界的交流与合作。对于高校社会学专业的学生而言，费孝通江村纪念馆无疑是一个理想的研学场所。同时，纪念馆内的丰富展陈内容和生动的历史场景也为学生们提供了宝贵的学习素材和实践机会。高校学子们来到费孝通江村纪念馆不仅可以重温开弦弓村历史变迁，还可以感受到费孝通对中国乡村发展的情怀与理想，体悟“行行重行行”的学术责任感。2012 年，吴江与中国社会学会、中国社科院社会学研究所共同设立“费孝通学术成就奖”；2016 年，南京大学社会学院与七都签约共建太湖群学书院；2018 年 8 月，南京大学、复旦大学、上海大学、浙江大学、华东师范大学等高等院校社会学院系，在七都镇组成长三角洲社会学论坛。

费孝通江村纪念馆作为教育与普及社会学知识的重要场所，也是地方研学的重要节点。对于当地村民而言，这里是他们重新审视家乡发展历程的场所，他们可通过一幅幅老照片、一件件旧物件，回忆往昔岁月。同时，它不仅是一个纪念场所，更是一个生动的社会教育课堂，让公众尤其是青少年能够直观地学习和感受社会学知识。2021 年，费孝通江村纪念馆入选市、区党史学习教育路线及长三角一体化示范区青少年红色文化研学线路。在青少年教育方面，费孝通江村纪念馆开展了一系列具体活动和项目，传承和弘扬费孝通先生的学术精神与对家乡的深厚情感，同时让开弦弓村的学子们更深入地了解和体验中国社会学的发展历程和开弦弓村的历史文化。如 2022 年，江村实验学校少工委、团委联合费孝通江村纪念馆开展了“江村红领巾讲解员”实地培训活动，该活动旨在加强少先队员的素质教育，提高他们的社会实践能力，展示队员素质风采，以及培养选拔出一批熟悉家乡历史、了解开弦弓村文化特点的优秀红领巾讲解员；太仓市港城小学组织“走基地、看变化、聚力量”等沉浸式主题实践活动，通过实地参观学习，让青少年深刻领悟费孝通先生的学术追求和社会贡献。另外，纪念馆还组织青少年进行文化探访活动，如“赓续文化基因，书写江浙经济新篇”敬文江南文化融合实践团，通过寻访开弦弓村发展史，了解苏南模式背后的文化差异及其对经济的影响。纪念馆还定期举办学术讲座和研讨会，邀请专家学者就社会学、历史文化等主题进行讲解和交流，激发青少年的学习兴趣。

2. 中国·江村 1936：“美美江村”画卷里江南水乡的社会教育场所

中国·江村 1936，包括南园、北园和山水桑田三大区域。其作为农文旅融合发展的典范，展现了现代化江南水乡园区的独特魅力。该园区以开弦弓村为核心，通过整合农业、文化和旅游资源，打造了一个集休闲观光、农业体验、文化传承于一体的综合性园区。园区通过发展休闲农业和乡村旅游，为当地村民提供了更多的就业机会和创业机会，提高了村民的收入水平和生活质量。同时，园区还注重文化的传承与创新，通过挖掘和展示具有江南水乡地方特色的文化遗产，如太湖流域稻作文化、蚕桑文化等，为乡村振兴注入了新的文化内涵和动力，2023 年共接待游客近 12 万人次，实现销售额超 600 万元。

江村 1936 复刻了费孝通调研时的农事场景和空间景象。江村 1936·南园位于开弦弓村荷花湾自然村，占地 22.67 公顷，该园区以农业为基础，以教育为核心，着力打造一个集研学、劳动、教育、团建、亲子于一体的复合型农园。在农文旅融合方面，在园内打造了三产高度融合的“两山之路”水稻种植田、国家农产品地理标志香青菜种植田。为再现 1936 年开弦弓村的场景，园区根据 1936 年费孝通调研的照片，对当时的水车、码头、江村桥等进行复刻，致力于再现费孝通当时调研的场景。在新时代下，中国·江村 1936 将时尚气息与水乡情怀和谐相融，让来到这里的游客和学者能身临八十八年前的江村，感受时代变迁下的变与不变。除了在江村 1936·南园进行农事场景复刻，在占地 33.33 公顷的山水桑田里，园区还对“生丝合作社”时期的空间场景进行再造，如设有蚕桑丝绸文化展示区，可供游客近距离学习体验，还把费达生当年所在的缫丝厂打造成综合服务中心，集特色美食、住宿、购物等功能于一体。园区通过这种文化体验的方式拉长消费时间，全力打造研学文旅高地。

江村 1936 贡献了亲子研学和团建共享的理想场所。南园园区以亲子家庭为主要客源市场，设有鹿岛公园、海狮表演剧场、兔兔乐园、侏罗纪公园、樱花大道以及儿童乐园等娱乐观光设施。江村 1936·南园还结合其丰富的历史文化资源，推出了“江村成长记”等研学课程。该课程以费孝通先生的《江村经济》为蓝本，通过参观江村文化园、江村 Club 等特色经营业态，引导学生们深入了解开弦弓村的发展历程、文化特色和社会变迁。在研学过程中，学生们需要完成一系列的社会调查实践任务，如采访当地居民、收集历史资料等，以此培养他们的观察力、思考力和解决问题的能力。同时，课程还注重劳动教育的融入，让学生们在学习之余参与农事劳动，体验农民的辛勤与付出，从而更加珍惜现有的生活和学习条件。此外，江村 1936·南园还定期举办各类亲子活动和团建活动，如“萌宝当家”“整‘谷’专家亲子丰收节”等。这些活动不仅增进了家庭成员之间的情感交流，还让孩子们在家长的陪伴下共同学习、共同成长。在亲子活动中，孩子们可以参与农耕体验、制作传统美食等项目，感受传统文化的魅力；在团建活动中，参与者们则需要通过团队合作完成任务挑战，培养默契与协作精神。江村 1936·南园的研学活动以其丰富性、实践性和教育性受到了广泛好评。这些活动不仅让学生们在轻松愉快的氛围中学习了知识、增长了见识，更让他们在实践中锻炼了能力，培养了团结合作的品质。

江村 1936 探索了“江村大米”培育与种植的大地实验。开弦弓村运用“合作社＋种植大户＋专家”的模式，坚定不移地发展绿色生态农业，致力于培育优质的江村大米。其选取“南粳46”水稻原种进行种植，这种大米口感更为软糯，符合本地人的口味偏好。稻田所处位置远离工业企业，避免了工业污染。在生产过程中，通过利用香根草、显花作物等开展绿色防控，持续降低农药的使用量，从而种出绿色有机且米香浓郁的大米。江村1936·山水桑田正在构建“有机＋野生＋健康＋研学”的文化产业体系，并将农业、文化、旅游三大元素巧妙融合，突出桑蚕文化，形成了农业种植区、蚕桑文化科普区、塘浦圩田体验区、桑基鱼塘示范区等多个功能区。2023年，开弦弓村探索“稻田认领”新模式，以江村1936·北园的高标准农田为基础，签约结对稻田认领计划，打开了“江村大米”的销售渠道。2024年，“稻田认领”计划继续推进，活动现场，17家企业认购稻田超6.67公顷，实现销售额超50万元。

3. 江村国际论坛：“国际合作”视野中社会学界的交流互动平台

江村国际论坛是在探讨费孝通学术思想和研究江村的背景下产生的，论坛每年不定期召开。该论坛与多所高校进行合作，精心培育具有鲜明江村印记的研学产业体系，2024年以来江村国际论坛会议中心正在全力建设中，地址选择在1968年复兴后的庙港缫丝厂。江村国际论坛的建立，旨在促进国际视野下社会学界的交流与合作。论坛依托江村独特的学术资源和文化背景，吸引着全球学者的目光。通过定期举办学术会议、研讨会和工作坊，江村国际论坛为社会学研究提供了一个国际化的交流平台。

江村国际论坛是学术交流的场所，也是社会学研究方法和理论创新的孵化器。江村国际论坛通过吸引国际学者参与，提升了中国社会学研究的国际影响力。论坛的举办，让世界更好地了解中国的社会变迁，同时也让中国学者有机会接触和学习国际先进的社会学理论和方法。如2023年举办的费孝通思想专题论坛，活动以“中国式现代化的江村实践”为主题，系统总结费孝通先生1936年江村调查以来，开弦弓村在中国式现代化建设和探索方面的历程、成果和经验，旨在深化中国式现代化理论研究，展望江村发展、助力乡村振兴。通过此类活动的举办，江村国际论坛将会诞生更多学术思想成果，不论是对于费孝通社会学思想的研究还是对于“江村学”体系的丰富和完善，都具有重要的学术价值。

江村国际论坛的主要议题包括城乡关系、生态文明建设和社会治理三大方面。城乡关系是社会学研究的经典议题，江村国际论坛将城乡融合发展作为研讨焦点，旨在寻找城乡之间互补、互利、互促的新型关系；将社会治理作为研讨议题，探讨如何构建和谐、有序、高效的乡村社会治理体系；关注乡村生态文明建设，探讨如何在乡村发展中实现绿色、循环、低碳的发展模式。论坛上，专家学者就乡村治理结构、法治建设、公共服务、社区参与等议题进行深入讨论，具体探讨如何打破城乡二元结构，推动资源均衡分配，实现城乡之间的经济、社会、文化等多方面的融合，就乡村环境治理、生态农业发展、绿色生活方式等议题进行交流，为乡村的可持续发展提供新思路。江村国际论坛有效展示了江村在乡村振兴中的创新实践和成功经验，为其他地区的乡村振兴提供借鉴和启示，为中国乡村社会治理提供理论支持和实践指导。

江村国际论坛有助于江村的故事和文化向世界传播，形成世界级品牌效应。江村国际论坛的功能有以下几点。其一，促进学术交流。论坛为全球社会学界提供了一个交流和学习的平台，促进了不同国家和地区之间的学术交流与合作，尤其是促进国外学者了解中国农村的现代化建设上具有重要的载体价值。其二，推动乡村振兴。江村国际论坛聚焦乡村振兴议题，为江村的乡村振兴提供了理论支持和实践指导，有助于推动江村的经济发展和社会进步。其三，增强文化自信。通过国际论坛的举办，江村的文化传统得以展示和传播，加深和增强了村民对本土文化的认识和自信。其四，带动相关产业发展。论坛的举办带动了当地的旅游、文化等相关产业的发展，对促进地方经济社会发展起到了积极作用。其五，提供研学机会。江村国际论坛为学生和研究人员提供了研学的机会，有助于培养社会学人才，推动社会学研究的深入。

五、志在富民：乡村文化资本再生产下的“一根丝一片田一个村”

吴江区围绕世界级水乡人居文明典范总体愿景，传承发展江南水乡农耕文明，激发乡土中国文化活力，进一步传承“志在富民”的探路精神，在丝绸非遗产业化路径探索上形成可推广的经验做法。“一根丝”即丝绸文化，放大原有开弦弓村的蚕丝历史价值及蚕丝制造优势，在农业文化遗产传承保护利用体系上形成了全国示范效应。“一片田”即开弦弓村的基塘农业，利用地理区位优势传承农耕文明，做好渔、牧、粮、园、游的高度融合。“一个村”即开弦弓村[①]，在保留原有建筑风貌和历史遗迹基础上，紧跟时代步伐，做好特色产业，落实福民富民。虽然开弦弓村因为《江村经济》成为世界观察中国农村发展的载体，但是步入21世纪以来，开弦弓村一直在致力于将其独特的蚕丝历史资源、乡村文化资源、农业物质资源转换成江村的文化资本，还一直探索当地的文化资本再生产，脚踏实地地践行费孝通志在富民的理想，把吴江打造成“新江南、最江南”的地方，充分展现入眼成画、处处是景的水乡特质。

1.“一根丝”：开弦弓村强化江南丝绸文化传承，打造“田园丝绸”品牌

“辑里丝”是江村丝绸文化的传统品牌，也是开弦弓村在丝绸文化传承与品牌打造方面做出的不懈努力和卓越成就的见证。苏州田园纺织科技有限公司通过深入挖掘丝绸文化的内涵和价值、注重产品设计与创新、积极拓展市场以及坚持可持续发展理念等措施，成功打造了具有独特韵味和文化内涵的“田园丝绸”品牌。

---

① 开弦弓村相继荣获中国美丽休闲乡村、中国传统村落、全国民主法治示范村、全国乡村治理示范村、中国名村志文化工程、江苏省生态宜居美丽乡村示范村、江苏省乡村旅游重点村、江苏省特色田园乡村、江苏省生态文明建设示范村等。

“辑里丝”是开弦弓村的传统丝绸品牌，名声享誉全国。“辑里丝”又称“辑里湖丝”，是浙江南浔特产，乃丝中极品。早在明万历年间，辑里丝声名开始兴起，到清康熙时，辑里丝成为帝王御用的丝织品种①。辑里丝被誉为“丝绸之王”，是中国第一个在伦敦世博会上获奖的品牌②。因此辑里丝在国际市场上享有盛誉，成为中国丝绸的一张名片。开弦弓村的丝绸工艺代代相传，每一寸丝线都凝聚了工匠的心血和智慧。“辑里丝”之所以能够在众多丝绸产品中脱颖而出，是因其具有以下几个显著特点：质地细腻、色泽自然、韧性好。“辑里丝”的生产工艺复杂而精细，主要包括养蚕、缫丝、织造等多个环节。其中，缫丝是辑里丝生产的关键步骤，它决定了丝绸的品质和特性。在开弦弓村，这一传统工艺得到了很好的传承和发展，许多村民都掌握了精湛的缫丝技艺。随着时代的变迁和科技的进步，开弦弓村的辑里丝产业也在不断发展壮大，当地政府积极扶持蚕丝业的发展，推动传统工艺与现代科技相结合，提高辑里丝的生产效率和品质。同时，开弦弓村还注重品牌建设和市场推广，努力将辑里丝打造成为具有国际影响力的丝绸品牌。

吴江蚕桑文化系统蕴含着丰富的历史文化内涵和传统生产加工技巧。太湖流域的土壤适宜桑树种植，产出的桑叶品质优良，所制丝绸质量上乘、价格高昂。吴江乃是栽桑、养蚕、缫丝、织绸的起源地之一，蚕桑文化源远流长。1959 年梅堰袁家埭出土的带有蚕纹的黑陶罐显示，此地栽桑养蚕的历史距今

---

① 郑卫荣. 市场、社会与行业技艺——以近代南浔辑里丝改良为中心［J］. 江海学刊，2020（1）：187-196.

② 1851年英国伦敦举办首届世博会，广东商人徐荣村偶然获悉此消息，便立即把自己经营的产自南浔辑里村的“荣记湖丝”，包装了12包，装上货船运往伦敦。他送展的“荣记湖丝”被评委认定为“充分显示来自桑蚕原产国的丝绸优良品质”，并在此届伦敦世博会上获得了“制造业和手工业”奖牌。

已有4700多年[①]。早在唐宋时期，吴江便发展成为丝绸贸易的市场，南宋时期，苏州设立了“宋锦织造署”，“宋锦”由此应运而生[②]。到明清鼎盛之时，吴江生丝出口量达到全国总产量的1/6，有着“日出万匹，衣被天下”的盛誉。2010年，震泽镇荣膺“中国蚕丝被家纺名镇”美誉。2016年，其更是以“丝绸小镇”的璀璨姿态，跻身中国首批127个特色小镇之列。该镇文化底蕴深厚，坐拥先蚕祠、师俭堂、丝业公学、震丰缫丝厂等众多文物保护单位，同时，蚕花节、小满戏等传统蚕桑文化活动亦得以传承至今，闪耀着历史文化光辉。时至今日，吴江区依然稳居苏南地区蚕桑生产的龙头地位，其内不仅涵盖了从蚕桑养殖到缫丝、丝绸织造技艺的完整产业链，还汇聚了包括相关习俗、小满戏及蚕丝被制作技艺在内的共计56项非物质文化遗产项目，全面展现了该地区丰富多彩、底蕴深厚的文化多样性。吴江的蚕桑文化体系，凭借其悠久的历史渊源、独特的蚕桑种植与养殖技术、生态友好的农业生产模式以及精湛绝伦的丝绸织造工艺，构筑了深厚的文化底蕴，成为地域特色的鲜明标志。2021年，桑蚕文化系统被农业农村部列为第六批中国重要农业文化遗产[①]。目前，吴江正积极将基塘种养与蚕桑文化系统申报为世界级的重要农业文化遗产，旨在全球范围内推广与保护这一宝贵的文化遗产。

苏州田园纺织科技有限公司是开弦弓村的丝绸业龙头企业，打造了“田

---

① 吴江区农业农村局. 吴江蚕桑文化系统入选第六批中国重要农业文化遗产候选项目公示名单［EB/OL］.（2022-01-08）［2024-09-29］. http://www.wujiang.gov.cn/zgwj/bmdt/202107/992d0d1e37dc48c98ab9b55924d0034b.shtml.

② 黄小苹，周小进，钱逸宁，等. 苏州丝绸文化传承与发展实践研究［J］. 江苏丝绸，2024，53（3）：38-41.

① 截至2024年，吴江区共有中国重要农业文化遗产四项，分别是江苏吴江基塘农业系统（2023）、江苏吴中传统水生蔬菜栽培系统（2023）、江苏吴江蚕桑文化系统（2021）、江苏吴中碧螺春茶果复合系统（2019）。省级重要农业文化遗产两项，分别是苏州市吴江区环长漾桑基鱼塘农业系统（2022）、苏州市吴中区环太湖流域林畜复合系统（2022）。

园丝绸”品牌。苏州田园纺织科技有限公司的成功，是开弦弓村蚕桑文化新发展的一个缩影。该公司采用前沿技术和先进设备，致力于生产最优质的丝绸产品，公司较早完成了喷水织机到喷气织机的更新换代，争取了发展主动。截至2023年，企业拥有职工100多人，本村人占了一半，熟练的挡车工、机械工月薪能拿到将近1万元。丝绸不仅仅是一种商品，更是开弦弓村乃至整个江南地区文化的象征，为了保护和传承这一文化遗产，公司积极参与到各种文化活动中。他们赞助了当地的蚕桑文化节，通过这个平台，向公众展示了传统的养蚕、缫丝等工艺，让更多人了解和体验到丝绸文化的魅力。公司通过各种渠道，如电子商务、社交媒体和国际贸易展，向全世界讲述开弦弓村的丝绸故事。这些故事不仅包括丝绸的制作过程，更涵盖了与之相关的文化背景和历史传统。在开弦弓村，丝绸非遗项目的保护和传承并不仅限于苏州田园纺织科技有限公司，村里的其他企业和手工艺人也在以自己的方式为这一目标努力。他们或通过开设工作坊，或通过参与文化交流活动，共同推动着蚕桑文化的传播和发展。开弦弓村的蚕桑文化新发展，不仅为当地经济带来了活力，更丰富了村民的文化生活。这种文化与经济的良性互动，为乡村振兴提供了新的思路和模式，未来开弦弓村的蚕桑文化必将绽放出更加夺目的光彩。

2.“一片田”：江村继承重要农业文化遗产，转型现代化“鱼米之乡”

开弦弓村以江村文化为引领，充分利用湖荡、鱼塘、稻田等得天独厚的自然资源，积极推进一、二、三产业融合发展，开辟了一条独具地方风情的乡村振兴新路径。凭借“中外学者窥探中国农村风貌的重要窗口”的美誉，吴江独具匠心地为“江村”赋予了江南水乡风情小镇的独特韵味与现代时尚气息，将“中国·江村”打造成为全区乡村振兴战略的标志性品牌和亮丽名片，铺展开一幅新时代乡村全面振兴的壮丽图景。

基塘农业系统的核心在于系统内部的物质循环与能量流动，是现代生态文明的典范[①]。基塘农业系统于2023年成为中国重要农业文化遗产，主要由基面和鱼塘两部分构成，基面上种植经济作物（如桑树、甘蔗、花卉等），鱼塘中则养殖水生动物（如鱼、蟹等）。这两部分通过物质循环和能量流动紧密相连，共同维持着系统的稳定运行[②]。在开弦弓村，这种系统具体表现为“塘上种桑、桑叶喂蚕、蚕沙养鱼、鱼粪肥塘、塘泥壅桑”的循环链。这种循环不仅优化了资源的使用效率，同时也降低了环境污染，实现了生态保护和经济发展的双重效益。近年来，开弦弓村按照吴江区整体规划进行了农业项目的调整，形成了稻园、蟹园、桑园三个主要农业项目。这一调整不仅恢复了稻桑生产，还保留了渐已消失的桑基鱼塘、塘浦圩田等生态农业景观，为农文旅产业创造了新的增长点。基塘农业成为如今开弦弓村新的富民产业，自2005年开始开弦弓村的GDP就达到了12536万元，但传统农业，包括粮食、油菜籽、桑蚕和水产品的产值，仅占GDP的6.7%。这一分布中，水产养殖业凭借快速增长占据了主导地位，而那些传统的种植业和桑蚕业对于整体产值的贡献已经变得微不足道[③]。2017年，吴江区确立了以开弦弓村为发展引擎，联动周边村镇进行统一规划布局的战略，旨在促进农业、文化与旅游的深度融合，共同塑造“中国·江村”这一具有示范意义的乡村振兴典范区。

---

① 张健，窦永群，桂仲争，等.南方蚕区蚕桑产业循环经济的典型模式——桑基鱼塘[J].蚕业科学，2010，36（3）：470-474.

② 袁兰，胡月明，程家昌.基塘农业研究概述[J].广东农业科学，2014，41（5）：38-41+70.

③ 周拥平.江村七十年[J].中国农业大学学报（社会科学版），2007（1）：38-45.

桑基鱼塘[①]是基塘农业的一种特殊的农业生产方式，是长江三角洲、珠江三角洲地区的农业文化符号。桑基鱼塘在长江三角洲地区分布较为广泛，不仅促进了桑、蚕、渔业的发展，还带动了江南地区缫丝工业的进步。这个健康的循环生态系统由两个主要部分组成：一部分是陆地上的桑树和蚕组成的桑基系统，另一部分是水中的鱼类和浮游生物构成的鱼塘系统。这种特殊的农业生产模式能够实现高效益的物质循环，桑树用来养蚕，产生的蚕沙排进鱼塘用来养鱼，蚕丝通过缫丝工艺制成丝织品，产生的丝水再进入鱼塘实现有机循环。2022年吴江区环长漾桑基鱼塘农业系统入选第二批省级重要农业文化遗产名录，作为一种可持续的农业生态方式，桑基鱼塘是对传统农业智慧的传承，近年来，苏州市委和市政府以桑基鱼塘为主导模式，出台了《环长漾桑基鱼塘规划设计》[②]。该规划考虑到吴江太湖、太浦河、环长漾等区域村庄的独特特征，旨在传承和保护这一传统农业模式，并以此推动周边地区的农业发展。坚信在未来吴江地区“采采陌上桑”的江南水乡风光将成为现实。

① 顾名思义，桑基鱼塘就是在鱼塘的塘基上种植桑树，与鱼塘结合称为桑基鱼塘。如果在鱼塘的塘基上种植甘蔗、果树等，则分别称为蔗基鱼塘、果基鱼塘。2014年浙江湖州桑基鱼塘系统被评为中国重要农业文化遗产、2017年被联合国粮农组织认定为全球重要农业文化遗产。桑基鱼塘的低成本、低投入的循环生产模式，被联合国教科文组织誉为“世间少有美景、良性循环典范”参见邓芬.桑基鱼塘——珠江三角洲的主要农业特色[J].农业考古，2003（3）：193-196+201。

② 该规划旨在促进震泽镇的蚕桑文化园、七都镇的浦江源太湖蟹生态养殖示范园、平望镇的长漾里蚕桑综合示范基地以及万顷太湖蟹养殖基地等基塘农业的发展。

塘浦圩田[①]是太湖流域桑基鱼塘的重要农业基础，是江南水乡宝贵的农业和水利工程遗产。在春秋时期甚至更早以前，太湖沿湖一带都是沼泽之地，先天耕作条件并不优越。为了改善耕作条件，人们开始开渠排水、围圩造地，逐渐形成了塘浦圩田这一独特的农业景观。开弦弓村的塘浦圩田系统便是在这样的背景下形成的，至今仍在发挥主要作用。开弦弓村的塘浦圩田结构完整，特征清晰。具体来说，该系统包括古塘小清河、古浦北塍港等人工河道，以及古圩成角圩、凉角圩和天长圩等圩田单元。这些农田周围建有堤坝，目的是保护庄稼免受洪水和风浪的破坏，并维持适宜作物生长的水位。圩块内地势四周高中间低，有利于排水和灌溉[②]。目前，开弦弓村的塘浦圩田仍然保持着良好的生态环境和耕作状态，村民们继续沿用传统的耕作模式种植水稻、养殖鱼蟹和蚕桑等农产品，同时积极参与乡村旅游和农业文化遗产保护活动。开弦弓村在乡村振兴战略的指引下，以塘浦圩田为核心资源，积极打造农文旅融合发展新业态，江村 1936 · 山水桑田项目便是其中的代表之一。

3. “一个村”：开弦弓村积极赋能文化产业升级，建设“中国 · 江村”品牌

“中国 · 江村”品牌在提升特色产业竞争力方面发挥了重要作用，通过现代农业升级、农文旅融合发展、特色手工业与服务业繁荣以及产业链延伸

---

① “中国古代著名水利农田工程包括灌溉渠系、陂塘、塘浦（溇港）圩田系统、海塘工程等，其中塘浦（溇港）圩田系统作为世界灌溉工程遗产具有重要意义。通过纵横塘之间开挖土地及筑堤建圩，将浚河、筑堤、建闸、圩田等水利工程措施统一于耕种建设过程中，该系统工程实现治水与治田的结合，是人类利用和改造渍湖低湿洼地和变涂泥为沃土的一项独特创造。进入新时代，在塘浦（溇港）圩田基础上发展的‘桑基鱼塘’和‘桑基圩田’系统，成为我国乃至世界‘生态农业’和‘循环经济’的典型代表。”参见程志永，唐晓岚，罗振. 湖州塘浦（溇港）圩田系统生态空间敏感性评价[J]. 地域研究与开发，2020，39（1）：139-143。

② 李晨颖. 太湖流域塘浦圩田文化景观发展历史和特色——以长荡湖为例[J]. 现代园艺，2022，45（2）：79-80+83.

与融合等举措，推动了当地经济的高质量发展，真正做到福民富民。其全力以文化产业赋能乡村振兴，打造“农业文化遗产可持续繁荣的现代化江南乡村、全民共同富裕的中国式美学乡村、面向未来的国际化旅居乡村”三个创新示范。开弦弓村已是国家3A级景区，正朝着4A级景区大步迈进。得益于一些实实在在的产业汇聚，2023年开弦弓村的村民人均可支配收入超过4万元，人均住房面积85平方米[①]。

在农业文化遗产可持续方面，开弦弓村致力于农产品的保护传承和创新研发。在保护传承方面，开弦弓村采用传统的种植方式，不过多使用农药，保留了吴江香青菜的原汁原味，村民积极参与香青菜的培育工作，从根本上保障了这一品种的延续；熏豆茶制作的每一环节都蕴藏着祖辈们的智慧，在村民们世代相传下如今在吴江地区仍保留着吃茶的习俗，这种对传统工艺的坚守，使得熏豆茶成为连接过去与现在的文化纽带，为后人了解先辈的生活方式和饮食文化提供了鲜活的样本；腌桂花不仅是一种美食调料，更是吴江地区的一种文化象征，独特的咸味腌桂花是在外游子们记忆中的一种“乡愁”。在创新研发方面，开弦弓村依托省农科院、区农业农村局等专家团队的指导，采用绿色生态种植模式，建设了高标准农田。近20公顷农田被划分为精品有机种植示范区和绿色生态种植示范区，分别种植了越光米、南粳46原种等多种优质稻米品种。越光米是由著名农业专家赵亚夫从日本引进来的，大米采用有机栽培，已经连续九年获得中绿华夏有机食品认证，营养价值极为丰富。

在全民共同富裕方面，开弦弓村鼓励新业态的兴起、生活美学的建构。开弦弓村以新业态为契机进一步推动了乡村农文旅的融合，形成了丰富多彩的乡村旅游新业态，壮大集体经济发展，带动农民增收。如定胜高糕团店、

---

① 农民日报.美美与共话姑苏——看一个特大城市农业农村现代化的高水平率先实践［EB/OL］.（2024-01-10）［2024-10-11］. http://nyncj.suzhou.gov.cn/nlj/zwyw/202401/e79d24f88c7e4acfb8714ce45dccb72d.shtml.

幸福凉茶馆、种豆得豆臭豆腐店、江村 Club[①]、江村油墩墩等特色经营业态等，这些店铺不仅为村民提供了就业机会，还丰富了村庄的新业态种类。江村定胜高糕团店是开弦弓村引入的一家市场化运营主体，利用村里废旧民房改造而成，出售定胜糕、麦芽塌饼、菜花头团子等吴江特色糕团，以及大方糕、薄荷糕等传统苏式风味，保留了传统美食熏豆茶和定胜糕的制作工艺，并融入了现代营销手段。该糕团店通过线上线下相结合的方式进行销售，并通过举办节日促销活动、建立会员制度等多样化的营销手段有效提升了顾客黏性，实现了长期稳定的盈利。在开弦弓村，生活美学不仅仅是一种理念，而且体现在乡村现代发展的细节之中、体现在村民的日常生活之中。开弦弓村的多数商铺的建筑风格与周边的居民建筑融为一体，白墙和青色砖瓦是乡村的代表，真正践行了在生活美学影响下全民共同富裕的美好愿景。幸福凉茶馆是由百年老屋改造而成的，古朴的外观似在述说着岁月的故事，店内是传统的家庭式装修风格，进入店内好似走入一位村民的家中休憩喝茶。江村 Club 精心构筑了一个融合美学互动与健康交流的沉浸式消费场景，深刻践行生活美学的精髓，该空间不仅高度聚焦于美学创意的璀璨绽放，倡导并推广健康生活的多元化实践，还将非物质文化遗产的传承视为己任，积极推动公共美育的普及与深化。同时，江村 Club 诚邀艺术家与跨领域精英携手合作，共同在这片创意热土上耕耘，不仅设立驻地计划以激发持续的创新灵感，还致力于档案记录与研究工作，为文化的传承与发展留下宝贵的资料。而一系列丰富多彩的活动与展览，则以多元现场为舞台，巧妙地融合了影像艺术、视觉艺术、创意设计等多种艺术形态，为公众呈现了一场场视觉与心灵的盛宴，让生活美学在全民共同富裕的进程中熠熠生辉。

---

① 作为开弦弓村的另一家重要市场化运营主体，江村Club通过提供特色住宿、餐饮、休闲等服务，吸引了大量游客前来体验乡村生活。它不仅丰富了村庄的旅游业态，还为村民提供了更多的就业机会和增收渠道。

在面向未来的国际化旅居乡村方面，开弦弓村实现了乡村旅游的蓬勃发展和国际交流的蒸蒸日上。开弦弓村凭借费孝通《江村经济》的学术影响力以及近年来的现代化建设，吸引了大量游客前来体验乡村生活，2023 年年均吸引游客超过 14 万人次，销售额超 700 万元，带动超 100 名村民实现“家门口”就业。世界旅游联盟发布的“2024 世界旅游联盟——旅游助力乡村振兴案例”中，开弦弓村成功入选，成为苏州唯一入选的案例，这标志着开弦弓村在国际旅游交流中的重要地位。此外，开弦弓村的国际交流功能也在不断增强。超过 205 批次高校师生、专家学者赴开弦弓村开展调研和学术交流，累计超 50 家组织、高校落地挂牌基地。这些活动不仅为开弦弓村的国际化发展带来强劲助力，也为该地的学术研究和文化交流提供了平台。此外，如今开弦弓村已经成为国内外学者了解和研究中国农村的重要基地，其学术价值和国际影响力不断提升和增强。开弦弓村的成功转型，不仅体现了乡村振兴战略的成效，也为其他乡村提供了可借鉴的经验。通过乡村旅游和国际交流的双轮驱动，开弦弓村正在成为展示中国农村新面貌的窗口，同时也为全球学者提供了研究中国农村社会的宝贵机会。

八十八年前，开弦弓村因费孝通的《江村经济》闻名中外，成为世界了解中国农村发展的平台。如今该村以江村文化为引领，充分利用湖荡、鱼塘、稻田等得天独厚的自然资源，积极推进一、二、三产业融合发展，开辟了一条独具地方风情的乡村振兴新路径。综合前文所述，开弦弓村的发展经验可以总结为以下三点。**其一，系统观念下全局谋划吴江整体发展**。开弦弓村凭借“江村”的重要价值和在社会学、人类学上的独特地位受到国内外关注，地方政府以开弦弓村为亮点，在同时深耕开弦弓村所在的长漾北片区的基础上，形成了区域化、片区化推进乡村振兴的战略思路和实践模式，联合周边资源构建了“3+X”的片区发展框架。“3”即环长漾、环鼋荡和环澄湖三大自然资源丰富、区位条件优越的片区进行重点发展，“X”则代表周边各具特色的小片区，以“各美其美，美美与共”的协同发展意识促进吴江各片区良好发展。**其二，固本创新中统筹推进江村现代化发展。**在乡村美学方面，开弦弓村地处江南水乡，拥有独特的区位条件和优势，居民建筑依照一张弓似的河道排列展开，并保留着传统的粉墙黛瓦的建筑风格；在居民生活方式方面，沿袭着祖辈的传统生活习俗，把香青菜、熏豆茶和腌桂花融入现代人的日常生活中；在乡村治理方面，继承并创新出“江村之治”模式，自治、德治、法治成为吴江区基层治理的创新典范。这些因地制宜的固本创新案例，使得开弦弓村在“中国·江村”品牌的影响下焕发光彩。**其三，江村文化资本再生产实现福民富民。**近年来，开弦弓村依托费孝通26次的学术调研以及《江村经济》一书的国际影响力，在注重自身乡村特色的同时，致力于将吴江地区特有的丝绸文化、江南文化、农耕文化和非遗文化等与现代社会文化相结合，不仅带动了地方就业，产生一系列如辑里丝、桑基鱼塘、香青菜、腌桂花等地方风物，还积极组织地方和社会研学，发挥社会学研学圣地功能，成为新时代下莘莘学子迈入社会学和人类学大门的一个重要的社会实践基地，开弦弓村有了新的标签。如今，开弦弓村成为推动吴江地区走向国际的一张名片和品牌，开弦弓村的实践证明，文化资本的再生产是实现乡村振兴的重要途径之一，通过挖掘和利用地方特色文化资源，结合现代产业发展和乡村治理创新，可以有效推动乡村的经济社会发展，实现农民的福祉和乡村的繁荣。

第四章
溧阳李家园村：民本经济下民宿乡村的现代文化转译

乡村振兴正将人人钦羡的“诗与远方”落地为触手可及的现实，让美好的生活愿景在乡土大地生根发芽。蓬勃发展的民宿经济正是乡村振兴的代表性力量，深刻诠释了“民宿姓民”和“民宿为民”的核心价值理念，为保护自然生态、弘扬地方文化、普及生活美学、创造就业机会与实现共同富裕，提供了丰富多样的选择机会和切实可行的实现路径。以国际视角观察，民宿的繁荣和壮大不仅仅彰显了富民经济的强劲活力，更是一场蕴含深厚人文精神和崇高人生理想的大规模文化运动①。李家园村即民宿经济推动乡村振兴的个中翘楚。李家园村位于江苏溧阳市戴埠镇的最南端，地处江苏、安徽两省交界处。李家园村早期依靠矿山发展工业，后随着南山竹海与御水温泉等景区的开发，建成一批餐饮住宿配套设施，迈入乡村旅游阶段，并逐渐由粗放的“农家乐”模式升级为融合了更多业态的“民宿社区”，现为全国乡村旅游重点村（2019 年），并先后获得江苏省乡村振兴旅游富民先进村（2018 年）、特色田园乡村（2021 年）、宜居宜业和美乡村（2024 年）等诸多省级荣誉。纵观李家园村的发展脉络可见，民宿无疑已成为促进地方经济发展的重要驱动力：一个工业村落向民宿社区演变的转型之路，充分展示了以人为本的理念，

---

① 邵颖萍. 打好旅游民宿“六张牌”［EB/OL］.（2023-05-16）［2024-09-02］. http://www.163.com/dy/article/I4RSTT5Q05505AV6.html.

为实现乡村的长远福祉与可持续发展作出了积极贡献。

一、发展背景："从无到有、从有到优"，中国当代民宿的蝶变

随着我国居民休闲消费水平的升级，大众旅游逐渐由观光模式向休闲度假模式转变，游客消费变得更加多元化、个性化，传统的旅游方式难以满足城市人群的消费需求。城乡融合的强化进一步刺激城市人群对乡村体验的向往，民宿作为一种贴近在地生活的住宿业态，契合了现代人放松身心、回归自然和体验乡土文化的诉求，在乡村旅游的发展进程中饰演了重要角色。根据《中国乡村旅游发展白皮书2024》的统计数据，2024年第一季度中国游客乡村旅游的平均停留时长已超过两天，达到2.11天/次，表明住宿在乡村旅游中已成为不可或缺的一部分，民宿的重要地位不言而喻。就历史和发展而言，作为一种客观存在的经济形态和行业要素，民宿并非一种舶来品，其最初的起源可追溯至原始社会末期为部落间往来贸易而设的客店，可见民宿自古有之，因时因地表现不同特征。本部分以当代民宿为主要研究对象，根据其发展历程中的关键节点划分为萌芽、起步、快速发展、整合转型4个阶段[①]。综合民宿演变过程可见，我国当代民宿在发展历程中逐渐形成规模与品牌效应，由依附于景区的住宿产品逐步发展为新兴旅游产品，部分头部民宿逐渐呈现出成为旅游目的地的发展态势，表现出由旅游民宿向民宿旅游的发展趋势。在这一浪潮下，李家园村的民宿社区建设紧扣时代脉搏，既是对传统乡土文化的致敬，也是对旅游消费需求的精准回应。

1. 萌芽阶段：20世纪80年代—21世纪初，非标住宿兴起

改革开放与产业结构调整为我国旅游业注入强大动力，农村经济得以复

---

① 戴其文，代嫣红，张敏巧，等. 世界范围内民宿内涵的演变及对我国民宿发展的启示[J]. 中国农业资源与区划，2022，43（11）：262-269.

苏，乡村旅游与农业旅游逐渐兴起，民宿萌芽出现。农家乐、家庭旅馆与主题客栈是我国最为典型的非标住宿形式[①]，区别于传统的标准化星级饭店，三者与现代的民宿具有一定的相似性[②]，因而被广泛视为当代民宿的起源。

农家乐是一种常见非标住宿，是乡村旅游发展初期的一种典型形式。农家乐起源于20世纪80年代的成都，以“农家乐”命名的乡村旅游形式也始于此，之后逐步走向全国[③]。农家乐以农户家庭经营为主，其发展阶段历经原生态式农家乐——乡村品牌农家乐——民俗文化农家乐三个阶段[④]。最初的农家乐即农民利用自家农田、果园等资源，吸引城市游客前来体验农业生产过程，品味农家风味餐饮。而后国家层面对“农家乐”的推广[⑤]，直接促进了“农家乐”品牌的建立与发展。“农家乐”品牌打响后，民俗文化农家乐开始出现，即利用当地特有民俗文化，通过举办民俗活动等形式，吸引游客前来体验特色民俗风情，如贵州朗德上寨的农家乐[⑥]。总结农家乐的经营模式，即凭借乡村的自然与人文条件，选择农家居所和农田、鱼塘等其他场景为物质空间载体，

① 2015年，由中国旅游研究院主办的“非标准住宿研讨会”在北京举办，率先在行业内定义“非标准住宿”概念，即区别于传统酒店，由个人业主、房源承租者或商业机构为旅游度假、商务出行及其他居住需求消费者提供的除床、卫浴外，更多个性化设施及服务的住宿选择。参见旅游业非标准住宿成蓝海[N]. 经济参考报，2015-07-09[2024-08-16]. http://www.jjckb.cn/2015-07/09/c_134394686.htm。

② 如游客投宿于当地居民集中地、建筑主体依托于传统民居、满足住宿与餐饮基本功能需求等要素。

③ 何景明. 成都市“农家乐”演变的案例研究——兼论我国城市郊区乡村旅游发展[J]. 旅游学刊，2005（6）：71-74.

④ 邵颖萍. 落脚乡村与民宿经济——莫干山特色文化重构[M]. 南京：江苏凤凰教育出版社，2019：65.

⑤ 1998年，原国家旅游局推出“华夏城乡游”，提出“吃农家饭、住农家院、做农家活、看农家景、享农家乐”的口号，对乡村农家乐的发展起到了积极的促进作用。参见郭焕成，韩非. 中国乡村旅游发展综述[J]. 地理科学进展，2010，29（12）：1597-1605。

⑥ 郭焕成，韩非. 中国乡村旅游发展综述[J]. 地理科学进展，2010，29（12）：1597-1605.

结合农业体验、观光等功能，以农产品销售、餐饮、住宿、文化体验等为主要产业链环节，为城市游客提供农村生活的体验型产品，客单价偏低。

家庭旅馆[①]则以营造当地家庭氛围为自身特色。家庭旅馆常见于优质旅游资源周边的城镇地区，如厦门鼓浪屿、秦皇岛北戴河等地，具有个性化、文艺风格特质，在作为旅游服务配套设施的同时也成为旅游资源的一部分。在客源市场方面，家庭旅馆主要面向年轻消费客群，客单价偏低。由于家庭旅馆通常面积有限，可容纳客人不多，因此其经营规模较小，功能也较为单一。家庭旅馆具有较强的政府引导性，政府的各类管理制度在家庭旅馆的成长过程中起到重要催化作用。

农家乐与家庭旅馆之外，主题客栈是另一种常见的非标住宿形式。主题客栈通常以古城、古镇、大型旅游景区为依托[②]，如丽江、大理、乌镇、周庄等，通过利用周边的旅游资源载体，彰显区域的生态环境及文化特色，对保护当地的有形文化（民居等）和无形文化（民族语言、服饰习惯等）具有积极作用。在早期阶段，大多数客栈由当地居民自发建设经营，或利用自家闲置的传统民宅，或通过租赁他人房屋的方式运营主题客栈。客栈主人将自身家庭生活和经营活动融为一体，为客栈营造出独特的在地文化与生活气息，因此这类主题客栈自身也成为具有较高品位的旅游资源[③]。相较于家庭旅馆，主题客栈的文化特色更加突出，规模相对更大，服务功能也较为规范完善。但主题客

---

① 家庭旅馆是指家庭将闲置的房间出租给游客，让游客在住宿的同时体验当地家庭生活氛围的一种住宿经营方式。在狭义上，家庭旅馆还需满足建筑载体产权归经营者或其家庭所有、经营者和家庭成员应当自身居住在该场所中等条件。参见文彤. 家庭旅馆业的发展——以桂林龙脊梯田风景区为例［J］. 旅游学刊，2002（1）：26–30。

② 张广海，孟禺. 国内外民宿旅游研究进展［J］. 资源开发与市场，2017，33（4）：503–507.

③ 宗晓莲. 丽江古城民居客栈业的人类学考察［J］. 云南民族学院学报（哲学社会科学版），2002（4）：63–66.

栈仍受制于资金及建筑规模，设施与服务较为简朴，只能满足游客简单的住宿需求与文化体验需求。

这三类住宿形式主要由当地居民自主零散经营，有着较高的家庭参与度，但从业人员的专业素质参差不齐，且房间数量有限，内外部设施未达到相对完善的标准，客单价相对低廉，提供的服务仅限于基础的餐饮和住宿，缺乏特色娱乐活动和清晰的主题定位。

2. 起步阶段：2001—2012年，民宿区域品牌初步显现

进入21世纪，通过政府引导、行业监管等方式，非标住宿业逐渐走向繁荣。这一阶段下，出现了以莫干山为代表的当代民宿，在住宿市场上异军突起，吸引了一众追求高品质生活和独特旅游体验的游客群体，细分市场与文化元素逐渐受到关注。

这一阶段下，政府逐渐关注到非标住宿产业，制定了一系列措施引导非标住宿走向完善。作为我国最早发展民宿的地区，台湾省于2001年正式发布《民宿管理办法》[①]，民宿产业正式成为台湾地区农业下属的新行业，获得了合法地位。21世纪初，大陆地区的农家乐、客栈和家庭旅馆等住宿模式也都获得了快速发展，凭借良好的社会效益逐步引起政府重视，随之而来的资金支持与政策优惠吸引了诸多外来经营者不断涌入，一些农家乐在此过程中达到了一定的经营规模，并经历重组、兼并与联营，最终形成以大户为主导的规模经营阶段[②]。2007年《农家乐经营服务规范》的颁布[③]以及农家乐行业协会的出现，对农家乐的经营制定了基本服务要求并划分了相应的等级，促使农家

---

① 《民宿管理办法》规范了民宿的设置地点、规模、建筑、消防、经营设施基准、申请登记要件、管理监督及经营者应遵守的事项等内容，使得民宿经营有了法源依据。

② 何景明. 成都市"农家乐"演变的案例研究——兼论我国城市郊区乡村旅游发展[J]. 旅游学刊，2005（6）：71-74.

③ 商务部. 中华人民共和国国内贸易行业标准农家乐经营服务规范（SB/T 10421-2007）[S]. 2007-03-28.

乐的基础设施和配套设施逐步走向完善。家庭旅馆的后续发展同样借力于政府引导，2010年《商务部关于加快住宿业发展的指导意见》[①]中即明确提出，“积极发展经济型酒店、民俗酒店、‘农家乐’、家庭旅馆等”。上海世博会期间，为应对节假日客流高峰期的住宿缺口，相关部门引导家庭旅馆承接了大量的过夜游客，为家庭旅馆的发展带去新的机遇，进一步推动了家庭旅馆的普及和规范化发展，逐渐成为城市旅游住宿的重要补充形式。

民宿细分市场出现，莫干山成为区域代表。相较于农家乐等住宿形式所提供的简单、实惠的乡村住宿体验，民宿则指向了更高品质、个性化的乡村生活体验，通过建筑设计、室内装饰、服务理念等方面，为游客提供一个与当地自然环境和文化深度融合的场所。作为有着悠久历史的避暑胜地，莫干山凭借深厚的历史文化底蕴及其优良的生态环境，吸引了众多长三角地区的外籍人士前来投资兴业。2007年，借助莫干山镇推行的“生态立镇、旅游强镇”发展战略和当地相对较低的房屋租赁成本，“洋家乐”成为莫干山精品住宿业的发端，并逐渐成长为地域品牌[②]，由此进一步吸引国内新兴中产阶层前往莫干山投资和经营民宿。莫干山“洋家乐”得名于外国人投资建造或具有国外要素特征，其以此吸引投资者和经营者。“洋家乐”的壮大进一步带动起农家乐的提质升级，使当地的农家乐水平得以高于其他地区；在形成一定规模后，当地住宿业进入集群式发展阶段，反推旅游业，风景成为住宿的“配套设施”，吸纳当地村民就业。同时，“洋家乐”注重品牌保护，有各类商标注册；莫干山“洋家乐”也成为中国民宿高端精品化的典型区域，国内诸

---

① 商务部 商贸服务管理司. 商务部关于加快住宿业发展的指导意见［EB/OL］.（2010-04-12）［2024-09-02］. http://www.mofcom.gov.cn/zcfb/zgdwjjmywg/art/2010/art_d56b179a0fc64ee8b08dcfdb2d1effc1.html.

② 以三九坞·裸心谷、竹景山庄、法国山居为代表。参见张海洲，陆林，张大鹏，等. 环莫干山民宿的时空分布特征与成因［J］. 地理研究，2019，38（11）：2695-2715。

多重要民宿品牌均诞生于此。此后不同主题的民宿开始零散出现，非标住宿产品走上转型之路，住宿品质的提升成为产品开发重点，并且从业人员的专业素养日渐提升，销售模式愈加多样化，建筑载体的产权和经营权逐渐趋于分离。然而，这一阶段的民宿产业仍处于起步阶段，在探索中前行，发展尚不成熟。

3. 快速发展阶段：2012—2017 年，民宿进入快速扩张期

中国民宿行业自 2012 年起进入快速发展期，在这一阶段内，民宿从最初的小众尝试，逐步演变为全国范围内的建设潮流，冲击着传统酒店在旅游住宿市场上的长期主导地位，成为住宿产业中不可忽视的力量。这种变化不仅体现为民宿数量上的增长，更在于以住宿品质与主人文化为代表的民宿核心竞争力的稳步提升。

2012 年起，我国民宿数量迎来爆发式增长。2012 年 9 月，莫干山被《纽约时报》评为“全球最值得一去的 45 个地方”之一，名列第 18 位[①]。莫干山开始引起国内媒体的注意，知名度获得极大提升，也带动了环莫干山乃至更大地区范围内民宿建设热潮的涌起。这一时期，德清县环莫干山范围内已建成 35 家不同类型的“洋家乐”，其投资者国籍涵盖南非、法国、英国、比利时、丹麦等 10 多个国家，环莫干山地区旅游接待业逐渐形成规模，民宿这一概念也得到广泛应用。至 2015 年，莫干山所在德清县率先出台全国首个县级乡村民宿地方标准规范《德清县乡村民宿服务质量等级与划分》[②]，对民宿做

---

① The 45 places to go in 2012［N］. NEW YORK TIMES，2012-09-29［2024-09-02］. http://www.nytimes.com/2012/01/08/travel/45-places-to-go-in-2012.html?pagewanted=all&ref=general&src=me.

② 德清县旅游委员会，德清县市场监督管理局，浙江省标准化研究院，国际休闲产业协会休闲乡村专业委员会，伴城伴乡上海城乡互动发展促进中心.乡村民宿服务质量等级划分与评定［S］. 2015-05-06.

出概念定义与等级划分，并规定管理主体[①]，有效推动了莫干山民宿的快速增长。此后，德清县进一步出台《德清县民宿管理办法》[②]，针对消防、污染、安全防护、接待设施等多方面进行详细规定，以增强对民宿经营的规范和引导，并成立民宿发展协调领导小组，履行监督检查职责。综合各项举措，莫干山开始成为民宿行业的旗帜。2015 年 11 月，民宿首次出现在国务院发布的正式文件中[③]，定义为“满足广大人民群众消费需求的细分业态”。此后，越来越多的地方政府将民宿视为乡村建设和乡村旅游的重要路径，积极为民宿建设提供政策与资金支持，掀起民宿建设热潮，民宿产业进入高速增长期。

以民宿概念的正式确立为背景，共享经济和共享房屋理念于同一时期传入中国，互联网民宿平台开始兴起，城市民宿迎来蓬勃发展新篇章。2012 年前后，中国市场上陆续出现在线短租平台，如游天下、蚂蚁短租、小猪短租、途家等，著名民宿短租平台 Airbnb（爱彼迎）[④]于 2015 年也正式进入中国市场。民宿短租平台的出现与流行，改变了传统住宿行业的格局，提高了空置房屋

---

① 《德清县乡村民宿服务质量等级与划分》将民宿定义为“经营者利用乡村房屋，结合当地人文、自然景观、生态环境及乡村资源加以设计改造，倡导低碳环保、地产地销、绿色消费、乡土特色，并以旅游经营的方式，提供乡村住宿、餐饮及乡村体验的场所”；民宿等级划分包括精品民宿、优品民宿和标准民宿三级；政府与民间机构共同管理。

② 海外网. 德清发布首部县级乡村民宿地方标准［EB/OL］.（2023-05-14）［2025-05-17］. https://www.toutiao.com/article/4362370185/.

③ 《国务院办公厅关于加快发展生活性服务业促进消费结构升级的指导意见》中提出，“积极发展绿色饭店、主题饭店、客栈民宿、短租公寓、长租公寓、有机餐饮、快餐团餐、特色餐饮、农家乐等满足广大人民群众消费需求的细分业态”。参见国务院办公厅.国务院办公厅关于加快发展生活性服务业促进消费结构升级的指导意见：国办发〔2015〕85号［EB/OL］.（2015-11-22）［2024-09-02］. http://www.gov.cn/zhengce/content/2015-11/22/content_10336.htm。

④ Airbnb于2008年在美国成立，是民宿短租平台的代表，截至2024年第二季度数据，Airbnb在全球拥有活跃房源数量超800万套。“爱彼迎”为Airbnb于2017年确立的品牌和产品的中文名称。

的利用率，推动民宿业走向更为个性化、讲求情怀与温度的发展道路。这一趋势下，民宿不仅仅是提供住宿的场所，也是传达房东的生活态度和个人情感的载体，这种带有强烈个人风格的经营方式使得每一间民宿都成为独一无二的存在，让游客在住宿过程中实现与房东的情感共鸣。

这一阶段下，以莫干山民宿为代表的部分民宿逐步迈向精品化之路。相关数据显示，2017 年环莫干山民宿每间每晚的平均房价高达 679 元，远高于浙江省内其他自营民宿的 199 元、非自营民宿的 418 元，以及全国 401 元的平均值[①]。这些民宿积极融合周边产业，逐渐形成“住宿 +”业态，成为新型旅游目的地。这一时期，尽管出现了少量的精品民宿，但总体而言，民宿缺乏规范化发展，低端民宿依然在市场中占据主导地位。

4. 整合转型阶段：2017 年至今，民宿规范化、高质量格局形成

2017 年后，政府开始重视并逐渐引导和规范民宿发展。随着文旅融合进程的加快，文旅产业进入高质量发展新阶段，民宿市场竞争加剧，中高端民宿逐渐兴起，并趋向于品牌构建、连锁运营与个性化服务方向，民宿经济方兴未艾。部分民宿开始实施联合经营模式，并结合更多业态，逐步延伸出完整的产业链，民宿村落开始出现。

民宿的快速扩张带来激烈的市场竞争，两极分化趋势渐显，低端民宿逐步退出市场，政府出台多项文件引导民宿发展，民宿产品进入规范化发展时期。2017 年，国家旅游局发布《旅游民宿基本要求与评价》[②]；2019 年，文化和旅游部发布了相应的新标准[③]；2021 年，文化和旅游部再度对民宿等级划分

---

① 数据源自《2017年民宿短租发展报告》和《浙江民宿蓝皮书2017》。转引自张海洲，陆林，张大鹏，等. 环莫干山民宿的时空分布特征与成因［J］. 地理研究，2019，38（11）：2695–2715。

② 中华人民共和国国家旅游局. 旅游行业标准：LB/T 065–2017 旅游民宿基本要求与评价［S］. 2017.

③ 中华人民共和国文化和旅游部. 旅游行业标准：LB/T 065–2019 旅游民宿基本要求与评价［S］. 2019.

标准做出修改[①]，对民宿进行明确定义[②]，并将旅游民宿等级划分由三/四/五星级修改为丙/乙/甲级。2021年《关于加强旅游服务质量监管提升旅游服务质量的指导意见》[③]、2022年《关于促进乡村民宿高质量发展的指导意见》[④]等文件的发布，为我国民宿行业的规范发展提供了重要的参考标准，旨在促进旅游民宿形成更加合理的规划布局，规范管理服务，最终构建多元的产品结构体系，彰显民宿的人文特质，实现安全、可持续的发展。

民宿的市场竞争带来民宿商业化进程的加快，部分经营较好的知名民宿通过资本介入开始走向品牌化、连锁化发展方向，以此来实现更加专业、规范的民宿管理。莫干山的诸多品牌民宿逐步走出德清，进入其他旅游目的地，开启品牌连锁化经营："大乐之野"布局江苏锦溪、浙江桐庐，"西坡"布局浙江千岛湖、宁夏中卫，等等[⑤]。通过规模化经营，民宿可以更加有效地控制成本，提高运营效率，同时也能借助品牌的影响力提升自身市场竞争力。在这一过程中，部分大型公司、大体量资本也陆续进入民宿业，开展投资布局，例如，如家快捷酒店旗下的民宿品牌"云上四季民宿"，采用免费加盟形式接纳民宿业主，致力于打造一个锚定中低端市场的民宿连锁品牌。

---

① 中华人民共和国文化和旅游部.文化和旅游部关于发布旅游行业标准《旅游民宿基本要求与评价》第1号修改单的公告［EB/OL］.（2021-02-25）［2024-09-02］. http://zwgk.mct.gov.cn/zfxxgkml/hybz/202102/t20210226_921876.html。

② 标准规定，旅游民宿是利用当地民居等相关闲置资源，经营用客房不超过4层、建筑面积不超过800平方米，主人参与接待，为游客提供体验当地自然、文化与生产生活方式的小型住宿设施。

③ 文化和旅游部.文化和旅游部关于加强旅游服务质量监管提升旅游服务质量的指导意见：文旅市场发〔2021〕50号［EB/OL］.（2021-05-21）［2024-09-02］. http://www.gov.cn/zhengce/zhengceku/2021-05/22/content_5610396.htm.

④ 文化和旅游部，公安部，自然资源部，等.关于促进乡村民宿高质量发展的指导意见：文旅市场发〔2022〕77号［EB/OL］.（2022-07-08）［2024-09-02］. http://www.gov.cn/zhengce/zhengceku/2022-07/19/content_5701748.htm.

⑤ 邵颖萍.落脚乡村与民宿经济——莫干山特色文化重构［M］.南京：江苏凤凰教育出版社，2019：136.

民宿数量激增带来民宿空间的集聚效应，各具特色的民宿村落应运而生。民宿集聚区[①]作为一种跨空间、跨主体的整合发展形态，将推动经营主体突破各自为政的封闭局限，进而形成一个区域协同的开放共同体。空间集聚带来的资源共享、成本共摊、优势互补以及经营互利有助于各单体旅游民宿在品牌塑造、业态布局、市场营销等方面形成协同效应，推动民宿集体向区域专业化运营方向发展，从而显现出更明显的市场竞争优势。早期的民宿集聚由民宿主自发形成，属于民宿单一业态的集群，如最早的浙江莫干山民宿集聚区、乌镇民宿集聚区等；之后通过吸引叠加餐饮、娱乐、亲子农场等业态，形成“1+N”格局，最终成为以民宿为核心特色的旅游度假区，例如位于宁夏中卫的“黄河·宿集”，定位全国性的高端旅游目的地进行打造，凭借项目区域内民宿的品牌影响力开辟出中卫全新的高端旅游市场。民宿集群通过统筹规划，相互之间业务补充、整合营销形成区域经济效应，带动更多的连带产业，并由民宿运营公司统一规划管理，以空间租赁和运营来盈利。江苏于2022年出台《乡村旅游民宿集聚区建设指南（试行）》[②]，从建设范围、建设目标和建设任务三个方面，鼓励各地因地制宜、特色发展、有序推进乡村旅游民宿集聚区建设。目前，江苏全省各地在政策规范、机制引领、行业扶持、市场引导等方面积极探索，旅游民宿正从野蛮生长向规范发展、从低水平竞争向高质量发展转变。部分地区已出现具有一定规模和特色的旅游民宿区域集聚，

---

① 乡村旅游民宿集聚区是指在乡（镇、街道）部分区域内，依托全域旅游示范区、旅游度假区、乡村旅游重点村镇等建设基础，旅游民宿成片集聚发展、地域特色鲜明、产品业态多元、品牌效应显著，且周边基础设施和公共服务配套完善的民宿集群空间。参见江苏省文化和旅游厅.关于印发《江苏省乡村旅游民宿集聚区建设指南（试行）》的通知[EB/OL].（2022-12-07）[2024-09-02]. http://wlt.jiangsu.gov.cn/art/2022/12/7/art_699_10700856.html。

② 江苏省文化和旅游厅. 关于印发《江苏省乡村旅游民宿集聚区建设指南（试行）》的通知[EB/OL].（2022-12-07）[2024-09-02] http://wlt.jiangsu.gov.cn/art/2022/12/7/art_699_10700856.html.

形成了以江宁区为典型的多点开花并进模式、以吴中区为典型的区域品牌共享模式、以溧阳市为典型的旅游线路串联模式、以宜兴市为典型的乡镇主体探索模式等多种集聚模式，并取得了一定的成效。

二、身份转变：重工业转型乡村旅游，生态复兴与民宿社区的崛起

李家园村曾经是一个依靠矿工业发展的普通村庄，生态环境破坏严重。21 世纪初，村子关闭了所有的污染企业，凭借临近南山竹海景区和御水温泉的区位优势积极打造餐饮、住宿、商店等旅游配套设施，大力发展特色农业。随着乡村振兴战略的深入实施，李家园村的民宿产业日益繁荣，逐渐形成规模化发展，并随着集聚效应的放大融合更多业态升级成为民宿社区，连接其与戴埠镇及溧阳市的本地风貌、民俗民艺、人文情感，使李家园村在 2019 年一举成为全国首批乡村旅游重点村之一。

1. 促农业与调结构并行，农家乐模式激发乡村旅游新活力

李家园村地处宜溧山地北麓，总面积15.8平方公里。村内耕地少而山地多，耕地面积 107 公顷，山林覆盖面积则超过 1300 公顷 ①，竹资源和矿产资源丰富。在 20 世纪七八十年代，李家园村背靠矿山与竹林，砍竹伐木、开山挖煤、燃煤炼钢，村里兴办了一众煤矿、采石矿、化工厂、轧钢厂等企业 ②，依靠建材产业壮大了集体经济，但这种工业发展方式也带来了生态破坏、环境污染等种种问题。至 20 世纪 90 年代初，溧阳开始实施以旅游业为重要产业的“四

---

① 林耀奔，刘圆圆，段学军，等. 发达地区县域村镇发展主导功能类型识别及形成机制研究——以江苏溧阳市为例［J］. 长江流域资源与环境，2023，32（9）：1908-1921.

② 溧阳市戴埠镇李家园村：南山凝眸处 悠然李家园［N］. 新华日报，2015-11-12.

大开发”[①]战略，李家园村所在的南山片区启动丘陵山区综合开发，确立了“绿色发展、错位竞争、弯道超车”的发展道路，旅游业成为区域大力发展的重点产业，李家园村由工业村华丽转身，迈向旅游兴业的新道路。

在产业转型之初，为了配合南山竹海的旅游开发，李家园村关停了村内的煤矿钢厂，摆脱对传统重工业的依赖，开始走上一条以开发丘陵山区特色农业、调整农业结构为核心的发展道路。李家园村的丘陵地貌适宜茶树生长，并且当地土壤中富含人体必需的微量元素硒，高品质的富硒土壤为当地富硒茶的生产建立起天然的优势，也为其他富硒水果和富硒农产品的开发提供了有利条件。早在20世纪70年代，李家园村便开始种植茶、果等经济作物，当时李家园村只有一家村办集体茶场，茶园面积也仅有53.33公顷。遵循“做大、做优、做特”的战略方针，李家园村加强组织协调，集中资源培育市场潜力大、收益见效快且附加值高的经济作物，逐步扩大特色农业规模。战略实施后，村里茶树种植面积增加一倍，茶场也增至数十家，村里成立了南山茶叶专业合作社，引进了一系列优质茶叶品种，如白茶、龙井、福鼎大白等，并培育出“苏茶早”这一拥有自主知识产权的新品种，填补了戴埠镇没有自产茶叶品种的空白，最终获得了市场认可，为村里带来可观的经济效益。以“南山寿眉”为代表的茶叶，是李家园村重要的收入来源，曾多次获得江苏省“陆羽杯”名茶评比特等奖。村里各类农产品注册品牌数量超20个，还拥有2个无公害产品、1个绿色食品以及1个有机产品等认证[②]。至2008年，李家园

---

① “四大开发”：即昆仑经济技术开发、丘陵山区综合开发、天目湖风景旅游开发、苏浙皖边界市场开发。参见戴学锋，杨明月.全域旅游引领县域治理的实践探索——以江苏省溧阳市为例[J].云南民族大学学报（哲学社会科学版），2021，38（6）：91-99。

② 孙保忠，史裕华.南山竹海处 悠然李家园——省“康居示范村”溧阳市李家园村采访记[J].群众，2009（6）：77-78.

村已开发20公顷旱园竹、水晶梨、枇杷等作物，茶园面积达106.67公顷，[①]形成“千亩茶园万亩竹海”的壮丽景象，初步构建起以竹、茶为核心的特色农业体系。此时，李家园村不仅实现了产业结构的转型升级，也开始迈向农旅融合发展的新阶段。随着南山竹海旅游规模的增长，李家园村逐渐成为生态农业与旅游结合的典范。依托景区的带动作用和特色农业发展，村民不离村、不离土即实现了就业。

特色农业之外，李家园村借力周边景区建设，经营起最早的一批农家乐餐饮店铺。南山竹海位于李家园村以南，现为国家5A级旅游景区——天目湖旅游度假区的重要组成部分，于2000年正式对外开放营业，此后经历管理改制开启规模化发展之路。2007年，南山竹海景区全年接待游客40万人次，旅游收入高达2850万元，显现出作为区域旅游增长点的强劲势头。2009年，紧邻南山竹海的御水温泉度假村投入运营，建成了村里最早的一批精品酒店，二者共同成为李家园村周边备受欢迎的热门旅游目的地。依靠景区的辐射作用，对接旅行社的游客团体，李家园村开始经营农家乐餐饮作为景区的配套设施，成为溧阳最早发展农家乐的先行区。这些农家乐以当地特色美食吸引游客在景区观光结束后前来用餐，并售卖笋干、板栗、乌米饭等土特产。至2014年，全村已有各类农家乐、乡村旅游点80多家，土特产销售店、超市等50余家，全年营业额达8000万元[②]。

随着李家园村农家乐的火热发展，粗放式经营的不足之处也逐渐暴露，提质升级成为主要趋势。李家园村早期的农家乐模式以餐饮业为主，提供的服务较为单一，住宿设施有限，2008年全村38家农家乐总计只有约50间标

---

① 孙保忠，史裕华．南山竹海处 悠然李家园——省“康居示范村”溧阳市李家园村采访记［J］．群众，2009（6）：77-78.

② 溧阳市戴埠镇李家园村：南山凝眸处 悠然李家园［N］．新华日报，2015-11-12.

准间客房[①]，远无法满足景区日益增长的游客规模，因此，自2010年起，李家园村开始通过一系列措施延长农家乐的产业链。村庄大胆探索新型农民合作社组织，采用“公司＋农户”的形式，联合26家农户共同成立了江苏省首家富民资产专业合作社。社员以房屋入股，将自家闲置的房屋提供给合作社，由合作社进行统一装修设计，改造为符合旅游标准的住宿场所，并统一配置内部空调、床上用品等，农户只需按标准出资，之后合作社按统一价格标准向农户支付租金。合作社模式不仅解决了住宿资源不足的问题，还通过统一的管理与经营，实现利益共享，建成李家园村最早的一批民宿。通过妥善利用闲置房屋开展经济活动，李家园村的土地利用率达到100%。此后，各农家乐经营者纷纷推出可供游客参与其中的农事活动和娱乐体验项目，如采茶叶、摘水果、听地方戏曲等，以妙趣横生的活动留住游客，使游客在村的停留时间得到有效延长。经过多年的探索和实践，合作社在休闲乡村旅游产业方面积累了一定的管理经验和丰富的市场客源，构建了“三产联动、多业融合”的“民宿＋”农村经济新业态，有效实现了“供销引领、村社共建、产业富民”的多方合作、多业融合产业模式，并开始辐射相邻的其他村落，进行公司化、规模化运作。“山顶竹木戴帽，山间茶园果林，山脚田园农庄”的景象逐渐成为李家园村的名片，旅游日渐成为当地的支柱产业，村民走上了致富的新路。

2. 改民宿与兴产业共举，民宿集群催生福民富民新面貌

乡村振兴战略是党的十九大提出的重大战略，是新时代“三农”工作的总抓手，在这一战略框架下，培育乡村发展新动能成为关键任务之一，其重点工作即在于构建农村一、二、三产业融合发展体系[②]。2017年溧阳1号公路建成，穿针引线般将溧阳的主要景区和乡村旅游点连接在一起，促进了区

① 溧阳市戴埠镇李家园村：南山凝眸处 悠然李家园［N］. 新华日报，2015-11-12.

② 新华社. 中共中央 国务院关于实施乡村振兴战略的意见［EB/OL］.（2018-02-04）［2024-09-05］. http://www.gov.cn/zhengce/2018-02/04/content_5263807.htm.

域旅游资源的整合与共享。作为1号公路金牛段的起点，李家园村也迎来更多的发展机会。依托南山竹海和御水温泉的特色旅游产品，加之溧阳市的政策倾斜与良好的产业基础，李家园村吸引了不少外来投资者以及当地青年返乡就业创业，各具特色的民宿逐渐形成集聚，带动当地民宿进入规模发展阶段。民宿产业已然成为李家园村描绘乡村振兴美好蓝图的一笔“农”墨重彩。

外部环境助力，李家园村民宿集聚初步形成。2016年，溧阳将全域旅游创建与县域治理现代化目标相结合，启动“四大经济”[①]建设模式，引导大量工商资本流向农村，构建起人才、资本、项目向乡村回流的通道，全方位激发乡村经济活力。在这一战略支撑下，大量有知识、有视野的年轻人回到乡村投资兴业，投身乡村振兴大潮，成为乡村建设的新生力量。作为溧阳南部高端休闲经济空间载体的重要组成部分，李家园村凭借丰厚的旅游资源和便捷的交通条件，成为众多返乡创业者和外来投资者的首选之地，包括外来大学生、返乡农民工、专业技术人才、青年创业团队等群体，他们选择扎根乡村，经营起乡村民宿或餐饮等产业，为乡村旅游的高质量发展提供了有力人才支撑与智力支持。青年返乡创业的热情如同燎原之火，推动李家园村的民宿产业快速崛起，现代化的民宿逐渐接替传统农家乐的主导地位，成为带动乡村经济发展的新引擎。同时，李家园村所在戴埠镇积极整合旅游要素、提升资源价值、优化功能空间，通过政府引导和政策鼓励发展精品民宿，鼓励当地传统农家乐向高品质民宿转型。李家园村原有的农家乐逐步按照精品民宿标准改造升级，加之新进入的社会资本民宿，民宿数量进入快速增长阶段，各家民宿之间的地理距离越来越近，由早期的零星分散发展至如今的集中分布，形成明显的民宿集群。在空间分布上，李家园村内民宿多沿着贯穿南北的李

① 即“先进制造经济、高端休闲经济、现代健康经济、新型智慧经济”。参见戴学锋，杨明月. 全域旅游引领县域治理的实践探索——以江苏省溧阳市为例［J］. 云南民族大学学报（哲学社会科学版），2021，38（6）：91-99。

家园路集中分布，在南部临近南山竹海与御水温泉两大景点的区域则呈现组团分布规模。截至2022年，李家园村共建有乡村民宿115家，并且每年都有3—5家新装修的民宿开业，显示出村庄民宿产业的强劲活力与市场吸引力，民宿逐渐成为李家园村乃至更大范围内乡村旅游的一张名片。据统计，前往南山竹海与御水温泉的过夜游客中，有2/3的人选择入住村民自营民宿，彰显出李家园村民宿的独特魅力与市场竞争力[①]。在集聚效应的催化下，一众精品民宿如“芷岚秋”“一生一遇”“青翕”等脱颖而出，呈现出各具风格的装饰特色与文化意蕴，成为李家园村住宿产品的重要标杆，吸引了大量游客前来，“为了一间房，奔赴一座城”成为一种旅游追求。溧阳市于2017年启动“溧阳茶舍”[②]精品民宿品牌建设，截至2024年8月，全市共有70余家民宿获此荣誉，李家园村则有22家民宿入选，接近整体数量的1/3，成为溧阳市民宿产业发展的典型代表。其中四星级民宿4家，表明李家园村已有民宿达到较高等级，民宿产业开始进入精品化发展阶段。

青年返乡创业，旅游富民带动效益显著。旅游作为一种发展经济、增加就业的有效手段，对提升人民生活水平具有显著影响，有着为民、富民、利民、乐民的积极作用。李家园村乡村旅游的蓬勃发展，让村民得以共享“绿色福利”成果。在当地特色产业的引领下，村民中外出务工的人数逐渐减少，而返乡就业创业的人则如同归雁般越来越多。返乡创业者们凭借扎实的教育背景和市场经验，不仅积累了一定的资产，更具备开阔的视野和敏锐的市场洞察力。

---

① 数据源自李家园村特色田园乡村试点村工作汇报。

② “溧阳茶舍”是指溧阳市行政区内（除城镇建成区外），利用（包括自有和租赁他人、集体）依法建设的房屋（包括空置农房、闲置的村集体用房或国有农林场房等），融合当地人文景观、自然景观、生态环境资源及农业生产活动，以旅游经营方式，为游客体验乡村生活提供住宿及餐饮的休闲度假场所。参见溧阳市人民政府办公室. 市政府办公室关于印发《溧阳市鼓励和促进“溧阳茶舍”发展的实施意见》的通知：溧政办发〔2017〕102号［EB/OL］.（2017-09-18）［2024-09-05］. http://www.liyang.gov.cn/html/czly/2017/AQDDAJQO_0925/6700.htm。

他们在实现自我价值的同时，也为乡村带来了全新的发展视角，打破传统农业的局限，拓展了乡村产业的边界，让资金、技术、人才等要素向乡村加速汇聚，强化了在地文化的影响力，最终成为一种基于人文情怀的文化自觉。不少村民进入在家附近的旅游企业工作，不仅有稳定的收入，也能兼顾家庭生活。此外，一些村民也会将自家闲置房屋出租给民宿投资者收取租金，不仅盘活了农村闲置资源，也增加了村民收入。随着游客量的增加，茶叶、竹制品、富硒水果等特色农产品的需求也获得了相应的提升，村民通过线上线下的渠道销售农产品，经济效益可观。2018 年，李家园村获评江苏省乡村振兴旅游富民先进村，表彰其在乡村旅游发展上的引领作用，以及其在全省范围内产生的广泛影响、取得的良好社会效益和口碑。2020 年，李家园村全年接待游客达百万人次，带动茶叶等农产品线上线下销售 3500 多万元，村集体收入 650 万元，农民人均收入 5 万元[①]。2023 年，溧阳李家园旅游民宿集聚村凭借在“助力共同富裕”方面的显著成效，入选江苏省乡村旅游业态创新示范项目，彰显了李家园村在产业推动乡村振兴方面的突出表现。

3. 新消费与新业态兴起，“1+N”格局重塑旅居生活新范式

随着人民群众旅游消费需求逐渐从低层次向高品质和多样化转变，由注重观光向兼顾观光与休闲度假转变，催生出旅游消费需求新的增长点[②]，我国旅游产业开始进入高质量发展阶段，面临新的挑战和机遇。自 2017 年起，溧阳启动南山竹海风情小镇建设，李家园村作为小镇的核心区域，开始向复合型旅游村升级。李家园村的民宿产业迅速适应市场变化，开始向多元业态融合发展，延伸出康养、研学等多项新兴旅游产品，为游客提供更加丰富的休

① 江苏省文化和旅游厅. 集聚发展能量，助推常州乡村旅游提质增效［EB/OL］.（2021-02-24）［2024-09-05］. http://wlt.jiangsu.gov.cn/art/2021/2/24/art_695_9679894.html.

② 人民日报. 激发旅游发展更大活力［EB/OL］.（2022-02-16）［2024-09-05］. http://www.gov.cn/zhengce/2022-02/16/content_5673829.htm.

闲度假体验，展现出村庄强大的创新能力。李家园村不再仅仅是景区的配套设施集中地，而是向民宿社区演变，逐渐成为一处独立且具有综合吸引力的“1+N 模式”旅游目的地。

康养旅游成为新风尚，“温泉 +X”模式带动一站式消费体验。康养旅游是一项基于区域良好的物候条件，通过开发旅游的方式促进游客身心健康，提升游客快乐度，以幸福为目的的专项度假旅游方式①，温泉疗养即其中的重要组成部分之一。凭借独特的疗愈和养生属性，以及乡村优良的自然环境，康养旅游日益成为推动乡村旅游发展的强大引擎，是游客追求健康与放松休闲的理想之处。御水温泉位于李家园村南部区域，被誉为我国十大温泉之一，依据相关评定标准②，御水温泉属于华东地区稀缺的碳酸氢钙型温泉，泉水可供沐浴也可饮用，且具有一定的医疗作用，其热量对神经系统疾病、运动系统疾病、皮肤科疾病等都具有一定的理疗作用。御水温泉度假区区别于传统康养模式，在提供基础的酒店住宿与温泉泡池外，还设有休闲体育区、特色商业区、专题博物馆等区域，构建起体育、购物、研学等多个休闲场景，提供了多元化的旅游活动，以“温泉 +X”模式打造成为一站式旅游目的地，以满足游客的各式需求。加之御水温泉地处上海与南京之间，足以截留大部分由上海前往南京汤山泡温泉的客群，成为苏南的一大旅游热点地区。

研学旅游兴起，赋能乡村文化“活血”。作为一种连接学校教育和校外教育的创新形式，研学旅游集体验、实践、探究、旅游于一体，构建了一个动态的“移动课堂”，学生得以在旅途中拓宽视野、汲取新知，成为近年来旅游市场的一股新兴力量。南山竹海科普教育基地作为全国科普教育基地，深耕溧阳本土文化，结合南山竹海地域特色精心打造了多样化的科普学习空

---

① 任宣羽. 康养旅游：内涵解析与发展路径［J］. 旅游学刊，2016，31（11）：1-4.

② 肖振，张恩达，林敏. 中国医疗矿泉定义与分类方案专家共识（2017年）［J］. 中国疗养医学，2017，26（6）：668-672.

间，包括竹文化园、长寿广场、熊猫馆等均为特色科普景点，致力于科学文化知识的传播，为研学游客提供沉浸式的学习体验。御水温泉博物馆作为全国第一家位于旅游景区内的综合性温泉主题博物馆，率先开设温泉科普课程，积极拓展亲子旅游市场，成为研学旅游的新亮点，御水温泉因此荣膺第四届中国温泉金汤奖“最佳亲子温泉”。李家园村积极对接研学团体，不仅提供食宿与活动场所，还开发建设了拓展基地、农业体验园等相关服务设施和配套项目，为游客带来更加丰富而深刻的研学体验，激发游客对乡土的热爱与探索。

乡村咖啡店落地，打造乡村创意文化空间。在乡村振兴与咖啡行业布局下沉市场的背景下，乡村咖啡店涌现如雨后春笋，其中更是出现了不少的“网红”级店铺，借助网络平台的传播掀起“打卡”风潮。作为乡村文旅消费的新兴场景，村咖结合了乡村的自然宁静与都市的便利时尚，更是农文旅融合模式探索的一次成功实践。相比于城市咖啡馆，村咖通常选址于广阔优美的田园风景之中，拥有宜人的外部环境与独特的文化氛围，营造出别具一格的空间感，使每位顾客都能享受到一段宁静而愉悦的时光。随着村镇现代化程度的提高，村咖逐渐成为提升生活品质的一种象征，它不仅仅是城市游客的休闲社交空间，也是当地村民体验潮流文化的场所。在李家园村，随着民宿进入品牌化、精品化发展阶段，更加新颖、现代化的文化理念开始进入乡村，各式各样的村咖不断出现：有的作为民宿配套业态存在，成为客人入住民宿的常规流程，同时开放对外售卖窗口；有的则作为咖啡店独立经营，打造出山野风、书法风、文艺风等不同装饰主题，吸引各类游人前来消费。这些村咖在满足顾客需求的同时，也为村庄增添了新的活力，为美丽乡村画卷添上一抹潮流色彩。根据大众点评数据，李家园村现有近十家独立咖啡店，其中更有佼佼者通过网络自媒体平台传播，一跃成为现象级“网红”村咖，如在小红书平台上打卡笔记最多的“不觉咖啡”，坐拥一方中式庭院，融合当代书法国潮元素，以中国风与咖啡美学的碰撞，生发出别具一格的雅致气息，静坐其中，竹山在望，岁月静好。

三、景村联动：借助景区吸引力，以景村一体化开拓乡村发展路径

探究李家园村的发展轨迹可见，景村联动是其贯彻始终的重要路径之一。通过空间互应、要素互补、资源互享和利益互显等诸多方面，李家园村逐步实现与南山竹海、御水温泉等景区的一体化发展。在具体实践中，李家园村立足自身资源与区位优势，积极对接南山竹海与御水温泉的配套设施建设，规划建设涧河景观带作为生态廊道串联起村庄与景区，并以自身对乡村风貌的保护与更新实现和景区的协同发展，达成利益共享的双赢局面，树立起景村联动发展的成功范例。

1. 关联“竹海温泉”景村资源共建，文旅休闲品质提升

李家园村临近的南山竹海景区拥有 23.33 平方千米翠竹，最初景区以观光游览作为主要旅游产品，后逐渐开发出休闲度假、文化体验等多元旅游产品，是天目湖国家级旅游度假区的重要组成部分；御水温泉度假村则以温泉康养为核心产品，提供康体养生的特色体验。早期两个景区内的配套设施都相对有限，无法满足游客需求，在一定程度上制约了整体旅游体验的提升。因此，相邻的李家园村自发展初期便承载了以自身公共服务设施建设对接和补充景区配套建设的功能，通过兴建道路、停车场、游客服务中心等设施，满足游客出游的基本需求，提升了区域整体的旅游设施水平。

道路系统的互联互通在实现景村一体化发展中起到至关重要的作用。在外部交通方面，002 县道和 404 县道为贯穿全村的两条主干道，前者为大多数外来游客前往景区的道路，后者为李家园村村民使用较多的生活型主干道，村内设有南山竹海客运站接驳溧阳高铁站，两小时交通圈辐射南京、苏州、杭州等地。“溧阳 1 号公路”的建成通车，则更进一步地提升了李家园村的交通通达性。“1 号公路”通过“大环小圈、内连外引”的路网体系，将溧阳

的各个乡村旅游点有机连接起来，成为一条备受关注的“网红之路”，为区域内旅游资源的整合与共享提供了坚实的交通支撑。在李家园村，“1号公路”金牛路段、沸水塘路东西贯通全村，南山大道打通南北向道路，将村庄接入溧阳的全域旅游网中，不仅使得村庄与外界的联系更加紧密，也进一步提高了李家园村在全域旅游中的地位，使其成为溧阳旅游版图中不可或缺的重要组成部分，为李家园村开辟了更广阔的市场，铺展出无限的发展潜力。伴随着南山竹海至溧阳市区的72路公交线路以及溧阳高铁站至南山竹海的旅游专线车开通，景区与交通场站之间的连接进一步打通，李家园村的公共交通可达性获得了显著提升。在步行系统设计方面，李家园村设置有相对完善的标识标牌系统，并展示景区、村庄全景图，为游客指示景区、民宿、配套设施等位置和方向。标识系统采用统一规划设计，以砖石为基座、竹木作为装饰纹理，巧妙地弱化了装置的现代感，以更为自然的形态融入周边环境，其上标有戴埠镇的旅游宣传口号“戴埠，一个DAI着就BU想走的地方”，以朗朗上口的语言强化了游客对镇村的形象感知。公路、公交与步行体系的完善，为李家园村成为游客出行目的地提供重要的交通支撑，越来越多的游客选择在李家园村停留，体验独具特色的民宿与其他旅游活动，同时有效促进了村庄民宿的社区化发展，推动了李家园村旅游品牌的进一步传播。

配套设施成为景区与村庄一体化建设中的关键纽带。李家园村现建有1处游客服务中心、2处游客接待中心、1处公交中转站、12个停车场、4座公共厕所。游客服务/接待中心为游客提供信息咨询、旅游投诉处理、文化宣传、游憩、便民服务等，并引入智能化管理终端，实时显示景区在园人数、排队情况等数据，便于游客规划行程。景区内外公共服务设施管理井然有序，经营场所遵循严格的服务规范，服务人员文明礼貌、仪容得体。公交中转站显示有公交线路及班次信息，并设有室内候车室供游客休息；村内公交站点均加以统一设计，加装避雨装置及等待座位，路线及标识清晰，便利村民及游客出行。在停车场建设中，村内各类停车位共计达6000个[①]，此外仍有多功能停车场及停车楼在规划建设中，显著提升了游客的出行便利度和村庄的接待能力，也巩固了村庄和景区的联动发展。此外，李家园村并未止步于停车场的基础功能，而是兼顾生态设计理念，力求将功能性空间转化为村庄整体景观的一部分：村内多处停车场采用了生态型设计，在露天停车场的建设中应用透气、透水性铺装材料铺设地面，确保雨水能够自然渗透地下，从而减少地面积水问题；同时，停车场内还间隔栽植了一定数量的乔木，营造绿荫覆盖效果，为游客及车辆遮阳庇荫，将停车空间与园林式绿化空间有机结合。这些生态停车场有效减少了对环境的不利影响，也改善了停车场的视觉效果，将原本单调的停车空间融入现代生态型乡村景观塑造之中，使得李家园村在现代化设施的建设中也能保有独特的生态魅力。李家园村现已建成4座旅游厕所，其中包含一座3A级厕所[②]，占地98平方米，可同时容纳20人使用，并配有母婴室与残疾人专用厕所。这些设施不仅具备现代化功能，还通过在外部以小规模竹林为环境装饰，与景区竹海元素相呼应，提升了厕所的整体美感与和谐度。南山竹海景区公共卫生间采用标准化设计，结合工厂化生产流程与装配式施工技术，实现一体化装修，所有材料均为生态环保材料，且80%以上可回收利用；并引入信息化管理、智能化应用，在后台采用互联网、云计算、网络传输等功能进行管理，在厕所入口处增设厕位占用情况的可视化，方便游客使用。现代化设施与生态环境保护的有机结合，在景村一体化建设中彰显出李家园村可持续发展的理念，传递出浓厚的地方魅力与人文关怀，在吸引游客的同时，也为村民提供了更加宜居舒适的生活环境。

除此之外，完善新农村建设、缩小城乡两极分化也是李家园村融入景区建设的一大举措。在环境卫生管理方面，李家园村支出10万余元替换原有的

---

① 数据源自李家园村特色田园乡村试点村工作汇报。

② 数据源自李家园村特色田园乡村试点村工作汇报。

老旧垃圾箱，并新建垃圾分类收集亭，同时结合村庄特色，将竹元素融入环卫设施的外观设计中，改善了环境卫生并妥善融入整体的景观风格之中。村内所有农户的生活生产污水均已接入污水管网，实现所有生活、经营性污水统一集中处理达标排放，覆盖率达到100%，有效地减少了污水排放对村庄生态环境的影响，保护了当地的生态环境，为村庄的可持续发展提供了保障，打造出一个更为清洁的旅游与生活环境。在基础设施建设方面，李家园村现已实现电力、通信、网络、有线电视等全面覆盖，所有线路全部入地，避免旅游景观遭受影响和破坏。同时，为了更好地融入环境，李家园村对地面设施如电力控制箱等进行了艺术化装饰处理，以手绘熊猫、竹林等元素为装饰图案，将原本沉闷无聊的基础设施变为生动有趣的路边小景，烘托出充满活力与生机的村庄氛围。这些设施的建设和改进，极大地提升了李家园村的整体功能性和游览舒适度，也有力提升了村庄在旅游市场中的竞争力。村庄与景区配套设施相辅相成，形成了良好的互动模式，为李家园村乡村旅游的进一步发展打下坚实基础。

2. 精塑“涧河人家”水慢生活场景，溪竹风光村景如画

河流湖泊等水体是乡村生态环境的重要载体，“碧水绕村流，鱼戏莲叶间”，勾画出一幅田园生活的理想画卷。涧河是贯穿村庄南北的一条河流，水资源基础较好，但早期开发利用不足，河道景观较为单一，与周边的绿化景观带联动力较弱，未能充分发挥其生态和观光功能。2017 年起，李家园村投入 1000 多万元对涧河进行了升级改造，清淤、驳岸加固、沿线打造观光带，将村庄与南山竹海景区串联起来，成为独特的“上竹下水”景观。水岸慢生活的构建，更是使得古诗中“雨里鸡鸣一两家，竹溪村路板桥斜”[1]的意象成为实景。

涧河整治改造，重塑涧河功能性。李家园村的整体格局沿涧河纵向展开，

① 出自唐代诗人王建《雨过山村》。

地势南高北低，因此涧河兼具村庄排水功能。涧河早期的河道环境并不理想，因而提升水质成为涧河整治的首要任务。涧河改造过程中，村庄首先对河道进行了清淤处理，确保水质的纯净与流通性。其后对涧河两岸进行了驳岸加固工程，采用生态驳岸技术，通过合理布置石材、植被等元素，提高河岸的稳定性，也兼顾了河道的美观性和生态功能。除利用涧河进行天然水道改造排水之外，村内部分地段还建设有石砌排水沟以及暗渠，在解决排水问题的同时最大化保留村庄原有肌理。在管理方面，村庄有专人定期负责河道清理，进行垃圾打捞及藻类清理，使涧河的洁净得以长久。

打造涧河景观带，提升河流美观性。李家园村以村中涧河和竹林为核心元素，打造出一条融合休闲、观光、商务等多功能于一体的南山花涧景观带，囊括涧河山墙、树叶广场、下沉式花园、岩石公园等节点景观。涧河作为景观轴线，串联起李家园村下辖的下场园村、马地村、杨树头村等多个乡村旅游点和功能分区，形成“竹—溪—村”的视线亮点，构成不同功能区之间的景观通廊。涧河部分河段利用地形高差设计了跌落式水景，形成错落有致的水体格局，以潺潺水声衬托宁静祥和的自然田园风情，游客身处其中便能体会到“蝉噪林逾静，鸟鸣山更幽”之趣[①]。涧河在靠近民居的河段设有亲水廊道，加以仿竹木形态的栏杆贴近生态环境，打造为竹林步道，是涧河景观带的主要交通廊道，也是连接各个景观节点之间的纽带。廊道以慢行交通为主，居民或游客步行其上，在闲适的步调中感受乡村的宁静。河段中间多处装有跨河花圃带，种植以绿化花草，增添景观趣味。在涧河核心段设置有法治长廊，通过沿河民居墙绘、石制景观小品等宣传法治相关知识，强化村庄软环境建设。通过涧河景观设计，李家园村将自然资源与人文景观有机结合，打造出一个功能多样、生态环境优美的景观带，不仅提升了村庄整体的景观特色，也成为李家园村吸引游客的一大亮点。目前，涧河已经成为李家园村重要的生态

---

① 出自南梁诗人王籍《过若耶溪》。

走廊，有力提升了村庄与景区之间的联动性，使之成为独具特色的生态景观。

融入慢生活理念，构建水岸慢生活。慢生活是一种注重放松、舒缓和享受当下的生活方式，倡导人们从快节奏、高压力的日常生活中抽离，回归到更简单、自然的生活状态。慢生活强调生活的质感而非速度，通过放慢脚步，人们可以更好地关注自身的内心需求，享受生活中的细微体验。李家园村得天独厚的自然环境为慢生活的打造提供了理想条件，涧河作为村庄的重要自然元素之一，是村庄慢生活氛围营造的关键场景。每当清晨的第一缕阳光洒在河面上，沿岸便已可见晨练的人，散步、慢跑、打太极，各种健身活动开启村庄新的一天。而当夜幕降临，水岸边的小广场又会聚集起跳广场舞的人们，乐曲声响，舞步欢快。沿河屋舍俨然，各家民宿里的小型游泳池或天幕露营营地等院落特色休闲区域总是可见享受生活的住客，背倚流水，或是友人闲话，或是家庭相聚，自成一方小天地，生活节奏在不知不觉间便慢了下来。水岸漫步，欢声笑语与流水潺潺尽入耳中，平和安宁的自然风光与乡村生活散发出村庄的质朴之美，田园的真实与纯粹尽收眼底。

3. 守望“回韵悠长”乡土人文风情，古韵今风魅力彰显

在推动景村一体化进程中，李家园村围绕“村庄秀美、环境优美、生活甜美、社会和美”的主题，秉承因地制宜原则，编制《溧阳市戴埠镇李家园村美丽乡村规划设计》蓝图，以保护和传承原生乡村风貌。改造后的李家园村，不仅实现了与周边自然环境的和谐交融，也让原生态的乡村特色逐渐成为吸引游客的软实力，赋予了村庄独特的文化魅力。李家园村遵循乡村保护的“九原文化”[①]模式，对村庄诸多方面进行统筹规划，打造出一个既保留传统韵味，又富有生机与活力的现代乡村。

---

① “九原文化”由张鸿雁教授在淮安龟山村的古村保护与开发中首创，即：原文化根底、原生态结构、原地点精神、原文化肌理、原住民生活方式、原地材料使用、原空间样态、原乡愁守望、原有集体记忆。

严格规划建设管控，设置自然生态系统保护制度。李家园村在适用、安全、经济、美观的基础上，围绕当地“山水特色”的原生态结构，制定相应的空间规划，严守生态保护红线。一是对当地环境实施一系列生态整治措施，包括对矿山进行生态修复、建设南山水源涵养林等专项提升工作。二是以建设生态茶园的方式将生态修复与农业生产有机结合，提升环境的经济效益。这类生态茶园以茶树为主体，顶部种防护林，中间穿插道路和林带，底部及周边也选种伴生草木，能保水积肥，还通过吸引害虫天敌治理虫害，减少化学农药的使用，形成一个物种丰富、相互依存的生态系统。三是积极开展农膜回收再利用行动，激励农户使用全生物降解农用薄膜，大力推广高效科学覆膜技术，如加厚高强度地膜和全生物降解地膜等，以提高地膜使用效率。这些措施既减少了传统塑料农膜对环境的污染，进一步提升了农业生产的可持续性，也为村民带去额外的经济收益。通过各类生态整治举措，李家园村既改善了自身生态环境，也为村民创造了更好的生活条件和经济机会，成为生态文明建设的生动范例。治理后，李家园村绿色植物覆盖率达 78% 以上，全年空气优良率达到 80% 以上。目前，全村已建成省级试点村 2 个、三星级康居村 1 个、二星级康居村 3 个、环境整洁村 5 个，先后获评绿色江苏模范村、江苏最美乡村、国家级生态文明村等荣誉。

保护原有乡村肌理，树立乡居改造典范。李家园村高度注重对原有乡村肌理的保护，确保村庄在现代化发展中不失本真。在原地材料使用方面，村庄因地制宜使用本地乡土材料，结合传统营造方式进行精细化处理，打造出独具地方韵味的乡土特色景观。李家园村充分利用当地石材、木材、竹材等天然材料，以及旧农具和老物件等废弃资源，建造了一批具有乡土风情的景观小品，如竹亭、竹灯、竹编篱笆、芦苇墙饰等，有效地节约了成本。此外，竹木改造取材方便，施工期短，且经久耐用，能够妥善地融入李家园村原本的街道建筑之中，并与景区的竹海风光形成呼应。村内主干道采用便于通车的现代化水泥浇筑路面，而在一些次级道路与入户空间等路段则采用青石板或石块铺装，以此限定不同功能的区域，丰富街区空间。在原空间样态方面，李家园村并未将老旧住宅推倒重建，而是通过“改村”实现村容的整洁，即在尊重农村原有自然与人文风貌的基础上，统筹规划，综合治理，有效地节约了资金和土地，强化了现代服务设施的配套完善。李家园村民居原本的建筑形态不一，质量高低不等，在此基础上，村庄对于影响乡村建筑密度和肌理的建筑进行了适当的拆除，对破败留根房、空关房和废弃住宅等存在安全隐患的建筑进行系统整治，并对农户住宅实行按标准图集体建设，建成后的民居房多为两三层楼高，白墙黑瓦，保证了整体风格的统一，最终形成和谐的视觉效果。借助南山竹海扩大景区规模的契机，李家园村投入1200万元对位于景区内的十堰里自然村村民开展集中搬迁，修建统一的公寓和农家别墅进行安置分配。在原文化肌理方面，街道沿线的闲置建筑则被改造成为集文化展示与日常经营于一体的公共空间，通过展陈装饰宣传李家园村的茶文化与酒文化，并售卖茶叶茶具、竹编制品和当地农特产品等商品。为强化村庄的生态与美学环境，村内建筑庭院和道路景观大量种植当地适生苗木，民居房前屋后也利用四季瓜果蔬菜开辟出一块菜园小景，兼具美化环境与便捷居民生活的功能，有效避免了乡村景观的“城市化”“公园化”。部分建筑墙面装饰有竹元素绘画，增强了建筑美感。综合种种措施，李家园村在提升当地村民生活质量的同时，也为游客展现出一幅悠然自得的田园乡村景象。

现代化发展中对村庄原有文化记忆的保留与传承也是原生乡村风貌保护的重要组成部分。李家园村将乡村文化传承作为重点工作，致力于传承并发扬地方传统文化，赋予村庄独特的文化内涵和吸引力。在物质文化遗存保护方面，李家园村现留存有一座位于南山竹海景区内的明清古村鸡鸣村，以及一条同官岭古官道，村庄对二者进行了相应的修缮工作。鸡鸣村现已成为南山竹海的热门景点之一，兼具江浙皖三省的建筑特色；同官岭古道最早见于南宋时期的《景定建康志》，位于同官岭史家山上，由石块铺砌而成，宽约2米，长约1.5公里，是江苏通往安徽的越境古道，为溧阳市文物保护单位，在明代时有着建文帝朱允炆在靖难之役时借道南下的传说，李家园村投资 2000 万元对古道进行了保护性改造，并立碑作《建文帝取道溧阳往滇碑记》以为纪念。古树名木是村落原文化根底与原文化记忆的重要落点，见证了村庄的悠久历史。李家园村现存近三百株古松、榉树等名贵木种[1]，均已被加以木栅栏保护，并配备统一的标识牌，成为村庄历史见证的“活文物”。此外，溧阳流传有东汉文学家蔡邕在此隐居制“焦尾琴”的传说，因此南山竹海古街内设有蔡邕弹琴半身塑像以作纪念。通过对历史文化遗迹的保护传承，李家园村的地方记忆得以延续，这些古老的建筑与文化也成为游客与村民共同感受历史、感受乡愁的重要载体。**在非物质文化遗存方面**，溧阳酿酒历史悠久，清代文学家袁枚在《随园食单》中便提到过“溧阳乌饭酒”，这种酿酒工艺以乌米为原料，传承至今已成为溧阳市非物质文化遗产，村中不少农户至今仍保留着酿米酒的习惯，成为游客了解地方文化的一个重要窗口。乌米即以南烛叶染色蒸制后的糯米，以乌米酿酒，成品乌饭酒呈现神秘的黑色，温润柔和，与乌米饭一道成为当地的特色美食。在茶文化方面，李家园村通过设立茶艺展示馆和体验中心，展示传统制茶技艺，为游客呈现茶叶从采摘、炒制到成品的全过程。此外，李家园村还保有浓厚的竹文化氛围。村中现有多位篾匠人，以制作竹编产品为业。篾匠人以竹为材，编织出各种各样的生活用品，如竹筛、竹篓等，不仅是村民生活的一部分，也是村庄文化展示的重要内容。村庄内有竹艺馆作为展示空间，游客可以观看篾匠人现场展示编织技艺，感受传统手工艺的魅力。**在公共文化培育方面**，李家园村现建有一系列村级公共服务中心，包括图书室、卫生所、培训活动室、党员活动室、公共体育场、老年活动室和室内体育馆等，并定期开展党日活动，积极推进移风易俗，弘扬时代新风，实现乡村治理有魂。村庄通过多样化的形式焕发传统文化活力，

---

① 史裕华，朱新法. 从李家园村看溧阳“改村”之路［N］. 新华日报，2006-12-27（B1）.

不断丰富乡村文化生活，显著提升了村民的归属感、获得感和幸福感，精神风貌焕然一新，展现出李家园村的文明乡风、良好家风和淳朴民风。

四、品质升级：定位服务生长力，以特色旅游产品提升乡村魅力

服务配套建设是李家园村旅游发展历程中的重要支柱，是推动村庄产业转型升级的核心力量，为游客提供了更加多元化、个性化的旅游体验。在李家园村乡村旅游提质升级的过程中，村庄结合自身文化底蕴和旅游资源，创新性地推出一系列特色旅游产品，包括乡村民宿、观光度假、农事体验以及乡土美食等，不仅彰显了乡村振兴的理念，还具备了出色的参与性、互动性和体验性。整体而言，这些产品共同构建出一套成熟、高质量的旅游产品体系，使李家园村逐步发展为一个集生态、文化与现代服务于一体的理想民宿社区。

1. 提升餐宿品质，特色餐饮与精品酒店双轨并进

餐饮、住宿是旅游活动中重要的组成部分，是构成地方旅游产品体系的关键一环。李家园村的餐饮近年来经历了显著的提质升级，以更好地满足游客多样化的需求，着重表现为由传统的农家乐向休闲农庄和特色餐饮方向演变，成为区域的一大消费热点。在以传统酒店为代表的标准化住宿方面，李家园村亦已迈入品质化发展阶段，精品酒店层出不穷，并持续吸引品牌入局。截至 2023 年 5 月，李家园村共有餐位数量 9594 个，涵盖农家乐、民宿及酒店等多种业态；精品酒店客房 1149 间，床位近 2000 张[①]。

餐饮品质化提升，丰富餐饮多元化供给。餐饮作为游客建构地方的重要载体和媒介，在旅游高质量发展的过程中逐步从一般功能的饮食空间延展至注重“原真性”和“地方性”的文化空间，李家园村的特色餐饮即顺应这一发展趋势，实现转型升级。农家乐是李家园村餐饮发展早期的主导形态。这

① 数据由李家园村提供。

些农家乐提供简单的乡村菜肴，服务较为粗放，环境建设相对滞后。这一时期，李家园村并未进行大拆大建，而是引导村民自主经营土特产销售店、便利店、餐饮服务店等，推动了当地餐饮业的初步繁荣，但餐饮同质化现象严重，缺乏个性化内容，难以激发游客的重复消费需求。为适应乡村旅游高质量发展的要求，之后，李家园村餐饮逐渐向多样化、高品质方向演变。许多传统农家乐逐步升级成为环境更为优美、功能更为齐全的休闲农庄。这些农庄采用传统乡村建筑风格与现代设计相结合的形式，在农庄内融入自然风光，提升游客的就餐体验，推动乡村餐饮业进一步差异化发展。伴随着精品民宿与酒店的落地，李家园村的优质餐饮业态日益丰富。以江南风情为基调的私房菜逐渐成为新的亮点，这些主题餐厅充分利用溧阳地域湖鲜特产和南山竹海山珍，根据四季不时不食的理念定制养生菜单，既推广了当地特色饮食，也增添了更多的地域文化内涵。在餐饮升级的同时，李家园村也重视对餐饮消费的统一管理，形成了高效的监督与服务体系。李家园村在南山竹海景区附近的餐饮集聚片区设立有公示栏，对各家餐饮店的食品安全进行量化分级管理，设置监管码和"阳光餐饮"码，实现透明化、智能化管理。此外，李家园村遵照全国首个区域性美丽乡村放心消费体系建设工作规范——"一地六县"[①]《美丽乡村放心消费体系建设与管理规范》，强化环境建设、质量与安全管理、投诉与监督管理等 10 多个方面，积极创建放心消费示范区域，形成共建共治共享的格局。

精品酒店入局，深化乡村旅游影响力。自首家度假酒店——御水温泉度假酒店开业至今，李家园村逐步引入多家高端度假酒店，如竹溪谷、安云悦南山、南山和园等，初步形成集群规模，不断有新品牌落地李家园村，显示出村庄对精品酒店品牌的强大吸引力。2024 年 7 月，总投资约 4 亿的漫戈塔

---

① 即：溧阳市、宜兴市、长兴县、安吉县、广德市和郎溪县。

藏品·曲禅里开业，成为诗莉莉酒店集团[①]在江苏的首作，也成为长三角的旅居新标杆，李家园村作为旅游目的地的品质与声誉得以进一步跃升。这些精品度假酒店对在地历史、文化、景观等地域特色标签进行了深刻解读与概念重构，整合当代前卫文化、艺术资源，推出主题体验活动和特色玩法，以吸引更多文化艺术爱好者、特色旅行爱好者聚焦酒店，极大地延伸了乡村旅游的广度和深度。通过精品酒店的品牌传播，更多高端消费群体开始将目光着眼于李家园村，这些消费者对品质生活的追求与李家园村的独特魅力不谋而合，使得李家园村的客源市场与旅游影响力得以进一步扩大。

2. 培育民宿特色，文化体验与个性服务和谐共生

区别于传统星级酒店的标准化服务，民宿的魅力在于其所展示出的独特生活方式。民宿主人将个性化的温情服务与文化体验润物细无声地融入住宿产品中，营造出一种强调文化演绎、情感交流的氛围。除了舒适的居住环境，民宿也承载了深厚的中国烙印和华夏记忆，传递出悠久的历史与文化韵味[②]，为游客带去情感与精神层面的共鸣。李家园村民宿产业的发展，传递出对民宿特有的生态文化、建筑文化、服务文化、艺术文化、餐饮文化和品牌文化的挖掘，由此可见其寻找自身价值与坐标的轨迹脉络。截至 2023 年 5 月，李家园村共发展民宿、农庄和酒店超 100 家，客房 2403 间，床位 3874 张；其中精品民宿 64 家，客房 788 间，床位 1116 张[③]。在当前的发展路径下，李家园村将民宿作为核心旅游产品，加之各类休闲娱乐活动，基于民宿的特有文化，共同构成村庄的旅游度假生态，成为村庄民宿发展的“六张名片”。

---

① 诗莉莉酒店成立于2013年，专注于高端度假村及度假酒店运营，为首家提出“深度情感化体验”的酒店品牌。“漫戈塔藏品”为“漫戈塔”系列下的品牌，通常择址于独特的地标建筑和风景宜人之地，为高净值人群打造“塔尖上”独一无二的度假生活。

② 邵颖萍. 打好旅游民宿“六张牌”［EB/OL］.（2023-05-16）［2024-09-05］. http://baijiahao.baidu.com/s?id=1766037855161027959&wfr=spider&for=pc.

③ 数据由李家园村提供。

依托自然山水，挖掘生态文化，打造旅游民宿“风光名片”。在民宿产业的发展过程中，李家园村始终秉持着发展与保护协同、产业与生态相融、重塑与提质并举的理念，充分尊重地方原始的自然山水形胜，让游客在民宿也能充分感受在地风光。李家园村的民宿围绕竹海与温泉等自然资源，以点带面、串点成线、连线成片，综合打造出一个富有地方特色的旅游民宿产业集群。每个民宿的设计不仅仅是简单的居住空间，更是以当地自然风景为灵感的文化表达，充分展现了山林与村落交织的和谐美。在民宿建设时，村庄贯彻落实低碳环保、朴实自然、和谐共生的可持续发展理念，力求在建筑材料和设计上与自然环境相融合。“宁可食无肉，不可居无竹”[①]，石材、竹木等天然材料被广泛使用于建筑外立面以及院落装饰，屋前屋后的小规模菜园构建出乡野趣味的生活场景，既降低成本也契合当地生态文化，保持了村庄朴实自然的整体风貌。此外，李家园村正联合供电公司开展全电民宿[②]改造，通过打造全电厨房、引入智能家居、建设新能源充电桩等措施，提高民宿电气化水平，实现民宿产业绿色发展。

依托空间形态，挖掘建筑文化，打造旅游民宿“风貌名片”。针对中国式审美乡居的文化特性、地域特色、原真性和时代背景，在尽可能保留原始建筑历史印记的前提下，李家园村的民宿还着重深入挖掘和提炼地方文化价值和符号元素，打造地标吸引物，赋予建筑更丰富的文化内涵和视觉魅力。譬如在民宿设计中融入江南传统建筑形态，打造白墙黑瓦的视觉效果；或是保留斑驳的墙体与建筑结构等历史痕迹，加入现代化元素和功能来实现传统与现代的对话，彰显浓厚历史感与文化传承。如李家园村石岩里路 47 号“归来小院”民宿，以简约的装修风格打造出富有禅意的居住空间，并增设具有

---

① 出自宋代苏轼《於潜僧绿筠轩》。

② 全电民宿即通过提高民宿电气化水平，在民宿的建设、改造及运营过程中，实现在烹饪、采暖、空调、照明、热水供应等诸多方面以电能为唯一终端使用能源。

传统营造风格的景观小品，营造“新中式”氛围。

依托主人故事，挖掘服务文化，打造旅游民宿“风情名片”。民宿主人是游客体验地方文化的载体和媒介，旅游民宿新国标强调“民宿主人参与接待”，鼓励民宿业主或经营管理者努力彰显主人精神气质，将个人的生活经历、审美趣味、家族传承贯穿其中、融入其内，通过积极向上的情感表达、周到细致的接待服务、喜乐悲欢的经验故事，为游客提供独到的情绪价值，用“主人情怀”提升旅游民宿“心价比”，营造邻里之间睦邻友好的人文环境氛围，打造属于游客“远方的家”。李家园村的民宿生动践行着传播民宿主人文化的中心任务，民宿主理人们拥有不同的职业与家庭背景，这使得他们的民宿各具特色，富有个人色彩。由茶场改建而来的玖宿南院民宿，民宿主理人最初的设计理念便是将其用来在茶季招待前来的茶客，因而在后续运营中也会注重以茶道待客的仪式感；年轻的民宿主理人则会以自身的喜好推测顾客需求，譬如李家园村竹海大道 67 号 “Date One 半夏奢野”便在民居内开辟出一间 KTV，李家园村下场园 36 号的“风情小苑民宿”则将 VR 游戏机引入民宿，等等。

依托传统非遗，挖掘艺术文化，打造旅游民宿“风俗名片”。溧阳具有丰富的民间文学、工艺美术、传统技艺、节庆风俗等文化遗产，在李家园村的民宿区也处处可见传统文化的身影，例如传统木构架的连廊、以地方相关诗词为元素的装饰灯、竹编手工艺品等，创造出具有高度文化性与互动性的民宿体验场景，构建成为一个可观、可学、可玩、可憩的生活美学体系。如位于李家园村马地村 70-1 号的溧阳竹间民宿，以竹为主要设计元素，将竹子融入民宿的每个角落，如建筑外墙、公区吊顶、家具等，打造出一处竹文化丰富的住宿空间。

依托美食风物，挖掘餐饮文化，打造旅游民宿“风味名片”。李家园村当地饮食文化丰富多样，板栗、竹笋、雁来蕈等均为当地特产食材，村里的民宿选用当地新鲜、绿色、有机食材，积极推广当地特色菜品。诸多民宿在提供传统餐饮的基础之上，还灵活融入咖啡馆、酒吧、露营下午茶等现代消费业态，打造“好风光＋好风味”的餐饮品牌，成为当地餐饮文化的重要窗口和体验空间。譬如李家园村马地村 141 号“青翕·喜粤”民宿便将米其林餐厅的厨师团队引入民宿，定制特色菜品，极大地提升了自身在市场中的竞争力，成为溧阳民宿中独一无二的存在。

依托体验活动，挖掘品牌文化，打造旅游民宿“风格名片”。李家园村民宿锚定目标客户人群，围绕当地既有区位条件和空间资源，积极开发围炉煮茶、庭院音乐会等文化创新活动。鼓励民宿向智慧化发展，例如村内李家园路 68 号“一生一遇温泉度假酒店”，开业于 2019 年，是溧阳首家智慧民宿，融合江南传统文化与现代科技，民宿主理人利用互联网和人工智能系统，为所有客房配备语音控制系统，使顾客可以通过语音控制灯光、窗帘、空调等室内家具设施，获得更为便捷的入住体验。同时，在营销方面，李家园村注重树立区域民宿整体营销与全员营销观念，各家民宿通过微信、小红书等社交平台以及直播等方式积极对外宣传，顺应游客多元消费需求，拓展市场消费渠道。

3. 丰富旅游产品，消费需求与新生业态激发活力

凭借优质的区位优势、自然资源与产业基础，李家园村已逐步构建起一个多业态综合发展模式，涵盖了景区、星级酒店、山野度假村、精品民宿、特色田园乡村等多个领域，促进了旅游产品的多元生长，也推动了全方位、多层次的旅游产品体系的形成。多项文旅新业态的涌现为李家园村注入了新的活力，旅游设施与服务相辅相成、互为促进，为游客带来更为多样化的文化和旅游体验。

体旅融合，激发游客参与感。体旅融合是近年来旅游业与体育产业融合发展的模式，通过体旅融合，游客不仅能够体验目的地的自然风光与人文风情，还可以亲身参与各类体育活动，增强旅游趣味性。李家园村建设了一批日常运动休闲项目，可结合团建、素质拓展等团队活动，丰富游客的体验度。

位于李家园村东北部的飞跃竹海拓展基地可视为一处典型代表。拓展基地现挂牌常州市农耕文化营地教育基地、青少年户外拓展基地、溧阳市机车运动协会南山区房车营地等，由溧阳市富民资产专业合作社出资打造，结合自然生态环境与户外运动体验，设置了一系列如高空索道、定向闯关、徒步越野等户外项目，承接素质拓展、团队建设等多项活动，形成体育与旅游的结合。

文旅融合，挖掘地方文化内涵。旅游特色小镇是文旅融合时代背景下的代表性场景。2023 年，南山竹海风情小镇成为溧阳首家省级特色小镇。特色小镇作为创新创业的孵化平台，以特色产业集聚、生产生活生态空间相融合等特点为标志，区别于传统的行政建制镇和产业园区[①]。李家园村作为风情小镇的核心区，是风情小镇的文化窗口，构建起文旅融合的价值取向。南山竹海古街是李家园村委和南山竹海旅游公司合力打造的竹海风情观光、购物、休闲中心，在对当地具有价值的自然生态文化与人文社会文化进行开发的基础上，以旅游服务为主要业态。通过村委引导、公司管理、村民自营模式，结合寿文化、竹文化、茶文化和古村落文化等文化于一体，销售当地特色产品，并引入连锁餐饮品牌，创造就业岗位，为村民增加收益，传播当地文化。

农旅融合，放大在地农业特色。农旅融合是将农业生产与旅游活动相结合的一种乡村经济发展模式，旨在通过农业资源的观光与互动，促进乡村旅游发展。戴埠镇南山农旅小镇是江苏省首批农业特色小镇，李家园村的农旅融合亦由来已久，从最初的农家乐发展至休闲农庄，可见农业与旅游的结合是李家园村一以贯之的路线。以农旅融合推动乡村振兴形成引领效应，使李家园村能够在 2024 年入选江苏省首批宜居宜业和美乡村。发展至今，李家园村的农旅融合开始走上更为精细化、更具创意度的发展模式，如获评江苏省

---

① 国家发展改革委，国土资源部，环境保护部，住房城乡建设部. 关于推进特色小镇和特色小城镇建设的若干意见（发改规划〔2017〕2084号）[EB/OL].（2017-12-04）[2024-10-15]. http://www.ndrc.gov.cn/xwdt/ztzl/xxczhjs/ghzc/202112/t20211209_1307311.html.

主题创意农园[①]的南山和园度假村，集住宿、餐饮、会议、娱乐、康体等诸多功能于一体，山水景观、休闲度假、文化体验等多个板块内设有儿童绘本馆、卡丁车、彩虹滑道、户外拓展区等亲子娱乐设施，有茶园、垂钓基地等为游客提供农业体验，可开展徒步、骑行、露营等户外活动，形成一站式度假享受。

五、品牌充能：聚焦品牌传播力，以特色产业扩大乡村影响力

李家园村定位于“竹海温泉＋民宿”精品旅游服务村，同时致力于推动“茶＋特色农产品”的融合发展。村庄秉持“游山水、品山水、宿山水”的“生态＋”理念，通过入驻美团、携程、小红书等各类电商和网络平台，积极实施“互联网＋”营销策略，发展特色产业，充分挖掘村庄的多重功能和潜在价值，有效地延伸了产业链，实现了村庄一、二、三产业的深度融合与协同发展。

1. 强化茶旅融合，带动茶产业突破与创新发展

李家园村所在的溧阳南部丘陵区是重要的茶叶产区，区域四季分明，日照充足，雨量充沛，无霜期长，春夏雨热同步，秋冬光温互补。以南山寿眉为代表的茶叶成为李家园村的特色农产品，有效带动了村内茶产业的发展。在政府引导下，李家园村现有农业合作社、茶场、家庭农场共50余家，其中包含多家专业合作社与市级龙头企业，有力推动了当地农业规模经济的发展。通过开发茶叶主题文创、发展地域茶叶品牌、创建“溧阳茶舍”精品民宿等措施，李家园村初步形成“茶旅融合”的特色旅游品牌。

新技术下乡，提升从业人员素质。李家园村通过创办各种形式的合作社，组织成员从事有机稻谷的种植、茶树培植、家禽养殖的技术服务，与个体农户建立了紧密、稳定的利益连接机制，通过培育优良品种、技术培训、渠道共享带动个体户发展，形成稳定收益。最具代表性的如李家园南山茶叶专业

---

① 由江苏省农业农村厅颁布。

合作社，现为常州市农民专业合作社，已形成规模化、产业化经营，经营茶园规模达 240 公顷。李家园村全村产茶叶 25 吨，销售额近 1 亿元[①]。为了提高新型农民的农业生产技术，李家园村及合作社多次组织农民培训，例如电商技能培训、茶树栽培技术培训、茶叶制作培训、茶艺师培训、果木种植技术培训、农产品质量培训等项目，提升了农业从业人员的整体素质，帮助其掌握市场规律和营销技巧，进一步提升当地农产品的市场竞争力，从而带动增收致富。村庄通过“农旅结合、以农促旅、以农强旅”的模式，于 2016 年 1 月，被江苏省商务厅评为“农村电子商务示范村”。

培育代表性茶叶品牌，扩大区域茶产业知名度。南山寿眉因其微曲似眉的独特外形，加之产自溧阳南山，取意于民间谚语“福如东海长流水，寿比南山不老松”而得名，多次斩获省市级茶叶大奖，其制作技艺也被评为市级非物质文化遗产。李家园村种植着区域最老的一批南山寿眉茶树，它们有着近 40 年的树龄。村茶叶专业合作社出产的南山牌南山寿眉在江苏省第十五届“陆羽杯”名特茶评比中荣获特等奖，进一步巩固了南山寿眉的市场地位。南山寿眉的市场价格视茶叶品质而定，在每斤几十元至五百多元不等，定位于中高档绿茶，性价比较高。得益于其清香甘醇的口感和“寿比南山”的美好祝愿，南山寿眉在茶叶市场中拥有了一席之地，成为诸多消费者钟爱的茶叶品牌。除“南山寿眉”之外，李家园村也是另一溧阳名茶品牌“天目湖白茶”的主产地之一。1997 年，李家园茶场从浙江安吉引入白茶茶苗，试种了 0.03 公顷后白茶展现出优异的市场潜力，溧阳区域进入规模化种植白茶阶段。当时，白茶的市场价是绿茶的两倍多，并且人工成本更低、种植效益更高，溧阳茶农逐渐转向“减绿扩白”的种植策略。天目湖白茶以其“形如凤羽，色如玉霜，香气馥郁，鲜爽甘醇”的特点，迅速赢得市场青睐，获得全国农产品地理标志保护，一举成为溧阳具有较高市场价值的区域公用品牌，品牌价值逐年提升。

---

① 数据源自李家园村特色田园乡村试点村工作汇报。

不同茶叶品牌的兴盛，极大地丰富了李家园村的茶叶产品，也为村庄的茶文化传播增添了商业助力。

民宿融入茶文化，打造精品民宿品牌。2017 年，溧阳创造性地提出“清风朗月·溧阳茶舍”这一民宿区域公用品牌，将民宿发展与地方茶文化相结合，旨在打造独具溧阳乡村特色和地域风情的高品质民宿品牌，以拓宽休闲经济内涵，构建休闲经济新业态，进一步推动当地民宿产业向高质量发展阶段迈进。“清风朗月·溧阳茶舍”品牌通过“茶旅融合”的形式，创新性地将茶文化体验与民宿产品结合在一起，使游客在享受民宿服务的同时，也能够深入接触到溧阳的茶文化。区别于莫干山民宿品牌打造的市场主导模式，溧阳市采取的是“三个一批”模式，即“政府平台建设一批、社会资本实施一批、建成项目提升一批”，以不同责任主体形成产业带动作用。李家园村凭借其丰富的茶文化资源和优越的自然环境，将茶舍品牌与自身发展紧密结合，村委会每年对茶舍进行评级，向优秀茶舍发放现金奖励，鼓励其他民宿向精品茶舍看齐，以打造良性竞争环境助力民宿整体的品质提升。

2. 开发竹林经济，塑造竹海里的创意品质生活

英国学者李约瑟提出，东亚文明乃是“竹子文明”①。李家园村竹资源丰富，早期在工业化发展阶段即依托竹材建立起以建材加工为核心的产业，一度成为村庄的支柱产业。在转向旅游发展道路后，李家园村结合体验型经济与文化创意产业，依靠竹制手工艺品、竹笋加工等方式，实现旅游与生态产业的协同发展。过去李家园村一亩竹林每年产出两三千元，产业升级后每亩每年产出增加到六七千元，极大地提升了产业附加值。

农事活动创造新型体验产品。南山竹海景区连续多年在春季推出免费挖笋活动，场地即设置在景区附近的养殖竹林内，吸引众多亲子家庭参与其中，但其活动形式较为单一，仅作为景区观光的附属体验活动，游客挖出的笋并

---

① 李约瑟.中国科学技术史［M］.卢嘉锡，译.北京：科学出版社，1990.

不能得到妥善处理，缺乏进一步的产品开发与延伸。针对这一局限，李家园村结合自身资源优势，及时发掘应季农作物的旅游价值，开辟笋园 1.67 公顷，由南山竹海旅游有限公司和李家园村当地居民合作运营，于 2024 年春季正式推出更具参与感和互动性的挖笋季活动，游客不仅可以亲自体验找笋、挖笋的乐趣，还可以现场烤笋或去餐厅加工食鲜，品尝创意笋宴。全流程的体验活动延长了游客在村内的停留时间，增强了游客的体验深度，更推广了村庄的竹文化与竹经济。

竹笋带动特色农产品开发。每年的四五月，当地村民都会利用晴好天气晾晒笋干，成为村庄一道别致的景色，南山笋干也成为李家园村的代表性农产品之一。南山笋干以新鲜竹笋为原料，历经去壳、蒸煮、压片、烘干、整形等一系列传统工艺制成，加之竹笋本身含有丰富的蛋白质、氨基酸、脂肪、糖类、钙、磷、铁、胡萝卜素等营养成分，为优良的保健蔬菜，因此笋干在当下的健康饮食风潮中越发受到消费者喜爱。南山笋干凭借优良的品质，以大约 50 元 / 斤的价格，超出全国市场均价近 20 元。在旅游产业带动下，李家园村进一步挖掘和开发本地的农副产品，以竹为核心，逐渐形成笋干、板栗、乌米饭等一系列具有地方特色的农产品，每户年均销售额近 25 万元，极大地促进了村民增收。此外，李家园村也开发有鲜笋产品如低脂罗汉笋等，售价 5 元 / 根，满足现代消费者对低脂、绿色食品的需求。

竹制手工艺品推动传统产业与文化创意产业融合。近年来，文化创意产业与旅游产业的融合越发紧密，旅游景区随处可见融合了地方元素的文化创意纪念品，文创产业成为景区发展的新动能。在这一趋势下，李家园村积极推动竹产业与文创产业融合，把握各类细分领域游客，为村庄提供持续的产业动力。村内街道常见售卖竹制品的店铺，包括竹扇、竹拐杖、竹餐具、竹制冰箱贴等多种品类，兼具实用性与艺术价值，在传播竹文化的同时为村庄带去经济效益，使村庄的传统资源焕发出新的生命力。此外，中国邮政与天目湖度假区在 2024 年联合推出“天目湖，邮点意思”文创系列，将包含李家园村、南山竹海在内的15个溧阳标志性景点设计为邮票状冰箱贴、明信片等文创产品，以手绘风格展示各自的独特风格，并推出竹主题邮票，配合路线打卡集章活动，在小红书、抖音、微信公众号等平台上收获不少阅读量，成为邮旅融合的一大主题实践，丰富了文商旅产品及服务供给。

3. 设计主题节庆，搭建区域特色文化传播窗口

在景村联动的发展路径下，李家园村充分利用南山竹海、御水温泉等景区的资源共建与辐射带动效应，通过承办或对接相关的主题节庆，进一步挖掘地方自然、农业与文化资源，深化自身旅游形象，传播地方文化特色，为村庄带去更多的发展机遇，提升游客参与度。

南山竹海长寿文化节，弘扬孝亲敬老文化。李家园村所在的溧阳市是世界长寿之乡，村中90岁以上的老人多达20多位，滋养出村庄孝亲敬老的浓厚氛围。这种人文底蕴不仅体现在村庄的日常生活中，也通过一系列文化活动得以充分展现。南山竹海长寿文化节至2021年已经连续举办六届，当年入园人次达85.86万人，带动景区营收超1亿元[①]：通过开展地方非遗演出和“万名老人游南山”系列活动，进一步传递长寿健康的生活理念；设置“十佳老有所为人物”和“十佳孝星”等奖项，表彰那些在生活中身体力行、尊老敬老的人物，进一步强化社会对于孝亲文化的关注与认同。李家园村作为承载中华长寿文化的重要载体之一，通过自然与人文的结合，传达出“人人寿比南山”的美愿，也体现了乡村文化自觉的现实关照。

联动溧阳“茶叶节 + 旅游节”，提升产业影响力。溧阳于1991年举办首届茶叶节，是全国第一个举办节庆活动的县级市，至今已有30多年历史。该茶叶节是江苏省举办最早、影响最大、延续时间最长的茶叶节。溧阳后将茶叶节与天目湖旅游节合办，形成“以茶为媒、共谋发展”的两节庆典品牌，成为溧阳对外宣传和提升产业影响力的金字招牌。茶叶节和旅游节“两节”

---

① 数据源自南山竹海景区提供。

是溧阳茶产业新时期高质量发展的重要标志，也是深入贯彻落实习近平总书记“要统筹做好茶文化、茶产业、茶科技这篇大文章”[①]重要指示精神的有力举措。戴埠镇是两节的重要举办地之一，李家园村作为溧阳的重要茶产地，积极开展采茶体验、制茶工艺展示、茶道体验等茶文化体验活动，将游客参与感与茶叶节的氛围紧密结合，增强了游客对茶文化的直观感受，展示茶叶从种植、加工到品茶的完整过程。通过与两节的联动，李家园村积极推广优质茶叶产品，展示村庄茶文化底蕴，不断推动茶文化与旅游产业的深度融合，有效提升了自身的知名度，并为乡村的绿色发展和村民的共同富裕注入了新动能。

溧阳非遗购物节，传播非遗文化。近年来，溧阳依托其丰富的非遗文化资源优势，打造特色文化旅游品牌，围绕乡村振兴战略，通过主题开发、节庆活动、文化展示、互动体验等形式，积极组织非遗传承人参与旅游展示活动，全方位、多角度地展示非遗文化魅力。李家园村作为溧阳茶文化和传统手工艺的重要传承地，也成为非遗产品展示与销售的重要窗口，通过非遗购物节进一步深化与溧阳全域旅游的关联。2021 年“文化和自然遗产日”期间，首届溧阳非遗购物节在南山竹海举行，集中展示展销了溧阳市乌米饭、乌饭酒和常州梳篦、留青竹刻等一批具有代表性的非物质文化遗产项目。2023 年，南山竹海的非遗表演全年达 114.78 万观看人次，带动营收超 1.6 亿元[②]。非遗文化与旅游的融合，使游客在购物体验中也能共同参与非遗保护、共享非遗保护成果，推动文化遗产融入当代表达，走进百姓日常生活。李家园村作为南山竹海的毗邻村庄，顺势接纳众多游客，积极普及非遗知识，宣传健康生

---

① 2021年3月22日，习近平总书记在福建考察期间强调，要统筹做好茶文化、茶产业、茶科技这篇大文章，坚持绿色发展方向，强化品牌意识，优化营销流通环境，打牢乡村振兴的产业基础。参见新华社.习近平在福建考察[EB/OL].（2021-03-25）[2024-09-05]. http://www.gov.cn/xinwen/2021-03/25/content_5595687.htm.

② 数据源自南山竹海景区提供。

活理念，将非遗文化保护传承开发有效融入传统村庄慢生活体验。

哲学家海德格尔曾多次提及的“人，诗意地栖居在大地上”[①]，成为一项哲学和文化讨论中的著名议题。“诗意地栖居”呼唤回归自然和人性，回归生活的本质，在今天也生动地勾勒出乡村民宿的独有特质：在地文化、生活体验、回归自然和乡村。李家园村作为溧阳全域旅游的重要节点，凭借紧邻南山竹海的优越区位和住宿经济的创新突破，描绘出一幅“处处绿水青山、家家金山银山、人人寿比南山”的优美画卷，成为乡村振兴的生动实践范例。综合前文所述，李家园村的发展路径可总结为以下三点：其一，通过景村联动将周边旅游资源“为我所用”，接入周边更高层次旅游市场如南京、上海、苏南城市等，承接城市居民的休闲旅游需求；其二，打造高质量旅游产品体系，尤其注重住宿经济的带动作用，培育民宿特色文化，将民宿社区打造为一站式旅游目的地；其三，培育特色产业，打造地方旅游品牌，搭建地方文化传播舞台。通过一系列措施，李家园村以民宿产业为引领，推动传统产业向多样化、现代化的产业结构转型，将茶园观光、农旅体验、康养度假等多元业态有机融合，推动村庄成为宜居、宜业、宜乐、宜游的乡村振兴示范村，也成为“大地上诗意地栖居”一处生动样本。

尽管李家园村的文旅产业已经取得阶段性显著成绩，但对比国内更早发展起来的民宿社区如浙江德清莫干山等地，我们对于其所在的地方区域的文旅国际影响和节事活力仍有更多期待。其一，天目湖旅游度假区的长期愿景是建设世界级旅游度假区，南山竹海和御水温泉作为度假区的两大重要组成部分，目前的国际化程度仍处于较低水平：一方面体现为外国游客规模偏小，当前南山竹海与御水温泉运营数据均未见入境游客数据统计；另一方面体现为景区国际化服务能力不足，缺乏相应的外语标识及导游导览服务，以及缺少国际化交流活动。其二，受新冠疫情影响，南山竹海长寿文化节在2021

---

① 原句出自19世纪德国浪漫派诗人荷尔德林的诗歌。

年之后便再无举办，致使这一节庆品牌在近年的影响力有所降低，高规格的国际会议如世界竹组织代表大会等也未在此选址。如何在民宿经济方兴未艾的现实背景下，进一步提升目的地国际化服务设施和服务品质，更高效转译乡村性在地化文化魅力和内容表达，是李家园村将要面临和必须应对的新时期挑战。

第五章
建湖淮剧小镇：非遗传承的可持续乡村文旅融合实践

近年来，盐城市建湖县九龙口镇以国家级非遗淮剧[①]和杂技[②]为索引，以九龙口国家湿地公园[③]为依托，以打造百姓喜闻乐见的文旅产品为目标，以为

---

① 淮剧，又名江淮戏、淮戏等，是一种古老的地方戏曲剧种，发源于今江苏省淮安市以及盐城市里下河一带，发祥于近现代的上海市，现流行于江苏省、上海市以及安徽省部分地区。2008年6月，上海淮剧团、江苏省盐城市申报的淮剧经国务院批准列入第二批国家级非物质文化遗产名录。2011年5月，江苏省淮安市、泰州市联合申报的淮剧经国务院批准被扩展入第三批国家级非物质文化遗产名录。2016年1月，江苏省涟水县、兴化市联合申报的淮剧经江苏省人民政府批准入选江苏省第四批非物质文化遗产名录。参见建湖文史网.《建湖淮剧》之淮剧的起源与发展［EB/OL］.（2016-12-07）［2025-05-17］. www.jhwsw.com/hjzj/ShowArticle.asp?ArticleID=376。

② 建湖杂技，是一种产生和流传于江苏省盐城市建湖县境内的汉族传统杂技艺术。历史上，该县庆丰镇所属的十八个村庄，统称“十八团”。这里的杂技艺术源远流长。它跟河北吴桥、山东聊城齐名，是中国杂技艺术三个发祥地之一，以具有独特的汉族文化风格和精湛的艺术技巧而饮誉中外。20世纪以后著名的江苏省杂技团、盐城市杂技团均源于“建湖十八团”。2008年，建湖杂技入选中国第二批国家级非物质文化遗产名录。参见中国非物质文化遗产网·中国非物质文化遗产数字博物馆. 建湖杂技［EB/OL］.［2024-09-05］. http://www.ihchina.cn/project_details/13858。

③ 九龙口国家湿地公园，全称江苏建湖九龙口国家湿地公园，位于江苏省建湖县西南部九龙口镇境内，范围包括九龙口湖荡区的核心地带及合荡村码头与城河东岸地带，西至河口东侧鱼塘，南至林上塘北部鱼塘，东至朱庄，北至小关墩子东南侧藕塘，总面积659.02公顷。蚬河、林上河、钱沟河、安丰河、新舍河、溪河、莫河、涧河、城河九条自然河道汇集于此，故名“九龙口”。2019年正式获评国家湿地公园。参见九龙口风景区官网［EB/OL］.［2025-05-19］. https://www.jiulongkou.net/

地方争取未来年轻居民和受众为希冀，将沙庄村创新打造为淮剧小镇，成为首批“全国非遗与旅游融合发展优选项目”①、全国首家“碳中和”景区②，被列为江苏省委宣传部“十四五”重点文化项目，入选江苏首批文化和旅游产业融合发展示范区③、第三批省级夜间文化和旅游消费集聚区④、第二批无限定空间非遗进景区示范项目和培育项目⑤，《中国国家地理》“红框”和《中华遗产》“绿框”同时挂牌认证落地九龙口，建湖县成全国首个“双框之城”⑥。

---

① 何小芊，夏云帆. 中国非遗旅游发展的空间特征及影响因素——基于全国非遗与旅游融合发展优选项目的分析［J］. 云南地理环境研究，2023，35（4）：20-28.

② 2022年7月，盐城市建湖县九龙口旅游度假区被正式授予“碳中和景区”证书，证书由中研绿色金融研究院牵头负责碳源碳汇核算计量、联合赤道作为第三方核查、上海环境能源交易所认证颁发。参见建湖县人民政府.全国首张“碳中和景区”证书花落九龙口［EB/OL］.（2022-07-26）［2024-09-05］. http://www.jianhu.gov.cn/art/2022/7/26/art_12508_3883945.html。

③ 2022年11月，江苏省文化和旅游厅发布《关于首批江苏省文化和旅游产业融合发展示范区名单的公示》，首批共16家，九龙口旅游度假区淮剧小镇作为盐城市唯一一家入列。参见江苏省文化和旅游厅. 关于首批江苏省文化和旅游产业融合发展示范区名单的公示［EB/OL］.（2022-11-15）［2024-09-05］. http://wlt.jiangsu.gov.cn/art/2022/11/15/art_699_10666120.html。

④ 2023年4月，江苏省文化和旅游厅正式公布第三批省级夜间文化和旅游消费集聚区建设单位名单，共30个单位入选，盐城市淮剧小镇景区、泊心黄沙港、欧风花街共3家单位入选。参见江苏省文化和旅游厅. 关于公布第三批省级夜间文化和旅游消费集聚区建设单位名单的通知［EB/OL］.（2023-05-04）［2024-09-05］. http://wlt.jiangsu.gov.cn/art/2023/5/4/art_699_10883464.html。

⑤ 2023年7月，江苏省文化和旅游厅发布第二批江苏省无限定空间非遗进景区示范项目名单，盐城市非遗进建湖九龙口淮剧里景区、非遗进恒北非遗旅游村庄项目上榜。参见江苏省文化和旅游厅. 关于第二批江苏省无限定空间非遗进景区示范项目和培育项目名单的公示［EB/OL］.（2023-05-26）［2024-09-05］. http://wlt.jiangsu.gov.cn/art/2023/5/26/art_699_10905325.html。

⑥ 《中国国家地理》“红框”和《中华遗产》“绿框”是《中国国家地理》杂志社发起并实施的一项透过“窗口之美”、发现“地理之魅”的传播新战略，主要内容包括线上红框封面秀和线下设立“红框”摄影装置、封面图片展等，自2018年底亮相即迅速成为凝聚人气的摄影新景观。参见中国国家地理. 中国国家地理首个“双框之城”：江苏九龙口的水乡传奇［EB/OL］.（2022-08-22）［2024-09-05］. http://news.qq.com/rain/a/20220822A06SJW00。

对初次了解到小镇的人，我们一直想尝试解释清楚“淮剧《小镇》”和“淮剧小镇”的渊源与差别，但其实这也是在阐释文化和旅游融合发展的内在逻辑——前者获得了舞台文化艺术领域的最高政府奖项文华奖[①]，后者则是优秀传统非遗创造性转化创新性发展背景下的可持续乡村文旅深度融合发展典范。

一、立足传统文化保护，释放在地非物质文化遗产的创新转化潜力

纵观人类社会发展史，任何民族的复兴无不伴随着文化的兴盛，任何国家的衰落无不意味着文化的沉沦，离开了文化这个“根”，民族复兴也就成为无本之木。党的十八大以来，习近平总书记反复强调文化自信，围绕为什么坚定文化自信、怎样坚定文化自信等问题作出一系列重要论述，进一步明晰了文化自信在强国建设、民族复兴伟业中的基础性和支撑性作用，成为建设中华民族现代文明的核心指向与重要遵循。

1. 坚定文化自信，增强中华优秀传统文化自觉自为

文化是一个国家、一个民族的灵魂[②]。2014 年 2 月，习近平总书记在第十八届中央政治局第十三次集体学习时强调，“要讲清楚中华优秀传统文化的历史渊源、发展脉络、基本走向，讲清楚中华文化的独特创造、价值理念、鲜明特色，增强文化自信和价值观自信”[③]，**这是“文化自信”重要时代命题被首次提出，可以理解为文化创造主体对于文化发展的历史积累、现实状况、未来前景的信心和信念**。文化自信是习近平文化思想的有机组成部分，习近平总书记先后围绕文化自信的概念生成、内涵底蕴与时代价值进行了系统阐发。2016 年 6 月，习总书记在第十八届中央政治局第三十三次集体学习时，

---

① 张书玉. 文华奖概述及其审美内涵简析［J］. 人文天下，2022（9）：46-49.

② 《求是》杂志发表习近平总书记重要文章《一个国家、一个民族不能没有灵魂》［J］. 党史文苑，2019（5）：57.

③ 姜义华. 中国共产党与中华优秀传统文化［J］. 红旗文稿，2021（12）：11-15.

首次将文化自信与中国特色社会主义道路自信、理论自信、制度自信并提，并在庆祝中国共产党成立95周年大会上的讲话中强调文化自信是“更基础、更广泛、更深厚的自信”①。2017年10月，习总书记在党的十九大报告中强调，文化自信“源自于中华民族五千多年文明历史所孕育的中华优秀传统文化”②，要进一步激发全民族文化创新创造活力，推动社会主义文化繁荣兴盛，建设社会主义文化强国。2022年10月，习总书记在党的二十大报告中深刻阐明了文化在新时代新征程中的地位作用，明确了“推进文化自信自强，铸就社会主义文化新辉煌”③的时代使命，并提出“坚持创造性转化、创新性发展……传承中华优秀传统文化……不断提升国家文化软实力和中华文化影响力”④这一重大任务。

中华优秀传统文化是中华民族的精神命脉⑤。2014年10月，习近平总书记在文艺工作座谈会上提出，“‘求木之长者，必固其根本；欲流之远者，必浚其泉源’。中华优秀传统文化……是我们在世界文化激荡中站稳脚跟的坚实根基”⑥。文化自觉，是合乎规律地认识中华优秀传统文化的本质和使命，其核心是文化价值的觉悟和觉醒。数千年来，中华民族都对自身文化有着强烈的认同感和自豪感，到近代中国遭遇了西洋坚船利炮并逐渐沦为半殖民地半封建社会后，国人的文化自觉与文化自信才受到极大损伤。中华优秀传统

---

① 艾斐. 文化自信何以为“更基础、更广泛、更深厚的自信”[J]. 红旗文稿，2017（1）：11-14.

② 张志强. 当前时代，我们该如何看待中国哲学？[J]. 中国哲学史，2017（4）：5-8.

③ 王易.推进文化自信自强铸就社会主义文化新辉煌[J].红旗文稿，2022（21）：25-28.

④ 习近平. 高举中国特色社会主义伟大旗帜 为全面建设社会主义现代化国家而团结奋斗[EB/OL].（2022-10-26）[2025-05-17].https://jhsjk.people.cn/article/32551700.

⑤ 张兆端. 正确认识和科学对待中华优秀传统文化——论习近平的马克思主义传统文化观[J]. 东北师大学报（哲学社会科学版），2017（1）：47-53.

⑥ 夏明霞. 立足传统文化，厚植人文底蕴[J]. 北京教育，2024（19）：78-79.

文化是中华民族的文化根源所在，它不仅映射出中国绵延不绝的历史长河，也反映出中华民族灿烂辉煌的文明成就。儒家的仁爱、忠诚、礼仪，道家的自然和谐，法家的法治天下等哲学观点，共同构成了中国现代社会的行为基石；崇仁爱、重民本、守诚信、讲辩证、尚和合、求大同等思想理念，已深深浸润于每个国人心中；自强不息、敬业乐群、扶正扬善、扶危济困、见义勇为、孝老爱亲等传统美德，正成为现代人日用而不觉的价值观……这些中华优秀传统文化让每一位中华儿女都能深切感受到对民族文化根源的自豪和对国家历史传承的尊重，并不断塑造和培育着中国人的思维方式、精神信念、价值取向和行为逻辑。习总书记高度重视传承弘扬中华优秀传统文化，明确提出“坚持把马克思主义基本原理同中国具体实际相结合、同中华优秀传统文化相结合”[①]，要积极“推动中华优秀传统文化创造性转化、创新性发展”[②]。随着《关于加强文物保护利用改革的若干意见》《长城、大运河、长征国家文化公园建设方案》《中国传统工艺振兴计划》《关于推动非物质文化遗产与旅游深度融合发展的通知》等一系列政策文件出台，中华优秀传统文化传承发展工程正深入实施，国家文化软实力的根基日益坚实。

增强文化自觉、推进文化自为，共同建设中华文化现代文明。2023年6月，习近平总书记在文化传承发展座谈会上提出，“在新的起点上继续推动文化繁荣、建设文化强国、建设中华民族现代文明，是我们在新时代新的文化使命”[③]。坚持马克思主义中国化时代化发展，必须秉持开放包容的态度，传承发展中华优秀传统文化，继承革命文化，发展社会主义先进文化，促进外来文化本土化，不断培育和创造新时代中华文化现代文明，在与时俱进、守正

---

① 韩庆祥.全面深入理解“两个结合”的核心要义和思想精髓［J］.马克思主义研究，2021（10）：93-105.

② 习近平.在文化传承发展座谈会上的讲话［J］.求是，2023（17）：4-11.

③ 习近平在文化传承发展座谈会上强调担负起新的文化使命努力建设中华民族现代文明［J］.党的建设，2023（7）：8-10.

创新中，推动中华文明与各国文明美美与共、和合共生。守住中华优秀传统文化与马克思主义中国化的根与魂，不断巩固独立自主、自信自强的文化主体性。深入挖掘中华传统文化的优秀基因和时代价值，加强马克思主义基本原理与中华优秀传统文化的理论互释与时代融合，用创新增添文明发展动力、激活文明进步的源头活水，促进其同当代中国相适应、同现代社会相协调、同现实文化相融通，造就一个有机统一的新的文化生命体，为建设中华民族现代文明注入强大精神动力和不竭思想活力。坚持文化开放包容与交流互鉴，在发展过程中创造熔铸古今、汇通中西的文化成果。积极主动吸收借鉴人类创造的一切优秀文明成果，以广阔的世界眼光理解其他国家、地区、民族的文化，创造符合当代中国现实的思想精华与价值观念，符合时代发展与世界进步潮流的文化成果，增强与不同文化之间接触、对话、相处的能力，为建设中华民族现代文明注入源源不断的思想活力。

2. 守望文化根脉，加强非遗创造性转化创新性发展

非物质文化遗产保护传承是弘扬中华优秀传统文化的重要组成部分。“非物质文化遗产”[①]一词，也称“非遗”，最早出现在20世纪联合国教科文组织提出的保护文化多样性概念中。2003年10月，联合国教科文组织正式通过《保护非物质文化遗产公约》，成为人类非物质文化遗产保护领域的重要里程碑[②]。2014年3月，习近平总书记在法国巴黎联合国教科文组织总部演讲时提出，要“推动中华文明创造性转化和创新性发展，激活其生命力……让

---

① “非物质文化遗产”，指被各社区、群体，有时是个人，视为其文化遗产组成部分的各种社会实践、观念表述、表现形式、知识、技能以及相关的工具、实物、手工艺品和文化场所。这种非物质文化遗产世代相传，在各社区和群体适应周围环境以及与自然和历史的互动中，被不断地再创造，为这些社区和群体提供认同感和持续感，从而增强对文化多样性和人类创造力的尊重。参见巴莫曲布嫫.非物质文化遗产：从概念到实践［J］.民族艺术，2008，90（1）：6-17。

② 杨怡.非物质文化遗产概念的缘起、现状及相关问题［J］.文物世界，2003（2）：27-31.

收藏在博物馆里的文物、陈列在广阔大地上的遗产、书写在古籍里的文字都活起来”[①]。2017年12月，习总书记在中央农村工作会议上进一步提出，“要让活态的乡土文化传下去，深入挖掘民间艺术、戏曲曲艺、手工技艺、民族服饰、民俗活动等非物质文化遗产”[②]。**从政策指导到非遗立法，我国非物质文化遗产事业进入了有法可依的新阶段。**2003年1月，文化部、财政部、国家民委、中国文联等部门联合启动了“中国民族民间文化保护工程”[③]，着手实施非物质文化遗产保护工作；2005年3月，国务院办公厅出台《关于加强我国非物质文化遗产保护工作的意见》；2006年5月，文化部公布了第一批518项国家非物质文化遗产名录推荐项目，并通报了我国首个“文化遗产日”主题及活动方案；2011年6月1日，《中华人民共和国非物质文化遗产法》正式实施，如对非遗调查、建立国家级非遗代表性项目名录、非遗传承与传播、相关法律责任等提出明确要求。**随着非遗保护传承工作的有序开展，非遗保护理念愈加清晰。**将非物质文化遗产与属地进行一体化保护，保留其原生环境与人文底蕴，在保护中提高非遗传承水平，从而实现让更多人一同加入非遗保护传承人行列当中，进一步拓展非遗的感染力与传播力，实现非物质文化遗产的可持续保护；将非物质文化遗产保护与现代社会生活相结合，在生活场景中活态传承非遗文化，使之以现代人的文化表达形式与传播载体深度融入普通百姓的日常生活当中。

从非遗资源普查保护到非遗文化生态区建设，中国传统非遗国际影响力不断提升。2001年5月，昆曲入选联合国教科文组织首批“人类口头和非物

① 秦静.中国古代壁画保护与历史文化价值［J］.档案与建，2021（2）：90-91.

② 霍静仪.老村子的文脉这样“活”起来［J］.乡镇论坛，2023（36）：11.

③ 中国民族民间文化保护工程和中国民间文化遗产抢救工程，是“全球性的人类口头和非物质遗产保护工程”的重要组成部分，是我国非物质文化遗产保护工作的重要抓手。参见乌丙安.“人类口头和非物质遗产保护”的由来和发展［J］.广西师范学院学报（哲学社会科学版），2004，25（3）：5-11。

质遗产代表作”[1]，这也成为中国政府正式开展非物质文化遗产保护传承的工作起点，迄今已23年有余。2005年4月，我国正式启动了第一次非物质文化遗产全国大普查[2]，成系统、分门类对非遗项目进行登记和保存。国家、省、市、县四级非物质文化遗产名录保护体系的初步建立，使得很多濒临灭绝的活态非物质文化遗产得以批量保护。2015年起，文化部相继印发了《关于开展国家级非物质文化遗产代表性传承人抢救性记录工作的通知》《国家级非物质文化遗产代表性传承人抢救性记录工程操作指南》，将传承人对文化传统的深刻理解与自身掌握的精湛技艺，通过数字化多媒体手段全面、真实、系统地记录下来，保留中华民族优秀传统文化基因，通过对传承人进行口述、实践、教学的全方位记录，为后人更好地传承、研究、宣传和利用非物质文化遗产建立起一个可靠的档案。非遗文化生态保护区建设开启非遗传承保护工作新阶段。2007年，文化部在福建省率先设立全国首个国家级闽南文化生态保护实验区[3]，此后又先后在全国17个省份设立16个项目集中、特色鲜明、传承完整的国家级文化生态保护区，并努力推动各个生态区成为遗产丰富、氛围浓厚、特色鲜明、民众受益的区域。中国积极在国际非遗传承保护

① 人类口头和非物质遗产代表作又称无形遗产，是相对于有形遗产，即可传承的物质遗产而言的概念。是指各民族人民世代相承的、与群众生活密切相关的各种传统文化表现形式（如民俗活动、表演艺术、传统知识和技能，以及与之相关的器具、实物、手工制品等）和文化空间。源自1989年10月17日—11月16日，联合国教科文组织第二十五届会议通过的《保护民间创作建议案》，该案建议世界各国尽快采取行动，保存、保护并传播民间创作这一全人类的共同遗产。参见人类口头和非物质遗产代表作[J]. 文化艺术研究，2018，11（1）。

② 该项普查工作长达5年，截至2009年普查结束时，参与普查的工作人员达50万人次，走访民间艺人115万人次，拍摄图片477万张，收集珍贵实物和资料29万多件，普查非物质文化遗产资源总量近87万项，基本摸清了散落于民间的非遗家底。参见吴文仙.邓敏文：后“申遗”时代的侗族大歌[J]. 当代贵州，2013（33）：54-55。

③ 闽南文化生态保护实验区先后设立客家文化、妈祖文化、朱子文化等4个国家级、省级文化生态保护（实验）区，打造福州上下杭等4个非遗街区，建立1088个非遗传承基地（中心、所）和非遗展示点。参见张毅琳.闽南语广播对建设闽南文化生态保护实验区的作用[J]. 科技传播，2019，11（12）：27-28。

上展现大国担当。2004 年 8 月，中国加入联合国教科文组织《保护非物质文化遗产公约》，成为最早一批六个缔约国之一，深度参与非遗公约操作指南的制定和修订，积极参与非遗保护的国际事务。2024 年 6 月，中国成功当选 2024—2028 年度保护非物质文化遗产政府间委员会委员国①，在非遗领域的国际话语权和影响力方面进一步提升。

面向未来的非遗保护传承前景广阔，推动传统非遗与文旅深度融合发展。中国非遗资源基础丰富，江苏省非遗文化开发潜力巨大。截至 2023 年底，我国共有各级非遗代表性项目 10 万余项，各级代表性传承人 9 万余名；国家级非遗代表性项目 1557 项，国家级非遗代表性传承人 3056 名；43 个项目列入联合国教科文组织非遗名录、名册。江苏省共普查记录非遗资源 28922 项，拥有国家级非遗代表性项目 162 项、省级 1166 项，市级 2295 项、县（市、区）级 4342 项；国家级非遗代表性传承人 178 名、省级 820 名、市级 3778 名、县（市、区）级 3176 名；入选联合国教科文组织人类非物质文化遗产代表作名录 11 项②。文化和旅游机构改革进一步推动了非遗与旅游的深度融合发展。2021 年 8 月，国务院办公厅印发《关于进一步加强非物质文化遗产保护工作的意见》，提出“保护好、传承好、利用好非物质文化遗产，对于延续历史

---

① 保护非物质文化遗产政府间委员会：联合国教科文组织《保护非物质文化遗产公约》（简称《公约》）的治理机构。2024年6月11日，联合国教科文组织《保护非物质文化遗产公约》缔约国大会第10届会议在巴黎联合国教科文组织总部举行。参见文化和旅游部. 我国成功当选保护非物质文化遗产政府间委员会委员国[EB/OL].（2024-06-12）[2024-09-05]. http://www.mct.gov.cn/preview/whzx/whyw/202406/t20240612_953464.htm。

② 入选联合国教科文组织人类非物质文化遗产代表作名录的11项非遗分别为：昆曲、古琴艺术、中国剪纸、中国雕版印刷技艺（雕版印刷技艺）、中国雕版印刷技艺（金陵刻经印刷技艺）、中国传统木结构营造技艺、南京云锦织造技艺、中国蚕桑丝织技艺（缂丝）、中国蚕桑丝织技艺（宋锦）、端午节、中国传统制茶技艺。参见联合国教科文组织. 人类非物质文化遗产代表作名录[EB/OL].[2024-09-05]. http://ich.unesco.org/en/lists。

文脉、坚定文化自信、推动文明交流互鉴、建设社会主义文化强国具有重要意义”[①]；2023 年 2 月，文化和旅游部出台了《关于推动非物质文化遗产与旅游深度融合发展的通知》[②]，通过非遗内涵、技艺和价值的传承与传递助力文化事业发展，为旅游产业提供文化内核；旅游产业通过市场机制和商业运作，将非遗资源转化为具有经济价值的旅游产品和服务。发挥非物质文化遗产创造性转化、创新性发展的优势，将非物质文化遗产置于更加广阔的历史纵深和文化空间中，进一步推动非遗与文化旅游的深度融合发展。非遗创新性发展的关键，在于找准各门类非遗与旅游融合发展的契合处、联结点。《关于推动非物质文化遗产与旅游深度融合发展的通知》中提出，要坚持创造性转化和创新性发展，积极适应当代旅游需求和旅游所带来的生产生活方式的变化，不断提高传承发展利用水平，持续为旅游提供丰富的文化资源。非遗来源于民众世代相传的生活智慧，旅游为非遗提供了新的实践和应用场景，非遗的活态特质为旅游体验提供了天然的渠道与路径。

3. 焕新文化活力，全面推进文化产业赋能乡村振兴

文化振兴作为乡村振兴五大重点工程之一，是乡村振兴的“根”和“魂”，发挥着基础性、引领性作用。乡村振兴战略作为实现中华民族伟大复兴的关键步骤，是一项根本性、全局性、长期性的系统工程，是我国政府为提升农村经济活力、推动城乡协调发展所推出的一项关键政策。2017 年 10 月，习近平总书记在党的十九大报告中，明确提出实施乡村振兴战略[③]。2018 年两会

---

① 毛小雨. 遗产保护与培育创新从非遗视角看传统戏剧的发展路径［J］. 中国戏剧，2021（10）：30-32.

② 邱萍，牟琳. 非物质文化遗产与旅游业融合：机遇、挑战与策略［J］. 标准生活，2023（6）：18-25.

③ 习近平总书记在乡村振兴战略中提出，要按照产业兴旺、生态宜居、乡风文明、治理有效、生活富裕的总要求，建立健全城乡融合发展体制机制和政策体系，加快推进农业农村现代化。参见韩文龙. 以城乡融合发展推进农业农村现代化［J］. 红旗文稿，2019（1）：24-26.

期间，习总书记又提出“五个振兴”科学论断，即乡村产业振兴、人才振兴、文化振兴、生态振兴、组织振兴[①]，为新时期全面推进乡村振兴提供了根本遵循和行动指南。2021 年 6 月，《中华人民共和国乡村振兴促进法》正式实施，强化了走中国特色社会主义乡村振兴道路的顶层设计，为全面实施乡村振兴战略提供有力法治保障。2022 年 10 月，党的二十大报告提出，要发展乡村特色产业，拓宽农民增收致富渠道；巩固拓展脱贫攻坚成果，增强脱贫地区和脱贫群众内生发展动力；统筹乡村基础设施和公共服务布局，建设宜居宜业和美乡村。

文化产业正成为乡村振兴的朝阳产业和重要引擎。2021 年 6 月，文旅部在《“十四五”文化和旅游发展规划》中首次提出“实施文化产业赋能乡村振兴计划”概念[②]，强调以重点产业项目为载体，引导文化产业机构和工作者深入乡村对接帮扶和投资兴业。2022 年中央一号文件提出启动实施文化产业赋能乡村振兴计划，同年 3 月文旅部等六部门制定出台《关于推动文化产业赋能乡村振兴的意见》，明确了创意设计、演出产业、音乐产业、美术产业、手工艺、数字文化、其他文化产业、文旅融合等八个重点赋能领域，以农业文化展示区、文化产业特色村落为载体推动乡村地区传统工艺振兴，为文化产业赋能乡村振兴厘清了发展思路、指明了任务方向。2023 年 1 月，文化产

① 黄佳华. 数字技术赋能乡村产业振兴：意义、困境与路径［J］. 现代农业研究，2024，30（3）：61-63.

② “文化产业赋能乡村振兴计划”强调以重点产业项目为载体，引导文化产业机构和工作者深入乡村对接帮扶和投资兴业，推动文化产业发展融入新型城镇化建设，大力发展乡村特色文化产业，标志着文化产业赋能乡村振兴计划从民间探索进入国家治理，为文化产业赋能乡村振兴的实践行动提供了政策支持。参见向勇. 文化产业赋能乡村振兴的理论与方法——以白马花田营造社的创新实践为例［J］. 艺术管理（中英文），2023（1）：83-95。

业赋能乡村振兴试点工作正式开展[①]，同年10月首批63个全国文化产业赋能乡村振兴试点名单正式公布，文化产业赋能乡村振兴的现实路径正愈发明晰。

非物质文化遗产与非遗传承人是文化产业赋能乡村振兴的重要支撑。《关于推动文化产业赋能乡村振兴的意见》中的演出产业赋能、手工艺赋能、文旅融合赋能、建立汇聚各方人才的有效机制等多个章节均与非遗利用开发紧密相关。在演出产业赋能中，演出企业、团体、艺术院校等作为重要主体，要在乡村舞蹈、戏剧、曲艺等维度重点发力，依托乡村传统演出团体及其骨干人员大力培养文艺团队，鼓励开发武术、舞龙、舞狮、锣鼓等特色民俗表演项目，因地制宜发展中小型、主题性、特色类旅游演出项目。在手工艺赋能上，要推动非遗传承与农业生产相结合，发挥传承人、设计师、艺术家等群体的主观能动性，在纺染织绣、金属锻造、传统建筑营造等领域带动农民生产创作积极性，推动传统手工技艺的创造性转化与创新性发展。在文旅融合赋能上，要以乡村非物质文化遗产旅游体验基地为主要载体，实施乡村旅游艺术提升行动，依托各类“中国民间文化艺术之乡”[②]发展民间文艺研学和

---

① 2023年1月，文化和旅游部、教育部、自然资源部、农业农村部、国家乡村振兴局决定联合开展文化产业赋能乡村振兴试点工作，并制定《文化产业赋能乡村振兴试点工作方案》，在全国部分县（市、区）开展文化产业赋能乡村振兴试点工作，发挥县域统筹规划、资源配置作用，推动各试点地区因地制宜，突出特色，改革创新，探索实施文化产业赋能乡村振兴新路径，在体制机制、发展举措、产业导入、政策保障等方面先行先试，促进乡村文化和旅游融合发展，形成可复制可推广的典型经验做法在全国推广。参见欧阳曦，朱燚波.五部门联合开展文化产业赋能乡村振兴试点工作[J].乡村科技，2023，14（2）：1。

② “中国民间文化艺术之乡”是指运用民间文化资源或某一特定艺术形式，通过创新发展，成为当地广大群众喜闻乐见并广泛参与的群众文化主要活动形式和表现形式，并对当地群众文化生活及经济社会发展产生积极影响的县（县级市、区）、乡镇（街道）。自1987年开展创建以来，其已经成为推动民间文化艺术事业繁荣发展、丰富活跃基层群众文化生活的重要公共文化品牌项目。截至2018年，文旅部共命名授牌964个“中国民间文化艺术之乡”。参见向柏松.中国民间文化艺术之乡建设的发展与规范[J].中南民族大学学报（人文社会科学版），2019，39（4）：23-29。

文旅体验，全面推进文化创意下乡。在人才培育上，要推动市场、资金、创意、技术、管理等要素在城乡间自由流动、紧密融合，积极发挥乡村文旅能人、产业带头人、非遗传承人、民间艺人等的带头作用，将内部人才潜能激励机制与乡村人才创新引进机制相结合，探索实施文化产业特派员制度，加强对乡村本土文化人才的培育和支持。

二、推动文旅深度融合，围绕现象级文化“IP”打造创意性文旅产品

沙庄村，位于江苏省盐城市建湖县九龙口镇[①]西南九龙口旅游度假区[②]内，地处盐城、淮安、扬州三市交界处的射阳湖腹地，西侧紧邻我国现存最为完好的潟湖型原生态湿地[③]——九龙口湖荡，长久以来度假区以湿地生态保护建设为主要工作，但地方文化挖掘与显示度相对原始，面临着传统景区与度假

① 九龙口镇，隶属江苏省盐城市建湖县，地处建湖县西南部，东与颜单镇接壤，南与恒济镇相连，西为荡区，北与建阳镇毗邻，距建湖县人民政府20千米，镇域总面积75.5平方千米，是全国重点镇、全国综合实力千强镇、江苏省生态文明建设示范镇、省文明乡镇。截至2019年末，九龙口镇户籍人口为31557人。参见中华人民共和国民政部，编，黄树贤，总主编，侯学元，本卷主编. 中华人民共和国政区大典 江苏省卷［M］. 北京：中国社会出版社，2014：1176-1177。

② 九龙口旅游度假区位于建湖县西南部，地处古射阳湖腹部的盐城、淮安、扬州三市交界处，面积41.6平方千米，是以湖荡湿地资源为主的江苏省级旅游度假区、省级风景名胜区，国家4A级旅游景区、国家湿地公园。2020年8月，九龙口旅游度假区和九龙口镇合署办公，实行“区镇合一”，建立“两块牌子、一套班子”的行政管理体制，整合设置“六科五局”。度假区设有建湖县旅游发展有限公司一家，注册资本金为16亿元，成立于2017年11月，拥有建湖县九龙口旅游管理服务有限公司、盐城城韵文旅投资开发有限公司等10家全资子公司、1家参股子公司，公司现有总资产80亿元、员工300多人。参见建湖日报.九龙口旅游度假区：盐城市首家国家湿地公园［EB/OL］.（2021-07-16）［2025-05-19］. https://wm.jschina.com.cn/9661/jh/202107/t20210716_7158880.shtml.

③ 游善涛，徐东亮，张峰. 湿地生态旅游的合理化发展模式研究——以江苏建湖九龙口湿地为例［J］. 环球人文地理，2016（6）：262-263.

区更新迭代的发展困境。属地建湖县作为一个典型的以传统产业为主的县域经济载体[①]，社会经济发展强劲但城市文化软实力与身份识别性较弱，文旅创意人才、产业年轻人才的留人问题凸显。同时，建湖县拥有两大国家级非物质文化遗产——淮剧与杂技[②]，建湖县淮剧团、江苏省杂技团[③]均扎根于此，与江苏省淮剧团[④]毗邻，国有文艺剧团发展也面临着事企改制、市场转型、传承创新的迫切需求。2016 年 11 月，由江苏省文化厅和盐城市政府投资打造、由江苏省淮剧团演出、以沙庄村为原型地的现代淮剧《小镇》一举夺得第十五届中国文化艺术政府奖——文华奖。在此背景与契机下，建湖县以沙庄村为载体，以打造淮剧《小镇》现实原型地——淮剧小镇为度假区乃至全县文旅发展争做文化补位，推动非遗创造性转化创新性发展与文旅深度融合发展，探索打造生态人文和谐共生的乡村振兴文旅示范样板。

1. 缘起文华大奖，从群众文艺“IP”到文旅融合产品的火花碰撞

建湖县是淮剧之乡[⑤]、杂技之乡和中国民间文化艺术之乡[⑥]，2008 年淮

---

① 2023年，建湖县地区生产总值732.96亿元，同比增长6.8%。其中：一产增加值60.59亿元，同比增长3.1%；二产增加值309.25亿元，同比增长7.3%；三产增加值373.12亿元，同比增长7.0%。参见盐城市统计局. 数据解读：一图读懂 2023年建湖县经济运行情况简析［EB/OL］.（2024-06-12）［2024-09-05］. http://tjj.yancheng.gov.cn/art/2024/5/16/art_1773_4193213.html。

② 国务院关于公布第二批国家级非物质文化遗产名录和第一批国家级非物质文化遗产扩展项目名录的通知［J］. 中华人民共和国国务院公报，2008（18）：8-9.

③ 江苏省杂技团前身是盐城市杂技团，驻扎在享有“杂技之乡”美誉的建湖县，2015年6月升格为“江苏省杂技团”，隶属江苏省文化和旅游厅。

④ 江苏省淮剧团是由1953年创立的盐城地区实验淮剧团于1956年改建成立，是江苏省地方戏重点实验团体之一，是淮剧艺术研究发展的示范性团体，是国家级非物质文化遗产名录“淮剧”的传承团体。

⑤ 荀慧. 浅谈淮剧之起源与发展［J］. 大众文艺，2011（10）：99.

⑥ 李根. “非遗”明珠 建湖杂技［J］. 杂技与魔术，2021（1）：53-54.

剧、杂技入选第二批国家级非物质文化遗产名录[①]。淮剧由门叹词、香火戏、盐淮小戏等演变而来，发源于里下河地区、发祥于上海，现流行于江苏、上海以及安徽部分地区。1950 年，“淮剧”二字首次出现在著名淮剧演员马麟童先生打出来的戏单上，此后梨园界逐渐以“淮剧”代指原先的“江淮戏”“江北戏”等称呼；1953 年由周恩来总理提议正式命名为“淮剧”。建湖县是南派杂技发源地，早在汉唐时期，庆丰乡所属十八个村庄聚居了角抵、冲狭、跳丸、寻橦、走索及吞刀等表演的百戏艺人，被称为“十八团”[②]，明清时期发展壮大，新中国成立后政府将流散的杂技艺人组成八个民间艺术团体，合并成为建湖县杂技团，盐城市、江苏省杂技团均源于此。沙庄村是淮剧《小镇》诚信故事的原型地。《小镇》是盐城市演艺集团出品、江苏省淮剧团创排演出的大型现代淮剧，是盐城市剧作家徐新华代表作，由江苏省淮剧团团长陈明矿、陈澄[③]夫妇联袂主演，是江苏省文化和旅游厅重点投入剧目、江苏省舞台艺术精品工程、国家艺术基金资助剧目，先后获得第十五届中国文化艺术

---

① 国务院关于公布第二批国家级非物质文化遗产名录和第一批国家级非物质文化遗产扩展项目名录的通知［J］. 中华人民共和国国务院公报，2008（18）：8-9.

② 李广荣. 十八团把戏［J］. 江苏地方志，2017（6）：34-37.

③ 陈明矿，男，汉族，1972年生，江苏盐城人，毕业于盐城市戏剧学校。江苏省淮剧团国家一级演员，现任江苏省淮剧团团长，师承淮剧表演艺术家陈德林，主攻小生，新晋白玉兰奖得主。主要代表作品有《小镇》《赵五娘》《天要落雨娘要嫁》《牙痕记》《孟丽君》《太阳花》《狸猫换太子》等多部传统戏和新编戏。陈澄，女，汉族，1972年生，江苏泰州人，毕业于江苏省盐城市鲁迅艺术学校表演系。江苏省淮剧团国家一级演员，主攻青衣、花旦，“中国戏剧梅花奖”“上海白玉兰奖”双料得主，主要代表作品有《小镇》《赵五娘》《天要落雨娘要嫁》《牙痕记》《板桥应试》《太阳花》《狸猫换太子》等十多部现代戏和古装戏。参见猫眼电影. 陈明矿［EB/OL］.［2025-05-19］. https://www.maoyan.com/films/celebrity/2885544；百度百科. 陈澄（第十四届全国人大代表，淮剧一级演员）［EB/OL］.［2025-05-19］. https://baike.baidu.com/item/%E9%99%88%E6%BE%84/5749763。

政府奖——文华奖[①]、中国戏曲现代戏突出贡献奖等荣誉。《小镇》是一个关于诚信的故事[②]，发生在民风淳朴的千年小镇沙庄古村中。《小镇》取材改编自美国作家马克·吐温小说《败坏了哈德莱堡的人》[③]，原著小说揭露批判了19世纪美国社会的拜金主义，辛辣讽刺了资产阶级的虚伪人性，因而《小镇》的价值既包含西方戏剧的本土化再创造，又涉及戏曲现代戏的艺术探索，具有东西方文化跨时空对话的隐喻。

立足九龙口湖荡优越的生态自然禀赋，打造集湖荡湿地观光、淮杂文化体验、水乡生活涵养、田园休闲度假于一体的淮剧文化全景体验地、中国曲艺文化潮流复兴标杆和苏北水乡微度假文旅目的地。九龙口湖荡是里下河的明珠，是我国罕见的古潟湖特征保存完好的地区之一。射阳湖，历史上曾是江淮之间的大湖，经历了“浅水海湾—古潟湖—微咸水湖—淡水湖—沼泽湖泊—平原沼泽”的演变历程[④]。春秋以前，射阳湖是微咸水湖；至战国后海岸线东迁，湖内淡水冲灌、泥沙淤积，逐渐演变为淡水湖，湖面广阔、水道相通；公元1128年，黄河夺淮南侵，大量泥沙入侵加上人类不断屯垦，广阔水面为沼泽、荡滩及小型湖泊所代替，射阳湖演变为沼泽型湖泊。射阳湖在历史上洪灾严重，经过历代水利工程建设，湖区逐渐呈现茭苇盘错、溪田沃壤的景观，九龙口一带尚留有原始状态的荡地分布，总面积约659.02公顷，2015年成功

---

① 中华人民共和国文化和旅游部. 江苏现代戏淮剧《小镇》荣获十一艺节第十五届文华大奖［EB/OL］.（2016-11-03）［2024-09-05］. http://www.mct.gov.cn/whzx/qgwhxxlb/js/201611/t20161103_782426.htm。

② 某日，一位曾经受过小镇人救助的京城老企业家欲来小镇寻找30年前的恩人，并将以500万元为酬谢。小镇的秦镇长欲借此机会重塑小镇形象，于是请求小镇老教师朱文轩等代表人物以及普通民众帮助寻找。这笔从天而降的巨款如同试金石，拷问着小镇的纯洁和小镇人的道德，由此引发了一个个曲折离奇、扣人心弦的故事。

③ 刘秀梅. 评《败坏了哈德莱堡的人》的写作艺术特色［J］. 现代语文（文学研究），2007（4）：77-78.

④ 凌申. 历史时期射阳湖演变模式研究［J］. 中国历史地理论丛，2005，20（3）：73-79.

创建国家湿地公园。淮剧小镇积极推动传统文化与现代潮流跨界融合，以市场化思路将淮剧表演中的脸谱、冠服、腔调、滋味、演艺等视觉听觉化表达与潮流消费业态相结合进行二次开发，以现代文旅产品体系重塑东方戏曲美学的新时代表达方式。淮剧遇上潮流、古村面向现代，成就“淮旧时，唱新颜”的戏曲文旅小镇的崭新面貌，奏响“湖荡水乡·开淮畅响”的时代之歌。

以“国潮＋非遗”的文旅主题，创意连接淮剧《小镇》与淮剧小镇。不同于那些物质遗存丰富的历史文化名村名镇，沙庄村就像大多数中国村落一样，动荡的历史长河磨灭了珍贵的历史遗迹，留下来的只有原生态的自然环境、当地居民的文化记忆和乡土民俗，历史的延续性、自然的原真性、现实的典型性在这里体现得淋漓尽致，随着村镇空心化、人口老龄化等问题日益严重，这些村庄在未来如何留下来和活下去成了它们最为紧要的问题。常言道，思路决定出路——如何以文旅手段激活这个沉睡已久的乡村，成为摆在小镇开发者面前的首要难题。2020 年，建湖县以九龙口旅游度假区为实施主体，联合策规划团队深入挖掘当地淮剧、杂技等文化资源的核心要素，突破“保护—传承—宣教”的传统非遗发展路径，紧跟优秀传统文化国潮复兴的市场趋势，创新提出“国潮＋淮剧”的核心文化主题，构建起“一心一核一湖荡双街三巷”的整体空间布局[①]，将淮剧《小镇》中的十八个经典场景与业态相融合，巧妙地嵌入乡村文旅产品。例如，将《小镇》中的“主会场”策划为村民议事厅，将“快嘴王小卖部”运营为复古怀旧便利店，将“朱老爹的家”作为小镇诚信文化展示空间，将“杜傲初的家”与九龙喜事的创意产品相结合作为小镇

---

① 一心是文旅综合服务心（5A级智慧旅游景区标准的江苏首个淮剧主题综合服务中心），一核是淮剧文化体验核（传统淮剧文化传承保护与文化下乡惠民的先锋阵地），一湖荡是西侧古潟湖湖荡片区（苏北湖荡湿地风光与现代乡村美学空间的融合典范）。参见江苏匠工营国规划设计有限公司. 参见匠工营国. 匠工营国十周年专题 |从淮剧《小镇》到淮剧小镇——建湖县九龙口镇沙庄村在文旅融合时代的华丽转身[EB/OL].（2023-01-12）[2025-05-19]. https://mp.weixin.qq.com/s/MKiHyXCnxxhrWHF70zYaYQ。

喜事登记的特色环节。“沙庄戏苑”“快嘴王小卖部”“朱文轩的家”“警钟亭”等节点已不仅仅是单一的文化展示空间，更承载起文化娱乐、怀旧消费、实景演艺、仪式打卡的旅游功能。**以“戏在村里，村在戏里”为核心，打造一站式淮剧主题文旅融合空间**。淮剧小镇一方面通过景观小品、淮剧元素构筑物、脸谱元素精神堡垒和淮剧杂技 IP 形象艺术装置等来体现淮剧剧种“发源地”的重要意义；另一方面，创造性地设计了涵盖淮剧游乐、淮剧文化体验、淮剧演艺、淮剧商业业态等在内的一套淮剧主题产品体系，例如沙庄戏苑、喜淮茶饮、淮黄佩紫冠服馆、淮潮酒吧等，50% 的住宿、30% 的餐饮、20% 的文创零售与演艺构成的丰富业态，将淮剧转化为可感受、可体验的旅游产品形态，也让淮剧更好地融入生活当中，为盐城非遗与旅游的融合发展带来“1+1>2”的效果。

2. 创意策划前置，从空间规划逻辑到消费场景逻辑的思路转变

翔实田野调查与全景数字建模相结合，确定淮剧小镇的精准保护、精准开发模式。结合与村民、村干部、高龄长者等不同群体的个案研究和调查访谈，淮剧小镇策划团队获取了村内自然环境、街巷道路、建筑风貌、产业基础、人口情况、经济收入等方面的一手资料，充分发挥跨学科高技术人才优势，通过数字化建模技术等比例全景复原沙庄村八百余座村居建筑，尤其重点针对建筑年代、结构、层数、形态、风貌质量进行了系统梳理，形成了“建议保留建筑—建议拆除建筑”的一张图，实现了建筑空间的精准保护与开发。以涉旅化改造思路统筹考量各项工作同步推进，以文旅项目策划盘活在地文化旅游资源，打造宜居宜业宜游的乡村人居环境，推动“生产、生活、生态”三生融合，实现从传统村落“强保护模式”向“文旅业态有机植入创新开发模式”转变。**得益于翔实的田野实证调查，成功还原出“河街并行、九巷穿插”的“非”字街巷结构**。在调查研究过程中，团队发现了沙庄村不同于传统村落的鱼骨状布局的独特街巷肌理，“一河一街、九巷穿行”，村内现有主街原为一条夹河，21 世纪初填塞修建成 9 米宽的水泥青砖道路，两侧分布有商店、参观、

理发店等村民服务业态，留有西沉桥、中桥、东昇桥三座桥梁遗址；南侧东西走向小巷是村内原有老街，后因建筑侵占越来越窄，现约3米宽，成为民居间的通行道路；九巷分别是光裕巷、东昇巷、沙溪巷、通高巷、中心巷、九龙巷、西城巷、太平巷和丁字巷，巷内狭窄、地面多为青砖、石板、泥路等。**民居建筑的全景数字建模与风貌评估，为村庄街巷肌理的拆除与织补提供数据支撑**。苏北传统民居多为坐北朝南，呈“三间两厨”结构，主屋三开间——中间为堂屋、左右两侧为卧室，辅屋则为厨房及杂物间，院落整体构成“L”型格局。利用建筑模型对传统“三间两厨”结构进行复原与组合利用，通过拆除大量违建加盖空间梳理出更多的村庄绿地和大型院落空间，形成以“院落制”恢复村庄传统肌理的空间布局思路，以青砖灰瓦还原传统风貌，以院落单元勾画建筑底色，以院子生活还原乡土记忆。

策划前置，关注人与场景的关系。文旅景区策划是复合型工程，包括文旅项目创意、业态类型布局、特色景观营造、建筑风貌基调、服务设施配套等，既要考虑文化显示度、旅游可玩性、管理便捷性，也要考虑设计施工与招商运营的可操作性。规划先行往往关注的是空间关系，包括水系、交通、建筑、景观等；而策划前置关注的是人和场景的关系，是站在游客、商家、管理者的角度上去思考全域空间的布局与规划，以游客游览休憩规律为依据，综合考量道路街巷尺度、建筑空间布局、不同业态消费场景设计、演艺空间与夜间亮化预留等，为游客营造最舒适的游览娱乐氛围。**创意赋能内容为王，空间与内容双向奔赴**。坚持空间为人服务、内容为王，以文旅项目为导向，重点打造淮潮大街、百戏小街、喜鹊湾等重点项目。淮潮大街拆解淮剧文化元素，打造融合淮剧博览、时尚创意、生活美学、非遗演艺、美食体验为一体的淮剧国潮文化全景体验地，策划了粉面油彩美妆馆、淮黄佩紫冠服馆、淮言嬉语博物馆、喜淮茶饮、淮韵潮声文创店等15个创意产品；百戏小街保留苏北水乡老记忆旧生活，是沙庄烟火气的集中体验地，将沙庄地气、气味、气质、福气转化为非遗九坊、知味茶楼、添点盐色文创店等8个创意产品；喜鹊湾是生态水湾与调性空间的完美耦合，是热闹夜水岸、留人慢空间、圈粉打卡地，策划了小鹊幸餐酒吧、演艺舞台、喜宴餐厅等创意产品。策划的核心是控制，精准把握小镇建筑风貌与核心景观节点。淮潮大街采用连续水体景观设计，还原湖荡湿地村落的亲水感，解决以往临水不亲水的问题；沿街建筑风貌以青砖灰瓦硬山顶为主调，在外立面多使用玻璃立面、竹木、亮面不锈钢等清透材料凸显时尚感，大胆起用明亮复古跳色形成视觉焦点，鼓励利用沿街店招、外摆、景观小品等景观构筑物营造街区国潮氛围感与碰撞感。百戏小街更加体现沙庄老记忆旧生活，坚持修旧如旧的核心原则，在店招、摆件、景观小品营造上体现年代感、凸显原乡感。为方便后续回迁居民自主经营，百戏小街策划传统作坊店铺业态，建筑以下店上住单体建筑和前店后坊、围合院落的院落式建筑为主，再现旧时一街九坊的商业繁华。

运营前置，结合重点文旅产品与商家运营需求，在空间结构、业态招商、动线组织等维度提出针对性的开发控制建议。在建筑内部空间结构与功能布局上，考虑到传统单体建筑体量过小、柱体过多且保温密闭性较差影响商业运营，淮剧小镇不再完全复原传统民居四梁八柱的空间结构，而是遵从商业运营逻辑采用框架结构，室内不留柱体、不做区隔，临街面、临湖面预留观景大玻璃开面便于后期商家装修调整，对于临湖或临重要景观的体量大、层数高的建筑单体则尽量开发屋顶与露台的空间价值，让绝美的湖荡风景、精致的生态景观成为商业招引的一大利器。同时，所有建筑以餐饮要求为标准，预留餐厨后场空间、水电燃气接口，为未来业态调整留足弹性空间。在业态招商上，在文旅产品的创意策划中，淮剧小镇即将产品实用面积、业态功能、空间形态、运营建议等进行初步估算，并结合本地市场与区域市场的商家实际，列明了招商建议名录，部分产品策划给予了业态调整的弹性建议。例如淮潮大街上的“淮彩造物坊”，本体是一座实用面积为200—400平方米的2层建筑，策划方案将其定位为一个主题文创日用生活型的创意小店，也可作为堂食餐饮的业态空间，外立面可采用国潮复古亮色系、中国风外摆、店招等进行装饰，以品牌加盟或招商运营形式开发，建议品牌为 monogram 墨格、九木杂物社、契意坊等。在动线组织上，基于文旅体验项目设置、游客游览休憩停留规律、不同业态消费场景、商家后场货运、消防安全通道等综合要素考量，淮剧小镇设计了多条游览动线、货运动线与消防安全动线，并根据实际设计了“货运大车不入小镇 + 内部小型电动货车转运”的路线，增设回车道、物管用房和供商家使用的临时仓储用房，同时引导规划团队按照动线逻辑进行道路尺度、巷道广场、建筑排布、游客服务设施（游客服务中心、厕所等）、重要景观节点、夜间亮化、演艺空间预留等空间谋划布局，让空间真正为人服务。

3. 聚力建设运营，从三年稳扎稳打到一朝全域绽放的实干历程

淮剧小镇项目占地 23.33 公顷，分两期建设，由建湖县旅游发展有限公司投资，一期投资约 3.5 亿元，二期投资约 4 亿元，整体拆迁安置费用约 7 千万元。一期建设以淮剧小镇入口与东部为主，改造动迁涉及大量原住村民的安置工作，小镇建设坚持“征收不拆迁，搬迁再回归”的原则，在退圩还湿、退渔还荡过程中，制定湿地生态修复补偿办法，并承诺“塘口收储了但村民分红收入不减”，切实保护当地群众利益，当地政府除了给予乡民经济上的补偿，还提供九龙口镇最优地段的农村新型社区供乡民们选择。同时，小镇在建设过程中积极发挥金融手段的操盘辅助能力，小镇相关负责人与银行负责人共同走访当地住建局、农房办等相关主管部门，咨询了解相关政策和项目要件落实情况。2021 年 2 月，成功投放盐城首单农房改善贷 4400 万元，新建内含 70 幢房屋的新型社区，妥善安置好淮剧小区一期周边居民 245 户，以金融措施创新保障文旅开发与民生安置的稳妥落地。二期建设以淮剧小镇中西部为主，建筑密度更大，面临的实际问题也更为复杂。在施工前，小镇即将二期空间划分为“商业开放空间”“商住混合空间”“回迁安置空间”“收储拆除民居”四类，并针对每一个类型的未来运营方向、文旅产品策划、景观风貌控制等设计策划方案。在二期居民动迁中，小镇做了大量的动员与补偿工作，例如：针对回迁的居民根据其住房屋面积、是否为门面房等特征提

供相对等量化的房屋置换；针对愿意搬迁的居民提供经济补偿和农村新型社区保障住房；针对回迁但不常住的居民，优先由小镇运营公司进行长期租赁，居民可增加房屋租赁的收入。二期建设由中国建筑第八工程局有限公司总承包，共完成了102栋建筑新建和149栋建筑修缮，新建建筑依然保留了青砖灰瓦硬山顶的村落原始民居的风格，修缮建筑则在保持原有外立面的基础上进行加固出新，水电网管道下地、道路街巷出新、游园庭院织补、景观菜畦设置让原先村庄的面貌焕然一新。

淮剧小镇历时1年半建设，于2021年实现一期开街，2022年实现二期开街。2021年9月17日，淮剧小镇一期项目正式举行开园仪式，游客中心、粮仓艺术中心、淮黄佩紫冠服体验馆、沙庄戏苑、九龙玖院、九龙九鲜私房菜馆等重磅节点相继亮相，迎接八方游客到来。2022年7月20日，淮剧小镇二期项目开街仪式顺利举办，喜鹊湾演艺广场、1953淮剧餐厅、九龙喜事、留间剧场、喜鹊湾演艺、沙庄旧事、戏藕霸糖水铺等重量级项目再一次惊艳游客，《小镇有喜》与《非遗里的中国》江苏篇焕新小镇文娱体验。自开街以来，淮剧小镇已先后获中央广播电视台《新闻联播》、《新闻直播间》、《新闻30分》、《朝闻天下》，江苏卫视《江苏新时空》，江苏公共·新闻《新闻空间站》，《新华日报》等国家级、省级媒体20余次报道，2022年入选《中国国家地理》杂志备选封面。淮剧小镇内业态空间的招商与运营，涵盖了餐饮小吃、零售购物、休闲娱乐、特色住宿、非遗文化体验等多元类型，招引了天沐酒店、花间堂、小龙坎火锅、筑花园咖啡、中国旅游书店、口红学院、柏戈摄影、美宜佳便利店、来伊份、鱼你在一起等诸多品牌、连锁商家，大大提升了小镇商业消费业态品质。围绕国潮淮风、文艺交流、地方物产三个维度，积极打造品牌活动精准发力。国潮淮风席卷小镇，淮剧小镇先后举办了2022年首届淮剧戏迷票友大赛、2023年九龙口首届“淮潮新韵”国风大赏等活动；2023年6月10日，九龙口“淮潮新韵·非遗有戏”非遗日盛大开幕，央视频、央视新闻、央视文艺、CCTV11戏曲频道等央视一线媒体团队同步开启庆典线上直播；同年7月，全国22位戏曲梅花奖得主齐聚小镇，录制CCTV-11、央视频《角儿来了》“古淮清音”节目，中国戏剧荟萃带来一场视听盛宴。文艺盛会齐聚小镇，淮剧小镇先后承办了2021年中国·九龙口第五届诗赋大会、2022年中国·九龙口第六届诗赋大会、2023盐城市散文学会第三次代表大会暨水秀·九龙口湿地写作计划启动仪式等活动，为小镇增添了更多的文艺色彩。遇建湖鲜遇见小镇，淮剧小镇积极参与建湖优质湖鲜产品的推介与品牌建设，举办了“遇建湖鲜，相约九龙口”2021中华好蟹产业发展论坛暨“蟹王争霸赛”、2022年盐城生态三鲜—遇“建”湖鲜美食节开幕式、2023年“九龙九鲜”杯首届建湖乡土厨艺大赛等活动。

文旅融合示范性突出，产业富民带动性显著。2022年，淮剧小镇累计接待游客252.72万人次，实现旅游综合收入达4.78亿元；2023年，仅上半年便接待游客超330万人次，实现旅游综合收入1.36亿元，全年重要节假日更完成游客接待量与旅游综合收入的双突破，春节假期共接待游客42万人次、实现旅游综合收入5000万元，“五一”假期共接待游客39万人次、实现旅游综合收入3337万元，国庆假期共接待游客59万人次、实现旅游综合收入5420万元；2024年，春节假期共接待游客100万人次、实现旅游综合收入1.02亿元，同比增长138%和104%。截至目前，淮剧小镇文旅产业相关链条带动就业人口达3000人，年均增加100人以上，人均就业收入达5万元。淮剧小镇因“文化遗产+旅游融合”赋能乡村振兴的特色模式，获得了国家、省、市在文旅融合与特色消费领域的多项荣誉。2021年，淮剧小镇被评为2020—2021年度“江苏文旅消费热力榜”江苏文旅消费新场景；2022年，小镇获评“全国非遗与旅游融合发展优选项目”与2022年度“新时代·中国文旅融合创新典范镇”，并入选首批16家江苏省文化和旅游产业融合发展示范区，成为盐城市当年唯一入选单位，同年成为第三批省级夜间文化和旅游消费集聚区；2023年，淮剧小镇被评为国家4A级旅游景区，入选江苏省第二批无限定空间非遗进景区示范项目和培育项目。

三、创新资源整合模式，以文旅开发激活文化生命力与产品创造力

文化旅游是一个系统性工程，地方文化与资源是文旅开发的创新源泉和基石。淮剧小镇的发展过程正是对地方优秀文化、优秀资源进行整合、创意、再开发的最好诠释：一方面紧扣淮剧主题导入高能级文化主体与文娱创作团队，借力赋能实现双赢；另一方面整合非遗资源，通过创意策划使之转化成为人们喜爱的文旅体验产品，重新激活地方优秀文化的创造力与生命力。

1. 融入时代语境，从小众曲艺剧种到大众文旅产品的全新面孔

淮剧《小镇》进一步放大舞台艺术创作“江苏现象”[①]，向世界人民展示东方戏曲的独特魅力和文化自信，剧组被江苏省人民政府授予“集体一等功”荣誉。《小镇》曾 5 次进京演出，先后参加 2017 年新年戏曲晚会、全国舞台艺术优秀剧目展演、全国优秀现实题材舞台艺术作品展演等重大演出活动，并在上海、浙江、河北等 21 个省（自治区、直辖市）巡演。2019 年，淮剧《小镇》赴欧洲荷兰、比利时巡演，促进淮剧与当地艺术门类的交融发展，传递中国声音，讲好江苏故事；2023 年，《小镇》入选文旅部全国演出市场社会效益和经济效益相统一优秀演出项目，成为淮剧舞台艺术生产中一部“里程碑”式的作品；截至 2024 年 8 月，《小镇》已演出 236 场，观众达 30 余万人次，线上观看超 310 万人次，演出收入千余万元。新时代的淮歌新唱，焕发传统剧种新魅力。淮剧小镇坚持将淮剧与现代审美需求相结合，创新推出以淮剧腔调、建湖方言为基础的淮歌《我在建湖等你》，全天候在小镇播放，词曲朗朗上口，获得了游客的广泛喜爱。得益于小镇的口碑宣传，越来越多的淮歌被唱响：《小镇》主演陈澄老师演绎的《神女劈观》在 B 站一经发布就登上热门榜第一，B 站播放量已突破 257.1 万次，抖音播放量达到 522.7 万

---

① 方标军. 用习近平总书记文艺工作重要论述领航定向——兼谈戏剧创作、评论的“江苏现象”［J］. 艺术百家，2023，39（2）：74-81.

次，点赞量超 21 万次；淮歌《春日宴》刷屏出圈，抖音播放量破 270.8 万次，B 站播放量破 85.6 万次，在淮剧演员姜辰颖的吟唱中，勾勒出一幅春日宴会的唯美景象，将人们从现代快节奏的生活中拉回纯粹温柔的旧时光，悄然打开人们心底深处的往日戏曲回忆。**淮剧出海按下加速键，从“等你来”到“请你来”**。2024 年，淮剧小镇积极迈出国际化步伐，跟随盐城文化交流会前往海牙、羊角村、瓦登海、萨格勒布、查科韦茨、首尔等荷兰、克罗地亚、韩国的重要城市，通过街头演艺、淮剧快闪、淮歌潮唱、淮服表演、文创交流等形式，将接连不断的文旅推介活动串点成线、连线成片，与国际友人共赏淮潮之韵、共鉴非遗之美、共享水乡之趣。在克罗地亚查科韦茨市“城市日”庆祝活动上，淮剧演员夏荣、夏诗雅惊艳登场，传统唯美的淮妆扮相、地道专业的淮剧腔调惊艳四座，克罗地亚总统佐兰·米拉诺维奇、梅吉穆列省省长马蒂亚·波萨维奇、查科韦茨市市长乐瑞卡·奇维迪尼现场观看演出，共享这场中外文化交流的饕餮盛宴。

从文艺事业到演艺产业，淮杂剧团的新生之路。淮剧小镇江苏省淮剧团、省杂技团合作成立淮剧、杂技艺术人才传承基地与教学基地，探索边学习边实践的传承模式，邀请淮剧艺术家陈明矿与陈澄设立大师工作室和非遗传习所，积极在小镇开展名师沙龙、讲座活动，传播弘扬淮剧艺术及文化。**淮剧人才可持续培育，让小镇成为地方剧团演员成长的试验场**。深受游客喜爱的沉浸式剧目《小镇有喜》不同于传统旅游演艺，在地方文化传说基础上充分融合淮剧、杂技表演，大量使用地方剧团演员，为淮剧市场化推广、人才传承培养提供了良好的实践平台，戏院常态化演出、青少年研学活动也为剧团演员提供了更多表演机会与更加广阔的舞台。建湖县淮剧团是事业单位，但政府拨款有限，需要自筹一部分经费，与淮剧小镇的文旅融合给剧团创造了非常好的契机，自《小镇有喜》演出以来，剧团每天会派 10 名演员到沙庄戏苑进行表演，旅发公司会按照演出场次与剧团结算费用，中青年演员登台演出也对锻炼表演水平有很大帮助；联合国家级非遗传承人裔小萍工作室平台，盐城市县6个专业淮剧团共40多名中青年演员参与到淮剧小镇沉浸式演出中，为剧团新一代人才培育提供了很好的机会。上海淮剧团将“淮四班”的青年演员送到盐城寻根访源，学习淮剧基础语言知识，前往淮剧小镇参观淮剧文博场馆，学习非遗技艺，和当地淮剧青年人才深入交流、举行志愿演出等。得益于淮剧市场美誉度与就业市场的扩大，淮剧人才校团企合作进一步深化。自2022年开始，建湖县淮剧团与江苏省戏剧学校开展联培合作，按照“定向培养、定向就业”原则，每年平均培养40名淮剧演员，演员学成后前往淮剧小镇进行就业实习，实现了建湖县淮剧团人才的可持续培养与就业。同时建湖县淮剧团积极进行体制改革，原先合同制的淮剧演员30岁以后即与淮剧团分割，独自进入社会谋生，这一度使淮剧演员缺乏对淮剧团的归属感，创排与工作积极性受到较大影响，淮剧小镇开街后，淮剧演员拥有了更多的舞台和曝光的机会，县委、县政府利用契机推动淮剧团改革，增补了一定比例的淮剧演员事业编制岗位，经过考核优异者可获得稳定的事业编岗位，大大增强演员们的积极性，促进了内部合理竞争。此外，2023年12月，江苏省淮剧团与扬州市文化艺术学校达成淮剧人才委培合作，以“团校合作，定向联合培养”模式，培养新招收的淮剧表演、器乐表演专业学生，学制六年，并在2024年4月签订《江苏省淮剧团2024年定向培养淮剧表演、器乐表演专业学生协议书》，淮剧人才的可持续培养进入了正轨。

淮剧小镇的成功经验引起社会各界对淮剧的关心支持。江苏在立法保护、创作展示、数字化传播等方面开展有益探索，进一步推动淮剧活起来、火起来。2021年8月，为加强淮剧的保护和传承，促进淮剧事业可持续发展，盐城市通过起草、专题调研、座谈会等形式广泛征集建议，正式颁布施行《盐城市淮剧保护条例》，重点解决当前全市淮剧保护工作在体制机制、人才培养、设施建设、政策保障等方面存在的困难和问题，并提出创建中国淮剧之乡、建设淮剧小镇、建设淮剧数字化平台，支持淮剧保护单位与研究机构融合发展等举措，为盐城市淮剧保护传承工作提供有力的法治保障。区域性淮剧创作蓬勃发展。作为江苏主流戏曲剧种之一，近年来省内淮安、盐城、泰州等地13个淮剧国有文艺院团相继推出30余部淮剧优秀剧目，淮剧艺术呈现蓬勃的发展态势。2024年，江苏省文旅厅、盐城市人民政府共同主办的第九届江苏省淮剧艺术展演月在盐城举行，新创剧目展演、小剧场演出、名家名段进乡村、看淮剧游盐城四大板块轮动，历经33天65场精彩演出，惠及线下观众4.5万余人次、线上观众2500余万人次，数十家主流媒体广泛报道。数字赋能推进淮剧创新性传播。以推进剧目保护传承为核心，江苏还对淮剧博物馆和全省淮剧院团开展图文、音视频等资源采集，建设淮剧资源数据库；上线推广中华淮剧APP，打造集淮剧视听、社区互动、版权交易等功能于一体的平台；打造线下载体，建设喜马拉雅数字淮剧有声书屋和淮剧主题邮局，实现集听、说、学、唱于一体的沉浸式淮剧体验；以“中华淮剧”为名，在抖音、微信等九大新媒体平台及喜马拉雅、网易云音乐两大FM音乐平台入驻运维，呈现媒体运营流量效应，“淮剧潮唱”居B站热门榜首；淮剧传承发展工程获评全国文旅融合创新项目提名、长三角企业数字化创新案例荣誉。

2. 转译文化价值，从一出舞台大戏到小镇移步换景的沉浸体验

市场消费需求敏锐捕捉，成就《小镇有喜》一出大戏。因地制宜打造小体量沉浸式旅游演艺，争取年轻受众市场。旅游演艺经历从野蛮生长到谨慎而为的阶段，淮剧小镇认为演艺项目必须体现地方文化特色，深入挖掘淮剧小镇作为里下河地区淮剧与杂技两大非物质文化遗产溯源地之一的文化内涵与价值，弘扬《小镇》剧目核心价值，坚持原真性淮剧剧种保护，但也要迎合年轻受众与市场消费需求，推动淮剧从小剧种走向大众，实现广泛的戏剧传播效果，为建湖争取未来五年到十年的年轻受众。因此其提出要将整个小镇作为表演舞台，整合牌楼广场、亭廊戏院、湖荡水面、观景平台、商业店铺等已有空间载体，利用多条线叙事、多场景构建、数字技术加持，打造一出沉浸式演艺剧目。高标准团队引进创新单元剧情式结构，打造《小镇有喜》融合大秀。2022年，淮剧小镇与北京优景影视文化发展有限公司合作，由高

燕、孟可担任总导演，联袂国内优秀艺术家、技术专家共同打造大型多维实景沉浸式秀演《小镇有喜》，将小镇全域作为演出范围，创新“9+1”单元剧情式结构，九大戏剧场均以“喜”字串联，从浓缩小镇众生百态的《拱桥牌楼》，到戏曲与偶戏巧妙融合的《逆光书屋》，从贯穿淮剧“连环句”戏文的《吊桥》，到流光溢彩的巡游阵列《百戏小街》，融合环境景观、灯光舞美、表演音乐等多维元素，九场秀演在古村中轮番展现，为观众带来9个“时空再造”的人文景象和一场名为《喜临天下》的“融合大秀”，游客置身其中，宛如沉浸于一场穿越百年的奇幻之旅。演艺情节与淮剧《小镇》文化空间有机融合，缔造小镇场所精神。围绕《小镇》诚信文化主题，小镇复刻还原剧中十八处关键场景，并将浸入式文化体验和场景式文化消费相结合，尤其是将只有单纯文化展示功能的《小镇》人物朱文轩的家与演艺小剧场相结合。在创作团队与演员的共同努力下，朱文轩的家成为九大戏剧场中极为出彩的一处，塑造淮剧小镇独有的场所气质和地点精神。2023年第四届长三角国际文化产业博览会上，《淮剧小镇“文旅”+“非遗”实现文旅融合加速度》荣获首批100个“长三角人文经济典型案例”，《小镇有喜》作为开放的文化内容+科技创新所衍生的数字化演艺平台，具有鲜明的地域属性，通过跨界多元的文化表达，与时代通联，与市场互联。

全场景行进式演出推进，给予游客最沉浸的文旅体验。小镇中的九个场景九场戏，采用单元剧情式结构贯穿小镇全演出区域，每场表演融入一个淮剧绝活、一项精巧技艺、一段单元小戏。夜幕笼罩水乡古镇，在小镇入口吊桥处，须发皆白的老者热情地向客人们介绍小镇，用独特的说唱方式将小镇生活特色说了个遍，柔情款款的撑伞姑娘引领游客走过拱桥，踏进小镇牌楼广场，游客的热情被点燃；在戏院前的广场上，聚集了缤纷花车、点心摊子、绝活杂耍，小镇热情欢乐的气氛扑面而来；在逆光书屋，用电影化的手法将戏曲学徒们的台前幕后一一讲述；在朱文轩的家中，《小镇》朱文轩与妻子打电话的经典一幕被重现，无数个红色电话以装置的形式点缀在屋舍青砖上，焦灼气氛被瞬间点燃；留间剧场融合儿童剧与传统猴戏元素，引导青少年了解淮剧历史、走进传统文化；水袖南巷中，高椅上的女子各具神韵，撑伞女子款款而行，展现一幅水乡小镇佳人图；在老街巡游之旅中，当地“九龙九鲜”玩偶形象与景区 IP“淮淮和娃娃”巧妙结合；在沙庄茶馆里，来自各地、身着不同服装的茶客上演着斗茶一幕……游客行走在小巷里、栈桥上、楼宇间，形态多样的近景沉浸式音乐剧表演，满足不同观演群体的期待，一步一景、一景一戏，有种“人在画中游，画在景中走”的独特体验。在小镇，观众全程保持与剧中演员近身互动，感受近景魔术、滑稽小丑、变脸吐火等杂技绝活，“融合大秀”中采用投影视觉融入动作捕捉技术，以影代光、光影融合，复现裸眼 3D 视效，并加入水炮、火炮、水幕等科技元素，打造全新的观演互动模式。《小镇有喜》立足于“重塑小镇文娱体验新方式”的创作理念，沉浸感、代入感强，实现了由一台演出到一个文娱场的转变，刷新了国内水乡文旅演艺的体验。

多元活动演出精彩纷呈，构筑淮剧小镇新文娱格局。常态化演出结合原创新剧目，丰富小镇文化体验。面对游客多样化、品质化的需求，沙庄戏苑每周固定时间段会有淮剧表演、汉服秀快闪、演员巡街等夜间表演；2023 年景区紧跟电影《满江红》热度推出夜间淮剧快闪“满江红”，好评如潮；九龙口淮剧小镇艺术团原创杂技亲子剧《小丑的航海冒险》、《震旦鸦雀的蛋宝宝奇异大冒险》在粮仓艺术中心上演，为大小朋友们贡献了一部部色彩斑斓、创意无限的欢乐互动剧；2024 年国庆节，江苏省杂技团将音舞诗画杂技剧《盐运华夏》剧目和淮剧小镇深度融合，在沙庄戏苑演出篇章《我在九龙口等你》，创下了线上线下 5 万人观看的观演纪录。**用艺术创作与水乡共叙浪漫，积淀小镇文艺气质。**淮剧小镇发挥古溻湖湖荡湿地的风光价值，引进江苏射阳籍全国美展“中国美术奖”金奖（水彩粉）获得者陆庆龙艺术空间，常态化展出“水边是我家——陆庆龙小幅油画风景作品展”；江苏省美术家协会主席周京新“写生灵·水墨作品展”、中国当代前瞻性艺术家王云慢艺术作品展“灵感闪耀的午后”在淮念书房拉开帷幕，让水乡日常充溢灵感的火花；滕俊杰、梁伟平、陈国富、吴大忠等艺术大师，围绕“对话——戏剧与电影”碰撞出精彩的艺术火花；张朋川、华人德老师与大家一起尽兴神聊；央视主持人康辉在小镇与游客一同分享《咬文嚼字》的乐趣……淮潮戏韵主题活动，营造小镇国风氛围。淮剧小镇紧扣非遗戏曲、淮潮国风的主题，面向垂直细分客群打造多样化的主题活动。面向戏曲爱好者，非遗日设计“梅花聚小镇 · 戏潮九龙口”戏曲雅集板块，京剧、粤剧、越剧、锡剧、黄梅戏等传统戏曲大咖云集，14 场好戏连台上演；九龙口文化开放日设置折子戏专场，淮剧经典折子戏《孝灯记》《秦香莲》《珍珠塔》《梁祝》等精彩唱段赢得了满堂喝彩。面向年轻受众，小镇推出九龙口花朝节、九龙口华服日，邀请汉服传播垂直 KOL（关键意见领袖），举办国风巡游、演艺盛宴、走播大秀、缤纷集市，进一步丰富了小镇国潮氛围与年轻客群市场。

3. 复原旧时场景，从静态展示保护到活态展演传承的具身实践

非遗资源走入街巷空间的视觉与产品转化。建湖县非遗资源较丰富，淮剧、杂技、藤编、剪纸、糖画、豆腐、酱醋酿造等，但在淮剧小镇出现之前以保护传承为主，策划团队始终认为创新开发走入日常才是延续非遗生命力更好的途径。那些岁月里渐被遗忘的非遗在这里化身美食、礼物、表演、体验，重新再出发，安放着每一位小镇居民与游客的乡愁。整合县域非遗资源打造“沙庄旧事”非遗小巷。小镇对村庄民居建筑进行巧妙改造，选取院落式空间形态，利用木材、茅草、青砖、芦苇等乡土材料，融入非遗产品业态，巷子里的老房子悄悄变身非遗文化与技艺的展示体验空间，藤编坊里亲手编织箩筐，酱醋坊里酱油和醋的清香在漫长岁月的发酵中一点点沁出，慢豆腐的文艺小店里黄豆在一遍遍压实的过程中成为餐桌上鲜美的豆花、豆腐和豆干……随着一个个非遗手工作坊与店铺的入驻，小巷逐渐成为承载着建湖与沙庄旧生活、老记忆的重要场域，小镇时光仿佛在这里慢了下来。文化日常化表达设计非遗文创系列产品。建湖有礼里摆放着水乡湖荡里蓬勃生长的蒲草编制成

的蒲扇与草编包，糖画被装进了芦苇织袋，酱醋瓶挂上了剪纸的吊牌，鱼圆、藕粉圆成为主街上颇受喜爱的网红小吃，以淮剧为核心的文创在持续更新——“龙生九子”小灵龙盲盒、舞花龙非遗玩具、“淮梦”睡眠系列、“龙吟曲”小镇音乐盒……文创 IP“淮淮”和“娃娃”入选 2023 年“全省乡村文创”优秀案例，成为“全省仅 10 例、盐城唯一”文创产品，2024 年 1 月联合南京夫子庙特推出龙年新年帽，在南京有“科教人文专线”之称的地铁 4 号线龙江站盛装亮相，将文创产品植入一张张“礼物卡”中。非遗与农副产品、生活日用品、文创礼品碰撞出独特的火花，匠人们的匠心独具也让小镇文创拥有了持续的生命力。创新视觉表达打造淮杂文化 IP 系列。淮剧小镇邀请第三方设计团队设计了淮淮娃娃、杂技人物形象、小镇脸谱 logo 等系列的淮杂元素 IP 形象，并将其应用在小镇导览导视、艺术装置、雕塑小品等景观空间营造上。今天，非遗 IP 形象在小镇处处可见，小镇入口雕塑上有淮剧脸谱，北环的草坪上是翻转跳跃的杂技小景，在淮潮大街上与憨头憨脑的淮娃人偶不期而遇……游客走入牌坊大楼，即可获得全场景非遗体验。

非遗资源走出小镇、江苏，传播合作扩容。匠心技艺传承，持续推动优秀文化传播。2023 年 9 月淮剧小镇举办了“九龙口非遗融合创新艺术周”，活动上举行了九龙口非遗融合创新原创音乐基地、南京非遗传承人之家·九龙口基地、民革江苏省委文化艺术工作者联谊会·非遗交流中心（盐城）的揭牌仪式，南京泥人、金陵刻经、纸扎染、面塑、淮剧杂技、木偶表演、古琴、茶艺等建湖及江苏非遗，以沉浸式快闪演艺、淮歌潮唱舞台、文创风物特辑、非遗美食品鉴等形式、场景呈现在游客面前，持续扩大《小镇》的姑苏朋友圈。游客在传统节假日还会遇上非遗市集，观看非遗表演、体验非遗技艺、聆听非遗传承人的吉祥祝福，古老的非遗以全新的面貌重新进入了人们的生活之中……多地合作联动，扩展小镇文创朋友圈。5 月，小镇参加第二十届中国（深圳）国际文化产业博览交易会，举办龙九子盲盒专场发布会，带来近百场文创周边产品，五天现场累计销售金额为 8 万余元，与国内 40 余家企业达成多项、多种形式合作意向，与泾县文旅、贵州黔南文旅、山西介休文旅达成合作设计景区 IP 意向，与大同文创、绍兴文创、深圳文创、上海文创等 20 余家企业达成代销、互销等合作意向，与南京文投文旅发展有限公司、安徽文创、河南邮政等多家企业达成文创产品联合开发意向；小镇文创产品参加北京西单更新场 THE NEW“最中国·文博市集”，以春卷、鸡蛋饼、藕粉圆、震旦鸦雀等为原型的 Jellycat 宝宝，凭借可爱别致的造型和独特的文化内涵，成功吸引了大量年轻人的目光。

非遗资源登上央视平台，小镇品牌度提升。2022 年底淮剧小镇入选了央视综合频道《非遗里的中国》节目取景地，2023 年 5 月 2 日《非遗里的中国》（江苏篇）在央视综合频道晚 8 点黄金档播出，撒贝宁、单霁翔、杨童舒、李玉刚等嘉宾一起走进盐城建湖九龙口淮剧小镇开启非遗之旅，邂逅了近 30 项极具江苏特色的非遗项目，节目时长超 90 分钟，杂技、淮剧、藕粉圆等“东道主元素”惊艳亮相，向全国观众展现传承与创新相融的非遗之美。在国家级非物质文化遗产淮剧省级传承人陈澄表演的《宝剑记·王玉莲》游园片段中，淮剧这一古老的地方戏曲剧种的幕布被徐徐拉开，主持人和嘉宾现场聆听淮剧经典选段，撒贝宁还现场挑战淮剧垛板，学习建湖方言，领略非遗淮剧的无限魅力；节目中藕粉圆制作技艺闪亮登场，向江河湖海间寻觅“美的味道”，让主持人、嘉宾带领观众一览舌尖上的非遗美食，也让整档节目充满了浓浓的烟火气。《非遗里的中国》（江苏篇）实景首播引发了全网热烈关注，上演原地“C 位出道”传奇，对当地旅游发展起到极大的拉动作用。“非遗中国走进九龙口”强势占领微博南京同城榜首页，网络影响力综合指数位列当日晚间黄金档电视节目第一位，央视频直播观看人数 111.6 万人次，同比增加 2.7 倍，实时收视率 1.362%，比首期高出 0.101，比第二期高出 0.362，同时段排名上星频道第 2 位。淮剧一词相关的搜索指数高达 300 万次，社交美誉度 99.55。在微博平台，《非遗里的中国》共有 58 个相关热门话题，阅读增量为 3.4 亿人次；抖音平台上《非遗里的中国》主话题“非遗里的中国”

播放增量为 2246.1 万次；节目精彩片段在抖快平台累计获赞 62.8 万个，与第二期相比增加 37.4 万个，快手平台热门视频累计播放 1032.1 万次，与第二期相比增加 422.2 万次。

四、提升公共服务效能，打造空间集约利用与多元化增值先行探索

无论是城市、乡村还是景区，如何统筹文旅公共服务设施、场馆、资源、服务的管理与利用，都已成为推动文旅公共服务供给侧改革的重要研究课题[①]。淮剧小镇以涉旅化思维聚焦文旅公共服务空间高效集约复合化利用，兼顾当地居民和外来游客的多样化文旅需求，在旅游体验空间中叠加公共服务功能，以文旅产业网链构建实现福民富民，逐步建设完善主客共享、社会与经济效益兼具的项目体系，实现旅游公共服务设施和公共文化服务设施的共建共享、融合发展。

1. 坚持主客共享，从公共文化空间到新型文旅产品的复合利用

沙庄戏苑打造小镇主客共享与文旅服务融合第一站。明清时期"洪武赶散"[②]，

---

① 我国公共文化空间大多以公共图书馆和文化馆为主体，在总分馆制基础上开展新型公共文化空间建设。新建、改造和嵌入是新型公共文化空间的主要建设方式，空间价值是核心价值，空间的变革带动了运营、管理和服务的变革。未来，新型公共文化空间要与已有公共文化设施体系深入衔接，同时加强乡村新型公共文化空间建设，提升服务专业化水平，增强可持续发展能力，形成错位发展的优良局面。参见李斯，张皓珏，陈一.我国新型公共文化空间发展现状与未来展望［J］.图书情报知识，2024，41（4）：6–13。

② "洪武赶散"是明朝初年（洪武年间）大规模的人口迁徙活动。至正二十三年（1363），张士诚在苏州建立根据地，自称吴王，与朱元璋抗衡。1367年，张士诚兵败被俘，缢死金陵。1368年，朱元璋在南京称帝，改元洪武、建立明朝。洪武帝为巩固政权，下令将苏州城内原来支持和拥戴过张士诚的士绅商贾没收家产，责令全家迁徙到苏北一代垦荒屯田。因朱元璋的部队头扎红巾，民间称之为"红巾军"，故又称"红巾赶散""红缨赶散""洪武迁徙"等。参见陈其弟.阊门洪武赶散者的大槐树［J］.江苏地方志，2011（5）：52–55。

潘李两姓迁徙定居沙庄村[①]繁衍生息600余年，创造了发达的水乡集镇商业，20世纪二三十年代曾有“一街九坊、渔火通明，三桥五庙、水韵禅音”[②]美誉。据历史记载，旧时沙庄村主街长约150米，八鲜行、竹木行、船厂、酒楼、当铺等一应俱全，村内还建有气派的都天庙与龙王庙，每到春节和歇夏期间，艺人们便在都天庙东边戏台表演，鼓乐声喧、热闹异常，集市上特色水产品及各类物资齐全，有“沙庄张小泉”之誉的陶氏剪刀[③]尤为顾客称道……但村内大多重要建筑后毁于抗日战火。新中国成立后的沙庄村占地约16.67公顷，常住村民1500余人，主要从事渔耕劳作及水产养殖，但随着年轻人口不断外出务工并定居城镇，村内不复往日的繁华与生机，也渐渐隐没于岁月的长河中。淮剧小镇的主街北侧、临近入口的位置，历史上曾是文昌宫、都天庙、

---

① 沙庄村虽小但历史久远，曾经叫沙溪镇。这里的先民们（初讲苏州语，渐成西荡话）源自苏州。元末明初，“洪武赶散”时期，潘、李表兄弟率先从阊门吴江一带来此定居，尔后又有同姓和他姓居民相继迁移至此。沙庄村的得名与“沙”和“墩”密切相关。起初，沙庄村位于现今位置以东的“大孤墩”，但这里地势低洼，常遭水淹。据有关志书记载，1680年至1685年间，黄河泛滥、淮河决口、洪水肆虐，小沙庄东南西三面的千万亩良田变成一片汪洋。水退后，沟沟渠渠则形成了八八六十四荡，沙庄周围叫沙庄荡，北边为马家荡，南边和东边分别称萧家荡、沙村荡和刘家荡。沙庄荡核心还有九条自然河流汇集到龙珠岛，形成“九龙戏珠”的奇特景观，九龙口因此而得名。为此，村民决定移往朝西一点被洪水冲淤而成的大沙丘处，于是便定名“沙家庄”。此后移居这里的不同姓氏的居民陆续增多，至新中国成立前增至50多个姓氏，将此处更名为“沙溪镇”，其时拥有居民1000来户、4000余人口，时有建湖第三大镇之说。参见许兆广，胡存楼.“小沙庄”古往漫话［EB/OL］.（2017-06-20）［2025-05-19］. http://www.jhwsw.com/wstx/ShowArticle.asp?ArticleID=9718。

② 乡村文化与旅游融合，助推乡村振兴与产业转型［EB/OL］.（2025-03-20）［2025-05-19］. https://baijiahao.baidu.com/s?id=1827064471619352253&wfr=spider&for=pc.

③ 1957年，建湖县政府决定将陶氏剪刀作坊迁至湖垛镇，挂牌“沙庄剪刀厂”，后于“文革”后淡出。参见许兆广，胡存楼.“小沙庄”古往漫话.［EB/OL］.（2017-06-20）［2025-05-19］.http://www.jhwsw.com/wstx/ShowArticle.asp?ArticleID=9718.。

魁星楼、土地庙、戏台广场等文化场所的集聚地，也是当年船来舟往、商贾云集时淮剧乡音[①]的传播中心，承载着 600 年的地方历史记忆。2020 年，建湖县人民政府结合文化惠民工程，重建仿古建筑形式的沙庄戏苑[②]，作为送戏下乡的展演空间。后在淮剧小镇建设过程中，创新提出将沙庄戏苑作为淮剧小镇的文化体验核心空间，既是公共文化惠民服务阵地，又是淮杂文化体验与非遗创新传承开发的先锋阵地，承担起以文旅丰富小镇居民精神需求供给、提升居民获得感与幸福感的重要使命。**文化惠民，常态化演出持续曝光。**沙庄戏苑每天定时进行淮剧唱段演出，不定期邀请著名的淮剧表演艺术家进行淮剧文化讲座和演出。每年春节期间，从正月初一至正月初六，每天都有经典淮剧轮番上演，现场观众千余人，这既为小镇居民带来了欢声笑语，更为外来游客提供了文化盛宴。戏苑还作为非常态化文化活动的举办空间，2023 年《康辉咬文嚼字》读书分享会在戏苑成功举办，康辉分享了许多自己对于汉字和文学的感悟，带大家重新认识容易读错的词语、多音字、地名、姓氏、美食等，指出地域人文风貌因素与语言文字的形成和表达有着紧密关联。分享会与建湖县大力推进“书香城市”建设的工作相得益彰。**茶歇消费业态植入，**

---

① 新中国成立后，淮剧在摒弃了“南冒”、“北侉”、“水腔”、“旱调”乃至“杂腔杂调”之后，选定水乡建湖方言作为自己个性化的舞台用语，这对淮剧的语言起到了规范化的作用，这种基于中州音韵并在生活语言基础上加以调整使之韵律化了的语言，语音纯正，词语本色突出，使得淮剧语言有了浅显通俗、通达明了和性格化、口语化的特质。参见戴为斌. 淮剧声腔艺术初探［J］. 戏剧之家，2019（32）：29。

② 沙庄戏苑项目位于淮剧小镇核心区东端，项目占地面积1780平方米，总建筑面积约800平方米，是淮剧小镇的第一个精品项目。戏苑整体建筑风格以苏北传统水乡民居为基础，参照里下河地区建筑形式建造，可容纳150人。戏台占地面积146平方米，屋脊高度9.3米，屋檐高度6.18米；南北配房面积分别为210平方米，屋脊高度6.25米，檐口高度3.7米；北院面积140平方米，屋脊高度6.25米，檐口高度3.7米；连廊面积94.86平方米，屋脊高度4.26米，檐口高度3米。参见建湖县人民政府. 九龙口沙庄戏苑开苑［EB/OL］.（2020-08-26）［2024-09-05］. http://www.jianhu.gov.cn/art/2020/8/26/art_32131_3794717.html。

文旅空间效能提升。沙庄戏苑充分利用舞台式的演艺空间优势，在加深观众对舞台故事的代入感的同时，进一步拉近演员、本地居民、游客观众的距离，在戏院回廊与戏台正面广场增设茶座，同时满足戏友票友与大众游客的需求，提供瓜子花生碟、淮剧主题点心、中式糕点、咖啡茶饮等传统与创意茶歇食品售卖，以特色化餐饮产品增加游客黏性，打造文化和旅游复合的公共服务空间。

记忆重塑，粮仓艺术中心变身怀旧展览打卡综合体。粮仓作为以小农经济为核心的中国广大乡村最具代表性公共建筑之一[①]，其储粮功能随着时代的发展逐步弱化，但也因其独特的场所精神成为乡村振兴过程中的公共服务建筑改造利用重点，越来越多的乡村从功能重置、空间改造、文化价值、更新手段等方面赋予粮仓更多的现代意义，通过建筑修补、功能更新将优秀的传统文化、乡土文化结合当下的时代精神传承下去。淮剧小镇也不例外，在村东头有一个 50 多年历史的老粮仓，是原来沙庄村的标志性建筑，它在小镇建设过程中被改造成为粮仓艺术中心，获得新生。粮仓艺术中心整体建筑为尖顶长开间的粮仓式建筑，分为上下两层、前后两栋，建筑改造融入现代景观风格，内部风格简洁明快，主调为白色的墙面让室内通透明亮，内天井、镂空的玻璃窗凸显出整个空间内光和影的交错，青色的砖瓦静静地注视着淮剧小镇日新月异的变化历程。以湖荡水乡与淮杂文化展示为核心，打造沙庄乡愁记忆安放地。粮仓艺术中心一楼是韵味沙庄展览厅，圆润曲线构筑的玻璃展台、生动的芦荡飞鸟和野鸭实景将水乡明珠的湿地风光展露无遗，小镇和淮剧的文字图片资料在这里集中展示，有关淮剧的头饰、戏服和乐器等展品无不别致端美。二楼一半是无限定展陈空间，长期展出以九龙口为主题的画展，受邀的艺术大家基本来自江苏省美术家协会。艺术家年龄跨越不同年代，

① 刘奕. 从天下粮仓到艺术中心，从建筑改造到乡村振兴［J］. 城市建筑空间，2023，30（8）：8-11.

画风有浓郁的建湖特色，很容易引起游客情感的共鸣。**引进盐城首家文化主题逆光书屋，作为主客共同精神栖息地。**逆光书屋位于粮仓艺术中心二楼的另一半空间，是淮剧小镇和喜马拉雅联合打造的盐城首家文化主题书屋，位置闹中取静、呈环形设计小清新 ins 风，每一个来到书屋的人都可以在“有声图书馆”上扫码获取热门小说、财经新闻、养生知识等有声读物，来一场奇妙的声音体验之旅。书屋中的时光隧道是网红拍照打卡点，采用全玻璃六面体设计，灯带打开之后像是一个大型 3D 万花筒，行走在其中，梦幻又迷离。**穿越时光回到过去，营造复古怀旧场景打卡地。**逆光书屋对面是一个小镇迷你室内美术馆，透过斑驳的窗户往下看是仿佛被时光固化了的过去。这里复刻了盐城市 70—90 年代的实景，可真慢邮局、不清不楚广播站、幸福小卖部、热盒饭食堂……旧建筑的一楼里不仅有对消逝年代的回忆，更有 80 后的别样青春记忆。

2. 构建产业网链，从民生服务环节到特色文旅体验的有机联动

九龙喜事甜蜜产业持续生长，相关业态联动实现内生有机循环。以喜鹊湾为媒，打造“九龙喜事”一站式婚恋服务综合体。淮剧小镇南侧有一处自然水湾，村里老人说旧时水湾附近常有喜鹊飞来，故取“灵鹊报喜”之意称其为“喜鹊湾”。淮剧小镇将这一文化基因融入产品策划过程中，提出打造集婚姻登记、纪念打卡、喜事定制于一体的网红婚姻登记处——“九龙喜事”，并争取建湖县人民政府相关部门全力支持，将建湖县婚姻登记中心迁入，除为本地居民提供婚姻登记服务外，也支持“省内通办”服务，让游客也可以在小镇完成他们的人生喜事。**以人为本，策划设计的核心是满足消费者需求。**在“九龙喜事”建筑方案设计时，设计团队提供了传统青砖与西式风格两种建筑方案，几经讨论无法定案，淮剧小镇采取逆向思维向建湖县的年轻人发起问卷投票，将选择权交到受众群体手中，最终西式建筑获得了大部分年轻人的喜爱，才有了今天看到的“网红建筑”“九龙喜事”。依托“2・14”、“5・20”、七夕等婚姻登记高峰日，淮剧小镇联合相关部门举办“情定九龙

口福伴五谷树”“九龙喜事幸福启航”“爱在七夕日，情定槐树下”“‘九’爱永恒为爱护航”等专题户外集体颁证活动，参加范围由本地青年拓展到外省市青年，参加对象从青年人扩展到中老年人，打造全省一流、全国有影响的“情定九龙口，福伴五谷树”婚俗品牌。**构建产业正向生态，努力实现文旅产业链条内生循环。**淮剧小镇在策划阶段就将“九龙喜事”周边街巷空间进行统一策划布局，预留婚拍摄影、喜糖喜铺、西服定制等业态空间，九龙喜事综合体这一概念在后期招商中得到了良好的贯彻执行并获得了预期效果，真正将旅游红利落到实处，让文化产业赋能乡村振兴成为一种可行路径。现在九龙喜事周边开设有婚姻文化展示馆、婚俗物品展示区、婚纱摄影集散地，提供传统婚俗体验、民俗表演、爱情故事再现、手写婚书、刻喜字印章、婚姻课堂等沉浸式参与，用爱情墙、心形拱门、花海长廊等营造多种美好视觉效果，提供更多的网红打卡体验“一条街”，吸引新人和游客拍摄打卡，用喜闻乐见的方式讲述现代婚俗理念。柏戈摄影、筑花园咖啡、口红学院等新兴业态入驻初步形成了甜蜜产业集聚空间，柏戈摄影成为新人们登记拍照、纪念写真的首选，筑花园极具氛围感的场景是每一对新人必来的拍照打卡地。淮剧小镇还面向新婚夫妻推出了筑花园咖啡、湖荡游船、口红学院专属口红定制、泊心堂度假套房、汉服租赁婚拍、1953 餐厅浪漫晚餐、荷花漫露营野炊、《小镇有喜》演出门票等多元组合的“喜事套餐”，实现了小镇内部住宿、餐饮、休闲、露营、特色水上游览等业态有机联动和正向增长，一个小小的婚姻登记处正在慢慢成为甜蜜产业的核心纽带，持续助力小镇的高品质发展。

留间剧场持续营造文艺氛围，打造小镇文娱体验新场景。留间剧场是在淮剧小镇策划阶段就提出的要为小镇保留的一间多功能、室内外相结合的百变剧场，目前也是小镇唯一一间室内多功能小剧场。在沙庄村 20 世纪七八十年代，村中曾有一个老供销社，建筑遗留至今，设计团队选取老供销社建筑形态，配合专业小剧场功能空间布局，在原有青砖灰瓦的建筑材料之外，大胆使用发光砖新材料嵌入墙体表面，老建筑因此有了新的功能、新的主题、焕发出时尚的光彩；而在留间剧场内部，山水画卷以立体的形式展开，巧妙地幻化成一个实景舞台，用色彩和造型演绎艺术的内在与韵味，让观众从情境里走出来、再自然地融入环境里。留间剧场正式运营后，除了是常态化传统戏曲表演空间，还是《小镇有喜·双喜临门》片段表演空间，这一出戏面向儿童群体，融合了儿童剧与传统猴戏元素，引导青少年了解淮剧历史、走进传统文化，以淮剧小镇 IP 娃娃视角，讲述娃娃邀请小朋友帮助孙悟空寻找丢失的金箍棒，鼓励他参加“英雄会”的故事，声光电数字技术的巧妙应用给予游客沉浸式、互动式的观演体验，成为众多亲子家庭游玩的首选之地。此外，淮剧小镇艺术团将历史文化素材“南宋名相陆秀夫家乡生活”、民间传说故事“龙之九子大战黑蟒”融入特色剧目创排，自制情景话剧《陆秀夫》、儿童话剧《九龙传说》进一步传播在地文化。剧场南面预留了小面积广场和小水面造景，进一步丰富了剧场景观层次感，成为小镇重要休憩节点与文艺活动举办空间，其周边集聚了中国旅游书店·有戏书局、淮念书房等文艺书店业态，围绕剧场书店所进行的亲子剧目演出、艺术展览、文艺名人沙龙等多元活动为小镇游客提供了文化娱乐消费的新体验和新场景。

3. 共担社会责任，从全龄研学体验到党建教育传播的发展担当

组建小灵龙研学院，实现非遗文化与教育场景创造性融合。淮剧小镇围绕建湖 IP 形象——“小灵龙”创建了“小灵龙研学院”研学品牌，整合建湖红色、生态、民俗、文博、非遗等旅游资源，串点成线将“文化 + 旅游 + 沉浸教育 + 互动体验”融为一体，打造产品化、体系化、品牌化的精品研学线路和课程。**传播中华优秀传统文化，关注研学课程设置的情感启发性与场景创造性。**淮剧小镇尊重教育规律，注重提升孩子们的价值选择性、情感启发性和场景创造性，致力于传播非遗文化声音，非遗 + 研学创新也为旅游可持续发展注入了源源不断的新活力。2023 年，建湖县举办“小灵龙研学院”秋冬令营共计 30 余场次，已开展覆盖小学生、中学生、大学生群体的各类研学活动总计 100 余次，参与人数超过 5000 人，小灵龙研学院湿地研学夏令营获

得央视媒体报道，淮剧小镇获评“江苏省社会教育游学基地”。积极承担社会教育功能，为本地中小学生群体研学提供优质服务。淮剧小镇与建湖中等专业学校签署产学研合作协议，将淮剧小镇作为暑期研学、毕业研学的首选地，建湖中心幼儿园、建湖县高中毕业生在淮剧小镇举办毕业研学庆典，秀夫初级中学 400 多名学生开启了为期 2 天的“非遗里的科创夏日营”。

重视教育与党建功能，建立区域性研学生态圈。广泛开展与各级院校的产学研共建合作，开展“党建 + 研学”活动。建湖县委组织部、县委人才办等部门为高校与淮剧小镇党建教育合作牵线搭桥，小镇与江苏省盐城技师学院电气工程学院合作开展党建主题教育实践活动，与上海华东理工大学合作开启“研学 + 党建”的美好旅程，与南京大学社会学院共建“党建协同育人基地”；小镇建设主体——建湖县旅发公司党支部还与南京农业大学园艺学院蔬菜设施教师党支部签订“党建共建协议”，进一步深化了校地合作关系。此外，淮剧小镇与南京大学、东南大学、苏州大学、河海大学、扬州大学、南京农业大学、苏州城市学院、苏州工艺美术职业技术学院等八大院校合作共建社会实践基地，与南京大学社会学院共同筹建乡村文旅实验室，等等。面向海外传播中华优秀传统文化，打造对外交流研学基地。淮剧小镇积极举办海外华裔青少年“寻根之旅”、夏令营、海内外名家书画展览等文化交流活动，向海内外华侨华人和华裔青少年积极传播中华文化，传播建湖好声音、讲好建湖故事。2023 年，淮剧小镇入选了江苏省侨联“江苏省华侨文化交流基地”；2024 年 9 月来自澳大利亚库梅拉圣公会学院的 30 余名师生走进小镇开展研学活动，欣赏非遗淮杂、体验传统文化。

五、实现运营自生持续、市场化逻辑贯穿始终的精耕细作发展典范

规模庞大的文旅消费市场催生了数量众多的旅游景区，但也逐渐暴露出一系列问题：本地景区文化主题大同小异、相近景区市场范围重复叠加、复

制化产品更新导致景区同质化竞争激烈……面对这些问题，由政府主导的传统景区管理单位往往无从下手，此时专业咨询顾问团队的价值便得以显现。很多传统景区的“策划、规划、建设、运营、管理”等过程往往严重脱节，每个环节的主导团队都更推崇各自坚持的思路逻辑，难以形成一以贯之的建设合力，最后导致景区的落地效果与初期构想相去甚远。匠工营国团队作为淮剧小镇的核心策划团队，发挥文旅市场化经验优势，承担起小镇初期三年的运营咨询顾问工作，有效助力小镇文旅建设与落地运营。

1. 贯彻顶层设计，从商业价值开发到严守底线思维的战略定力

招商运营的关键原则是一切文旅业态不能偏离顶层思路，要从市场预期反推前期业态策划思路，评估空间商业价值，精准导入业态高效运营。让游客驻留的空间，就是商业高价值的点位。策划团队根据淮剧小镇空间形态划定五类高商业价值点位，一是负责游客分流的十字路口，路口处兼具人流量大与景观视觉焦点显著的特色；二是用于短时停留、亲子游乐的广场驻留空间，此处是人群游憩集聚的核心场所；三是拥有自然风光、趣味互动地、网红打卡地的景观高价值空间，在淮剧小镇突出表现为临湖区域和主街核心水景空间；四是游客出行必经或濒临夜间消费重点场所的住宿集中空间，例如主街、老街等干道及酒吧、演艺舞台等重点点位；五是游客步行疲惫时休息、补充能量的 20 分钟步行休憩点，往往也是游客消费高潮点。**利用高价值点位标准，根据街区商业空间价值划分三级节点。**一级节点是未来街区主力店、旗舰店，对建筑面积形态要求较高，建议自持或甄选优质品牌合作，招引业态为主题强相关型或优质品牌引入型，前者凸显核心文化特色但盈利难度较大，后者则保障景区消费品质同时降低运营风险；二级节点是一级节点相邻建筑空间或建筑设计突出的空间，业态以成熟商业品牌、本地商家引入为主，或选取高盈利性主力业态入驻；三级节点是一级节点与二级节点以外的空间，业态主要是非主力业态或兼容业态，招商限制较小，属运营留白区，以常换常新原则灵活应对市场变化。淮剧小镇是保留原住民烟火气的主客共享地，商业空间相对有限，依据此商业空间价值排序，喜鹊湾—淮潮大街—百戏小街成为小镇商业重点布局区域，力争令有限商业空间发挥最大价值。以商业逻辑指导建筑风貌控制，多维综合考量导入最适配业态。淮剧小镇最美景观在西侧湖荡，在主街临湖建筑风貌上团队建议以二层为主，预留二楼露台，畅通观湖视野，招引咖啡、音乐餐吧等休闲业态，让湖荡美景价值最大化。若是支巷临近主街的建筑，则建议以院落形态为主，增植银杏、枫树等色叶类景观树，院墙不宜满砖，适当镂空或点缀花窗，保持院内院外视野互动感；业态上可植入手工创意、桌游剧本杀等社交类业态，此类项目受众目标兴趣明确，游玩时间较长，反而不适宜放在人流快速进出的主街上。而值得一提的是，2020 年编制完成的业态布局策划至今仍在为招商运营工作提供指导思路。

战略定力是招商运营的制胜法宝，必须坚持把最合适的业态放在最合适的空间。有一种观念认为策 / 规划方案都是理想化方案，真正的“买家秀”大都达不到方案效果，但其实那是因为方案执行过程中的“肆意减配”。淮剧小镇在策划之初即在商业区内划定“主力业态、兼容业态、限制业态”三道底线，在小镇后续规划设计、建筑施工、招商运营、品牌营销等过程中，对于与核心发展思路严重偏离的方案坚定施行“一票否决权”，保障文旅产品主题创意与市场操盘开发逻辑相协调、内部组团主题与核心文化主题相契合。以淮剧小镇新落地业态“中国旅游书店 · 有戏书局”为例，早在业态策划编制过程中，策划团队就提出构想，通过与品牌书店合作以“阅读 + 文创 + 咖啡”的消费形态，营造有阅读品格的社交场景，打造富有颜值和文化艺术气息的复合型网红书店业态。要实现这一构想，对建筑层数、面积、位置等均有较高要求，小镇中满足要求的建筑为数不多，其中一栋就在招商过程中频频被各类其他商户选中，但团队坚持宁可空置也要留作书店，最终在招商团队的不懈努力下迎来了有戏书局的成功落地，书局围绕当地特色芦花、淮剧、五谷树等文化元素，重点打造以“咖啡、文创、数藏、社交”为核心的新型文化消费业态，兼具阅读休闲、文艺创作、文创展示、娱乐社交、宣传推广等功能，构建起小镇生活圈、旅游圈和休闲圈的跨界融合新场景。事实证明，如此漫长的招商等待时间，经得起市场与消费者的检验，而在这过程中最难能可贵的，恰恰是那份守住初心的战略定力。2023 年 5 月，在第 13 个中国旅游日到来之际，中国旅游出版社携众多知名历史、文化、旅游专家，知名作家，资深记者及文旅达人走进九龙口，共同为中国旅游书店·有戏书局与“品读中国”休闲度假体验基地进行揭牌。2024 年 8 月，中国旅游书店·有戏书局入选 2023 年度最美乡村公共文化空间（创新案例类）TOP60 名单。坚持一店一品业态招商，成立小灵龙商学院运营团队。小灵龙商学院充分挖掘九龙口在地文化和资源，打造自有品牌的旅游产品，不断推向市场、走出景区，让景区与众不同成为可能。小灵龙商学院为淮剧小镇不断赋能、持续输入新的业态，并与现有业态模式充分融合，构建出具有灵龙水乡特色的业态服务圈，非遗体验、国风文化、艺术展馆、特色文创、水乡餐饮等都突破了人们对传统水乡的印象，真正做到一店一品，为游客们带来多样化的体验与定制化的服务。

2. 培育人才梯队，从外引专业团队到内育年轻干部的薪火传承

可持续发展的核心支撑是在地化人才梯队培育与储备，县域青年人才优先调配培养本地化团队。本地团队是招商运营的星星之火，金钱买不来实战经验与定制方案。放眼整个文旅行业，成熟的景区运营团队可遇而不可求，当前业内成熟的运营团队大多是由内部人才逐步培养出来的。景区托管运营服务在国内由来已久，以外派团队常驻景区提供“保姆式”管理运营服务，专业化的管理人才和市场化的运营资源看似可以为景区提供“一揽子”解决方案，但在实际过程中也往往会遇到产品生搬硬套、团队水土不服、后续发展乏力等问题，一旦托管团队撤出，景区就面临不可持续运营的困境。就淮剧小镇而言，在发展初期引入外来专业化团队固然必要，既能为尚不成熟的景区带来市场流量，也可以帮助本土运营团队快速成长，更能有效继承行业前辈经验与边界把控能力，拓宽景区文旅发展眼界，降低后期运营成本。坚

持“外来引进与本地培养并行”的运营团队建设思路。淮剧小镇招商运营工作开始之初，便提出以培养和储备本土人才团队为核心目标，注重发展时间的梯度化控制，在前期以外来专业运营管理团队“帮管带”本地团队＋运营咨询顾问聘请的模式，双管齐下，以5—8年为基础培养期做好相关技术人员储备，针对县域地区着重培养90后、95后、00后人才队伍以紧跟时代发展潮流与消费趋势。统筹全县青年人才调派，培养文旅中坚力量。在全县统筹安排下，淮剧小镇作为引擎文旅项目成为县域文旅运营人才培养的试验场，在县领导大力支持下，全县工业招商、融媒体营销、党委宣传等多条线的青年骨干被抽调进淮剧小镇负责业态招商、品牌推广、演艺管理等工作。诚然，本地团队与外来团队的磨合过程，本质上就是政府逻辑与市场逻辑的碰撞过程，在过程中逐渐完成思想统一与团队建设，就必须有长久的心理准备与容错空间。今天淮剧小镇的招商运营团队已经实现了“从拆迁到建设、从内装到招商、从运营到管理”的样样精通，人人均可独当一面，成为小镇建设发展的中坚力量，也为建湖县未来文旅发展燃起星星之火。

市场高校资源精准对接形成人才引培活水。嫁接外部人才，与省内外高等院校建立产学研合作基地。秉持“不求所有，但求所用”原则，淮剧小镇与南京大学、南京农业大学、南京艺术学院、河海大学、苏州工艺美术职业技术学校、江苏旅游职业学院等21所高校建立长期稳定合作关系，就业实习基地等一批项目相继落户，实习成果为小镇运营提供诸多助力，例如南京大学实习生围绕如何在讲解中融入历史和非遗文化进行专题分享，河海大学实习生完成淮剧小镇微短剧、微信推文、多平台短视频及喜马拉雅音频等10余部作品创作，盐城工学院实习生围绕历史文化遗产保护与新型农业社区建设探索文旅IP打造与旅游推介实现路径，“产学研”合作的深入开展为景区文旅融合发展提供强有力的人才支撑。校企深度合作，与高校建立紧密协同的创新生态系统。持续强化文旅人才建设，培养、引进更多旅游管理、活动策划、市场营销、新媒体运营等高层次人才。2021年以来，18名南京大学优秀毕业生通过“汇湖行动”落户建湖建功立业，南京大学“引才工作站”成功入选盐城市“十佳优秀引才工作站”，2024 年淮剧小镇前往常州高职院校开展深入考察调研，建立企业与职业院校招生、培养、就业联动机制，推动与职业院校开展紧缺技能人才“订单式”培养合作模式，积极探索学生引流采风、文创产品联名、员工培训学历晋升等资源交互发展路径，促进教育链、人才链与产业链、创新链有机衔接，增强人才集聚和产业牵引升级能力。**精准匹配需求，积极实施校招人才走出去请进来政策**。积极摸排景区空缺岗位，有针对性地到本科院校开展科室专业人才招聘，到大专院校开展一线服务岗位招聘，对大厨、后厨、有经验需求的人才进行社会招聘，常态化更新各类人员储备库并做好精细化分类跟踪；对接周边高校，邀请高校师生走进景区，组织现场专场宣讲推介，座谈式介绍景区及空缺岗位信息，由供职于景区的所在学校毕业生代表进行心得分享，为即将步入职场的应届毕业生提供宝贵工作经验；导游带队深度体验景区建设，为学生提供沉浸式体验工作环境，现场了解工作内容，组织线下面试，与有意向的学生进行面对面沟通交流，了解学生需求，高效匹配兴趣岗位。

多层级培训机制实现人才队伍梯度发展。针对景区运营管理干部人员进行专题培训。为提升管理人员的市场嗅觉与管理能力，淮剧小镇定期研究新形势下文旅工作和发展建设的方向和重点，就景区服务质量提升、大众旅游时代景区（度假区）高质量发展、景区新业态迭代发展、智慧旅游发展与景区智慧化建设、新媒体助力景区宣传推广等重点问题，邀请南京大学城市科学研究院院长、中国社会科学院研究员、浙江旅游科学研究院执行院长、景域驴妈妈集团大区经理、抖音集团华东区域相关业务负责人等行业内不同领域一流专家进行专项培训，进一步释放景区市场化接待动能，为建设高质量旅游景区和打造乡村振兴样板培育专业人才。**针对旅游一线服务人员进行专业培训**。专业人员带、景区跟着学，小镇每年面向景区内所有一线面客员工、服务员开展基础服务培训，邀请专业培训人员以“理论知识 + 实践指导 + 一线检查”的形式，让参训人员精进服务水平，落实“周到服务”的信念感。培训老师细致讲解景区人员服务的基本职责和职业道德、服务礼仪、顾客服务四项基本功，并重点对员工个人形象、站姿、坐姿、走姿和手势动作进行说明和规范，组织参训人员做模拟情景演练，深入一线，全面检查面客店铺的环境，小到抹布、垃圾袋的摆放，大到电器、桌椅的检查，誓把最具小镇特色的美好姿态展现给每一位来访的旅人。针对实习生进行“传帮带”岗前培训。关注新入职人员培养，为使顶岗实习生尽快转变角色适应新环境，提升员工的职业素养，淮剧小镇精心组织开展岗前培训大力拓宽知识广度、提升能力储备，集中学习景区发展历程、业务流程和规章制度，安排最专业的培训老师和职业前辈咨询答疑，组织实习生前往九龙口国家湿地公园、淮剧小镇进行实地培训，完成前期培训后利用考核测试由分配部门对顶岗实习生进行个性培训，助其了解所在部门职责、基本专业知识技能、工作程序与方法，在学思践悟中强基固本，发展成为一名合格的新人。

3. 着眼文旅未来，从小镇重点建设到片区整体联动的蓝图构想

以淮剧小镇为文化引擎，带动九龙口片区整体规划发展。以创建国家5A级景区为目标，实现九龙口片区发展破局。淮剧小镇的发展始终与九龙口片区的发展息息相关，淮剧小镇为九龙口带来了极高的瞬时流量，但受限于地块空间，人流驻留时间与流量难以转化为消费红利，现有湿地公园、荷花漫景区导流与联动效果不强，且里下河地区湖荡湿地资源同质化竞争较大，片区面临着提质升级的迫切需求。2023年，建湖县旅发公司启动九龙口大片区文旅发展提升策划研究工作，将淮剧小镇、湿地公园、荷花漫、九龙口温泉酒店、存量建设用地与林地鱼塘纳入范围进行统一规划，以创建国家5A级旅游景区为战略目标，从自然湖荡湿地向文旅水岸高地转变，打造集里下河湿地风光、人文体验、水岸消费、野奢度假等于一体的湿地生态文化旅游区，树立以重大文旅项目带动景区提档升级的发展典范。改变传统“堆挖填”单纯景观营造手法，构建“生活场”的消费场景营造逻辑。九龙口湖荡湿地一直存在临水不亲水的困境，淮剧小镇在规划中利用明沟暗渠手法将湖荡引入主街，在九龙口片区提升规划中策划团队强调从自然水岸到人文水岸的转变，利用闲置鱼塘营造九龙湖核心景观实现从临湖到拥湖的发展思路，利用环湖大小环线实现从散点到串线的交通组织，利用创意互动项目植入实现从空间到场景的片区格局，利用点状主题业态植入实现从观光到消费的商业布局，最终形成 7 个主题片区、6 类景观风貌、9 类特色驳岸的大湿地文化主题景区，塑造人水共生、美好未来的水岸经济示范标杆。**问题导向规划逻辑，以重点项目策划破解景区痛点问题。**针对景区各自为战、联动性不足的问题，策划将景区入口改至与温泉酒店相邻的存量建设用地中，打造集游客咨询、商业消费、水陆交通、住宿休闲于一体的水上文旅综合服务中心，以湿地风物集完善景区整体咨询服务功能与特色消费空间，以鸢尾沙滩补充入口处温泉酒店亲子客群游乐需求，以远期龙熙荟商业综合体打造未来区镇消费中心。突破湖垛水湾空间形态限制丰富水上产品供给，合理理水，造滩成岛，形成“一湖三岛”的湖荡岛屿型年轻社交生活场，形成环湖连岛游览环线，并与周边景点大环线相连打破景点孤岛效应，创意森系露营地、水上运动基地、私享定制岛屿等创意产品，将优质景观转化为文旅消费场景。针对存量建设用地与临湖消费空间少的问题，构建创意撒野部落农场、谐音埂 · 田埂艺术馆、愿者上钩 · 垂钓基地、渔乐魔方 · 捕鱼体验空间、水上雅集 · 荷塘市集等文旅消费业态，进一步释放临湖水岸经济效益。

联动荷花漫，文旅主题丰富。围绕荷花主题举办九龙口大型文旅节庆。与淮剧小镇毗邻的荷花漫，以渔樵耕读为主题，荷花观赏是其重要特色，连续 2 年举办九龙口荷花文化艺术节，持续深化荷花及衍生产业的研究，在 2024 年荷花节上举行了“中国荷花及水生植物产业研发创新联盟”理事单位、“中国荷花产业研究发展创新中心”、“南京农业大学园艺学院九龙口荷花专家工作站”的揭牌仪式，发布主题曲《荷花漫》，邀请歌手胡夏献唱《知否知否》，用音乐燃动水乡记忆，用歌声将其与九龙口的故事娓娓道来，荷花节是夏日淮剧小镇的引流利器，丰富了小镇的生态旅游产品。紧跟市场消费趋势持续保持文旅产品更新。荷花漫景区以湿地生态场景营造科普为核心，建筑用地指标较少，景区积极采取露营帐篷、小型集装箱、艺术景观装置、游乐设施等丰富文旅产品供给，推出搭配民谣乐队演出的荷韵空间火锅、荷韵茶馆、如荷茶社，策划承包一个夏天逛吃快乐的水上市集，荷花糕、荷花文创、荷花饰品、花仙子巡游快闪等“全荷宴”等待与游客的“藕”遇。景区还设计了鱼趣嘉年华宠粉板块，水车捕鱼、浑水摸鱼、渔网捞鱼、鸬鹚捕鱼、打簖搬罾、天罗地网让游客感受到千变万化的捕鱼乐趣。在夏日研学荷塘专场里，荷莲诗词赏析、创意绘画、COLOR RUN、水球大战让孩子尽情玩耍。荷花漫与淮剧小镇联动创造更多元的文旅消费场景。“去户外撒欢儿”成为近几年的旅游新宠，荷花漫景区拥有大片草坪、荷塘、花海，是湿地露营的绝佳地，荷花漫紧跟趋势推出星光露营岛，与淮剧小镇标杆性商业业态筑花园·咖啡、口红学院、柏戈摄影、天沐·泊心堂等推出系列露营+咖啡、旅拍、露营火锅、口红制作的露营套餐，积极开展露营轰趴、星空观测、自然教育、荷塘市集等活动，淮剧表演走出小镇，在荷塘小亭、湿地步道、滨水船坞、亲水平台等空间上演，更多元的文旅场景被激发出来。

回首小镇发展历程，其围绕淮剧和杂技两项国家级非物质文化遗产，将文化保护、文化传承、文化创意、文化旅游、文化消费等融为一体，成功从一方传统村落发展成如今的文旅融合新试点。当我们沉浸在这流淌了千年的九水湖荡风光中，更惊叹于这些苏北民居下所蕴藏的文旅生机，正如那湖荡边蓬勃生长的芦花蒲苇，这里每一座历经风霜的古老建筑仍旧挺立在凛冽的寒风中，曾经的青砖灰瓦、花窗神龛也都以焕然一新的姿态等待着下一位旅游者的不期而遇。这里本就有潘李两姓和谐聚居数百年的历史佳话，人作为曾经的沙庄村与未来的淮剧小镇最牢固的连接点，正在文旅深度融合发展的新时代，继续探寻人居、人本、人际乃至人与自然关系的共生新模式。

第六章
浦口响堂村：校友经济驱动的新型乡村共同体实验

在乡村振兴进程中，一些乡村先行先试，已完成初步的更新改造，基础设施得以完善，公共服务水平有所提升，产业结构逐渐优化。然而一劳难以永逸，面对当下激烈的市场竞争及日益增长的多元化需求，如何进一步焕发乡村活力，赋予有限土地空间新的价值磁力，成为亟待解决的重要问题。南京市浦口区响堂村，一个昔日“鸡犬相闻”的传统村落，经过“文化赋能乡村振兴”的初步实践，已成为人们追求田园梦想的现代版“桃花源”，但单纯的观光休闲和初级的文化消费，难以支撑乡村产业的持续迭代升级需求，也难以真正触及城乡关系及其背后的深层次问题。本章重新思考响堂发展模式与创新定位，以“校友经济”为突破点，积极探索“全球校友乡村”这一全新模式路径，思考如何变艺术共享“小场景”为全球乡村“大站位”、如何变“城市郊野后花园”为“城乡融合桥头堡”，以期强化校友与乡村“双向奔赴”与“双向成就”，助力南京青年发展型城市[①]建设。

一、背景溯源：探索校友经济的缘起与发展

“校友”因共同的教育背景而结缘，拥有跨时空的相似记忆和情感联系，这种后致的、以学缘关系为基础而形成的联系，有别于先天的血缘关系，是个体在社会活动进程中主动追寻的群体资格[②]，其核心是一种身份认同、集体记忆、关系资本。从古至今，无论是东方还是西方，都拥有着孕育“校友”关系的相似土壤；从理论到实践，校友经济正以前所未有的广度和深度，在全球范围内展现出独特的魅力和潜力。在社会网络与经济活动紧密融合的新时代浪潮中，校友经济不仅代表了个人社会网络与经济活动的延伸，更是地方经济发展中一种新兴且特殊的资本形态，已成为招商引资、人才合作的特色经济形式，地域文化与集体记忆作为人文因素，与校友经济相互交织，共同塑造了地方经济发展的独特面貌，成为人文经济时代不可忽视的注脚。

1. 校友经济：中西方发展各有源流，全球化拓展态势方兴

“校友”一词主要源于西方，“校友会”也是西方教育体制下的产物。但“校友经济”作为一种依托群体资源而衍生发展的经济模式，中西方各自的社会历史发展进程中共同具备着催生其发展的环境土壤。

---

① 青年发展型城市，是指扎实推进以人为核心的新型城镇化战略，积极践行青年优先发展理念，更好满足青年多样化、多层次发展需求的政策环境和社会环境不断优化，青年创新创造活力与城市创新创造活力相互激荡、青年高质量发展和城市高质量发展相互促进的城市发展方式。2022年，共青团中央联合中央宣传部、国家发展改革委等17部门印发相关意见，启动青年发展型城市建设试点工作。2024年，南京市青年工作联席会议办公室牵头制定《南京市青年发展型城市建设实施方案》，并于2月由市委办公厅、市政府办公厅联合印发，围绕“让城市对青年更友好，让青年在城市更有为”主题，出台诸多举措，推动青年发展型城市建设工作在南京全面开展。

② 顾建民，罗志敏. 校友文化及其培育的阐释框架［J］. 高等教育研究，2013，34（8）：15-22.

西方教育体制下，“校友”的产生源于中世纪时期欧洲大学的兴起，校友活动主要依赖于校友会和优秀校友的直接带动。11 世纪起，欧洲各地出现了许多大学，博洛尼亚大学（University of Bologna）[①]、巴黎大学（Université Paris）[②]等便是其中的代表，与此同时，“同乡会”（native）登上历史舞台，这是西方校友活动最早期的组织形式，最初是由在校生或者在校生与教师基于互助目的而自发组建的团体，后来也向已毕业的校友开放。同乡会这种组织模式一直存续到 18 世纪末前后，其后，世界高等教育中心由欧洲转移到美国，校友组织的主要依托形式转变为班级会。以耶鲁大学（Yale University）为例，当时每个班级均成立班级会，班级秘书负责牵头组织班级聚会活动。无论是同乡会还是班级会，它们既是在校生与校友之间的互助式团体，也是校友与校方建立联系、对学校管理施加影响的中介组织，它们之所以愿意吸纳校友加入，主要原因在于在校生希望借助校友的力量，实现在校内扩大自身的影响力并争取更大的权力[③]。19 世纪，美国大学出现校友会[④]，标志着校友之间的联系与合作开始走向规范化与制度化，也进一步加速了校友经济的孕育与成长进程。在国际高等教育领域中占据着举足轻重地位的知名高校，如哈佛大学（Harvard University）、斯坦福大学（Stanford University）等，凭借其悠久的历史、卓越的学术声誉以及强大的人才培养能力，培育了数量庞

---

① 博洛尼亚大学，1088年创立，是学生型大学，是学生们的自治组织，由学生支付老师工资。

② 巴黎大学，约1200年创立，有法兰西（La france）、皮卡（Picardie）、诺曼底（Normandie）和英格兰（England）等四个同乡会，这种主要按照地理区域划分的同乡会，大都有自己的印章、注册登记簿和资料室，甚至还有自己的财务主管。它们会根据当地政府出台的法则，最大限度地保护自己的成员，形成反对敌对派别的防御机制，同时还为其成员提供互助式的服务，如银行和邮政服务、签证服务等。

③ 罗志敏，李易飞. 大学—校友关系发展的历史变迁［J］. 现代大学教育，2018（5）：20-29.

④ 全美第一个正式校友组织是1821年威廉姆斯学院（Williams College）创建的校友会。

大且分布于全球各地的校友群体，每个学校都设有多个官方和非官方的校友会，定期举办各类活动，包括职业发展研讨会、社交聚会、体育赛事观赛等。这些活动使得不同专业背景和年级段的校友能够相互认识，从而建立起更广泛的人际网络。校友会将全球校友联合在一起，通过跨国合作、技术转移、资本流动等方式，对区域经济乃至全球经济产生了深远影响。在美国纽黑文市（City of New Haven）区域经济的发展进程中，耶鲁大学校友会发挥了极为重要的作用，以生命科学领域为例，1993 年，纽黑文市科技集群中的生物科技制药公司仅有 6 家，得益于耶鲁大学与校友会不断加强校企合作的持续努力，到 2013 年，由耶鲁大学衍生出的生物科技制药公司如雨后春笋般增长至 70 家[①]。这一显著的转变，成功扭转了纽黑文市自工业革命后经济持续衰败的困境，促使其重新崛起，而纽黑文市的再度繁荣，也为耶鲁大学的蓬勃发展构筑了坚实的地域依托，二者相辅相成、共同繁荣的良好格局背后，校友会的有力支持功不可没。再以举世闻名的硅谷为例，这里的创业热潮蓬勃兴起并经久不衰，在很大程度上离不开斯坦福大学等高校校友会和校友的深度参与及卓越贡献，校友会沟通全球校友，这些校友利用自身在母校所积累的先进技术知识和丰富人脉资源优势，有力地推动当地高科技产业以令人瞩目的速度迅猛发展，使硅谷成为全球科技创新与创业的核心高地，引领世界高科技产业发展的潮流与方向。硅谷巨头之一的谷歌便是由斯坦福大学博士生拉里·佩奇（Lawrence Edward Page）和谢尔盖·布林（Sergey Brin）携手创立，在他们的创业之初就收到校友安迪·贝克托斯海姆（Andy Bechtolsheim）[②]10 万美元的天使投资，为谷歌后续的创业征程注入了关键动力。西方发达国家的高等教育体系在很大程度上依赖于步入社会的校友群体及其他社会资源的

① BREZNITZ S M.The fountain of knowledge：the role of universities in economic development［M］. Palo Alto：Stanford University Press， 2014：6.

② 安迪·贝克托斯海姆，是太阳计算机系统（SUN Microsystems）的创始人之一。

支持，特别是美国的一些顶尖学府多为私立机构，强调财务自主性，倾向于不接受政府的直接财政拨款，而是主要依靠校友会基金和校友个人的捐赠来维持其运营，捐赠常用于建教学楼、设立奖学金及发展基金、升级和维护科研及教学设施等。例如，截至2023年，哈佛大学校友捐赠基金高达494亿美元，全美第一；得克萨斯大学系统（University of Texas System）校友捐赠基金440亿美元；耶鲁大学校友捐赠基金407亿美元；斯坦福大学校友捐赠基金363亿美元；普林斯顿大学（Princeton University）校友捐赠基金340亿美元等[①]。另外，校友个人大额捐赠也屡见不鲜，如美国纽约市前市长迈克·布隆伯格（Michael Bloomberg）累计为其母校约翰斯·霍普金斯大学（Johns Hopkins University）捐赠45.5亿美元，惠及本科生、研究生、中产及低收入等多类人群，为学生提供多种福利政策。

反观中国传统社会发展，教育体系以私塾、书院等为主要载体，更早地产生了“同门”“同窗”“同年”等与“校友”类似的关系。“同门”，指的是同师授业或同师受业的学生之间的关系，最早的记载出自东汉·班固《汉书·儒林传》：“同门梁丘贺疏通证明之。”春秋私学兴起，孔子首开私人讲学之风，中国古代最广为流传的同门关系也当属孔子门下弟子之间，他们在师门内相互交流、探讨学问，在师门外互帮互助，共同传承和发扬孔子所倡导的思想学说。隋唐时期科举制度诞生，书院兴起，衍生出一同读书的“同窗”关系，“同窗”与“同门”相似，但更强调同一学堂或书院读书的情谊，更像如今所说的“校友”。而“同年”，则是依托科举考试而产生的联结关系，唐代以同科考中进士者为“同年”；北宋范仲淹与滕子京因科考“同年”结识，到泾州保卫战相知，怀揣相似的治国安邦抱负，他们在朝堂上正言直谏，在战场上携手作战，在宦海中历经沉浮，结下了情同手足的深厚情谊，千古名篇《岳阳楼记》也正是因二人之间建立起的关系而写成；明清乡试、会试

---

① 数据来源于全美大专院校商务官员协会（NACUBO）。

同榜登科者均被称作“同年”；清代科考先后中试者，其中试之年甲子相同，亦称“同年”[①]。随着科举考试体系不断完善，“同年”含义相较前代愈加丰富，科举出身之人对“同年”的身份认同感也进一步加深。“同年”和校友，都具有较高文化水平、掌握一定专门知识，属于所在时代知识分子[②]。“同年”关系将每一科同榜进士或举人紧密联系到一起，具有和校友关系相似的特殊学缘属性，而且随着政治局势的不断变迁，同年关系作为一种身份认同感、政治归属感的依托，日益与仕途发展、政治前途联系起来[③]。基于“同年”关系而产生的“同年会”，则是由同年自愿组成、自由开展活动的自治组织，为强化同年之间的联系而举办聚会等活动。**随着科举制度的废除和西学东渐的深化，西方教育体制涌入近代中国，衍生出的“同学”“校友”逐渐代替科举制度时代的“同年”等关系，成为中国教育体制和社会关系网络中的重要组成部分**。以中国传统学缘关系为基础、借鉴西方大学社团组织形式的中国近代同学会（校友会）也因此产生并发展[④]。1900 年，近代中国第一个校友会组织“圣约翰同学会”成立，其后几十年间，南洋公学同学会[⑤]、欧美同学会[⑥]、黄埔同学会、黄埔军校同学会[⑦]等校友组织陆续成立，不仅对学校的

① 石慧霞. 科举时代“同年会”与现代大学校友会之比较［J］. 现代大学教育，2009（4）：78-82.

② 张念宏. 中国教育百科全书［M］. 北京：海洋出版社，1991，893.

③ 王琦宇. 略论唐代的同年关系［J］. 西安文理学院学报（社会科学版），2014，17（1）：38-42.

④ 李君娜. 南洋公学同学会研究（1910—1949）［D］. 上海：上海师范大学，2020.

⑤ 南洋公学同学会，即早期交大校友会组织，创议于1910年（清宣统二年春），当年夏在上海正式成立。

⑥ 欧美同学会，是民初由顾维钧、周诒春等欧美归国留学生发起成立的留学生联谊团体，是民初我国广大欧美留学生的类“校友会”组织。参见李君娜. 南洋公学同学会研究（1910—1949）［D］. 上海：上海师范大学，2020。

⑦ 黄埔同学会1926年成立于广州，黄埔军校同学会1984年成立于北京，两者是广大黄埔军校学生在不同历史时期建立的校友会组织。

建设和发展起到至关重要的作用，还对校友人际网络的建构起到突出作用。

近年来，国内“校友经济”理论研究和实践方兴未艾。1997 年，时任中央财经大学北京校友会秘书长的吕世杰，广泛走访了众多学府，着手探索校友经济，他认为，校友群体所产生的校友经济，是地方和高校共同的战略资源、宝贵财富，并为“校友经济”进行了定义——以母校和校友为载体，目的是通过校友与母校之间天然的纽带，长期不断循环推动相关经济活动的发展①。此时的校友经济主要围绕高校与校友之间的直接联系，如校友捐款、校办企业的创立等形成，经济活动相对单一。2017 年，武汉市开创性地提出“百万校友资智回汉工程”，邀约全球武汉校友智力回归、资本回归，这一举措成为国内现象级的校友经济实践，将校友经济推进到新时代校友经济的新阶段，武汉也成为新时代校友经济的策源地。2019 年，校友经济服务中心——校友经济咨询服务（北京）有限公司在北京成立，国内“校友经济”概念提出者吕世杰教授任首席经济学家，数十位高校校友会会长、秘书长等共同发起，先后参与各地省市政府、高校和企业的校友经济工作的筹备与开展②。2022 年，校友经济研究所成立，全称为中国教育国际交流研修学院校友经济研究所，是由教育部中国教育国际交流协会主办、中国教育国际交流研修学院发起、由以校友经济理论的提出者吕世杰教授为核心的多位致力于校友经济理论研究与实践的专家、学者等组成的科研机构，也是目前国内属于教育部系统的第一家面向国内和国际提供校友经济服务，为校友、校友企业、大专院校、社会团体、科研院所、政府机构等提供理论依据和人才、技术、资源整合等

---

① 徐柳怡，张玲玲. 武汉“校友经济”发展研究［J］. 现代商业，2019（28）：111-113.

② 凤凰网. 脉脉与校友经济服务中心达成战略合作 共同打造校友资源聚合平台［EB/OL］.（2021-01-21）［2025-05-17］. https://biz.ifeng.com/c/83D2Z3Zawr8.

多方位支撑的学术机构[①]。2022年起，“校友经济发展50人论坛”每年举办一次，来自全国各地的校友会联盟负责人齐聚一堂，共同关注和探讨助推校友经济发展、驱动科技创新相关话题[②]。2024年4月，上市公司董秘百人会与全国高校校友经济生态圈[③]达成战略合作，并联合举办首次“大企业创新平台成立及项目路演”活动。近年来，随着政府、校友、校友组织和校友企业等多方力量共同驱动，新时代校友经济进一步发展，逐渐形成以母校为核心、以情谊为纽带、以项目为支撑的多维一体经济形态，但其不仅仅局限于经济领域，还深刻影响着教育、文化、科技、体育和公益等诸多领域，已经成为一种知识经济、人文经济、情感经济、信用经济、创意经济、新业态经济，是中国经济迈向高质量发展进程中的必然选择和战略需要。目前，全国多个城市都因地制宜和因需践行了新时代校友经济，政府成为重要推动力，通过政策引导、资源调配等方式促进校友经济的发展。

随着全球化的深入发展，校友经济呈现全球化、国际化的趋势。新时代校友经济不再局限于某一地区或国家，而是逐渐扩展到全球范围。校友之间的合作与交流不再受地域限制，全球校友网络的形成为校友经济的发展提供

---

① 蔡东海. 助力国家经济建设 中国教育国际交流研修学院校友经济研究所正式成立[EB/OL].（2022-08-15）[2024-08-30]. http://cn.chinadaily.com.cn/a/202208/15/WS62fa0111a3101c3ee7ae3d04.html.

② 新华网. 王璞：汇聚各方力量 推动校友经济发展[EB/OL].（2024-08-19）[2024-08-30]. http://education.news.cn/20240819/9b9f8d99329849b98387976ae2c0a56f/c.html.

③ 全国高校校友经济生态圈是清华大学、北京大学、中国政法大学、中国传媒大学、中国人民大学、中国科学院大学、北京理工大学、北京航空航天大学、北京科技大学、北京师范大学、对外经济贸易大学、上海交通大学上海高级金融学院等13所国内一流高校的校友会和创新创业协会骨干成员以个人身份共同发起，旨在连接和赋能校友企业、推动校友经济高质量发展的公益性组织，期望推进跨校优势学科共创、推进跨校校友会共、推进校友会与创新创业协会共创。参见中华网.全国高校大企业创新平台成立及项目路演活动成功举行！[EB/OL].（2024-04-24）[2024-08-30]. http://hea.china.com/article/20240424/042024_1510275.html。

了更广阔的空间和更多的可能性，具体表现在校友之间可以跨越国界，共同开展科研、教育、经济等领域的合作项目，实现资源共享和优势互补。越来越多的国际校友组织，如各高校的全球校友会、各地区的校友联合组织等，致力于加强全球校友之间的联系与沟通，促进跨国界的交流与合作，通过校友的全球化网络，提升母校和所在城市的国际知名度与影响力，吸引更多的国际资源和投资。

2. 探索实践：借校友经济各施长策，凭学缘纽带广聚高贤

近年来，地方性的“校友经济”实践在全国范围内迅速兴起并蔚然成风。各地政府深刻认识到校友经济的潜力和价值，纷纷出台一系列鼓励校友回归投资、支持校友经济发展的政策举措，武汉、西安、北京、上海、天津、深圳、重庆、南京、沈阳、长春、成都、厦门、海口、香港等多个城市相继利用校友经济这一“富矿”助力地方经济发展[①]，为校友经济的蓬勃发展提供政策保障和支持，并取得可喜的成效。并且上述多地已成立校友经济联盟性组织，加快建设地方性平台，在推动当地校友经济的过程中发挥了重要作用。可以说，校友经济已经在城市招才引智、招商引资方面显示出巨大力量。

2017 年堪称新时代校友经济的元年，武汉成为策源地，率先开创了校友经济的“武汉模式”。当年年初，武汉启动“百万校友资智回汉工程”，邀约全球武汉校友资本回归、智力回归，将国内校友经济实践推进到“新时代校友经济”的新阶段。这一工程通过举办多场校友经济招商活动，先后吸引了大批校友携资带智回归武汉。2017 年武汉举办校友经济招商 13 场，累计签约投资总额超 1.74 万亿元[②]，占据当年武汉市招商引资总额的半壁江山，为

① 中华网. 校友经济理论25周年研讨会在京顺利召开［EB/OL］.（2022-12-31）［2025-05-17］. https://hea.china.com/article/20221231/122022_1205731.html.

② 武汉市商务局. 对市政协十三届三次会议第20190324号提案的答复［EB/OL］.（2019-08-26）［2024-08-30］. http://sw.wuhan.gov.cn/zfxxgk/fdzdgknr/qtzdgknr/s_jjytabl/202001/t20200106_570601.shtml.

武汉的经济社会发展注入强劲动力。此后两年间，大学生留汉总数已达 70.7 万人，2018 年在汉高校应届毕业生选择留汉就业创业数同比增长 20.4%。

西安在 2017 年底，启动“梦回长安——百万校友回归”主题活动并常态化推进。西安出台了《西安市支持校友回归六条措施》，即提供一流政务服务、支持设立研发中心、支持创办高技术企业、支持开展科技服务、优先保障用地需求、充分享受人才礼遇。在西安交通大学、西安电子科技大学、西北工业大学、西北大学、长安大学等高校举行了多场校友回归专场活动[①]和项目对接会，成功吸引了大量校友回镐[②]创业发展，并持续推动活动常态化发展。至 2022 年底，该活动已累计签约项目 47 个，总投资规模达到 4459.27 亿元，为西安的经济社会发展做出了重要贡献。西安交通大学校友总会组织多名知名校友企业家发起并设立“西交一八九六”创投基金，提出“高校 + 校友”和“教授 + 企业家”的双创模式，让城市、高校、校友三方融合，已累计孵化成果转化和校友创业 100 多家[③]。

成都在 2018 年，启动“蓉归故里”计划。以“蓉归故里”为引领，成都与各大高校紧密合作，联合举办了一系列专场活动，通过搭建平台、优化服务，吸引了众多校友项目落地成都，结合《成都实施人才优先发展战略行动计划》[④]，“蓉归故里”计划启动后一年便取得初步成效。截至 2019 年 4 月，成都已累计吸引大学本科及以上青年人才 28.6 万余人。2019 年，超过 42% 的四川大学毕业生留蓉发展，四川大学已经成为成都冲刺世界城市的重要战略伙伴。

---

① 樊华.“校友经济”引爆西安发展新动能［N］. 西安日报，2018-05-26（7）.

② “镐”是西安的简称，来源于西安的古称“镐京”。

③ 程静. 以赛聚才引才“校友圈”撬动“产业圈”校友经济赋能西安高质量发展［N］. 西安日报，2023-04-11（3）.

④ 《成都实施人才优先发展战略行动计划》，2017年7月18日由中共成都市委办公厅、成都市人民政府办公厅印发。

天津在2020年，成立天津市高校校友会科技经济融合研究会。研究会由天津市科协批复同意，以“构建‘城市＋母校＋校友会＋校友’四位一体校友经济发展新模式”为目标，以“推动高校科技成果转化、促进科技经济融合发展、为中小企业提供科技服务”为宗旨，开发“校友科技智库”平台，广泛联系高校，汇集10000多项高校科技成果；推动哈尔滨工业大学“AGV机器人智能停车系统”、天津科技大学“智能配餐系统”、天津工业大学“智能花盆”、哈尔滨工业大学“智慧水务”等40多项校企技术转化对接；举办世界智能大会“高校科技成果展 & 校友经济成果展”、“推动高校科技成果转化，促进科技经济融合发展”高端论坛和“中国校友经济发展50人论坛暨首届西翼论坛”，为“天开高教科创园”引资引智引才，助力实现高质量发展。

厦门在2022年6月，出台《厦门市支持校友经济发展若干措施》①，为校友在厦门的经济发展提供了更加全面、系统的政策支持。2022年7月，“大厦栋梁”计划正式启动，厦门校友经济联盟成立②。此联盟自成立后发展迅速，至2023年3月，其成员队伍已覆盖国内外96所学校的校友会，其间，积极与多所高校开展战略合作，成功与清华大学、厦门大学等一大批高校签订市校战略合作协议③。同时，作为汇聚校友力量服务厦门校友经济发展的常设平台，厦门市校友经济促进会成立，通过设立异地联络处和专委会等举措，促进在地科技成果转化和校友项目对接等。厦门校友经济促进会和校友经济联盟协力运转，已成为地方校友经济平台的优秀实践成果，为厦门的经济发展增添了新的活力。

---

① 《厦门市支持校友经济发展若干措施》由厦门市招商引资工作领导小组专门研究出台。

② 蔡伊琳. 厦门：23个校友招商项目签约 计划投资354.5亿［EB/OL］.（2022-07-03）［2024-08-30］. http://baijiahao.baidu.com/s?id=1737318514190260122&wfr=spider&for=pc.

③ 郭睿. 放大校友经济平台乘数效应［N］. 厦门日报，2023-03-30（A02）.

湖南在2023年11月，印发了《推进“校友回湘”工作方案》。通过推进“校友回湘”工作，湖南不断促进“校友+人才”返湘、“校友+科技”兴湘、“校友+项目”聚湘、“校友+企业”来湘、“校友+教育”强湘①。2024年1月底正式启动“校友回湘”行动②，积极响应校友经济的热潮，吸引广大湖南籍校友回归家乡投资兴业、共谋发展。据不完全统计，2023年11月至2024年10月期间，“校友回湘”助力湖南省招商引资实际到位资金已达1185.33亿元，其中外资16.81亿元；助力招引优秀人才1436人，其中国家级人才56人；广大校友向学校捐赠款物9.3亿元；校友企业与高校签订科研成果转化合同金额达28亿元③。

校友经济在全国范围内呈现出蓬勃发展的态势，各地均在积极推进校友经济的新时代实践，但仍存在常态化机构设置欠缺、活动形式类似、活动成效不足等问题。未来随着校友经济的不断深入发展，必将需要更加多元化的合作模式和更加集聚化、常态化、网络化的校友经济平台，整合分散的校友资源，让校友经济释放出持久且强劲的发展活力，真正成为推动地方经济高质量发展的有力引擎。

3. 地域机缘：集体记忆亟须转化，谱写人文经济时代注脚

南京有发展校友经济的优良土壤，教育资源集聚，校友情怀凝聚，培育出众多优质人才并实现了高质量的人才输送，如在信息技术、生物医药、高端制造等领域涌现出一批具有突出贡献的专业人才。但现阶段，南京的教育资源和人才优势未能充分转化成校友经济效能，校友经济发展较为薄弱和滞

---

① 李曼斯，唐璐，彭婷.长沙湘潭“校友回湘”凝聚发展活力［N］.湖南日报，2024-01-30（6）.

② 吴公然，王义正，廖洁.从湘商回归到校友回湘，湖南在下一局什么大棋［EB/OL］.（2024-01-31）［2024-08-30］.http://baijiahao.baidu.com/s?id=1789617668202150017&wfr=spider&for=pc.

③ 田超，易昂.“校友回湘”成果斐然［N］.湖南日报，2024-11-21（4）.

后，主要原因在于缺少能推动高等院校资源加速集聚、成果高效转化的载体与平台。因此，南京亟须创新“校友合作 +”新机会场景，对接人才支持重点项目与会议活动，进而推动南京科教资源优势切实转化为竞争发展胜势，为城市的长远发展注入强大动力。

南京是一座承载着千年厚重历史与深厚文化底蕴的城市，优质学校资源集聚，集体记忆和地点精神彰显。南京自古崇文重教，素有“天下文枢”“东南第一学”的美誉，明清时期一半以上的状元出自南京江南贡院[①]。现今南京不仅是国家重要的科教中心，还是众多高等学府和科研机构的聚集地，丰富的教育资源与庞大的人才储备，为城市的持续发展注入了强大的动力。南京市拥有 52 所高等院校，其中包括 34 所本科院校[②]（含 13 所双一流高校），这样的高等教育规模在全国范围内都相当突出，不仅为学生提供了丰富的教育选择，也为城市培养了大量高素质人才。超百万在校大学生群体[③]，每年近 30 万的毕业生，约 30% 在南京扎根就业，为南京的经济社会发展输送源源不断的人才力量支持。此外，南京的中小学资源也相当丰富且优势显著，公办中小学 80 余所，民办中小学 40 余所，为不同年龄段的学生提供了优质的教育环境。仅以南京外国语学校为例，该校是全国 16 所具有推荐保送生资格的外国语中学之一、江苏省首批高品质示范高中，其国际部入选《2025HKPEP 全球最具教育竞争力国际学校 100 强榜单》[④]，是全国上榜的 19 所国际学校

① 江南贡院，始建于南宋孝宗乾道四年（1168），至清同治年间已形成占地30余万平方米的中国最大科举考场，仅考生号舍就达20644间，唐伯虎、郑板桥、林则徐、曾国藩、左宗棠、李鸿章等历史名人，都是其考官或考生。

② 中华人民共和国教育部. 全国高等学校名单[EB/OL].（2024-06-21）[2024-08-30]. http://www.moe.gov.cn/jyb_xxgk/s5743/s5744/A03/202406/t20240621_1136990.html.

③ 人民网. 在校大学生首超百万人 南京发布人才政策礼包[EB/OL].（2024-05-19）[2024-08-30]. http://js.people.cn/n2/2024/0519/c360307-40848743.html.

④ HKPEP（Hong Kong Professional Education Press），是香港专业教育出版社。

之一、江苏省唯一入选的国际学校。

南京区域性校友经济散点发展，呼唤集聚性综合服务平台，开启未来发展新机遇。基于南京教育资源的集聚优势，南京校友会众多，南京本地高校校友会、外地高校或教育机构在宁校友会、南京中学校友会等共有上百家。南京的校友组织数量庞大，而目前已知的综合性校友服务平台仅南京宁聚校友投资促进服务中心[①]一家，在其推动下，南京高校校友会联盟成立，并连接了一批外地驻宁高校校友会组织，为进一步壮大“校友经济圈”奠定基础。但南京宁聚校友投资促进服务中心自 2021 年 4 月后至今，活动较少且覆盖率低，各校友组织仍呈现各自为战态势，缺乏常态化的空间组织和服务。以南京大学、东南大学等为例，其校友会总会、分会每年都举办开展各类丰富多样的校友活动，包括文艺活动、学术交流活动、创新创业活动、校友返校活动、校友工作研讨会、茶话会等。遗憾的是，各高校校友会之间的互动交流仍相对匮乏，彼此之间缺乏深度的沟通与合作。相较之下，南京中小学校友活动更趋于简单，如南京外国语学校、南京师范大学附属中学等优质中学，往往局限于自身小圈子，仅举办一些优秀校友分享会、校友返校等活动，缺乏与高校以及其他校友组织之间的广泛联动。全局来看，南京当前迫切需要建构一个能有效连接各校友组织、线上线下一体化、常态化的校友服务空间，打破校友组织之间的壁垒，促进信息的流通与资源的共享，将分散的校友力量汇聚成一股强大的合力，从而推动南京校友经济向着常态化、规模化、协同化、创新化的方向大步迈进，为南京的经济社会发展注入源源不断的新动力与新活力。

---

① 2020年7月，南京宁聚校友投资促进服务中心暨南京高校校友会联盟成立，14所高校校友会列入联盟，其办公点位于南京市建邺区金鱼嘴基金大厦12楼。至2021年4月，南京高校校友会联盟成员增加到16所高校校友会，南京宁聚校友投资促进服务中心共举办活动15场，拓展校友组织达45家，招募对接高品质项目13个。2023年被评为2A级市属社会服务机构。

浦口区校友情怀基础深厚，具备将集体记忆和地点精神转化为人文经济时代注脚，从而打造地方“校友经济”线下平台的优越条件。巍巍老山横贯东西，浩荡长江环绕胸前，蜿蜒滁河逶迤身后，十里温泉涌动其间。浦口凭借得天独厚的地理位置和自然环境，自古便是宜居的风水宝地，其历史文脉最早可回溯到新石器时代的“河姆渡文化”，拥有超过 7000 年的文明积淀，滋养出多样而又独特的地方文化[①]。20 世纪 80 年代，浦口开始了大学城[②]建设，是南京五个大学城[③]中启动最早的。1988 年，东南大学浦口校区奠基，经过一年多的艰辛建设，于 1990 年秋开始接纳第一届新生；几乎是同一时期，1987 年，南京大学开始征地建设浦口校区，1993 年秋第一批学生入住浦口校区。随着两所 985 高校的先后落户，浦口大学城一时风头无二。1998 年，浦口大学城初具规模，除南京大学、东南大学外，南京气象学院[④]等优质老牌高等学府也在此扎根。这些院校不仅为浦口带来了先进的知识体系与科研力量，更在无形中凝练出一种深厚的校友集体记忆与地方情怀。学子们在这里度过一段段难忘的求学时光，共同见证了浦口的变迁与发展，他们的奋斗足迹成为这片土地上最宝贵的记忆之一。如今的浦口，作为南京五个大学城之一所在地，是教育资源的高度集中区，依旧保持着其作为教育高地的活力与魅力，但更多了几分现代与繁荣的气息。虽然南京大学、东南大学等老牌高校已分

---

① 浦口区文史编撰委员会，政协浦口区委员会教卫文体（文史）委员会. 浦口文史第十四辑 遗珠采撷——浦口非遗民间文学集［EB/OL］.［2025-05-17］. http://www.pkzx.gov.cn/zxws/pkws/ws14/files/basic-html/page251.html.

② “大学城”概念，兴起于1998年全国高校扩招的时代，并且南京大学城建设启动得更早，从20世纪80年代就已经开始。

③ 南京五个大学城，分别是位于栖霞区的仙林大学城、位于江宁区的江宁大学城、位于浦口区的浦口大学城、位于溧水区的溧水大学城和位于高淳区的南京高职园。

④ 南京气象学院，现已更名为“南京信息工程大学”，是一所以大气科学为特色的全国重点大学，由江苏省人民政府、中华人民共和国教育部、中国气象局、国家海洋局共建，是国家首批世界一流学科建设高校、江苏高水平大学建设高校。

别搬迁至仙林大学城、江宁大学城，但南京审计大学[①]、江苏卫生健康职业学院[②]、江苏司法警官职业学院[③]、南京邮电大学集成电路科学与工程学院（产教融合学院）[④]等高等院校的入驻，为浦口的教育版图增添了新的色彩。这些院校不仅各自在专业领域内独树一帜，更与原有的教育资源形成了优势互补。在中小学方面，浦口区共有小学31所，初中19所[⑤]，义务教育资源实现全覆盖；高中2所[⑥]，其中包括一所省级四星级高中——江苏省江浦高级中学。这些中小学共同推动了浦口教育事业的蓬勃发展。此外，浦口区更在人才培养、产学研合作以及校友网络构建等方面展现出强大的生命力和影响力，浦口汇聚了一批科研院所等高端资源，这些机构的存在不仅提升了区域的科研创新能力，更为广大青年校友提供了更为广阔的实践平台和成长空间。作为老牌大学城，浦口大学城的校友构成既涵盖当下新校友，也包括了南京大学、东南大学等已迁校的老校友，老校友们对浦口大学城满怀眷恋，当共同的老校园记忆已无承载之地，就需要进一步挖掘和激发校友集体记忆与地方情怀的积极作用，将这些校友凝聚起来，唤醒他们的共同记忆，构建集交流互动、资源整合与合作共享于一体的空间与平台，从而为浦口及南京的全面发展注

① 南京审计大学，是我国唯一一所以“审计”命名的全日制普通高校，为我国审计高等教育发源地之一。

② 江苏卫生健康职业学院是一所省属公办全日制医药卫生类普通高等学校，江苏省示范性高职院校，隶属江苏省卫生健康委员会。学校主源是1933年创办的国立中央助产学校，是我国最早的现代卫生类院校之一。

③ 江苏司法警官职业学院是经省政府批准设立、省司法厅主管的政法类公办专科层次普通高等学校，是全省司法行政系统人才培养的主阵地。主校区位于南京市浦口区桥林街道。

④ 2023年9月，南京邮电大学集成电路科学与工程学院（产教融合学院）正式入驻浦口区。

⑤ 浦口区人民政府. 浦口区发布浦口区2024年义务教育学校招生信息一览表［DB/OL］.（2024-05-20）［2024-08-30］. extension://ngbkcglbmlglgldjfcnhaijeecaccgfi/http://www.pukou.gov.cn/pkqrmzf/202405/P020240520521132813538.pdf.

⑥ 浦口区高中包括江苏省江浦高级中学（公办）、汉开书院（私立）。

入新活力和新动力。

二、路径聚焦：着眼响堂村与全球校友的“双向奔赴”

当下，校友经济的蓬勃发展迫切需要具体的空间载体来承载各类活动与项目落地，也需要一个开放包容的对话平台促进校友间以及校友与外部资源的交流合作。纵观浦口区美丽乡村建设历程，许多乡村展现出不同时代的特色，比如不老村以其古朴韵味和特色乡村旅游项目成为区域亮点，水墨大埝则凭借体育旅游融合的创新模式吸引众多游客。近年来，响堂村异军突起，因风光秀丽、艺术时尚气息浓厚，在大众视野中迅速崭露头角，尤其在年轻人和高校学者群体中备受青睐，正处于寻求创新发展路径、激发内生动力的关键阶段，而校友经济所蕴含的人才、资金、技术与信息等要素无疑是其突破发展瓶颈的关键力量源泉。一方面，曾经在浦口学习生活过的老校友们需要集聚交流的空间载体，使他们能够在这里重温往昔岁月；另一方面，借助校友的社交网络与传播力量，能够吸引更多游客、投资者与合作伙伴纷至沓来，为响堂村产业升级换代注入强大动力。进一步而言，将响堂村打造为全球校友共同关注、共享资源、共促发展的“全球校友乡村”，能够最终实现全球校友与乡村的“双向奔赴”和“双向成就”，开创乡村振兴与校友价值实现双赢的崭新局面，为浦口区乃至更广泛地区的乡村发展提供具有借鉴意义的示范案例与创新思路。

1. 源起清代，资源禀赋孕育响堂明媚山乡

响堂村地处江苏省南京市浦口区江浦街道华光社区响堂组，常住人口296人，村屋73户，全村房屋总面积约1.89万平方米。目前正打造“响堂计划”（以乡村振兴为主旨的文化与商业合作计划）[①]，规划与建设范围3.66平方

① 浦口发布. 今天，响堂迎来“新村民”[EB/OL].（2021-03-31）[2024-08-30]. http://weibo.com/2608703882/K8RfwCD3W.

公里。响堂村先后获得南京市美丽乡村示范村、江苏省传统村落、江苏省特色田园乡村等[①]荣誉称号，并挂牌成为南京市端午文化传承基地[②]、江苏建康职业学院产学研基地[③]等，此外，响堂村荣获“2023年中国最佳村镇”奖项，并于2024年入选国家文化和旅游部的乡村网红培育计划，成为江苏省唯一入选的单位，并被评为全国最美乡村文化空间[④]。这一系列成就彰显了响堂村在乡村建设与发展道路上的魅力与潜力，也为响堂村后续突破现有格局、超越当下状态，持续推进深度改造与升级奠定良好的名声资源基础。

响堂村的历史沿革，主要源自“香堂”至“响堂”的村落演变。响堂是一个较为年轻的村落，民国时期因在名为“香积堂”的寺庙旧址旁建村，故以“香堂”作为村名，然而，随着时间的推移，“香”字逐渐被讹为“响”，从而形成了后来的“响堂”之名。直到1985年，这一地名正式由“香堂”更改为“响堂”，并沿用至今[⑤]。响堂村在历史上曾有着多个不同的行政归属。最初，它

---

① 江浦轩. 南京市融合发力，乡村遍奏“振兴曲”［N］. 南京日报，2024-08-09（A2）.

② 新华日报. 浦口响堂连续三年发出“端午邀约”［EB/OL］.（2023-06-22）［2025-05-19］. https://zgjssw.jschina.com.cn/shixianchuanzhen/nanjing/202306/t20230622_7984254.shtml.

③ 花鸥. 江苏建康职业学院“健康科技产业园·中草药产学研基地”揭牌［EB/OL］.（2016-03-31）［2024-08-30］. http://www.jsenews.com/news/gx/201603/t20160331_2750886.shtml.

④ 龚世俊，吴纪攀. 2024响堂栀子花大会暨山谷歌会在南京浦口举办［EB/OL］.（2024-06-16）［2024-08-30］. http://js.people.com.cn/n2/2024/0616/c360303-40880442.html.

⑤ 响堂. 中国·国家地名信息库［DB/OL］.［2025-05-19］. https://dmfw.mca.gov.cn/.

是老山林场[①]的一部分，林场的工人聚居[②]，形成了“老山林场响堂生产大队”的称谓。1985 年，“老山林场响堂生产大队”调整为“响堂村”，这标志着响堂村作为一个独立村落的地位得以确立。进入 21 世纪后，响堂村的行政归属再次发生变化。2007 年，南京市委、市政府在《关于调整南京农垦产业（集团）有限公司、南京物资实业集团总公司及南京物资（集团）有限公司管理体制的决定》中明确，农垦集团下属的老山林场[③]整建制划归浦口区政府属地管理，同年所属 4 个村被划入相邻街道管理，其中响堂村被划归江浦街道办事处管辖[④]。2012 年 7 月，响堂村、华山村和光明村被合并为华光社区[⑤]。关于“响堂”之名，除了上文提及的历史因素，还有一个人文传说故事。“响堂”原为“响潭”，相传共工和祝融争斗，共工触怒不周山，天崩地裂，于是女娲炼五色石补天，多出一块五色石，落在了老山境内华山村响堂。传说中今天的响堂水库，就是那块五色石砸出来的——五色石落地时溅出的灿烂火花，形成了灼灼耀眼的桃树林；五色石落地时产生的声响，持续了七七四十九天，“响潭”由此而得名；恰在此时，天马和神鹰正在天上巡游，途经此地，被

---

① 老山林场是江苏省建场最早的林场，其历史可追溯至1916年（民国五年），创办初期被叫作“江苏省教育团公有林第一林场”，也应是已知的我国第一个“教育林场”。直到1950年华东农业科学研究所接管了“江苏教育林”，其正式更名为“老山林场”。参见政协浦口区委员会办公室，政协浦口区委员会教卫文体（文史委员会）. 浦口文史第十辑 “浦口文化”集萃之五——探源浦口文化（专辑）[EB/OL].[2025-05-19]. https://zxws.wyyli.cn/a/dzs/882?pid=227。

② 人民资讯. 念好一朵栀子花的“生意经”[EB/OL].（2022-06-27）[2024-08-30]. http://baijiahao.baidu.com/s?id=1736731781168217594&wfr=spider&for=pc.

③ 李涛. 市委、市政府决定——老山林场整建制划入浦口[N]. 南京日报，2007-04-10.

④ 湖南省林业局. 老山林场倾力打造南京城市“绿肺”[EB/OL].（2022-08-01）[2024-08-30]. http://lyj.hunan.gov.cn/xxgk_71167/gzdt/gndt/202208/t20220801_27572374.html.

⑤ 江浦街道. 华光社区[EB/OL].（2012-07-01）[2025-05-19]. https://pkjp.jszwfw.gov.cn/art/6/14/art_15692_3700.html.

这突然而至的绮丽景色和美妙的音响所震撼，一时驻足观赏，误了时辰，耽搁了返回天庭的时间便留了下来，变成了两座大山，这便是大马山和响堂更北边的老鹰山的由来①。

响堂村秀水明山，三面环山一面抱水。响堂村自然禀赋较为优越，地处被誉为“南京绿肺、江北明珠”的老山脚下，地势由四周向中心逐步缓落，镶嵌在青山环抱之中，山水相依，村庄点缀其间，造就了融合森林、山谷、矿坑、水库、村庄等多样且都市圈稀缺资源为一体的地理风貌。绿地空间完整成片，呈现峡谷地貌，兔子山、馒头山、大横山和大马山四座山峰环绕，四座山的海拔均在 300 米以下②，山林面积约 400 公顷，桃花林、桃源谷、南草坪、草药梯田等优质自然景观形态丰富，各具特色，栀子花、桃花、艾草、黄精等构成了响堂独具特色的花草及中草药种植农业。水网体系完整贯通，村内水渠由北向南流经村庄，注入南边的响堂水库③，水库风光秀美。同时，响堂村注重绿色发展，生态建设绘就宜居画卷。在江苏省特色田园乡村创建过程中，响堂村积极参与环境提升，扎实推进人居环境整治。随着生态建设工作的不断深入，响堂村正逐渐呈现“路在林中、家在绿中、人在景中”的美好图景。响堂村主要采取了修复自然环境、完善基础设施、营造景观空间三方面举措。一是守护山林格局，活化生态水系，修复村庄自然环境。响堂村依托依山傍水的生态资源，实施矿坑复绿，关停驾培学校，开展林相改造，

---

① 浦口区文史编撰委员会，政协浦口区委员会教卫文体（文史）委员会. 留住乡愁——浦口古老街村录[EB/OL].[2025-05-17]. http://www.pkzx.gov.cn/zxws/pkws/ws15/files/basic-html/page165.html.

② 不一样的响堂. 响堂记事 | DAMA，大马山麓的美好时光[EB/OL].（2021-09-30）[2024-08-30]. http://baijiahao.baidu.com/s?id=1712307957084797556&wfr=spider&for=pc.

③ 响堂水库（亦称享堂水库），始建于1964 年华山村水利大会战时期，占地约10公顷，水质清澈，秀美如画。水库集水面积4.60平方公里，加固后总库容105.43万立方米，是一座以防洪、灌溉为主的小型水库。

建立健全森林防火体系。打通村内两条泄洪沟与池塘的水系，清淤1万余立方米，在原有的河、沟、渠的基础上进行实用景观提升，修复桃林、栀子花梯田、稻田等生态、农业空间。砌筑道路青砖、安装生态竹篱、增加绿化苗木等，保留乡土特色，与村内的老树、廊亭相呼应，突出响堂山灵水秀之美，展现别具一格的山谷农业与田园风光，进而达到“山水、田林、人居”和谐共生的境界。二是完善基础设施，坚持传统布局，彰显村庄特色风貌。响堂村完善村内道路、路灯亮化、污水管网、强弱电下地、通信设施、停车场、公共厕所、标识标牌等基础设施。村庄污水日处理量达200吨，污水收集覆盖率、自来水入户率均达100%；配垃圾分类亭1座，垃圾分类到户；建设三类水冲式公厕2处；全面实现化肥、农药的减量化使用。村庄增设停车位350个，解决停车难问题。在村庄布局、改造中，社区遵循自然更新的原则，在保持原有结构形式和传统风貌前提下，房屋外立面出新以及房屋建设、改造顺应传统村落肌理，保留原有建筑尺度，村内建筑高低错落有致，形成了南京地区较为独特的台地式建筑布局群落。村庄为保持其原有自然乡土风貌，建筑更新遵循回归响堂村庄本源的设计理念，建筑外立面采用夯土材料融入村庄景观，与老山自然风光融为一体。三是使用乡土材料，增植本土植物，营造村庄景观空间。响堂村村内的公共活动场地均采用木头、石块等乡土材料，展现了响堂村诗意、自然的景观风貌。村口、道路、候车亭标识设计以绿色为主，设计风格简约大方，与响堂村自然生态环境融合。步道两旁和宅前屋后的绿化采用响堂村特色的花草物产，鼓励农户种植瓜果蔬菜等，展现乡村田园风光。

响堂村栀子种植基础丰厚，花产经济助力村庄经济提质增效。其一，栀子花是响堂村的支柱产业，响堂村深入挖掘栀子花潜力，提升地方物产附加值。响堂村种植栀子花的历史已超40载，全村90%的农户都有自家的花田，70%以上的农户靠种植栀子花为生。目前响堂村种植8公顷栀子花，是南京栀子花最主要的产地，一到初夏，街头巷尾叫卖的栀子花大部分出自这里，现已成功注册“栀乡”“栀香响堂”等农产品品牌。近几年，响堂村积极探索，挖掘栀子花潜力，延伸栀子花产业链，提高乡村产业发展活力。其将花草赋予文化、美食等标签，扩大功能需求，延伸出栀子香薰、晶石、花种盲盒、雪糕、响堂徽章等20余种文创产品。利用社区牵头、村民以房入股、手艺人加入、文旅指导经营等模式，“栀咖”“栀味”等特色消费空间陆续开放，带动村民增收致富。**其二，响堂村不断拓宽栀子花增收渠道，助力村庄经济提质增效**。2021年端午，响堂村与华润苏果达成合作，顾客在苏果超市可直接购买栀子花。2022年，响堂村第一次拥抱互联网，与“叮咚买菜”APP合作，继续拓展栀子花销售渠道，让栀子花走出南京。由23户村民供货的2万把栀子花，通过冷链物流被分销到上海和杭州，一束16.9元的价格远高于街头零售，但一周就卖完了，总销售额达33万元。2023年，双方延续合作，响堂村正式挂牌“叮咚栀子花村”，其栀子花被纳入叮咚买菜“绿水青山帮扶计划”，响堂栀子花以“生鲜农产品”的身份，借助冷链物流售卖到了整个华东地区及北京、广州等其他城市。与此同时，叮咚买菜将在响堂村打造栀子花生产加工中心，并为村民开展专业的采收培训，以保障响堂栀子花生产、加工、冷链仓储、售卖的全链条有效协同运作，实现全方位精细化管理和优化升级。**其三，响堂村彰显“栀子”品牌符号，推动响堂栀子香飘万里**。2021年起，每年端午节前后栀子花开时，响堂村都举办栀子花大会暨山谷歌会，打造响堂特色节庆IP，以文化艺术赋能乡村发展。游客在此既能够亲身参与扎艾草束、包粽子、制作香囊、编织五彩绳等传统民俗活动，感受传统文化的独特魅力；也可以沉浸于民艺展、系列论坛、艺术沙龙、山谷歌会以及山谷生活季等时尚文化活动之中，领略现代文化潮流与生活美学的交融碰撞。近年来，栀子花大会不断丰富特色内容，如2023年的栀子花大会以“山谷里的约定”为主题，为期两个月，开展1个开幕式、2个特色展、3场歌会、若干特色民俗体验等系列活动[①]；2024年的栀子花大会以“山谷里的夏天”为主题，开展以“我们的节日·端午”活动、山谷歌会、平凡人音乐会和自然万象艺术季等为核心单元的系列活动。值得一提的是，响堂村深化公益活动内涵，让“响堂栀子”有了特别的意义。从2019年开始，社区党总支牵头，联合响堂村民发起“一朵花开的清香”栀子花公益活动，据不完全统计，至2021年共有2200多名中小学生参与栀子花义卖，所得作为公益基金为西部助学筹款，用于四川凉山、甘肃武威等偏远乡村校园改造，身体力行“乡村校园改造计划”[②]。

2. 艺术赋能，“响堂计划”助力山乡蝶变

如何能让响堂的栀子花香飘更久、更远？这是浦口区一直在思考与探索的问题。2020年，浦口区启动“艺术重构乡村”，要求系统调整响堂的乡土风貌、产业结构和文化形态，用市场化手段赋予栀子花新的使命[③]。2021年3月，由浦口文旅集团牵头推进的“响堂计划”正式启动。“响堂计划”是一个以乡村振兴为主旨的文化与商业合作计划，涉及范围广泛，涵盖了村庄规划、空间改造、招商运营、文化生产、产业振兴、生态营造等诸多领域，可以说是“艺术乡建”[④]的在地化实践。“响堂计划”聚焦三“新”——“新理念”“新场景”“新村民”，以此开辟响堂发展新赛道，塑造响堂发展新优势。

“新理念”引领，商业运营驱动焕新。“流量时代，运营为王”，在如

---

① 朱旖旎，于洁尘，王婷婷，等. 守正创新，让传统文化融入百姓生活［N］. 南京日报，2023-06-22.

② “乡村校园改造计划”是由新华报业传媒集团“水滴公益”栏目发起的一项公益项目，每年改造一所乡村学校，2017年宁夏小坡小学，2018年贵州瑶光小学，2019年四川大凉山心星小学，2020年、2021年甘肃长城中心校、长城小学、五墩小学，2022年湖南省娄底市新化县鹏程完小……每年都有一部分经费由南京市中小学生参与义卖响堂栀子花募集而来。

③ 盛文虎. 浦口响堂连续三年发出“端午邀约”一朵栀子花，开出“三重”味［N］. 新华日报，2023-06-22（1）.

④ 艺术乡建，即通过艺术手段介入，以乡村振兴为目标，对乡村进行“文化赋能”，从而唤醒乡村文化潜力、激活乡村魅力尊严。

今存量高、去化慢的商业环境下，“运营前置”成为文旅项目、商业地产项目成功的关键，而其作用在赋能乡村方面也越来越凸显。“响堂计划”本质上是文化和商业合作计划，坚持“以设计为引领、以运营为驱动”，增进与艺术家、设计师、品牌主理人之间的沟通合作，对乡村要素进行解构[①]，并依据地理、自然、生态、居住等乡村要素进行艺术化更新。“响堂计划”打造的，绝不仅仅是传统意义上的美丽乡村，更是一个提振生活质量、拥有更高附加值的时尚化、精致化的生活中心和艺术化、活态化的文艺中心。在运营上，“响堂计划”强调商业运营与村民生活的和谐共生，同时注重整体的管理与发展：一是引入专业的运营与物业管理团队，以运营为导向指导规划与建设；二是强调精致山村、审美消费、丰富业态的理念，让游客体验特色田园乡村；三是让村民享受高质量便捷服务，实现多方共赢，如给村民安排免费摊位销售农产品、组织端午节主题活动带动增收等。

“新场景”赋能，艺术重构消费阵地。“响堂计划”呼应着消费升级与审美升级，强调乡村消费新场景的精致感和时尚度，利用村庄有限空间，进行融合式设计，既遵循自然质朴的基本设计原则，也体现设计师、店铺品牌乃至主理人的个性。通过设置山谷艺术、峡谷游乐、丛林探索、山野乐园、精致露营、村落商业等一系列内容场景，提供酒店民宿（宿里[②]）、潮流餐饮

---

① 南京市浦口区人民政府. 浦口文旅集团聚焦三“新”深化“响堂计划”[EB/OL].（2024-06-21）[2024-08-30]. http://www.pukou.gov.cn/xwpd/bmdt/202406/t20240621_4695744.html.

② 宿里（响堂40—45号院），意为“住在村落里”，回归生活最本真的状态。曾获扬子晚报长三角封面民宿大奖、莫干山最具品牌影响力10大民宿、2020中国民宿榜“黑松露”奖TOP10等众多奖项。由“亚视一姐”万绮雯、品牌创始人姚江波共同主理，奥地利设计师Genco Berk操刀设计，共22间房间。宿里是一家乡村野奢度假酒店，倡导品质、人文、特色的旅居文化，集住宿美食、休闲娱乐等于一体。4间大床房，6间双床房，2间家庭房，10间复式房。餐厅可容纳50人就餐。主理人姚江波，教授级高工，国家一级注册建造师，曾在上海宝冶集团工作近20年，历任宝冶集团企管部部长和房地产开发公司总经理，2016年在莫干山创立宿里度假品牌。

（村宴[①]、栀味[②]、Gardenia 栀咖啡[③]、花迹·山野[④]等）等相关配套服务[⑤]。响堂村有效保障游客多元化、高品质的乡村旅游体验，关联业态也得到了市场的广泛认可和关注。2021 年 9 月，“Gardenia 栀咖啡”曾登上大众点评 APP“咖啡厅热门榜”第一名；“大马营”（DAMA CAMP）[⑥]也在近些年登上小红书等社交平台热搜[⑦]。与此同时，“响堂计划”通过强化异业合

---

① 村宴（响堂1号楼），2023年9月开业，由沈雷、胡友培联手设计。由璞膳品牌运营管理，菜品由黑珍珠团队负责指导出品，以“自然人文本真”为理念，以“周到周全周详的服务”为宗旨，遵循二十四节气应时而食的养生理念，以淮扬融合菜系结合茶饮为基础。拥有10个包间可容纳120人就餐，户外共120个餐位，大厅共120个餐位，可举办婚宴、培训、发布会、雅集等。主理人为周松竹。

② 栀味（响堂10号楼），意为“来自响堂的美味佳肴”。主打淮扬融合菜系和徽菜。拥有3个包间，可容纳35人就餐；大厅6桌，可容纳60人就餐；2个景观泡泡屋，可容纳16人就餐；大厅配置电子大屏、音响、话筒等专业电子设备，可满足50人以内的会务、团建需求。

③ Gardenia栀咖啡（响堂30号楼），2021年6月开业，是响堂项目中推出的第一家店。名字源自响堂漫山遍野的栀子花，以“花草主题的精致复古风”为设计风格，将新潮艺术与生活、与商业结合，创新挖掘响堂艺术气质和生活体验，营造文艺生活品牌复合体验空间。二楼配备投影仪及音响，可容纳40人；VIP室可容纳10人以内的商务交流。主理人为吴正梅，商业管理专家，操盘城市购物中心标杆项目南京水游城、南京虹悦城、南京景枫KINGMO、华采天地、宜悦城等。

④ 花迹·山野（响堂游客中心B栋），2023年6月开业，设计理念是阳光、空气、自然、质朴。坚持选用高品质的食材，菜品以蒸、煮、炖等突出食材本味的家常味为主。大厅12桌，可容纳120人就餐；13个包间可容纳180人就餐。主理人胡守连，旅行爱好者，现经营花迹无想山居、瓦库茶食空间、花迹精品酒店等。

⑤ 王琼. 文化赋能乡村振兴的浦口响堂探索[EB/OL].（2023-11-16）[2024-08-30]. http://www.xhby.net/content/s6555e1e8e4b0a0c56d71732e.html.

⑥ “大马营”是“响堂计划”中的乡野潮牌，2021年10月正式开业，设计灵感来源于响堂老山林场历史故事，用巨型原木营造出昔日林场的意境，白色围栏呼应延绵的山脊线。大马营是全新概念的综合型营地，为露营玩家配备了全球顶级的豪华露营全套装备、户外炊具、高端食材、精致的露营服务及多样化户外游戏体验，成为南京极受欢迎的户外露营地，可承接200人以内的团建活动。

⑦ 苗成斌，柯华龙，赵扬波. 文化赋能乡村振兴的响堂探索[J]. 群众，2023（14）：44-45.

作、场景赋能等方式，积极书写艺术与消费共嵌乡村文化生活的新篇章。据不完全统计，目前“响堂计划”已成功打造文化场馆 6 家（向山文化空间[①]、堂屋[②]、桐月春至[③]、乡村讲习所[④]、回艺 SPACE · 非遗体验空间[⑤]、新文房[⑥]），主要功能包括展览、会务、交流等，艺术产业空间 2 家［“打做”工作室[⑦]、不空艺术共创空间（BUKON SPACE）[⑧]］，多为功能融合空间，是响

---

① 向山文化空间（响堂水库边），2023年6月开放，由陈卫新设计，是南京市文化名家薛峰的工作室，已开设《老山灵奇志》画稿展等展览。

② 堂屋（响堂74—75号楼），2023年9月开放，沈雷担任建筑设计师，所在地是原来村史馆的位置，总建筑面积1700平方米，整体建筑分为3层，拥有报告厅、兴隆pub、光明茶室三大空间，可开展各类演出、会务、展览等活动。

③ 桐月春至（响堂50-1号楼），2022年6月开业，是山村里的公共记忆博物馆，通过视觉、听觉、味觉重现乡音、乡愁。一层为“讲故事的老万”直播书房，二层为餐饮包间。主理人万俊，人称“收故事的老万”，收集旧物已有十多年。

④ 乡村讲习所（响堂50-2号楼），2022年6月开放，是浦口区江浦街道响堂“青春助力乡村振兴工作站”。可容纳30人进行主题交流、开展教育型展览、研究型展览、实验型展览。

⑤ 回艺SPACE · 非遗体验空间（响堂72号楼），是集非遗作品展示、非遗主题展览、非遗技艺体验、非遗课程、非遗产品研发及销售等多项功能于一体的沉浸式体验空间，满足40人以内的会务、团建需求。主理人沙安强，正高级工艺美术师，长期从事非遗策展工作、非遗产品创新设计、学校文化建设研究等。

⑥ 新文房（响堂51号楼），2022年6月开放，致力于号召与乡建相关的政府部门、学术机构、社会企业、专业人才展开深度互动，立足江苏、对话全国。外墙采用白色混凝土，是半隐入山林的一座立方体建筑。内部两层，通过不同高度“打开”的不同大小的窗洞，形成二维码式的窗口，成为记忆的取景框。主理人陈卫新，室内建筑师，《中国室内设计年鉴》主编、中国室内设计大奖赛评委等。

⑦ “打做”工作室（响堂34号楼），2022年6月开放，是响堂第一位驻村艺术家王克震的工作室和展厅，也是南京艺术学院的金属工艺专业课程与创作实验基地。主理人王克震，南京艺术学院学者，从事金属工艺、首饰设计方向的教学。

⑧ 不空艺术共创空间（响堂76号楼），致力于推动当代艺术的发展和交流，通过定期举办丰富多彩的艺术展览和文化交流活动，如品茶休闲、展览、课程分享、工作坊、艺术家驻地项目等，搭建艺术家和艺术爱好者共同创作和交流的平台，即“艺术家的客厅”。大厅配置投影仪、音响、话筒等专业电子设备，可满足40人以内的会务、团建需求。

堂优质文化资源的有效支撑。

“新村民”聚力，圈层效应注入活力。“响堂计划”实施“艺术家驻留计划”，与艺术家、设计师、品牌主理人合作，吸纳了一批文艺界新村民入驻，从南京“行走的文化名片”陈卫新，到中国建筑师学会室内设计分会理事、中国建筑学会室内设计分会（CIID）2012 年度中国室内设计影响力人物沈雷，再到“铁匠师傅”、南京艺术学院学者王克震，以及 Gardenia 栀咖啡主理人吴正梅、桐月春至主理人万俊、村宴主理人周松竹等，他们参与村落改造与山村文化的复兴，关注乡村振兴、空间再造，举办文化展览、主题沙龙、民谣歌会，创作响堂村歌，这些新村民让响堂“换了一个玩法”，利用他们自身优势资源和圈层效应的叠加与放大，让响堂文化内涵被挖掘放大，处处都有“文艺范儿”。为了使新村民与原住民共生共赢，响堂村组建了村民理事会，主要成员包括知名设计师、品牌主理人等新村民和乡贤代表、党员代表等原住民，融合新村民的专业智慧与原住民的在地经验，共同决策、共同管理，推动响堂振兴新实践的深入探索，共绘乡村治理“同心圆”。总而言之，新村民在响堂村的提升过程中起到了重要的作用。其一，作为创新的乡村治理制度的参与者，新村民利用各自专业所长为项目规划、设计、实施给予了有力支持；其二，他们是响堂村项目的经营者，通过工作室、展览空间等为响堂村的经营注入活力，提升市场价值；其三，新村民持续不断地通过各自的圈层影响力将各类资源带到响堂村，在招商、运营、推广等各个维度助力项目发展。随着响堂村的不断发展，也逐步吸引部分走出响堂村的村民回村创业、就业。响堂村民赵真，将自家老宅打造为朴育小院，提出“公共教育”的理念，开启了探索自然教育、共享美学生活之旅，被南京市委宣传部作为“极美南京·人物”素材[1]广泛宣传。返乡就业村民孙娟，原从事房地产销售，看到响堂村发

---

① 浦口发布. 极美南京·人物 | 山谷栀子花开 香飘1957公里外［EB/OL］.（2022-06-03）［2024-08-30］. http://mp.weixin.qq.com/s/ZVc38RbJgf7vbH7gIiMVHg.

展趋势，回村后在大马营工作，现在负责向游客介绍自己的家乡响堂村，把村庄的自然环境、历史文化以及美丽乡村的理念传达给每位游客。

“响堂计划”促进了乡村风貌的艺术化提升，丰富和拓展了多元化业态，的确吸引了部分年轻人和高校群体的关注，但“响堂计划”的实施在一定程度上仍只是雏形，实际落地成效与策划预期还存在落差。一方面，响堂村并没有根本解决“空心村”问题，部分新打造的文化空间仅是挂牌而非招住，房屋常态化空置，间歇性使用，偶尔举办活动时才会开放，空间的潜能和乡村的活力并未完全激发；另一方面，投入产出比较低，产业生产逻辑弱，截至 2023 年底，“响堂计划”投资规模超过 2.7 亿元，2023 年累计接待游客近 33 万人次，旅游收入约 2107 万元[①]，人均消费仅约 64 元，投入产出比较低，在推进助力乡村高质量发展上面临较大的卡点和瓶颈。

3. 打通痛点，重塑“全球校友乡村”愿景

乡村振兴中，艺术的价值不应当停留在浮于表面的造景和昙花一现的热点，而更应当成为振兴乡村的启动资源和繁荣乡村的黏合剂。以文化产业赋能乡村振兴，要解决一个发展观的问题，即“发展方式比发展本身更重要，创新的土壤比创新本身更重要”[②]。目前响堂村乡村建设因艺术已取得初步成效且颇有亮点，但仍存在掣肘发展的若干方面，还需重点关注文化创新转化、场景氛围营造、存量资源盘活等方面的几个显性痛点问题，着力思考如何借力平台思维，助力响堂重塑乡村愿景，从单体化向平台化推广、从大众化向品牌化打造、从零散化向集聚化发展、从私人化向集体化增益，重塑乡村文化形象与经济价值。

响堂村有特色文化内涵，缺世界性身份识别。目前响堂村最具特色的 IP

---

① 杨蓓蓓. 南京浦口：青山不老 文旅赋能［N］. 新华日报，2024-08-22（7）.

② 张鸿雁，邵颖萍. 文化产业赋能，绘就乡村振兴新图景［N］. 江南时报，2023-05-05（A01）.

之一就是栀子花，但在品牌传播与推广上，其仅在本地或区域内小范围被知晓，难以吸引国际目光与资源。应重新思考解构“栀子花”元素：花期方面，响堂栀子花开放于5—7月，繁茂时正是6月毕业季，离别时刻，毕业学子互赠栀子花，祝愿“于道各绽放，千里自同香”的美好前程；花形方面，栀子花纯白的花朵，象征纯洁无瑕的学生时代，很多学校都栽植有栀子花，馥郁芬芳弥漫在校园的每个角落，《栀子花开》优美的旋律也萦绕进人们的青春记忆；花语方面，栀子花的花语为“永恒的爱与约定”，代表着毕业校友来日再见的约定“惟愿仍有重聚时，绽花时节又逢君”。栀子花，可以说是纯真校园文化的美好诠释，更是毕业校友再会的夏日约定。校园内的栀子花见证了一代又一代学子的成长与蜕变，也承载了无数校友对过往的怀念和对未来的憧憬，演绎着“栀子花开季，毕业正当时”的校友文化。当漫山的栀子花盛开，当校友们来到响堂村，他们将共赏那片象征青春校园的栀子花，重温那段纯真的校园时光，续写属于他们的校友文化新篇章。如此，为加强响堂文化内涵的深度挖掘与国际表达，可进一步丰富栀子花的校园文化印记，并将其升华为具有共同价值、能引起全球共鸣的“校友”文化符号，将“栀子花”元素融入响堂品牌意象中，布局响堂专属文化载体，完善立体化故事体系，或能将响堂村从大众化向品牌化打造，与栀子花文化共通相融，在世界文化交流的大格局中凸显其独特性与不可替代性，辐射放大“品牌效应”。

响堂村有先锋艺术场景，缺全方位氛围营造。依托“响堂计划”，响堂村目前已建构出向山文化空间、堂屋、乡村讲习所、桐月春至、回艺SPACE·非遗体验空间、新文房、“打做”工作室、不空艺术共创空间等文化艺术载体，也打造了一些艺术打卡装置，但在村庄的整体氛围营造方面，仍有提升空间。其一，空间联动性欠缺，彼此之间缺乏核心主题串联与协同活动策划，难以形成连贯且令人印象深刻的艺术体验脉络，游览者无法充分领略整个村落艺术场景的系统性与完整性。其二，艺术活动的持续性与多样性不足，活动举办时间较为零散，缺乏全年常态化、周期性的规划，且多集中使用展览、讲座等常规说教形式，对于户外艺术表演、沉浸式艺术体验、艺术创作竞赛等互动活动的挖掘不够，难以满足不同受众群体对于艺术体验的差异化需求。其三，公共空间的艺术融入度不高，重室内轻户外，村落的街道、广场、庭院等公共区域在景观设计、展陈装置方面未能充分彰显艺术特色，缺乏与先锋艺术主题相契合的环境营造，如艺术涂鸦、创意景观小品、公共艺术装置等，艺术氛围未能延展至整个村落空间。基于以上，响堂村需要以现有先锋艺术场景为基础，进一步拓展和丰富艺术表现形式与内容，加强不同场景之间的互动与融合，从零散化向集聚化发展，从场景构建到氛围经济，切实发挥“乘数效应”。

响堂村有存量建筑载体，缺高效性资源盘活。在建筑资源利用方面，响堂村现有存量建筑中可利用建筑面积占比低，未来空间腹地有限。“响堂计划”预计回租总建筑面积 19286 平方米的 70%，即 13500 平方米用于商业经营：目前现有和即将开业的商业建筑面积约 10000 平方米，占总建筑面积的 52%；可利用建筑面积仅约 3200 平方米，占总建筑面积的 17%。在集体与私人资源协同方面，现有存量建筑资源还有 30% 分散在私人手中或仅服务于私人用途，未能充分整合到集体层面进行统一规划与调配。例如，部分村民拥有的闲置房屋或土地，由于缺乏有效的组织与引导，未能参与到乡村整体的商业开发与资源盘活计划中，无法实现从私人化资源到集体化增益的转变，难以产生“1+1 ＞ 2”的叠加效应。在未来空间发展方面，响堂村还需要提前布局和思考与周边邻近乡村的协同和共荣，打造区域联动效应，为下一阶段的整村建设和运营预留发展空间，促进周边区域的共同繁荣与发展。尤其是在当前单点式开发受限的瓶颈之下，响堂村需盘活闲置的有限资产，从私人化向集体化增益转变，加快资源向资本的转换，全力激发“叠加效应”，创造全新模式、强化内生动力，创空间为平台，以平台思维强化空间的转型升级，以推动乡村经济的全面提升。

未来的响堂村，需要更具想象力的市场内容和运营能力，未来的校友经济发展，也需要更有包容性的空间载体和对话平台。因此基于响堂村的地理区位、人文符号与艺术场景优势，提出打造全国首个“全球校友乡村”。聚全球校友之力，集创新时代之智，以山水林田为生态基底，以“校友合作、共创共享”为特色主题，以“念念不忘，必有回响”为口号，重塑“不忘年少韶华景，校友回归正当时”的美好品牌愿景，构建“优质资源落地、创新成果转化、创意人才集聚”新场景新模式，打造全面赋能校友发展、加速促进校地同频共振的校友经济高地及对话平台。

三、连接“心灵”：重现精神记忆故乡

在《情感化的品牌》[①]一书中，国际知名品牌营销权威咨询公司Brandimage的联合创始人兼前首席执行官马格·戈拜深刻阐述了品牌触动人心的三大层次——“本能”、“心灵”及“头脑”。这一理论为校友经济，尤其是“响堂·全球校友乡村”这一同样具备情感经济特征的品牌的打造提供了启示。为了将“响堂·全球校友乡村”打造成为具有全球影响力的品牌，同样需要从这三个维度策划“全球校友乡村”的先行示范样板。

校友经济本身就是情感经济，“心灵”层面的品牌打造关键在于强化校园记忆的情感纽带，营造空间和文化上的“既视感”，让新乡村在情感上“神似”老故乡——通过故事化的传播手段，即一系列富有情感共鸣的活动和叙事，将校友之间的记忆和情感与响堂村紧密联系在一起，强化校友情怀，凸显社群的“包容性”，唤醒校友们内心深处的情感记忆，激发归属感和参与感，把响堂村打造为校园记忆的“最佳承载”。

1.“栀子花开溢响堂”，延续“栀香记忆”特色基因

“栀子花”作为响堂最为重要的IP，承载着深厚的地域文化内涵与巨大的发展潜能。计划将“栀子花”元素融入响堂品牌意象中：营造栀香消费新场景，

① 马格·戈拜.情感化的品牌［M］.上海：上海人民美术出版社，2011.

与响堂业态架构结合，进行多方位体验升级，为校友和游客带来全新的文化享受与情感共鸣；在栀子花田内进行栀子主题艺术再创作，打造独具特色的艺术装置和互动体验，促进文化创意与栀子农业的融合发展；聚焦栀子相关产品研发，不断提升栀子产业的附加值，推动栀子相关产品走向世界……让“栀香记忆”深植人心，从心灵层面不断促进响堂村从大众化向品牌化的全面转型。

营造栀香消费新场景，引领怀旧情绪释放——“栀青春”戏剧酒吧。响堂村15号楼建筑面积246.81平方米 、16号楼建筑面积299.83平方米，二者相邻且均已被南京响堂建设开发有限公司[①]收储，暂未对外出租，目前正开展招商工作，重点聚焦于餐饮业态的引入。基于这两栋建筑资源，计划将内部空间打通，着力招引特色戏剧酒吧业态，以此激活响堂村的夜经济活力：策划通过打造怀旧青春主题的室内空间，巧妙融合栀子的视觉元素、文化底蕴与戏剧表演艺术，营造出别具一格且极具沉浸感的消费体验环境，让每一位到访者都能在栀子花的芬芳与校园故事的演绎中，感受心灵的慰藉与情感的共鸣。在视觉呈现上，将栀子元素巧妙融入空间装饰的每一处细节，无论是墙面的画作、悬挂的饰品，还是桌椅、餐具的造型，处处彰显“栀子”主题的独特设计。在内容设置上，为丰富戏剧酒吧的文化内涵与娱乐功能，将定期举办“栀青春”小剧场戏剧演出活动，邀请南京大学戏剧社等专业校园社团和校友戏剧爱好者一同参与，深入解读栀子所蕴含的青春、怀念等情感寓意，并将其与戏剧表演艺术深度融合，开展栀子与校园故事的戏剧演绎创作和表演，通过精心编排的戏剧情节、演员的服饰与妆容设计以及舞台背景的烘托，让栀子文化在戏剧表演中得以生动呈现。在演出进程中，特别增设观众互动、即兴戏剧等环节，增强观众的参与感与体验感。在餐饮设计上，秉持“农产品+时尚餐饮”的餐食理念，紧紧围绕“栀子”特色，推出“栀子+酒”致

① 南京响堂建设开发有限公司为浦口文旅集团旗下公司，负责“响堂计划”的投资开发。

青春特调产品系列，精心选用新鲜栀子花瓣或栀子果实提取物，与各类美酒巧妙调配，打造出具有独特口感与芬芳香气的特色酒品；同时，根据不同剧目演出内容的情感基调与主题风格，定制与之相匹配的“栀子+酒”组合套餐。“栀青春”戏剧酒吧通过上述多方面举措，全力打造集戏剧观赏、文化体验、餐饮消费于一体的沉浸式戏剧餐酒吧，为校友群体构建专属小圈子夜间聚会交流空间，进一步拓展响堂村的消费场景，加强其文化影响力，引领响堂村全新的栀香消费潮流与社交风尚。

花田诗意流转，在栀子花田里写首诗——“梦响诗意花田”。目前响堂村种植 8 公顷栀子花，栀子花产量很高。美中不足的是现阶段栀子花田的运营模式较为单一，游览功能呈现出明显的季节性特征，主要集中在夏季观赏功能上，游客流量分布极不均衡，并且在文化内涵挖掘与主题化、故事性的互动体验方面尚处于初级开发阶段，未能充分展现栀子所蕴含的丰富文化艺术价值。为改善这一现状，建议依托现有的栀子花田资源，打造以栀子花田为幕、以诗意妙思为墨、以旧物展示为形的大地艺术展，形成四季可看、全年可赏、全年龄可互动的户外“花田艺术博物馆”。在前期准备上，既面向社会广泛收集与栀子相关的散文、诗歌等经典文学作品，同时纳入南京学生所创作的各类获奖诗歌散文佳作，以此为文化核心素材；又积极开展校园旧物征集活动，面向南京各中小学及高等院校，收集老黑板、老门框、老板凳、老课桌、老晾衣架、老钢琴等具有浓厚校园文化气息和历史记忆的旧物。在创作设计上，邀请南京艺术学院等专业艺术院校的优秀校友，充分发挥他们的专业才能与创意灵感，对这些征集而来的校园旧物进行在地化艺术创新改造，有机融入栀子花田。在进入仪式上，采用彩色石板或特制地砖铺设栀子花田的主要游览通道，配合夜间灯光，打造出一条独具特色的灯光“诗意步道”，步道地砖上刻有与栀子相关的优美诗句、散文片段，游客漫步进入花田能够近距离阅读这些文字，沉浸在栀子的诗意氛围之中。在活动引导上，策划打造互动光影秀“栀子的梦幻星河”，定期举办“花田诗歌节”“栀香诗画大赛”

等活动，吸引诗歌爱好者、艺术家以及游客积极参与，提升栀子花田的旅游吸引力与文化影响力，进而突破栀子花田目前夏季观赏的局限性，实现栀子花田的可持续、多元化发展。

延续栀香印象，推动响堂栀子花走向世界——栀子花研发工坊。响堂村49号楼总建筑面积251.69平方米，目前已被南京响堂建设开发有限公司收储，暂未对外出租，依据招商计划，其定位为文化空间。栀子花作为响堂村的特色元素，拥有丰富的文化内涵与多元的应用价值。为了充分挖掘栀子花的潜力，提升响堂村在全球的知名度与影响力，特策划将49号楼改造为面向全球农业院校校友的栀子花研发实验室，打造栀子花农创研发基地，推动响堂栀子花走向世界舞台。在空间营造上，采用轻量化材质与透明玻璃空间相结合的方式，构建开放、通透且充满现代科技感的研发环境。在内容建设上，构建集创新实验、产品销售等多功能于一体的栀子花研发平台，吸引全球农业院校校友人才参与。在产品研发上，围绕栀子花艺术造物、香气传承、饮食料理、药用康养等领域展开深度研究，推出一系列具有创新性与市场竞争力的栀子花产品。在产业合作上，与响堂村栀子花种植农户、合作社建立紧密的合作关系，确保原材料的稳定供应与品质控制；与食品加工企业、化妆品企业、医药企业等相关产业企业合作，共同开展栀子花产品的研发、生产与销售。与此同时，探索建立全球农业院校校友数据库，通过校友网络、学校推荐、社交媒体宣传等渠道，向全球农业院校校友发出邀请，介绍栀子花研发工坊的项目背景、目标与优势，吸引校友人才参与；与农业院校建立合作关系，挂牌栀子花课题实践基地，鼓励在校学生与教师参与栀子花产品研发工作，为项目提供源源不断的人才支持。通过产业协同，实现资源共享、优势互补，进一步提高响堂栀子花产品的市场竞争力和认可度，赋能“全球校友乡村”品牌的栀子花元素焕发新活力。

2.“念念不忘，必有回响”，擦亮“校园记忆”精神名片

志同道合的校友、文化精神的认同、“校园记忆”的归属感是校友经济

最为深层的动力源泉。它超越了简单的经济利益和物质联系，构建了一种基于共同价值观、文化理念、学习经历以及理想追求的深层次情感纽带。这种归属感不仅让校友们即便在毕业后也能保持紧密的联系，还促进了校友之间在各个领域内的合作与交流，进而形成了独特的校友生态。应将响堂村打造为校园记忆的“最佳承载”，使“不忘年少韶华景，校友回归正当时”成为校友间深情的召唤与共鸣，让“念念不忘，必有回响”成为每一位校友心中永恒的旋律，深度诠释校园文化集体记忆，赋予其新时代内容给养和价值灵感，并将之全方位植入响堂村空间场景。

共创“老故事”空间场景，引发时代变迁“怀旧”共鸣。打造老校园记忆空间与老物件共创场景，旨在唤醒并珍藏那些关于青春、成长与友情的珍贵记忆。这里所要打造的不仅是一个个物理空间上的存在，更是情感与文化的交汇点，让每一位踏入其中的校友都能感受到时间的深度与温度。**可依托现有向山文化空间打造“向山校友文化客厅”，构筑全球校友艺术社交场所。**向山文化空间由“新村民”陈卫新设计，是“文化人才工作室”[①]的空间载体。作为南京市文化名家薛峰的工作室，向山文化空间目前设置有展览区、洽谈会议室、观景平台等多功能空间，已开设《老山灵奇志》画稿展等展览活动。可基于现有空间打造“独家记忆寻宝＋校园场景复原”等核心内容，一方面依托现有展览区植入“校友记忆”老物件展览，向校友征集他们在校园期间使用或收藏的课本试卷、校服校徽、证书奖状、生活用品等老物件进行集中展示，并为每件老物件附上校友所分享的故事或回忆，以文字、音频或视频等形式呈现，使参观者能够更加深入地了解这些老物件背后的历史背景与情感内涵，进而在观展过程中引发强烈的情感共鸣；另一方面利用数字技术复

---

① 文化人才工作室，是由南京市引进的高端文化人才在南京设立的工作室。近年来南京紧紧围绕“强富美高”新南京建设，开展高层次文化人才（团队）和文化名家引进工作，吸引高端文化人才来南京创设工作室，着力构建高层次文化人才高地，促进文化事业、文化产业繁荣发展。

原老校园场景，通过线上全景 VR 云展览形式，打破传统展览在时间与空间上的限制进行更广泛的传播，将向山文化空间提升为“充满回忆杀”的集文化展示、情感交流、社交互动于一体的全球校友文化艺术社交场。

聚力“多圈层”文创衍生，激发校友群体专属“自豪感”。文化创意产品的灵魂，无疑在于其深厚的文化底蕴。为推动全球校友的情感共鸣，强化响堂村作为“全球校友乡村”的独特归属感，通过创意孵化和规模聚合方式，探索建立“响堂·全球校友乡村”特色文创体系，汇集全球优质校园文创，构建可持续发展的校友文创生态体系，为未来校友文创的传承与创新奠定坚实基础。**可将“邮局限定咖啡”与“校园记忆文创”结合，打造新型文化消费场所“校友来信邮局”**。响堂村 22 号楼，建筑面积 300.69 平方米，目前已被南京响堂建设开发有限公司收储，暂未对外出租，计划招商餐饮业态。可依托此空间，以栀子花为设计元素，与中国邮政合作，打造以校园记忆为主题的邮局文创空间。创作响堂专属校友邮票、印章，在邮政服务的基础上，叠加咖啡饮品业态，引入各高校特色文创（如南京大学信纸、东南大学文创冰淇淋、南京农业大学菊花口红、南京信息工程大学金属徽章和冰箱贴等），形成“邮政服务 + 咖啡社交 + 文创体验”的特色服务，结合周边院校校庆活动推出限定款、赠送款产品（如在 5 月 20 日南京大学校庆日主推南京大学文创产品，同步推出“请南大校友喝咖啡”活动），打造校园主题文创基地。

重塑“可感知”打卡节点，定格当下精彩瞬间。在当今这个社交媒体时代，打卡已经成为人们记录生活、分享美好的一种流行方式。重塑“可感知”的打卡节点，点状植入校友文化特色节点，能够将校园记忆与现代社交元素相结合，让校友们在打卡的过程中，不仅能回忆过往，还能和亲朋好友一起定格当下的精彩瞬间。**第一，在响堂村入口处打造连接学生时代与社会的打卡装置“青年任意门”**。响堂村入口靠近沿山大道，地理位置绝佳，草坪面积较大，空间较开阔，但缺少醒目化标志。可在响堂村入口游客服务中心前，以“念念不忘，必有回响”为入口标语，打造一个标志性打卡地。整体装置采用相框美陈形式，象征连接学生时代与步入社会的“任意门”，使游客在入口处就可以感受到穿越感、年轻态的校友文化氛围。**第二，利用现有骑行驿站打造“山水自会相逢，毕业仍会再见”主题的“山水相逢驿站”**。响堂村现有骑行驿站以水泥混凝土建筑为主，造型简洁但缺少主题化、醒目化装置。可征集全球校友毕业故事、毕业寄语，大胆运用多巴胺色彩、感应花装置、网红玻璃砖等年轻人普遍喜爱的元素和材质，布局“毕业生祝福赠言”艺术装饰、“一起唠唠毕业这件事”互动故事墙、“毕业重逢”合照打卡点，增设自行车停车架等自行车归还空间，规划推荐“一路繁花”“顶峰相见”主题化骑行路线，打造兼具骑行休憩与拍照打卡功能的毕业主题驿站。**第三，打造一条以“时间才是真正的奢侈品”为主题的“时光穿梭步道”**。目前光明路（大福来至村宴段）长度为500米，两边主要为植被景观和路灯照明装置，缺乏主题化互动装置，道路游线缺乏故事性。可依托响堂村光明路村道（大福来至村宴段），以时间为轴，利用道路及两边空间设置校友青涩合照展示、校园四季光景定格等互动化时间艺术装置，以数字投影技术、3D裸眼彩绘、抽象艺术雕像呈现未来校园景象，打造“过去—现在—未来”校园时光展示步道，呈现多维度、序列化时间感知场所，营造珍惜校园时间、留驻美好瞬间的氛围。**第四，重温“耳朵里的”校园时光，打造“声声慢车站”**。依托现有村宴车站，以南京各校校歌或毕业歌曲旋律、歌词为主要装饰元素，打造校园声声慢主题车站，增加可自助点播校园广播操音乐的互动装置、可生成声音二维码明信片的邮筒传送装置，定制专属“校园版”停靠提示播报，通过背景音乐装饰、听觉感应互动，让游客重温“耳朵里的”校园美好时光。

3.“地文资源焕春流”，盘活“人文记忆”乡土符号

打造“响堂·全球校友乡村”，盘活乡土记忆至关重要。一方面，在文化传承上，乡土记忆是极具辨识度的文化名片，老山文化的奇幻灵兽、端午时节的艾草习俗等本土记忆承载着独一无二的地域特色与历史底蕴，能在全球校友心中形成鲜明的乡村印象。另一方面，在产业发展上，乡土记忆具备

显著赋能作用，能够唤起校友的乡愁情结，促使其与乡村紧密相连，为校友创业创造机遇，为区域建设贡献智慧，凝聚成推动响堂焕发活力和区域发展的强劲合力。

“神奇动物”在老山，盘活老山文化记忆。2023 年 6 月 21 日，响堂水库旁，向山文化空间惊艳亮相，同步推出南艺传媒学院院长薛峰领衔设计的《老山灵奇志》手稿展。在春天唤醒老山万物生灵的惊蛰兽、在溪涧嬉戏打闹的山涧兽、会飞会唱歌且喜欢网罗天材地宝的栀丘兽、能采山中草药的云深兽、会放烟花的烟火兽、叫声“咕嘟咕嘟”如同煮汤的珍馐兽——六款中国风特色灵兽 IP，吸引大量年轻人慕名而来[①]。《老山灵奇志》以老山文化为基础，展现的是人与百里老山和谐共生的美好画卷。“老山灵奇”不是象牙塔内的造型创作，也不是单纯的艺术造型作品，主创希望其能成为融入老山场域产业资源的文化符号，并通过这个符号实现跨界合作，融入当地的文旅场景中[②]。为盘活老山文化、激活老山记忆，可考虑通过“老山灵奇宇宙”向外延伸，用新颖的艺术形式呈现老山的文化内涵和独特魅力。兴隆组[③]闲置的 4 栋双层建筑，邻近向山文化空间，目前已建造完成，内部闲置，总建筑面积约 1500 平方米，可依托这 4 栋建筑，策划“神奇动物在老山”的趣味空间与深度体验，与《老山灵奇志》作者薛峰合作，引入惊蛰兽、山涧兽、烟火兽、云深兽、珍馐兽、栀丘兽等特色灵兽 IP，携手打造以“老山灵兽”为主题的“老山灵奇居”民宿，推出不同灵兽主题客房，内部植入各个灵兽的背景故事科普、主题手绘墙绘与欢迎打卡装置，让“老山文化”衍生出更多有趣、好玩的文

---

① 南京市浦口区人民政府. 浦口文旅集团聚焦三“新”深化“响堂计划”[EB/OL].（2024-06-21）[2024-08-30]. http://www.pukou.gov.cn/xwpd/bmdt/202406/t20240621_4695744.html.

② 薛峰：我在南京“寻灵兽”[N]. 江苏商报，2023-08-04.

③ 兴隆组，属于浦口区江浦街道华光社区，位于响堂村南侧。响堂村基于“大响堂”发展理念将兴隆组一并纳入规划考虑。

化体验与精神享受。

以“农家产品创新+高奢品牌快闪”的打开方式，营造开放式展销空间，探索“助农兴农促共富”，盘活农业文化记忆。依托南草坪，以“农家产品+奢侈快闪”的创意打开方式打造“农夫山谷市集”，精准锚定响堂村极具地域特色的三大特产——栀子花、石蒜、桃胶，将其作为主打产品，设立手工制作体验区、互动展示区、主题餐饮区，吸引顾客品尝、试用和互动，为响堂村农业文化推广与农产品促销赋能。在品牌合作上，可以大胆策划高奢品牌联名快闪，主动与迪奥、LV等高知名度、高美誉度的奢侈品牌携手合作，设置艺术露营装置与跨界联名产品快闪摊位，将高奢品牌的时尚设计理念与乡村自然景观完美融合，吸引过往游客驻足打卡，同时借助高奢品牌强大的市场号召力和粉丝群体，拓宽农产品的销售渠道，提升响堂村农产品的品牌知名度。在人才联动上，积极开展农林校友分享讲座，在市集内专门设置互动区域，邀请农林领域的资深专家、企业家和农林大学的优秀学生代表亲临现场，围绕农产品研发的前沿技术、创新的营销模式、科学的品牌建设模式、具有潜力的创业项目等方面进行分享，促进农林校友与当地农户建立合作关系，实现知识、技术与实践经验的无缝对接，最终助力农户提升生产经营水平，推动农业产业升级，实现助农兴农、村民共富的美好愿景。

聚焦“我们的节日”品牌，打造端午文化传承空间，盘活端午文化记忆。南京是中国传统节日振兴工程全国重点城市之一，在全国率先成立了“我们的节日”南京工作室，持续深入开展“我们的节日”南京行动[①]。作为中华民族传统节日，端午节是中国首个入选世界非物质文化遗产的传统节日。2021年6月12日，“我们的节日”南京·端午系列文化活动启动仪式暨响堂栀子花大会在响堂村成功举办，响堂村被南京市授予“我们的节日·端午文化传

---

① 陈伟龄.以品牌意识深化“我们的节日”主题活动[J].群众·大众学堂，2024(1)：41-42.

承基地”称号。“栀子花开，端午节来”，栀子花开是江南地区端午到来的典型标志，端午节采摘栀子花、佩戴栀子花的传统习俗一直流传至今[①]。同时“端午悬艾”是南京特色的端午节习俗，艾草产业还是响堂村的特色产业之一，种植历史已超二十年，几乎家家户户的田埂上都有种植。响堂村 20 号楼，面积 366.57 平方米，目前已被南京响堂建设开发有限公司收储，暂未对外出租，计划招商餐饮业态，为盘活响堂特色端午文化与其艾草产业，焕活乡村“端午”记忆，可策划依托其打造以端午文化为主要内容的“艾青新养会馆”，招引新派艾文化养生社交会馆，聚焦艾草养生研究、全年龄社交体验、艺术氛围营造三大特色，布置星空顶、洞穴风等自然氛围主题房间，与南京中医药大学等学校寻求合作，定期邀请教授专家面诊，针对化推出艾香理疗、艾浴温泉、艾食餐饮、艾茶品鉴、艾灸 SPA 等养生体验，结合端午文化推出艾草香包、五彩绳、五毒符等文创产品。

四、焕能“头脑”：再造事业传奇舞台

在当今充满竞争与机遇的时代，城市间的竞争、创新的突破、经济的角逐，其本质是人才的较量，关键在于对人才的深度挖掘与高效利用。乡村振兴亦如此，有了人才，就能为其所在区域提供智力支持；如果没有智力支持，只靠村民的一腔热情，乡村振兴则难以为继。而校友经济已成为新时代招商引资、人才合作的特色经济形式，校友圈层作为一股不可忽视的力量，正逐渐在科学教育、文化创新以及经济发展等多个领域展现出其独特的价值。单纯靠地理符号和情感记忆建构校友关系，缺乏生根性和耐久性。吸引校友，应该让校友看到发展事业的广泛机会和实现价值的广阔平台。“校友经济”的发展升级，就需要从前期情感纽带向事业纽带转向，变“情感牵引”为“事业牵引”、变“记忆唤醒”为“现实呼唤”，强化校友经济产业底层逻辑搭建，从而不

① 邢虹. 栀子花开清香溢 端午文化踏歌来［N］. 南京日报，2021-06-13.

断夯实“校友经济”的永续力[①]。因此，构建以校友为核心的事业舞台，不仅有助于人才的会聚与成长，更能为社会的持续进步注入新的活力。响堂村作为江苏省传统村落、江苏省特色田园乡村，可充分发挥周边高校资源集聚和校友情怀凝聚优势，通过重点构筑“全球校友乡村”综合服务与资源对接枢纽、深度营造“政企校社”产学研复合场所空间、倾力打造“全球校友”卓越品牌三大路径，对接人才支持重点项目与会议活动，创新“校友合作＋乡村振兴”新机会场景，从而成为校友资源集聚的重要平台和校友协同发展的创新舞台，推动南京科教资源优势转化为竞争发展胜势，以校友经济带动当地经济社会高质量发展。

1. 重点构筑“全球校友乡村”综合服务与资源对接枢纽

全球校友乡村作为人才会聚的核心磁场，将吸引世界各地校友携多元专业知识回归，科技、金融、文化等领域思维在此碰撞，为乡村发展注入新鲜灵感。为了更好地支撑其发展，需要提升响堂村综合服务和资源对接能力，以游客服务中心、校友会务中心、创新服务中心等空间与平台全方位整合各类资源、优化服务体系、激发创新潜力，促进响堂村成为面向世界的校友服务枢纽，将乡村的潜力与校友的力量紧密连接，进而为乡村再塑人才磁极、校友再造事业传奇搭建坚实支撑。

打造“栀等你来”校友乡村第一站——响堂游客服务中心。响堂游客服务中心总占地面积约 2.8 万平方米，总投资约 2000 万元，现状规划有游客中心接待建筑、办公建筑、集散广场、中心景观水体、停车场（车位数量 145 个）以及铛铛车换乘场地。目前，游客服务中心 A 栋用作办公场所；游客中心 B 栋已引入花迹·山野餐厅，可容纳 300 人就餐，但文创特产店铺未开放，旅游咨询台闲置。策划依托现有响堂游客服务中心前大片空地和 B 栋建筑，

---

① 王溥，胡方园. 校友资源对区域经济发展影响与路径选择［J］. 技术经济与管理研究，2020（8）：119-122.

补充完善空间功能，引入主题消费业态，提升服务品质水准，打造满足校友客群需求、体现乡村人文温度“第一站”。**一是优化停车场地，保障高峰时期停车需求**，入口运用3D彩绘植入“栀子花精灵”“村狗小可爱”主题化形象地标与欢迎标语，优化游客服务中心停车空间布局，同时完善限时接驳体系，强化高峰时段的管理与调度，配备停车换乘枢纽体系，优化疏导高峰客流。**二是智慧化升级旅游服务**，完善电子大数据监测、APP咨询、智能讲解、自助寄存等现代化旅游设施和服务，实现对游客需求的精准预测与快速响应，提升响堂游客服务中心的服务效率和游客体验。**三是创意化提升消费业态**，布局特产购物、文创展示、主题咖啡、轻食茶饮等消费体验场景。对响堂游客服务中心创新打造与功能升级，将其塑造为集特色文化展示、便捷旅游服务、多元消费体验于一体的综合服务枢纽，使其成为校友感受响堂魅力的首要门户，这是乡村旅游与校友经济深度融合进程中响堂村迈出的开创性一步。

连接国际化、青年化、创新型校友社群，打造中国首个“校友共享共赢”主题化乡村活动中心——全球校友乡村会务中心。位于响堂村南侧的堂屋曾经是村史馆，后由沈雷担任建筑设计师改造成如今的样子——开阔而敞亮，辨识度高，自然而然也成为未来响堂村迎来送往的首选。“堂屋”的得名不仅因为其是中国传统居所里的待客空间，更因为这里承载着人们更多的社交功能和需求，因此也用作开展各类演出、会务、展览等文化活动。堂屋总投资4000万元，总建筑面积1700平方米，整体建筑分为3层，分别是报告厅、兴隆pub和光明茶室：报告厅位于堂屋一层，可容纳300人，设有高规格灯光、音响、电子屏幕等设备，能满足各类演出、会议需求并有专属的后场化妆间、休息室等演出保障空间；兴隆pub位于堂屋二层，提供西式简餐服务，可容纳48人就餐，可组织酒会沙龙、文化展演活动；光明茶室位于堂屋村史馆，分为上下两层，一层可容纳48人，二层可容纳12人，定位新式中式茶饮空间，同时可满足大型活动会议的配套接待功能。未来堂屋可植入“校友会务”概念，打造以“校友合作”为主题的会议会务中心。其中，报告厅定期开展国际交流会议、校友学术论坛、前沿科技沙龙、时尚创意发布、高校毕业设计展等活动，加强展产联动、新场景应用、国际合作，与招商引资、产品推介等相结合，促进校友会展开放型经济；兴隆pub强化露天“校友故事酒会”“校园钢琴派对”等内容植入，打造沉浸式交流互动餐饮空间；光明茶室结合“轻博物馆式”复古潮流，聚焦栀子花新式茶饮研究，融入栀子花花艺元素，举办多样化茶会沙龙，形成“新茶饮＋美学空间＋社交属性”商务会客新空间。

搭建校友创新一站式服务体系，打造“创新创业＋成果转化＋投资运营”校友一站式服务中心——校友创新服务中心。目前，兴隆组共建共享议事厅即将施工完成，处于待开放阶段；可考虑依托其打造校友经济创新服务站点，形成集创新创业平台、成果转化平台、投资运营平台“三平台合一”的校友经济发展基地，围绕校友创业培训、行业交流、融资服务、政企对接等方面探索多元化创新服务。第一，打造一站式创新创业平台：以促进全球青年校友创业就业为核心，联合南京各高校就业指导中心、南京青年就业创业促进会等单位组织，探索成立响堂青年校友创业联盟，创新建立众创平台和综合性展示空间，吸引创业导师、青年创客等入驻，开设创业就业辅导课程，促进校友就业创业。第二，打造数字化成果转化平台：深化高校与企业、政府的多维融合，布局校地共建成果转化平台，针对农业科技研发、村庄艺术植入建立开放共享的驻村高校科技成果库、民宿设计师资源库，挖掘具有产业化前景的创新成果。第三，打造市场化投资运营平台：围绕“产业、科技、资本、金融、媒体”等内容，搭建具有政策申报、政企对接、法律咨询、极速融资、产品拍卖、产业营销等服务功能的投资运营平台，通过一对一洽谈、金融服务支持等方式实现招商投资与品牌打造，为校友回归投资服务地方发展提供有效路径。

2. 深度营造“政企校社”协同联动产学研复合场所空间

深度营造“政企校社”产学研复合场所空间，关键在于构建多方参与、资源共享、互利共赢的平台，以促进政府政策导向、企业市场主体、高等院校人才智力资源以及科研机构前沿创新技术之间的全方位、深层次合作交流。以校友情怀为纽带，聚焦“政企校社”四大核心客群事业偏好及社交需求，匠心打造青创企业家学苑、乡音路演广场、桃源游民公社三大特色鲜明且功能互补的空间载体，营造产学研复合功能氛围，强化“政企校社”四方联动，各方主体基于共同的目标与利益诉求，充分发挥各自的资源优势与专业能力，在人才培养、知识创新、技术研发、项目合作、产业升级等多个领域展开深度合作与协同创新，实现从物理空间到文化生态的深度融合与协同发展，为响堂村注入多元发展动能。

打造新时代企业家精英专业化教育培训基地——青创企业家学苑。响堂村 63 号楼总建筑面积 240.78 平方米，目前已被收储待出租，招商计划方向为文化空间。可依托 63 号楼存量建筑打造企业教育共享空间，兼顾企业家核心教学教室、就业实训工坊等功能，邀请优秀企业家校友进行人才培养、知识创新、前瞻研究、企业管理、评估决策等方面的内容分享，构建全方位、多层次、立体化的教学模式与内容体系，以情景化案例教学、圆桌沙龙等形式，建立开放、互联、高效的产学研培训生态圈，向企业端、人才端延展服务功能。面向企业端，积极与各类企业建立紧密的合作伙伴关系，根据企业的实际需求定制个性化的培训课程与咨询服务方案，帮助企业解决在发展过程中遇到的人才瓶颈、战略困惑以及管理难题；为企业提供一个与高校、科研机构以及其他优秀企业进行交流合作的平台，促进资源共享与协同创新，助力企业实现转型升级与可持续发展。面向人才端，为广大创业者、职场新人以及有创业梦想的青年才俊们提供系统学习商业知识、提升职业技能、拓展人脉资源的优质平台，帮助他们更好地规划自己的职业发展路径，激发他们的创业创新热情与潜能，为社会培养和输送更多具有创新精神、实践能力和社会责任感的新时代企业家人才。青创企业家学苑将为新时代企业家队伍建设注入一股强大的新动力，成为培育未来商业领袖、推动企业创新发展以及促进产学研深度融合的重要引擎与坚实支撑。

以乡音路演连接全球校友，打造“乡村音乐表演 + 项目合作推介”投融资梦想舞台——乡音路演广场。大马营空旷草坪面积约 6000 平方米，目前作为综合性营地——大马营运营，提供露营设备租赁、餐饮等相关服务，同时也作为响堂歌会及其他户外活动的场地。可依托大马营草坪区域，打造以“高校音乐社团表演”“校友创业项目展示”为主要内容的乡音路演广场。一方面，基于现有响堂山谷歌会，提取音乐元素，常态化引进南京大学歌声魅影等高校音乐剧社团体，丰富校园音乐剧、校园民谣、乡村音乐、脱口秀等内容，局部植入音乐草坪餐饮、音乐集市等特色业态，打造面向大学生、自由职业校友、创业人群的投融资音乐路演广场；另一方面，校友创业项目展示环节则为怀揣着梦想与抱负的创业校友们提供展示平台，通过产品展示、媒体宣传、互动体验、合作交流等多种方式，促进政企校社校友资源深度连接与高效整合，推动各方项目合作。乡音路演广场将不仅是一个简单的音乐表演与项目展示场地，更是一个汇聚全球校友智慧与力量、促进多元文化交流融合、推动创新创业发展的综合性平台与梦想孵化摇篮。

从“玩过来”到“住下来”，打造“全球有趣青年校友联合”的数字游民共创共建社区——桃源游民公社[①]。响堂村 24—26 号楼总建筑面积 1117.95 平方米，目前建筑改造已完成，建议利用 24—26 号存量建筑打造集群体生活、共享办公于一体的青年校友数字游民社区，以“全球有趣青年校友联合”为理念，建构校友数字游民“桃花源”般的理想生活方式，深度融合“线下共创基地”与“网上虚拟社区”。线下布局联合办公室、脑力风暴区、知识共

① 数字游民公社，即专门针对数字游民建设的综合性创意园区。数字游民公社在国内最早源于余村，其营造了“数字游民公社”社群共创空间，以“不设限”为核心特征，打造超7000平方米的数字游民公社，发布140余个大自然工位，为设计师、撰稿人、新媒体运营等数字游民量身定制脑暴区、阅读区、封闭会议室、娱乐室等办公生活场所，陆续进驻阅读、咖啡、餐饮、宠物新业态，以知识分享等社群活动建立邻里关系。

享室等空间，同步搭建网上虚拟社区，发布“乡村松弛生活”“乡村合伙人”“有趣校友联合”“校友驻村共建”等超话，吸引建筑设计、乡村规划、媒体艺术、跨境电商、自媒体、自由职业等校友人群驻村自主创业、参与乡村共建，为乡村振兴事业输送源源不断的人才。通过组织各类线上线下工作坊、研讨会、文化活动等，促进驻村校友与全球校友之间的交流与合作，同时为乡村注入创新思维和强劲动能。

3. 倾力打造“全球校友”连接圈层口碑载道的卓越品牌

在当今这个竞争激烈且信息传播多元化的时代，圈层传播、人际口碑的力量在品牌塑造与推广进程中彰显出极为强劲的影响力。对于“全球校友乡村”这一独特品牌而言，深入探讨并构建行之有效的传播策略，从而在潜在的全球校友圈层中达成品牌家喻户晓的目标，是推动其持续发展与影响力扩张的重要方式。应通过打造全球校友乡村创新论坛、构建节庆活动体系、搭建数实结合平台等手段，加大品牌推广力度，重塑“全球品牌”影响力，书写长效增益策略下的品牌营销推广新篇章。

举办全球校友乡村创新论坛，共话高校与乡村的“双向奔赴”。可以“全球校友共聚·共话乡村发展”为主题，于每年 5 月 18 日（南京人才日）前后邀请政府代表、专家学者、全球各地校友组织会长或秘书长、海内外校友齐聚响堂村，深入探讨“全球校友乡村”创新发展策略，构建“高能级、现代化、国际范”的校友交流合作平台，同步发布全球校友乡村创新发展评价课题，与 Hi China 国际青年发展联盟[①]、全球高校（上海）校友联盟[②]、国际校友人才联盟[③]等达成战略合作，带动全球校友项目合作与签约，成立响堂全球校友乡村发展基金会，争取入选联合国咨商地位组织名单，促进响堂“全球校友乡村”品牌化发展和价值化呈现，向世界传递中国响堂的创新故事。

构建“3 类主题 +N 项常态”节庆活动体系，助推全球校友交流学习。一方面，打造三类主题活动，即品牌文化活动、高品质艺术交流活动、高级别体育赛事。第一，围绕区域文化资源打造品牌文化活动。如邀请身怀绝技、经验丰富、资源广阔的老院士、老专家、老教授及中小学离退休教师，于每年 4 月春暖花开之际，来响堂村做讲座和公开课，打造“银龄讲学堂”老教授讲课活动，鼓励银龄专家退休不退岗，重返讲台发挥“余热”。银龄讲学堂以“免费名师选修课，人生成长必修课”为目标，内容包括但不限于文化讲堂如国学文化、艺术人文、技能手艺等，课程培训如政德教育、企事业培训、中小学研学等。第二，依托公共艺术空间举办高品质艺术交流活动。如

① Hi China 国际青年发展联盟是由哈佛校友发起、哈佛教授指导，连接全球各领域杰出青年的平台。联盟致力于为青年在全球化背景下的发展提供能力支持和机遇助力；促进世界未来领导者与中国的交流与合作。旗下品牌“世界青年发展论坛”自 2014 年起，发起并组织了“洞见中国行”“中国创新创业实践计划”“青年领袖培养计划”“名校中国导师计划”“未来雕塑家”等系列活动，覆盖美、英、加、法、日、澳等30多个国家的50 多所高校，共计2万余人。

② 全球高校（上海）校友联盟，即“友联”，是由南京大学、浙江大学、英国帝国理工学院、华中科技大学、哈尔滨工业大学、中山大学、天津大学、重庆大学、中国人民大学、中国政法大学、中南财经政法大学、江南大学等高校上海校友会联合发起并组建的非营利性社会团体，致力于打造一个高学历、高素质、高水平的高校校友交流平台。

③ 国际校友人才联盟（ATA），全称“朝阳区海外高层次人才协会国际校友人联盟”，是朝阳区高层次人才服务中心指导下的非营利组织联盟，充分利用朝阳区现有国际化资源集聚优势，聚集整合高校及留学生社群，旨在为国际人才搭建集合咨询、机会和资源的一体化综合性服务平台，目标是成为“赋能人才、孵化创新、国际交流”的新高地。

每年 6 月毕业季定期举办“响念旧时光”校园记忆摄影展，全年持续征集各校校友们在校园时期的老照片，包括校园标志性建筑、校园生活点滴、重大典礼活动或特别的角落等，利用向山文化空间、堂屋及道路两边、草坪广场、栀子花田等公共空间进行展览，展示学校的历史变迁和校友们的成长历程。也可结合各校校庆日，举办学校特展，展示特定高校、特定时期的照片和故事。第三，围绕户外山水资源打造高级别体育赛事。如每年 10—11 月举办“向阳骑行文化节”老山骑行赛事，骑行老山，向阳追风。依托老山优越的山地资源和自然风光，打造秋季“向阳”骑行文化品牌，以高校骑行赛为主，鼓励社团、院系及毕业校友组队参与，设置速降赛、越野赛、短程赛、耐力赛、爬坡赛等山地赛事，增加参赛乐趣。另一方面，持续落实 N 项全年常态化活动，主要包括有举办基础且可持续举办的活动，以及可尝试引进的部分活动。如持续举办 5 月响见你 · 优质校友联谊会、6 月响堂山谷歌会和响堂栀子花大会（现有）、12 月宁聚校友帮扶会等。可尝试引进 2 月或 6 月南京毕业季大型人才招聘会、5 月“金陵故乡行”南京创新与人才发展圆桌论坛、6 月南京留交会（中国留学人员南京国际交流与合作大会）与 10 月校园十佳歌手邀请赛等。另可考虑全年常态化进行“响堂由你造”校友共创共建活动，以校友认领、捐赠的形式进行乡村共创共建，形成多样的、故事性的艺术共创响堂：认领方面，校友可认领墙面进行学校的主题化艺术创作，成为特色打卡点，也可认领车位，进行各自学校的主题化艺术创作，打造学校专属车位，重大活动时为该校预留；捐赠方面，校友可认养树木或捐赠树苗、路灯等（以校友个人或学校、班级、社团等名义进行，铭牌形式内容自定，如捐赠者姓名、寄语等），或可捐赠单车（学校主题或校友个人捐赠特色单车），也可捐赠校友专属邮筒，或者捐赠椅子（如在堂屋内的礼堂放置校友捐赠的专属座椅），除此之外，响堂村的任何物品均可接受组织或个人捐赠，这些认领捐赠项目将刻有捐赠者的名字及自定内容，融合不同学校特色，形成响堂村亮丽的风景线。

搭建数实结合平台，促进全球校友资源连接。一方面，构建线下共创社区和线上虚拟社区，搭建“响堂校友汇”全球校友乡村数字平台：以“全球校友沉浸式互动体验”与“线上线下虚拟现实融合”为核心，依托现有响堂公众号平台，增设“响堂校友汇”端口，开发大学公开课、元宇宙校园游戏、全球校友社区、文创虚拟店铺、网络视听创意等分栏，发布“响堂百景图”“耳朵里的响堂”等校友创作大赛，以线上优质流量导入赋能线下空间载体发展；构建校友信息数字化数据库，成立响堂全球校友乡村发展基金会，对接国际化平台，以达成战略合作，让线上“响堂校友汇”端口成为一把“数字钥匙”，通过线上优质流量导入，赋能线下空间载体发展，促进全球校友资源连接，推动合作共赢。另一方面，加强项目产品供给行动，促进校友资源连接：推动重点项目招商，加快与校友组织对接联系，吸引校友到响堂村及南京市考察投资，建立校友客商库；抓好“农夫山谷市集”“知食分子餐厅”等重点项目招商工作，制作和完善文化校友项目宣传招商册、电子推介材料，加强项目动态管理；建立投资项目清单，放开市场准入，建立投资项目机会清单，依托南京“世界文学之都”影响力招商引资，加强与中外艺术院校、剧院团、传播机构的交流，动员校友力量参与全球校友乡村投资建设。

五、打动“本能”：重构生活切换情景

本能，是人类与生俱来的、深埋于潜意识底层的原始驱动力，在人类的认知与行为体系中占据着极为关键的地位。它先于理性思维，在瞬间即可对事物做出反应，左右着人们的情感倾向、行为选择以及价值判断。从城市到乡村的切换，绝非简单的地理位置迁移，而是感知状态、体验、生活模式等的差异。对于全球校友乡村而言，从城市场景切换到乡村场景，意味着需要跨越重重理性的樊篱，深度挖掘并呈现乡村直抵人心的特质，打动校友的“本能”如求真爱美、崇尚自然、探索求知等。应重构响堂村的生活切换情景，完善多元旅居配套供给：首先聚焦感知本能，优化田园景观营造，重塑乡村

视觉诗意；其次聚焦体验本能，拓展生活消费场景，激活乡村多元体验；最后聚焦舒适本能，完善公共服务供给，提升乡村生活质感。

1. 优化田园景观营造，重塑乡村视觉诗意

随着农村人居环境整治提升工程的不断深入，响堂村正逐渐呈现“路在林中、家在绿中、人在景中”的美好图景，但仍面临田园景观特色不足的问题。深度依托“全球校友乡村”主题，以最小的成本，打造最惊艳、最具创意的景观效果，使校友们感知到响堂特色的乡村风情，成为当前田园景观优化的重要任务。

山野景观整体提升，传统与现代融合创新。在山野风貌方面，在响堂村现有地形地貌、自然资源的结构形式和传统风貌基础上，对河、沟、渠及桃源谷、桃花林、南草坪、栀子花田、草药梯田、稻田等生态、农业空间进行整体风貌提升：针对河、沟、渠等水系，秉持生态修复原则，清理河道杂物与淤泥，保留自然驳岸形态，适度增设亲水平台、木质栈桥等现代景观设施；桃源谷、桃花林区域，遵循原有桃花种植布局，补植珍稀品种，延长花期，打造“十里桃林”缤纷景观等；同时，挖掘响堂树景打卡潜力，打造如“爱心树”等网红打卡点。在建筑改造方面，重点聚焦于传统村舍的现代演绎，保留青瓦白墙、坡屋顶和木质结构等乡村传统建筑的精髓：在充分尊重和保留这些传统元素的基础上，紧密结合每栋建筑的具体功能需求，融入现代设计理念，如引入开放式庭院设计，增强室内外空间的互动性与流通性，为使用者提供更加开阔、舒适的使用环境；打造生态屋顶，通过种植绿色植物或设置雨水收集系统等方式，实现建筑与自然环境的良性互动，提升建筑的生态效益与可持续性，使建筑既保留乡愁记忆，又在视觉形象上焕然一新，展现出全新的生命力与吸引力。在植物营造方面，因地制宜，凸显特色。一方面充分利用青瓦白墙的建筑背景，合理选择适宜攀爬生长的藤蔓植物，如蔷薇和凌霄等，增添生机与柔美，营造出富有层次感与立体感的景观画面，进一步提升响堂山野景观的整体美感与生态品质；另一方面在校友活动频繁的区域，如校友

文化客厅、全球校友乡村会务中心、XIANG CLUB、桃源游民公社等空间附近，打造具有特别意义的校友主题花境，选用象征着同窗情谊、青春活力的花卉植物，除栀子花外，还可以采用象征友谊长存的勿忘我、寓意积极向上的向日葵等，形成一片色彩斑斓且富有寓意的花境景观。

校友文化元素融入艺术营造，青山绿水间点缀自然与人文的和谐共生。在响堂村各处，以艺术装置的形式，融入校友文化元素，为乡村景观的塑造提供全新视角。例如可以《麦田里的守望者》为灵感来源，依托响堂村村宴前稻田空间（春种麦子秋种稻），打造醒目化的"守望初心灯塔"。在材料选用层面，基于透光性能、耐用性及适配乡村环境等多方面考量，选定透光率较高的聚碳酸酯板作为灯塔立面构建材料。从互动参与层面，以"校园梦想"为主题，面向全球校友开展线上画稿征集，广泛汇聚校友基于校园记忆、个人成长及未来展望所衍生的创意灵感，选择优秀作品进行翻绘并嵌于灯塔内，构建凝聚公众能量的"共创共享"地标。白天灯塔呈现光洁、半透的质感，与环境融为一体；入夜后灯光亮起，成为公众艺术作品的最佳展示容器。除此之外，为持续丰富响堂村的艺术内涵和文化底蕴，响堂村将积极与国内外艺术院校建立合作联系，不定期邀请师生团队进行大地艺术创作，在田间、在路边、在街头发挥乡村的想象力，看流动的云、看飘零的雨……让校友文化和艺术营造在响堂村生根发芽，让青山绿水间的人文要素与自然和谐共生。

夜景氛围创意营造，营造响堂夜风景和夜生活。第一，在响堂村的主要游览路径、公共活动区域以及重要景观节点设置智能感应灯光矩阵，敏锐捕捉人体的移动、声音的变化以及环境光线的差异，调整灯光亮度、颜色、照射方向以及闪烁频率等参数，为响堂村的夜景增添高度的互动性和趣味性，提升照明的精准度和能源利用效率。第二，在月光较为明亮的夜晚，适当减少人工照明的强度与范围，以月光为主导照亮乡村的开阔区域，如南草坪、栀子花田等，并设置月光观景台或休闲座椅，校友们可在此欣赏月光下的响堂乡村美景；同时，在建筑与景观的阴影处或背光面，采用微弱的辅助灯光进行补充照明，避免形成大面积的黑暗区域，使整个乡村夜景在月光与灯光的相互映衬下更显和谐与自然。第三，提升灯光氛围营造的艺术性，一方面依托“校友”文化，部分采用校友捐赠的路灯或景园灯，并在灯杆上装饰各校校徽或校园文化印迹如标识性建筑等，增添“全球校友乡村”的文化氛围与独特性；另一方面挖掘农业文化包括栀子、水稻等元素，打造3D栀子投影、稻穗灯阵等多个灯光景点。

2. 拓展生活消费场景，激活乡村多元体验

引导校友专属化生活方式从消费场景拓展到办公、居住场景，为响堂村注入全天候全周期的活力人群，重塑响堂村社交活力。强化餐饮、住宿等配套设施，升级消费业态，布置知识餐厅、教学客舍、校企俱乐部等复合化业态产品，营造时尚化、有氛围感的新生活场景，导入“新人气”，让校友“愿意来”“有的玩”，构建理想生活方式。

拓展休闲娱乐业态场景，形成“潮娱零售”消费体系。主要包括栀青春戏剧酒吧、校友来信邮局、栀子研发工坊等创新业态内容，其中重点打造以“重聚情绪共鸣＋沉浸运动氛围＋关注社会价值”为内核的聚会乌托邦“XIANG CLUB”。响堂村9号楼部分空间计划打造XIANG CLUB户外运动俱乐部（占地150平方米左右），目前处于待开业状态，未来将提供骑行、越野、水上、登山等运动服务。优先布设欢乐亲子派对、运动设备租赁、行业交流座谈、麻将掼蛋娱乐等空间，连接周边龙舟、桨板、飞盘、高尔夫等运动场所，提供优质社交氛围和体育设施，满足校友亲子互动、户外拓展、知识分享等需求，线上建立行业资讯群和户外运动群，定期发布活动聚会邀请，助力拓展校友朋友圈。

拓展餐饮业态场景，形成“食味山野”消费体系。主要包括花迹·山野、蝉·山间茶餐厅、明慧山庄、大福来烤全羊、栀味、Gardenia栀咖啡、德蓉农家乐、乐品居等现有餐饮配套，并新增校友主题相关特色餐厅，如打造“诗集文学雅韵＋山水清风意境”的农家山野味蕾殿堂“知食分子餐厅”。响堂

村 17 号楼建筑面积 378.2 平方米，目前已被南京响堂建设开发有限公司收储，暂未对外出租，计划招商餐饮业态。可结合南京文学之都背景与新知识经济趋势，招引创意餐饮品牌业态，内部陈列各校师生艺术作品与老教授经典语录，营造文化创意氛围，打造成为新式农家料理餐厅，校友可小聚于此，杯盏交错，妙语欢笑。推出新式农家山野菜系，菜名融合诗词歌赋，摆盘融入山水国画艺术，将响堂村三面环山一面抱水的山水意境装入菜肴，传承经典，创新特色料理。

拓展住宿业态场景，形成"乡创美宿"消费体系。在现有"响堂·宿里"民宿外，新增 3 家住宿配套。其一，打造以"青年有为"为主题的"新青年学舍"。响堂村 55、56、58、59 号楼计划打造民宿配套，可提取青年追梦文字金句如"风华正茂，归来仍是少年""奋斗路上永远年轻"等，结合主题绘画营造"新青年觉醒时代"室内氛围，打造面向驻村共建校友客群的主题化配套住宿空间，构建"归来仍是少年"的校友追梦有为之旅栖息地。其二，打造以"人生重启计划"为主题的"青松小院"，传递"短暂的休息，是为了更好地奋斗"的青年理想。依托响堂村南侧兴隆组占地面积约 600 平方米的临水闲置房屋 7—8 户，面向职场空窗、生活无方向的"GAP 青年校友"[①]，打造以静谧疗愈情绪体验为特色的艺术工作室集合小院，创造相对独立的艺术培训空间，布设咖啡茶社、鲜花庭院等公共空间，融入兴隆组葫芦文化，开展葫芦烙画、陶艺插花、面包烘焙等校友艺术培训与休闲体验社群活动，助力校友在休养生息中帮扶互助、蓄势待发，找到全新的生活方向与轨道。另外，依托响堂村 24—26 号楼打造的"桃源游民公社"也是住宿业态场景之一，主要打造集群体生活、共享办公于一体的青年校友数字游民社区，建构校友数字游民"桃

① GAP是指一种暂时逃离疲惫的状态，在学习或工作之间，安排一段时间来做自己想做的事情，比如旅行、学习、志愿服务等，调整自己的状态和方向。面临当下越发"内卷"的环境，GAP成为年轻人的刚需。

花源”般的理想生活方式。

3. 完善公共服务供给，提升乡村生活质感

强化对交通等基础设施的完善，提升居民和游客的便利感与幸福感，同时，结合乡村特色，创造更多元的公共服务内容，完善度假和生活设施，推出全球校友游览套餐和全球校友畅玩攻略等内容，构建理想的乡村生活场景，提升乡村整体的生活质感，吸引更多人才和校友的回归与留驻，享受现代化与自然和谐交融的生活方式，让每个人都能在响堂村获得归属感与认同感。

积极完善交通基础设施，优化交通组织。自驾交通方面，划分日常和举办大型活动时的不同路线和停车区域：日常自驾游可由沿山大道—光明路进村，开放响堂北集散中心停车场、响堂游客服务中心停车场及村内分散停车场；举办大型活动时，为减少拥堵，引导校友由沿山大道—黄山岭路—八采路至响堂北集散中心停车场（核心集散点），辅以响堂游客服务中心停车场和兰溪公园停车场。同时，推进生态停车场、创意停车场等设施的改造进程，促进村居停车场规模与游客承载量相契合，倡导具备条件的公共建筑停车场对外开放，以缓解停车压力。**接驳交通方面**，构建“校友汇”主题接驳系统，为方便校友通过公共交通前往响堂村，采用主题大巴接驳，定制“校友汇”主题观光接驳车（探索无人驾驶方式），设置地铁站与响堂村之间的接驳线路，提取各校校园主题色彩和校徽元素（如南大紫、东大蓝），以独特的校园文化装饰和栀子花展示，带给校友们浓厚的校园情怀。接驳流程为乘坐 10 号线地铁，到达雨山路地铁站 1 号出口，步行前往光明路接驳点乘坐接驳车，采用网上预约和现场候车相结合的机制。接驳点位建议设置为雨山路地铁站、兰溪公园停车场（对面公交站台站名：万科璞悦山南）、三角塘站（大型活动时关闭）、北集散中心。接驳路线区分日常和举办大型活动：日常路线为雨山路地铁站站点—光明路—兰溪公园停车场站点—光明路—三角塘站点—光明路—北集散中心站点；举办大型活动时为雨山路地铁站站点—光明路—兰溪公园停车场站点—沿山大道—黄山岭路—八采路—北集散中心站点。骑

行交通方面，结合骑行驿站，定制各高校主题“共享单车”服务，提供交通工具租赁点和停放点等配套服务设施。

加快升级度假和生活设施，完善导览体系、提升公厕品质、构建低碳生活。第一，在村庄范围内已有导视系统基础上，强化“全球校友乡村”符号和品牌标识，增设多语种旅游标识和交通指示。与线上地图平台合作，完善智慧交通指引建设，支持查询互动、导航、多语言讲解、VR 全景图等功能，为游客提供全面、生动、实时的导览服务。第二，在全面改善公厕硬件基础上，积极引入专业力量，邀请专业的艺术家或设计师参与设计，结合响堂村的乡村文化、历史传承、自然景观等元素，将公共卫生间打造成为主题化的艺术品，推动公共卫生间主题化、艺术化打造，与周边环境相融合，提升旅游厕所服务品质。第三，构建“校友今天你低碳了吗”碳积分转换系统，低碳行为换积分，进一步推动响堂村绿色低碳生活方式构建。该系统将对游客与当地居民在响堂的一系列低碳行为进行记录与积分奖励。例如，步行或骑行游览响堂村、使用公共交通工具出行、参与垃圾分类与回收、节约水电资源等行为都将被纳入碳积分体系，游客与居民可以通过专门的手机应用程序或在指定的服务站点进行低碳行为的登记与积分累计。积累的碳积分可以在响堂村内进行兑换，兑换的物品或服务包括当地特色的农产品、手工艺品、旅游体验项目、餐饮优惠券等。通过这种碳积分转换系统的激励机制，能够有效引导游客与居民积极践行低碳生活方式，提高环保意识，减少能源消耗与碳排放，共同打造绿色、可持续发展的响堂村。同时，这一系统也将成为响堂村的一张独特的环保名片，吸引更多注重环保与可持续发展的游客前来体验，进一步提升响堂村的品牌形象与社会影响力。

完善全球校友游览套餐和全球校友畅玩攻略。一方面，将响堂村与浦口全域旅游深度连接，联动响堂 · 全球校友乡村与周边景点如老山国家森林公园、珍珠泉风景区、不老村、华昌龙之谷、四方艺术湖区、水墨大埝旅游区等，推出浦口全域旅游精品线路一日游和两日游套餐，引导校友深度游浦口，将校友经济带动旅游发展的突出效益不断向周边延展。另一方面，提高校友游览响堂村的内容丰满度，重构“响堂的一天”新生活方式，让每个时段都成为校友与响堂村相遇的高光时刻。清晨，校友们可以在阳光下漫步于“青年任意门”、山水相逢驿站和梦响诗意花田等景点，感受青春活力与自然之美的交织，上午的校友文化客厅、全球校友乡村会务中心、XIANG CLUB 等空间，则成为校友互动、交流与合作的理想场所。中午时分，校友可以体验“食味山野”，品尝响堂特色美食，包括花迹·山野餐厅、知食分子餐厅、村宴、蝉·山间茶餐厅、栀味等地道餐饮，感受乡村美食的独特魅力。下午，响堂村则以“艺术社交”和“独家乐购”迎接校友，艾青新养会馆、青松小院、校友来信邮局、栀子研发工坊等地将成为校友互动、创意交流和购物体验的热点，校友还能在 Gardenia 栀咖啡享受一杯醇香的咖啡，感受宁静的下午时光。夜晚时分，大福来烤全羊、栀青春戏剧酒吧等地则成为“越夜越嗨”的校友聚会、娱乐与放松的理想去处。如需过夜，响堂村也提供“乡创美宿”如老山灵奇居、宿里等独具特色的民宿，让校友在响堂村舒适的环境中度过夜晚。另外，在有特别活动的时候，校友还可参加全球校友乡村创新论坛、银龄讲学堂、响念旧时光、响堂山谷歌会、校园十佳歌手邀请赛等活动，进一步深化校友之间的文化交流与互动合作。

在乡村人居环境初步改善和“文化赋能乡村振兴”初步实践的时代背景下，以南京市浦口区响堂村为例，我们重新思考了如何进一步激活乡村内生动力、焕发乡村活力。响堂村经过前期发展，已具备一定基础，其发展在乡村基础设施完善、文化特色彰显等方面成效显著，在区域内收获了较好评价，成为南京乡村发展的标杆之一；但从宏观层面审视，响堂村由于地域、资源、人才等多方面限制，既有发展模式的外向拓展能力与辐射效力受限，难以形成面向全球的广泛影响力。直面这一瓶颈，破局突围的紧迫性不言而喻，探索全新发展路径成为必然抉择。

在中国社会文化语境下，“关系”始终是绕不开的关键因素。传统乡村中血缘、地缘紧密交织，构建起稳固的强关系网络，并成为乡村秩序维持与发展的重要纽带。但随着社会流动性加剧，传统强关系逐渐弱化，取而代之的是“学缘”等新兴强关系在流动社会背景下蓬勃兴起，追根溯源，这反映出中国人骨子里根深蒂固的社群关系理念从未改变，只是在不同社会阶段呈现出不同的表现形式。面对社群时代与学历知识时代深度互嵌的复杂情境，响堂村应紧抓时代红利，将乡村重塑为具有强大凝聚力的群体性符号，全方位激发多元群体参与乡村共建的热情与活力；以敏锐战略眼光全方位挖掘自身独特优势与潜藏资源，聚焦“校友经济”这一关键突破点，以高站位国际视野、前瞻性战略思维、长远规划眼光及敏锐前沿意识为指引，率先布局“全球校友乡村”，从触动情感连接“心灵”、启迪智慧焕能“头脑”、聚焦生活打动“本能”三重维度发力，探索兼具创新性与普适性的乡村发展模式，借此打造可供全国乡村参照复制的蓝本，引领乡村挣脱既有困境枷锁。具体而言，响堂村可依托自身独特文化底蕴，为校友群体搭建汇聚交流的专属空间与协作平台；立足响堂村的山水林田生态本底，紧扣“校友合作、共创共享”核心主题，营造“优质资源落地生根、创新成果高效转化、创意人才加速集聚”的全新场景与前沿模式；深度聚焦青年发展、人才招引、城乡互动等区域高质量发展核心议题，打造赋能校友成长、加速校地协同的经济高地与交流平台，雕琢响堂村发展的创新引擎与“全球校友乡村”品牌标识，为响堂村有限的土地空间注入全新价值磁力，驱动艺术范“小响堂”向国际化“大响堂”蝶变升级。展望未来，随着乡村振兴战略稳步推进，越来越多类似响堂村的乡村将陆续达成人居环境优化的阶段性成就，彼时，诸如如何塑造世界性身份标识、如何加速高效盘活资源等共性议题将接踵而至。“响堂·全球校友乡村”模式路径将成为具有一定价值的借鉴范例与引领性的先锋模式，为其他乡村提供某种可参考的模式思路，进而推动广大乡村在全球化的浪潮中勇于破局、敢于开局，实现资源的进一步优化配置与深度开发，促进各地乡村品牌建设百花齐放，共同勾勒出未来乡村的无限可能。

第七章
江宁孟塘北村：宠物消费重塑乡村空间的生产逻辑

在乡村振兴的大潮中，众多资源禀赋平平的乡村正寻求突破传统的发展模式。对于这些“沉默的大多数”，未来的长远发展依赖于对新消费趋势的敏锐把握，针对细分市场，锚定村庄精准定位，开辟新经济与乡村创意结合的发展路径。将宠物经济作为当下新经济形式的代表，选取南京市江宁区孟塘北村——典型的大城市近郊普通乡村，开展一场乡村旅游转型升级的社会性实验。这一样本将展示如何将新经济形式与乡村空间创意结合，推动乡村产业的转型升级；如何依托新消费趋势，打造具有吸引力的商业场景；如何通过新品牌建设和有效运营，保障乡村长效稳定发展。这一案例的探索实践，将为更多资源禀赋普通的乡村提供有益的借鉴与启示，实现真正意义上的乡村关怀[①]，呈现未来乡村的创新形态。

一、研究背景：宠物友好经济成为流量新风口

宠物经济作为一种新兴经济形式，自行业诞生起，受政策、经济、人口、技术多重要素驱动，始终保持高速发展态势。如今，宠物行业市场已形成较

① 关怀乡村主要是关注在乡村能否建构现代城市生活方式、现代城市文明和现代城市市民的生活体系，让传统乡村中的每个个体获得人性的解放，让每一个人活得有理想、有向上的价值取向。参见张鸿雁.论重构中国乡村的文化根柢[J].中国名城，2016(3)：4-13，

大规模，2023 年中国宠物经济产业规模已达 5928 亿元，产业链覆盖宠物全生命周期；且未来宠物数量、市场规模仍然有较大上升空间，据预测，2028 年市场规模有望达到 11500 亿元[①]。尤为值得关注的是，宠物主人呈现低年龄、高学历、高收入的群体特征，他们不仅将宠物视为生活的伴侣，更赋予了它们“特殊家人”的情感定位，这一情感纽带催生了宠物消费的多样化、创新化、拟人化趋势。随着“宠物友好”（pet-friendly）理念[②]成为社会新风尚，宠物经济成为流量新入口，经济发达地区正加速布局丰富多元的宠物友好空间，为宠物及其主人打造更加温馨便利的生活圈，进一步推动宠物经济的全面繁荣。

1. 发展历程：管控影响起步较晚，需求扩张发展迅速

随着消费者对宠物生活质量要求的日益提升，宠物经济[③]已崛起为一个充满勃勃生机与年轻活力的新兴产业。宠物经济的欣欣向荣，不仅满足了宠物主人对宠物健康、快乐成长的全方位需求，也为市场经济带来持续新动力。受国家宠物管理政策的影响，中国宠物消费市场的发展从 20 世纪 90 年代起步，发展至今可以概括为以下四个阶段[④]。

---

① 艾媒咨询. 2024—2025年中国宠物行业运行状况及消费市场监测报告［R］. 艾媒咨询，2024.

② “宠物友好”是一种双向概念，既离不开外界对于宠物的包容，也离不开宠物主对宠物行为的约束。宠物友好是指一种环境、服务、政策或设施，能够容纳和欢迎宠物与宠物主人。宠物友好的本质是人宠共融，其目标是提倡文明养宠、科学待宠以及人宠和谐共处，旨在建立人宠“双向友好”的宠物友好型场所。宠物友好不只意味着接纳、不排斥宠物进入公共活动空间，而且场所可以依照实际情况为宠物提供便利的服务设施。

③ 宠物行业是一个围绕着“宠物”而形成的庞大且多元化的产业链，其涵盖了宠物的繁殖与交易，以及各种与宠物相关的商品和服务。参见艾瑞咨询. 2021年中国宠物消费趋势白皮书［EB/OL］.（2021-05-19）［2024-10-12］. http://www.iresearch.com.cn/Detail/report?id=3779&isfree=0。

④ 陈梦瑶. 宠物行业研究：它经济崛起，“精神寄托”利好宠物行业［EB/OL］.（2021-11-13）［2024-08-26］. http://baijiahao.baidu.com/s?id=1716187739752338941&wfr=spider&for=pc.

第一阶段萌芽期（1990—1999年）：由“禁止养”转变为“限制养”，逐步放开的养宠政策管控铺垫发展土壤。为预防和消灭狂犬病，1980年11月18日，国家颁布了《家犬管理条例》，明确在县级以上城市的近郊区、工业区以及城区内，不允许饲养家犬，只有生产、科研用犬及警犬可在城市饲养。由于国家政策的限制，城镇居民饲养宠物的数量相对有限，农村地区成为宠物饲养的主要区域。90年代是宠物经济发展的质变时期。1992年中国小动物保护协会正式成立，“宠物”作为人类伴侣的概念首次引入国内；1994年，北京出台《北京市严格限制养犬规定》，标志着宠物从禁养转变为限养；1998年，《家犬管理条例》全面废除，宠物饲养基本放开，中国宠物行业初步形成。国际宠物食品品牌如玛氏①、皇家②等开始在中国投资建厂，标志着国际品牌对中国市场的关注和投入。同期，市场上涌现出首批以上海顽皮家族Naughty Family③、四川华西④为代表的专业宠物服务店铺，激发了消费者对宠物相关产品和服务的需求。90年代后期，随着大量海归人士的回归，“将宠物视为家庭成员”的西方理念广泛传播，为宠物经济的发展提供了新思路。

第二阶段成长期（2000—2009年）：由“限制养”转变为“规范养”，政策规定、国家标准的出台帮扶行业规范成长。进入21世纪，宠物行业迎来了新的发展机遇，各地方政府出台了多项规范宠物饲养的政策，如北上广深等一线城市相继出台了一系列规范养狗的政策，包括详细的对宠物犬饲养条

---

① 玛氏中国成立于1989年，旗下有玛氏箭牌、玛氏宠物护理（分设宠物营养业务与皇家宠物食品业务）、玛氏食品以及玛氏全球共享服务中心四大事业部，总部位于北京、上海、广州。玛氏在中国有6个运营场所、4个创新中心、47个分支办公室、1个玛氏全球食品安全中心创新中心。

② 法国皇家创立于1968年，于1995年进入中国，总部在上海。皇家宠物食品的品牌原则是“犬猫第一”“知识与尊重”，致力于为犬猫提供精准的营养解决方案。

③ 顽皮家族Naughty Family动物医院总部位于上海，是以宠物医疗、宠物保健、宠物美容造型等为主要经营项目的综合性品牌。品牌注册于1997年10月13日。

④ 成都华西动物医院于1991年由华西医科大学实验动物中心创办。

件、外出携带要求、疫苗接种和注册登记等事项的规定，有效推动宠物饲养的规范化管理。2008 年，国家质量监督检验检疫总局和国家标准化管理委员会发布了《宠物干粮食品辐照杀菌技术规范》和国家标准《宠物食品　狗咬胶》，这些规范和标准的出台，标志着宠物用品行业开始向规范化、标准化方向发展。这一时期，以冠能（Pro Plan）[①]、爱慕思[②]等品牌为代表的更多国际化宠物产品品牌纷纷进入中国市场，它们作为行业代表，开始逐步塑造并影响整个宠物市场的消费趋势。宠物实体店和经销商开始大量涌现，国内许多企业开始为国外品牌提供 OEM 及 ODM 贴牌生产服务，或者自创品牌如顽皮 Wanpy[③]、好主人[④]等，带动了整个宠物产业链的发展。

第三阶段快速发展期（2010—2019 年）：人口老龄化和独居人群数量增多，情感因素驱使养宠需求快速释放。自 2010 年以来，人口结构的变化，特别是老龄化社会的到来以及年轻人群情感寄托需求的增加，促使宠物行业进入了一个全面快速发展的新阶段。2010—2020 年，中国 65 岁以上高龄人群从 1.19 亿人增加到 1.91 亿人，十年年均复合增长率（CAGR）达 4.85%[⑤]。未来高龄人群人数会持续增加，高龄人群对宠物的陪伴依赖因此增多。同时，中国家庭日趋小型化，家庭户规模从 2000 年的 3.44 人每户下降至 2020 年的

---

① 冠能是美国宠物食品制造企业雀巢普瑞纳（Purina）旗下的高端宠物食品品牌，创立于1986年，已有近40年的历史。

② 爱慕思公司，十大宠物食品品牌，创始于1946年的美国，高品质宠物食品品牌，世界著名品牌，玛氏公司旗下品牌，世界知名的宠物食品制造企业。

③ 顽皮Wanpy始于1998年，是中宠股份旗下核心自主品牌。

④ 成都好主人宠物食品有限公司是中国大型集团通威集团旗下专业从事宠物食品研发、生产和销售的企业。公司成立于2000年，是国内最早的宠物食品企业之一。

⑤ 陈梦瑶. 宠物行业研究：它经济崛起，“精神寄托”利好宠物行业［EB/OL］.（2021-11-13）［2024-08-26］. http://baijiahao.baidu.com/s?id=1716187739752338941&wfr=spider&for=pc.

2.62 人每户[①]，家庭人数的减少间接导致了宠物陪伴需求的增多。与此同时，国家层面相继发布了《全价宠物食品 犬粮》和《全价宠物食品 猫粮》等规范，对宠物食品的质量和安全提出了更高要求。这一时期，众多国产宠物食品品牌如伯纳天纯[②]、麦富迪（Myfoodie）[③]等应运而生，中宠[④]和佩蒂[⑤]等企业成功上市，初步形成了以长江三角洲、珠江三角洲为核心的宠物用品生产基地，显示出国产宠物品牌的强劲竞争力。在这一阶段，以北京、上海为引领，宠物零售店铺、宠物医院、宠物美容培训机构、宠物专业繁育基地以及宠物交易市场等相关产业迅速崛起，构成了宠物市场发展的核心驱动力。

第四阶段井喷期（2020 年至今）：社会消费水平提升促进养宠大众化，技术升级与消费升级驱动行业多元化发展。自 2020 年开始，宠物行业进入高速发展时期，养宠人群及宠物规模进一步扩大，拟人化的情感表达成为此阶段的养宠主流理念。这一时期，宠物在家庭中的地位不断攀升，促进了宠物养护观念的深刻变革，科学养宠、健康养宠、精致养宠、智能养宠等时兴的宠物养护理念逐渐深入人心。在这样的背景下，宠物行业迎来了前所未有的发展机遇：宠物餐饮变得日益多样化，从基础的宠物粮到高端的定制餐食，满足了不同宠物的营养与健康需求；宠物摄影则记录了宠物与主人的温馨瞬间，作为情感消费受到广泛追捧；宠物殡葬服务的兴起，更是体现了宠物主人对宠物生命的尊重与不舍。新兴的宠物消费模式推动了宠物行业细分市场

---

① 陈梦瑶. 宠物行业研究：它经济崛起，“精神寄托”利好宠物行业［EB/OL］.（2021-11-13）［2024-08-26］. http://baijiahao.baidu.com/s?id=1716187739752338941&wfr=spider&for=pc.

② 伯纳天纯成立于2013年，是上海依蕴宠物用品有限公司旗下宠物食品品牌。

③ 麦富迪，诞生于2013年，是乖宝集团旗下自主品牌，主要经营宠物食品、宠物用品等。

④ 中宠股份于2017年成功上市，是中国宠物行业第一家深交所主板上市企业。

⑤ 佩蒂成立于1992年，2017年首次公开发行A股上市，是中国宠物行业首家上市公司。

的爆发式增长，形成了多元化的宠物经济生态。与此同时，互联网和新媒体技术的飞速发展，特别是短视频、直播等社交媒体的兴起，极大地拓宽和加快了信息传播的渠道和速度，催生了一批现象级的萌宠 KOL，形成了诸如“云吸宠”的新型人宠生活方式，为宠物行业带来了全新的营销机遇。

2. 市场特征：市场规模持续扩大，消费意愿愈发强烈

近年来，宠物逐渐成为人们的精神寄托，中国的宠物经济产业迎来了迅猛的增长势头。自 2018 年起，中国城镇地区的宠物主人数量已连续五年呈现稳步增长的态势[①]。随着养宠群体的不断扩大，与之相关的各类服务和产品也如雨后春笋般涌现。宠物医疗、宠物美容、宠物保险服务以及宠物殡葬等新兴且充满生命关怀的宠物服务项目层出不穷，不仅满足了消费者日益多样化的需求，也进一步推动了宠物经济产业的繁荣发展。

我国宠物市场规模不断扩大，且未来仍有较大上升空间。中国宠物行业自进入 21 世纪后始终保持高位增长态势。2010—2020 年，中国宠物行业规模从 140 亿元增长到 2065 亿元，十年年均复合增长率达 30.88%[②]。值得关注的是，2018—2021 年，中国宠物经济产业规模年同比增长率保持在 30% 以上；2021 年之后，即使受疫情影响增速放缓，也仍保持在 20% 以上[③]。同时，中国宠物数量始终保持高位增长，尽管疫情防控期间放缓，但疫情的不确定性及其带来的孤独感也扩大了宠物陪伴的需求。2022 年，宠物数量增速回归，

---

① QuestMobile. 2023宠物消费市场洞察［EB/OL］.（2023-10-17）［2024-08-26］. http://baijiahao.baidu.com/s?id=1779984306470264757&wfr=spider&for=pc.

② 陈梦瑶. 宠物行业研究：它经济崛起，“精神寄托”利好宠物行业［EB/OL］.（2021-11-13）［2024-08-26］. http://baijiahao.baidu.com/s?id=1716187739752338941&wfr=spider&for=pc.

③ 艾媒咨询. 2024—2025年中国宠物行业运行状况及消费市场监测报告［R］. 艾媒咨询，2024.

我国宠物数量逼近 2.2 亿只[①]。然而，对比宠物市场发展成熟的国家，仅以 2021 年为例，我国宠物饲养的渗透率尚不足 20%，这一比例相较于美国（70%）、日本（57%）及欧洲各国（49%）等发达国家的水平，存在显著的差距。虽然我国养宠渗透率仅为日、美的 1/3，但宠物消费水平几乎相同，2021 年中国单宠年均消费约为 2041 元[②]，已与发达国家水平相当，以上两点表明我国宠物数量、宠物市场规模未来仍然有较大上升空间。

我国基本实现宠物全生命周期产业链布局。当前我国宠物市场服务已覆盖生理需求、社交需求、安全需求，细分赛道布局全面程度已与发达国家持平，形成宠物育、食、用、行、康、教、娱全产业链闭环。产业链上游主要围绕宠物繁育及交易布局。早年，我国的宠物获取以购买和收养为主，2018 年数据显示，44% 的宠物狗和 25% 的宠物猫是通过购买获得的[③]。近年来，随着“领养代替购买”逐渐深入人心，越来越多的宠物主选择收养宠物。2022 年，通过收养渠道获取宠物的比重已增至 33%；通过犬舍或猫舍、宠物店购买宠物的比重分别为 23%、17%。产业链中游包括与宠物衣食住行密切相关的食品、用品、药品等配套产品产业。我国宠物产品市场规模已达到相当大的体量。2022 年，宠物用品市场规模达到 331 亿元；主粮、零食、营养品等宠物食品消费约占宠物消费市场的 50.7%，市场规模达到 1372 亿元[④]。产业链下游主

---

① 鸟语花香宠物有限公司，弗若斯特沙利文. 2023—2024年度中国宠物用品消费趋势报告［R］. 鸟语花香宠物有限公司，2023.

② 孟鑫.宠物行业研究：千亿级别蓝海，国产替代加速［EB/OL］.（2022-11-10）［2024-08-26］. http://baijiahao.baidu.com/s?id=1749068658587109236&wfr=spider&for=pc.

③ 千际投行. 2024年中国宠物行业研究报告［EB/OL］.（2024-01-17）［2025-05-17］. https://www.21jingji.com/article/20240117/herald/100e75780066b931e56c2d585b19b3a5.html.

④ 财讯网. 2021年宠物行业白皮书正式发布：这7个变化值得关注［EB/OL］.（2022-01-18）［2025-05-17］. http://www.inpai.com.cn/news/redian/2022/0118/012022_120100.html.

要包括宠物医疗、娱乐、美容、保险、殡葬等多样化宠物服务产业。我国宠物医疗市场处于快速发展阶段，2022 年我国宠物行业市场规模为 2706 亿元，其中宠物医疗市场占比为 29.1%，约为 787 亿元[①]。同时，随着中国养宠人群的逐步年轻化，宠物的颜值日益受到宠物主的重视，宠物美容护理市场规模稳定增长。数据显示，我国宠物美容护理行业市场规模由 2017 年的 48.3 亿元增长至 2022 年的 106.6 亿元[②]。随着养宠理念的持续升级，将产生更加多元化、个性化、定制化的消费需求，从而进一步推动相关企业的产品不断升级。

养宠人群呈现年轻化、高学历、高收入特征，促使养宠花销不断提升。养宠人群年轻化特征明显，80 后、90 后宠主占比逐年提升。2023 年，90 后宠主达 3500 万人，占比为 46.6%，较 2022 年提升 2.1%；80 后宠主达 2336 万人，占比为 31.1%，较 2022 年上升 10.8%[③]，这背后与中青年群体生活观念转变、都市生活方式转型均密不可分。同时，养宠人群呈现高学历、高收入趋势。2018 年，宠物主人中本科、硕士及以上学历整体占比为 52.8%，到 2020 年，比重上升至 68.0%[④]。2021 年，46.7% 的宠物主人月收入位于 4000 元至 9999 元之间，月收入超过 10000 元的宠物主人占比则高达 34.9%[⑤]。宠物主学历与

---

① 中商情报网. 2023年中国宠物行业产业链上中下游市场分析［EB/OL］.（2023-05-18）［2025-05-17］. https://www.163.com/dy/article/I515JMP1051481OF.html.

② 中商情报网. 2023年中国宠物行业产业链上中下游市场分析［EB/OL］.（2023-05-18）［2025-05-17］. https://www.163.com/dy/article/I515JMP1051481OF.html.

③ 广发证券. 2024年宠物行业专题报告：宠物医院乘东风而起，看好连锁化发展趋势［EB/OL］.（2024-12-06）［2025-05-17］. https://m.vzkoo.com/read/20241206aaae67e74a39a2eba50973de.html.

④ 陈梦瑶. 宠物行业研究：它经济崛起，“精神寄托”利好宠物行业［EB/OL］.（2021-11-13）［2024-08-26］. http://baijiahao.baidu.com/s?id=1716187739752338941&wfr=spider&for=pc.

⑤ 财讯网. 2021年宠物行业白皮书正式发布：这7个变化值得关注［EB/OL］.（2022-01-18）［2025-05-17］. http://www.inpai.com.cn/news/redian/2022/0118/012022_120100.html.

收入的上升带动养宠花销不断提升，2021 年养宠高消费人群[①]占比为 25.0%，平均养宠支出占到城镇人口人均消费支出的 6.73%[②]，说明宠主的宠物饲养支付意愿不断升高。

主人与宠物之间的情感纽带促使宠物养护呈现拟人化、精细化、品质化趋势。宠物与主人之间存在一种特别的亲密关系。数据显示，57.1% 宠物主人视宠物为孩子，28.4% 的宠物主人视宠物为亲人，6.7% 的宠物主人视宠物为朋友，总计 92.2% 的宠物主人给予宠物拟人化角色[③]。在单身人士和已婚人士中，单身人士视宠物为孩子的比例从 2019 年的 50.1% 下降到 2020 年的 49.4%，相对稳定；已婚人士视宠物为孩子的比例则从 2019 年的 47.6% 上升到 2020 年的 63.0%[④]。由此可见，宠物在宠物主人心中地位日渐提升，使宠物主人更愿意“富养”自家的“毛孩子”，推动了宠物服务形式和内容不断细化和创新，宠物酒店、宠物游乐园、宠物美容会所、宠物游泳馆等高端宠物消费新业态不断出现。“996”高强度工作模式催生了宠物代遛、宠物代养，宠物摄影与宠物殡葬则为宠物主人提供了情感寄托与慰藉。传统宠物食品赛道也创新不断，甜品连锁品牌好利来推出宠物烘焙品牌 Holiland Pet[⑤]，主要

---

① 即主粮月均消费超过500元。

② 孟鑫. 宠物行业研究：千亿级别蓝海，国产替代加速［EB/OL］.（2022-11-10）［2024-08-26］. http://baijiahao.baidu.com/s?id=1749068658587109236&wfr=spider&for=pc.

③ 派读宠物行业大数据平台. 2020年中国宠物行业白皮书［EB/OL］.（2021-04-02）［2024-12-03］. http://www.inpai.com.cn/news/redian/2022/0118/012022_120100.html.

④ 陈梦瑶. 宠物行业研究：它经济崛起，“精神寄托”利好宠物行业［EB/OL］.（2021/11/13）［2024-08-26］. http://baijiahao.baidu.com/s?id=1716187739752338941&wfr=spider&for=pc.

⑤ Holiland Pet是好利来集团旗下专注于宠物生日蛋糕及人宠服务体验的全新宠物烘焙品牌。蛋糕主打好食材、无添加纯净配方，目前已有骨头、花花、玩具、爪爪系列蛋糕，价格大多在168元到218元之间。

产品为宠物生日蛋糕，让宠物也享受过生日的仪式感。展望未来，随着宠物养护精细化需求的不断升级，将会有更多拟人化、“宠”性化的新型宠物服务诞生。

3. 消费热点：双重需求视角转向，宠物消费回归线下

在宠物经济持续繁荣的当下，多元化的消费热点不断涌现。宠物消费市场在空间集聚上表现为向三线、四线城市的加速下沉与向新一线、超一线城市的中心集聚，形成“两头重”的独特格局。不仅促进了宠物友好空间的广泛扩散，也推动了宠物经济的区域均衡发展。综观未来，宠物消费的产业迭代升级正从单一的宠物视角向“人宠双视角”转变，即不仅满足宠物的基本生活需求，也关注宠物主人的情感需求和个性化需求，为宠物和宠物主人提供更加全面细致的关怀和服务。

“养宠下沉”加速“它经济”崛起，“宠物后市场”满足“双视角需求”。养宠群体的向下渗透为宠物行业带来了新的增长点。随着人口从大城市向低线城市的回流，一、二线城市的消费理念逐渐渗透至三、四线城市。与此同时，低线城市居民的收入水平和消费能力也在稳步提升，以上因素共同导致低线城市消费者的养宠意愿显著增强。2021 年，三线到五线的低线城市家庭宠物饲养渗透率达到了 12.3%，尽管如此，这一比例与以一线、新一线及二线城市为代表的高线城市（39.1%）相比，仍存在一定的差距[①]，说明低线城市养宠渗透率和宠物消费市场拥有较大的上升空间。近年来，“宠物后市场”的业态升级越来越强调从宠物主和宠物的双重视角出发，实现使用体验的双向升级。和婴童市场类似，宠物市场具有购买主体与使用主体相分离的特点，因此产品导向应兼顾二者的购买需求和使用体验。2023 年 4 月，主营“云养

---

① 艾瑞咨询. 2021年中国宠物消费趋势白皮书［R］. 广州：艾瑞咨询，2021.

宠”的 APP“街猫”[①]应运而生，使用者可以远程观看流浪猫的视频、直播，既可以给流浪猫提供爱心援助，也可以享受“云吸猫”以及与线上猫友交流的乐趣。一些成熟服务平台也针对宠物赛道相继开发延伸产品，如盒马上线“宠物服务频道”，服务涵盖上门喂养、上门遛狗、洗澡美容等服务；亚朵推出“爱宠套房”，与小宠科技共同打造智能舱宠物客房，为宠物提供友好居住场景。宠物服务的“双向升级”在为宠物提升生活品质的同时，也提升了宠物主人养宠的乐趣。

宠物消费逐渐回归线下，携宠出行成为消费新需求。随着新冠疫情管控的结束和线下消费业态的持续创新，宠物线下消费市场逐渐回暖，体现为消费者的购物渠道偏好和线下业态活跃。2021 年宠物行业白皮书显示，宠物主购买零食时，更偏好线下渠道；购买营养品时，更偏好选择宠物医院；在洗美、寄养方面，更偏好实体宠物店。2023 年，选择宠物店为宠物洗美的占比为 59.1%，较 2022 年上升 8.6%；选择宠物店寄养宠物的占比为 44.9%，较 2022 年上升 11.6%[②]。从业态渗透率来看，洗美、训练、乐园、摄影四大线下业态，渗透率都大幅增长，其中宠物训练的渗透率比 2020 年增长了 116%，宠物摄影则增长了 96%[③]。随着养宠理念的不断更新，新一代宠物主更愿意带领宠物一同阅历旅行风景，共同见证值得纪念的每一刻。2021 年，希尔顿发

---

① “街猫”APP由生活服务平台哈啰推出，是一款在线直播和投喂猫粮的“智能流浪猫屋”软件。截至2023年，“街猫”已经在上海、杭州、广州、深圳、佛山、成都、南京、武汉、苏州、合肥、长沙、无锡等12个城市，铺设约1万台设备，线上守护人超1.5万人次，累计标记流浪猫近3万只。

② 派读宠物行业大数据平台.《2023—2024年中国宠物行业白皮书》正式发布：市场规模达到2793亿元，犬猫数量实现“双升”[EB/OL].（2022-01-18）[2025-05-28]. https://www.petdata.cn/infodetail_6815030695232512.html.

③ 财讯网. 2021年宠物行业白皮书正式发布：这7个变化值得关注[EB/OL].（2022-01-18）[2025-05-17]. http://www.inpai.com.cn/news/redian/2022/0118/012022_120100.html.

布的 2022 年旅客全球趋势报告中显示，大约有 65% 的旅客在未来会考虑携带宠物旅行[①]。在微博、抖音、小红书等社交媒体软件上，携宠出行的需求也是呼声一片，和“毛孩子”一起游山玩水、拍照打卡正逐渐成为时下广受追捧的养宠日常。

长三角地区宠物友好空间加速布局，呈现单体多、分布散的特点。整体而言，经济水平发达地区的养宠需求度相对更高。数据显示，中国宠物主人在一线城市、二线城市、三线及以下城市的比例分别为 38%、42% 及 20%；养宠人群占比前三名的城市分别为北京市、上海市、广州市，比例分别为 13.10%、12.20% 及 8.30%，合计占比 33.60%[②]。对宠物消费的高需求推动长三角地区的宠物友好空间加速布局，呈现单体多、分布散的特点。早年上海的大多数公园都禁止宠物进入，但近年来如狗 GO 乐园[③]、月湖雕塑公园[④]等宠物友好公园的数量越来越多。商场也更加重视养宠人士的携宠需求，如上海万象天地为宠物专设 PAW PAW PARK 活动区域[⑤]，杭州高德置地广场推出

---

① Hilton. The 2022 traveler：emerging trends and the redefined traveler［R］. Hilton，2021.

② 陈梦瑶. 宠物行业研究：它经济崛起，“精神寄托”利好宠物行业［EB/OL］.（2021-11-13）［2024-08-26］. http://baijiahao.baidu.com/s?id=1716187739752338941&wfr=spider&for=pc.

③ 狗GO乐园位于后滩滨江L6码头和芦荻台间滨江区域，面积约10000平方米，设置人宠互动区、大型大运动区、中小型大运动区和休闲漫步区，同时设有狗狗便桶、冲洗区、饮水点等配套设施。

④ 月湖雕塑公园是唯一允许宠物进入的4A级景区，园区定期举办宠物节、宠物秀等活动。

⑤ 2022年6月，上海万象城正式开放“PAW PAW PARK”宠物草地，为宠物提供运动训练、社交和宠主休闲活动的公共场地，并设有宠物饮水、拾便及玩具设施。

了宠物主题街区[①]，等等。除此之外，长三角地区还涌现了如上海镛舍[②]、花间堂[③]等一批宠物友好酒店，如中建幸孚家公寓松江店[④]、杭州中海宠物友好国际社区等一系列宠物友好社区，以及瑞虹太阳宫宠物 LAB 摄影店[⑤]、霸王茶姬宠物友好茶饮[⑥]等宠物主题门店。虽然长三角地区宠物友好空间整体呈现增多态势，但目前仍以城市空间为主，规模普遍较小，布局较为分散，宠物友好和乡村空间的结合有待创新。

二、发展思路：借力创新经济确立乡村唯一性

长三角地区乡村旅游蓬勃发展，凭借其优越的经济基础和庞大的消费腹地，已成为国内文旅消费市场的重要一极。长三角客群对宠物友好型文旅产品展现出高接受度、欢迎度及期待值，这一消费趋势不仅反映了现代都市人群生活方式的变迁，也为乡村旅游的转型升级提供了新的契机。对于地理区位条件优越、但资源条件缺乏亮点的普通乡村而言，如何利用新经济、新消费、

① 2022年，杭州首条宠物主题街区“宠这里”首店于杭州高德置地广场营业，面积达2700平方米。

② 上海镛舍是一间拥有多年宠物友好设施经验的城市酒店。提前预订宠物友好入住套餐，酒店会提前准备好宠物床、玩具、小饼干以及三种口味的ziwi罐头，“毛孩子”还能享用酒店Café Gray Deluxe餐厅自制的花生酱小饼干。

③ 永乐华住旗下高端精品度假酒店花间堂，与宠物生态平台波奇宠物达成合作，客房内安排宠物专属的温馨小屋、宠物餐碗，宠物专属饮水机等。

④ 中建幸孚家公寓松江店获评“宠物友好社区示范单位”并正式获得授牌。该称号由中国文化管理协会宠物文化专业委员会、上海市宠物业行业协会和中国工业设计研究院（上海）股份有限公司共同认证，这是中国首个关于推动宠物友好社区建设的行业荣誉称号。

⑤ 2021年9月，海马体品牌基于SHOPLAB的概念打造出第一家宠物友好主题店——上海瑞虹太阳宫宠物LAB店，并将宠物照在全国门店推广布局。

⑥ 2024年，霸王茶姬首批宠物友好门店正式营业，门店分别位于长沙、昆明、杭州、石家庄四个城市。门店内部开辟了“萌宠互动空间”，同时推出宠物专属服务，包括提供清新饮用水和特制宠物奶油、配备粘毛器、拾便袋等便利设施等。

新业态的浪潮，通过文旅领域的创新实践实现“弯道超车”，从而实现乡村产业兴旺、空间重塑，这是一条亟待探索的崭新发展路径。南京市江宁区孟塘北村，作为长三角地区的一个典型乡村，既享受城市辐射的便利，又保留了乡村的原始风貌，是开展上述探索的理想试验场。由此，以孟塘北村为案例，开展一场探寻乡村旅游转型升级的社会性实验，探索一条适合大城市近郊普通乡村的产业兴旺、空间美化与可持续发展之路，为长三角乃至全国同类乡村提供可借鉴的经验与模式。

1. 区域格局：乡村旅游品牌同质，亟须创新产品破局

近年来，南京市乡村旅游发展势头强劲，其中江宁区乡村旅游品牌尤为突出，占据了南京市乡村旅游的重要地位。江宁区的“五朵金花”[①]以其独特的乡村风情和丰富的旅游资源，在全国范围内产生了显著的示范效应，引领了乡村旅游的新风尚。与此同时，汤山地区依托其得天独厚的温泉资源，打造出“汤家家”“四季汤山”等一批特色温泉旅游品牌，享誉长三角。然而，随着乡村旅游市场的不断发展，区域间的品牌竞争也日益激烈。当前，南京市部分乡村旅游品牌面临着同质化、传统化等发展瓶颈，旅游产品缺乏创新，难以满足游客日益多样化的需求。由此，亟须布局乡村旅游创新产品，打造新亮点，实现破局。

南京市乡村旅游产业已成规模，是江苏省乡村旅游的“头雁”。南京市从20世纪80年代开始发展农业旅游，早期以特色农庄、主题农园、农业旅游村为主。21世纪以来，凭借坚实的乡村基础和悠久的农业优势，南京市政府推出了田园综合体、乡村旅游区、主题创意农园以及休闲观光农业精品村等一系列乡村旅游发展模式，协同推动乡村振兴。目前，乡村旅游已成为南

---

① 江宁区“五朵金花”指谷里街道“世凹桃园”、横溪街道“石塘人家”、汤山街道“汤山七坊”、江宁街道“朱门人家”、东山街道“东山香樟园”五个都市休闲农业项目。2012年10月，江宁区“五朵金花”被文化部中国乡村艺术协会评为“中国十大美丽乡村”。

京市旅游产业的关键组成部分，形成了涵盖创意农业、休闲观光、文化娱乐、科普教育及农业体验等多维度的乡村旅游资源供给体系，一些具有鲜明地域特色的乡村旅游品牌如“浦口微度假”[①]“来江宁织造幸福”[②]等已具有相当大的影响力。截至 2023 年 3 月，南京市共有黄龙岘茶文化村等 7 家国家级乡村旅游重点村[③]，江宁区湖熟街道钱家渡村等 13 家省级乡村旅游重点村[④]，较大规模的房车营地 8 家，各类乡村旅游点 400 多家[⑤]，足见南京市乡村旅游的发展成果斐然。然而，在肯定成绩的同时，也应清醒地认识到南京市乡村旅游产业发展模式中存在的问题。目前，南京市乡村旅游主要依赖于提供食宿和田园风光观赏的农家乐休闲模式，这一模式普遍存在盲目效仿和重复建设的问题，而康体养生、创意娱乐以及农业科普教育等具备较高附加值的乡村旅游活动所占比重较小。单一化的旅游发展模式不仅削弱了南京市在乡村旅游市场中的竞争优势，还导致了旅游产业附加值的降低，进而使得乡村旅游

---

① 2020年起，浦口区开始布局“微度假”旅游；2021年时喊响了“浦口微度假，现在就出发”的口号，重点打造最美山水廊道、最美公园城市、最美乡野田园、最美文旅景观等“四个最美”称号。

② 2022年，南京市江宁区城市品牌“来江宁织造幸福”正式向社会发布。

③ 分别为江宁区黄龙岘茶文化村（2019年）、浦口区江浦街道不老村（2019年）、江宁区横溪街道石塘村（2020年）、江宁区谷里街道双塘社区大塘金村（2020年）、溧水区白马镇李巷村（2020年）、高淳区东坝街道三条垄田园慢村（2020年）、浦口区永宁街道大埝社区（2021年）。

④ 分别为六合区竹镇镇金磁村（2020年）、溧水区洪蓝街道傅家边社区（2020年）、江宁区湖熟街道钱家渡村（2021年）、浦口区星甸街道后圩村（2021年）、栖霞区西岗街道桦墅村（2021年）、溧水区晶桥镇石山下村（2021年）、高淳区桠溪街道石墙围村（2021年）、江宁区谷里街道徐家院村（2021年）、江宁区谷里街道公塘头村（2021年）、浦口区永宁街道侯冲社区（2021年）、溧水区和凤镇诸家村（2022年）、江宁区汤山街道尚庄村（2022年）、浦口区永宁街道联合村（2022年）、浦口区星甸街道九华村（2023年）、六合区竹镇镇大泉村（2023年）。

⑤ 江苏省人民政府. 江苏省国家级乡村旅游重点村镇、省级乡村旅游重点村[EB/OL].（2024-05-15）[2024-08-26]. http://www.jiangsu.gov.cn/col/col89217/index.html.

产业的发展潜力难以释放。

江宁区乡村旅游品牌载体多、等级高，在南京市乡村旅游中占据举足轻重的地位。江宁区是南京市乡村旅游产业的重要集聚区，目前已形成了特色鲜明的乡村旅游布局：西部地区凭借得天独厚的山水景致和现代农业资源，建设大都市近郊的生态休闲旅游与田园乡村示范区；东部地区则聚焦于温泉度假和乡村旅游，打造休闲养生的度假胜地；中部地区在传承深厚文化底蕴的同时，充分展现鱼米之乡的独特魅力，建设田园水乡风情旅游景区；而南部地区则依托其秀丽的山水景观，全力打造山水田园相融的生态旅游区域。在塑造乡村旅游品牌的过程中，江宁区综合考虑各旅游特色村的自然生态资源、民俗文化、产业基础和区位条件，“量体裁衣”打造特色田园乡村，先后打造了一批“乡村旅游 +”[①] 新业态，并综合利用传统媒体和新兴媒体加大宣传推介和品牌营销力度，提升江宁乡村旅游品牌在全国的知名度。2023 年，江宁区全年接待海内外旅游者 3437.20 万人次，实现旅游综合收入约 286.10 亿元[②]，江宁跻身全国乡村旅游热点目的地前三[③]。截至 2024 年，江宁区建成国家级旅游度假区 1 处（汤山温泉旅游度假区）、市级旅游度假区 1 处（方山旅游度假区），国家等级景区 10 处（牛首山文化旅游区等），省星级乡村旅游示范区 24 个（石塘村等）[④]。江宁区凭借丰富的自然资源以及政府的政策扶持，于南京市乡村旅游领域内率先取得了显著成就。然而，面对日益激

---

① 如“大塘金+婚庆甜蜜产业”“石塘人家+互联网创客”“苏家文创+高端民宿”等。

② 江宁区统计局.江宁区2023年统计年鉴［EB/OL］.（2023-10-24）［2024-09-30］. http://www.jiangning.gov.cn/sjfb/tjnj/202310/t20231024_4038874.html.

③ 王诗露，陈敏. 激活文化动能 全面塑造江宁乡村振兴新态势［N］. 农民日报，2023-04-04（4）.

④ 国家发改委社会司. 打造乡村旅游的路径探索——南京市江宁区［EB/OL］.（2020-11-25）［2024-09-02］. http://www.ndrc.gov.cn/xwdt/ztzl/qgxclydxal/tyggxxx/202011/t20201125_1251248.html.

烈的市场竞争和游客的多元化需求，江宁区乡村旅游产业也面临着一些挑战和问题。在旅游构成的“吃、住、行、游、购、娱”六大要素中，江宁区乡村旅游目前主要满足的是“吃”与“住”这两项最基本的需求，而在“游、行、购、娱”等更高层次的旅游体验方面仍有待进一步拓展和提升。面对来自浦口区、高淳区、溧水区等市内竞争对手以及镇江、马鞍山、扬州等周边竞争对手的挑战，江宁区亟须采取更为有效的乡村旅游提升举措。

汤山以温泉旅游为基石，持续补充文旅新产品，丰富文旅新体验。作为中国最古老的四大温泉养生地之一，汤山自古便以“圣汤”疗养闻名[①]，如今汤山已成为闻名遐迩的“世界温泉小镇”。汤山的温泉资源带动了一批特色温泉度假酒店[②]、温泉民宿[③]的集聚开发，伴随着房车露营基地、紫清湖森林温泉、扬子颐尚中医温泉康养中心等一系列“温泉 +”项目的落地，汤山已初步形成“温泉 + 文化 + 休旅 + 康养”的文旅产业新格局。汤山温泉旅游度假区 2008 年获评“中国十大温泉休闲基地”，并在 2015 年成为首批国家级旅游度假区。除温泉之外，汤山还持续推进开发了汤山国家地质公园博物馆[④]、阳山碑材[⑤]、江苏园博园[⑥]、汤山矿坑公园[⑦]等一系列优质文旅景点。作为 17

① 汤山温泉的天然泉眼分布在汤山东坡及东南坡一带，日出水量5000余吨，常年水温60—65℃，泉水中含30多种矿物质，对治疗关节炎、风湿病、皮肤病等多种慢性疾病都有一定疗效。

② 如南京香樟华苹、南京威斯汀温泉度假酒店、黄花岸酒店等。

③ 如漫谷漫心、壹亩方塘、咏尚春、垄上行等。

④ 江苏江宁汤山方山国家地质公园博物馆，别名南京直立人化石遗址博物馆，位于南京市江宁区汤山街道汤泉西路169号的汤山方山国家地质公园内，是一座以“汤山地质”为基础、“生命进化”为线索的综合类博物馆。

⑤ 阳山碑材是吉尼斯世界纪录中“最大的碑材”。

⑥ 江苏园博园选址南京市江宁区汤山，复原了南京、无锡、常州、苏州、淮安、扬州、泰州七个城市的历史名园，并结合史料记载及诗词情境再创作了徐州、南通、连云港、盐城、镇江、宿迁六个城市的园林建筑。

⑦ 汤山矿坑公园位于江苏省南京市江宁区汤山街道美泉路11号，是南京汤山温泉旅游度假区内的公园。

家首批国家级旅游度假区之一，汤山称得上是国家级旅游度假区里的“老字号”，然而“老字号”也面临着新挑战。目前，度假区的产品组合仍旧以洗浴、休闲和疗养为主，同质化严重，品牌建设目标单一。游客不断提升的休闲度假需求以及长三角文旅板块之间日益激烈的竞争，都要求汤山不断创新旅游模式，开拓新的客流增量，从而在激烈的市场竞争中保持领先地位。

2. 消费市场：宠物行业方兴未艾，人宠友好空间剧增

南京的宠物产业近年来发展迅速，不仅体现在宠物数量的增加和宠物市场的繁荣上，更体现在宠物行业交流平台的增多以及“宠物 +”新业态的不断涌现上。在南京，宠物主题商业综合体已成为各大商圈的“标配”，为携宠顾客提供了全方位、一站式的服务体验。总体来看，南京的宠物产业正通过多元化的业态和服务，满足日益增长的市场需求，也为城市的经济发展注入新的活力。

南京宠物产业迅速崛起，积极搭建宠物行业交流平台。“它经济”的持续升温，让这座六朝古都不断涌现出与宠物经济相关的新消费场景，宠物数量的显著增加与宠物市场规模的持续扩张，共同构成了行业繁荣发展的坚实基础。数据显示，南京现存宠物相关企业 1.87 万家，近十年注册量呈持续正增长态势；2021—2023 年分别新增 3312 家、3939 家、4944 家，同比增长 14.17%、18.93%、25.51%[①]，宠物行业发展欣欣向荣。为了进一步促进宠物行业的交流与合作，南京市积极搭建宠物行业多方交流平台，举办各类宠物展会。如 2021 年 5 月，中国国际宠物医疗及连锁加盟展览会在南京国际展览中心举办，吸引了众多宠物医疗领域的专家学者与业内人士前来交流与分享；2024 年 3 月，世界宠物博览会在南京国际博览中心举行，展会集萌宠乐园、人宠娱乐项目和人宠美好生活于一体，现场观众络绎不绝，展贸气氛持续火爆；

---

① 张甜甜.“宠”出来的它经济“养”出巨大市场［N］. 金陵晚报，2024-03-29（A03）.

2024年9月，南京国际宠物博览会在南京国际展览中心举行，涵盖宠物食品、宠物用品、宠物轻医疗、宠物活体、宠物供应链企业等全产业链资源，吸引了大量观众与参展商的积极参与。这些展会不仅展示了宠物行业的最新发展成果与趋势，也进一步推动了南京宠物经济的蓬勃发展。

南京宠物友好商业持续升级，打造人宠友好“第三空间”。如今，在南京各区，宠物友好商场“遍地开花”，新开业的商场将“宠物友好”作为定位标配，而老牌商场也把“宠物友好”作为商场升级的重要一环，“宠物友好商业”已成为城市商业版图中的重要组成部分。以南京弘阳广场、南京景枫中心、南京水游城、万象天地等为代表的老牌购物中心，纷纷升级为“宠物友好型”商场，致力于为喜爱宠物的消费者提供“双向友好”的商业社交空间。南京景枫中心作为南京首家“双向宠物友好商场”，秉承“它好，人也好”的理念，将整个商场升级为全国首家“宠物更友好商场”，所有店铺均欢迎宠物入内。景枫中心引入了国内首家宠物玩具线下互动体验店[①]，并凭借宠物玩具娃娃机、毛绒猫咪尾巴打卡点、星巴克宠物冰激凌、宠物临时寄养区等互动体验场景，受到不少消费者的喜爱。商场内设置了“宠物满意中心”，可租借宠物嘴套、牵引绳等，同时免费提供宠物零食、尿垫等物品。南京水游城在商场的醒目位置摆放了一座宠物友好商场的卡通雕像，以彰显商场的宠物友好形象。同时，水游城设置宠物卫生间、宠物友好电梯、宠物临时安置点等宠物友好空间，增加商场内萌宠饮水机、捡便器、宠物休憩站等宠物服务设施，为爱宠家庭提供更人性化的服务。此外，每年的3—6月、9—11月，水游城都会定期举办宠物领养、宠物比赛、萌宠派对、宠物沙龙等宠物主题活动，成为宠物爱好者们的社交场所。

南京宠物友好服务蓬勃发展，涵盖医疗、住宿、餐饮及主题店等多个领

---

① 2022年6月5日，国内首家宠物玩具实体互动体验店（PETSVILLE派思维品牌宠物玩具）在南京市江宁区景枫KINGMO商场正式登陆。

域。南京作为江苏省的宠物服务领军城市，市内的宠物店铺与宠物医院数量均位居前列。数据显示，截至 2022 年，江苏省共有宠物医院 2138 家，其中南京独占 338 家，位列全省第二；而宠物店数量更是高达 898 家，稳居全省榜首[①]。宠物友好住宿方面，南京的创新住宿形式同样引人注目。汤山地区的匠村 IN VILLAGE 等宠物友好民宿，可以承办宠物生日派对，为宠物家庭提供专属的欢乐空间；南京园博园 voco 酒店更是推出了宠物联名客房，进一步满足了携宠出游的需求。此外，一些带有宠物友好标识的餐厅、咖啡厅也越发受到宠物主人的青睐。星巴克于南京江心洲仁恒广场布局了首家宠物友好门店，不仅在店内贴心设置了宠物食盆与牵引绳挂钩，还特别为宠物们推出了一份专属的隐藏菜单，其中“爪布奇诺”宠物奶油杯备受宠物们喜爱，成为店内的明星产品。坐落于南京建邺区乐基广场的 STRONGTUTU・强壮的土土，是一家以西高地犬为主题特色的宠物友好型餐厅。门店巧妙融合了餐馆与宠物用品店两大功能区域，不仅售卖以“土土”[②]为灵感的周边文创产品、各类宠物玩具、服饰及零食，还贴心提供免费的宠物手推车服务。店内实行携宠人士与非携宠人士分区就座的安排，既确保了宠物的安全与舒适，也有效维护了其他客人的用餐环境与体验。

3. 定位聚焦：大城市近郊的全国首个“宠物友好乡村”

江宁孟塘北村作为长三角大城市近郊的典型村庄，地理位置优越，生态环境良好。然而，村庄在人文历史、生态景观及特色产业等方面，缺乏亮点型、抓手型资源要素，致使发展动力不足，未来发展方向不明确。针对此类型村庄，应聚焦放大村庄的区位优势，并积极借助宠物经济这一新兴消费蓝海，以“宠物友好”为特色主题，创新乡村旅游“宠物经济”新模式，补充长三角地区

---

① 李娟华.“它经济”飘红 小宠物“萌”动大消费［N］. 金陵晚报，2022-06-21（A04）.

② 店名中的“土土”是店主自养的一只西高地犬。

宠物友好空间的乡村空间供给，开辟村庄高质量发展新路径。

对外交通格局便捷，但受高铁、省道交通廊道噪声影响。孟塘北村位于南京市江宁区汤山街道孟塘社区，村庄距离南京主城区 25 公里，东与镇江句容接壤，北邻镇江宝华山，西邻江苏园博园，南接汤山街道中心，地理位置优越。同时，孟塘北村紧邻 G42 沪蓉高速与省道 S002 的交会处，距离 G42 沪蓉高速出入口仅 2 公里，距离地铁 S6 号线南京猿人洞站 3.5 公里，距离南京火车站 25 公里，距离南京南站 30 公里，通过 G312、仙林大道、沪蓉高速、宁杭公路等快速路可以便捷地到达村庄。以孟塘北村为起点，1 小时可达句容、丹阳、金坛、溧阳、溧水、高淳等县（市、区），2 小时可达合肥、滁州、泰州、常州、苏州等地级市，快速便捷的交通条件是孟塘北村承接南京都市圈以及长三角地区的千万级黄金客源的重要基础。然而，在坐拥快速交通区位的同时，孟塘北村也受到交通廊道带来的噪声影响。村庄西侧临近铜龙省道 S002，北侧则临近京沪高铁，受到较大的噪声污染，对于文旅项目来说是一个不利条件，处理不当将会影响游客的游玩体验。

水绿生态环境优越，但开发用地受限于重大设施管控要求。村庄内部水系丰富，主要为池塘与农田灌溉渠，水塘占地面积约 14000.63 平方米，占村庄总面积的 9.82%，为村庄提供了丰富的水资源和良好的生态环境。村庄外部水系主要为安基山水库和七乡河[①]，进一步优化了村庄的水绿生态环境。村庄土地利用现状方面，农林用地占比最高，达 42.10%，主要分布于村庄东南侧；其次是村庄建设用地，达 19.79%，主要分布于村庄西北侧。村庄建设用地边界与非建设用地边界模糊，为用地规划和管理带来一定难度。孟塘北村的地形特点为四面有坡，东侧水库大坝的坡度最大，东北侧次之，地势较高；村

① 安基山水库属长江流域，水库全长约3.5公里，汇水面积17.2平方公里，总库容629.14万立方米，是南京市江宁区的村镇饮用水源地。该水库是一座以防洪、灌溉为主的小（1）型水库，为水源涵养区，为江苏省省级管控。七乡河流域为一般河道，属江宁区级管控。

庄南部以农田和水塘为主，地势较低。缓坡适宜种植植物，为村庄打造生态户外休闲空间提供了良好的自然条件；然而允许建设区的坡度较大，势必给未来的开发建设带来难度。由于村庄临近各类重大设施，如铁路[①]、公路[②]、高压线[③]、水库[④]等，这些设施对村庄用地都有严格的限制要求，多重限制导致村庄可建设面积缩小，用地边界参差，用地条件苛刻。

基础条件无亮点，但便于整村统一包装开发，打造文旅新形象。孟塘北村周边可嫁接旅游资源丰富，村庄东侧和北侧临近宝华山、安基山、射乌山、阳山等自然山体资源，南侧毗邻汤山紫清湖生态温泉度假区、南京明文化村（阳山碑材）景区和江苏园博园等高等级旅游产品，优越的旅游区位使村庄可与周边景区景点联动发展，助力区域文旅竞争力整体提升。整体分析孟塘北村的资源要素，村庄本身既没有得天独厚的自然资源，也没有具有深厚历史底蕴或独特文化价值的文化遗产，各个方面均表现出相对平庸的状态，缺乏能够直接转化为经济优势或文化吸引力的显著禀赋。这虽然是既定的劣势，但同时也蕴含着转化为独特优势的潜力。“一张白纸”的状态，使村庄可以“放开手脚”大胆创新，实施区域差异化发展策略，打造新颖独特的乡村文旅新品牌，实现村庄的风貌重塑和客源的有效引流。

---

① 铁路管控范围为京沪高铁的管理范围，根据《城市对外交通规划规范（GB50925-2013）》管控要求，京沪高铁两侧隔离带控制宽度为50米。

② 公路管控范围为S002管理范围，根据《城市对外交通规划规范（GB50925-2013）》管控要求，S002两侧隔离带规划控制范围宽度为15米。

③ 高压线管控范围为220kv高压廊道，根据《城市电力规划规范（GB/T50293-2014）》及上位规划、南京市管控要求，500kV高压线走廊宽度为60米，220kV高压线走廊宽度为40米，110kV高压线走廊宽度为30米。

④ 水库管理范围管控要求：根据《江苏省水库管理条例》（2023年3月30日第三次修订版）规定，水库的管理范围，小（1）型水库大坝及其两端各30—50米、大坝背水坡坝脚外50—100米。水库的保护范围为小（1）型水库管理范围以外300米。禁止在大坝管理和保护范围内进行爆破、打井、采砂（包括取土、采石，下同）、采矿、修坟、挖掘等危害大坝安全的活动。

基于村庄发展条件和市场背景，提出打造“全国首个宠物友好乡村”的发展思路。孟塘北村产业基础薄弱、用地条件有限、受到噪声干扰，但孟塘北村亦拥有不可忽视的核心优势：区位交通便捷通达，可承接长三角区域优质客群；生态环境依山傍水，有利于开发生态绿色旅游；地块独立完整，便于乡村的整体开发建设。结合当前宠物经济蓬勃发展、长三角宠物友好型乡村产品缺位的市场背景，可确定孟塘北村的发展定位为“全国首个宠物友好乡村”，提出打造“爪爪村”乡村旅游品牌 IP，同时精准定位三大核心客群——爱宠人士、个性青年及亲子家庭，并据此设计差异化的旅游产品策略。针对爱宠人士，推出携宠陪伴、互动社交、休闲度假等旅游产品，满足他们对宠物陪伴的渴望与高端品质生活的追求；对于个性青年，则设计了深度体验、网红打卡、探新求异等旅游产品，为他们提供独特且富有创意的乡村旅行体验；而对于亲子家庭，则推出寓教于乐、亲子互动等旅游产品，通过一系列有趣且富有教育意义的活动，增进宠物与家庭的感情。从南京市乡村旅游创新发展的视角出发，“爪爪村”的成功打造将率先抢占“宠物友好”这一细分市场，有望成为长三角地区“宠物友好旅游目的地”的乡村标杆；从江宁区乡村旅游品牌提升的角度来看，“爪爪村”将成为江宁区乡村旅游的一张崭新特色名片，引领乡村旅游创新迭代风向；对汤山文旅发展而言，“爪爪村”作为唯一性文旅乡村产品，将成为汤山温泉旅游度假区向世界级旅游度假区迈进的有力支撑。

三、空间重塑：宠物友好构想的乡村空间转译

遵循“宠物友好”的核心理念，以“爪爪村”为样本，构建一个既满足人类需求又兼顾宠物福祉的乡村环境。首先，划定游客服务区、主题休闲区、娱乐游憩区三大特色主题空间板块，设计动静分离的交通流线，优化游客的游玩体验。其次，提供宠物友好的公共设施，开发人宠共用的游客服务中心，建设全域适旅化的公共服务体系。同时，布置宠物艺术装置，优化宠物友好

场景设计，强化“爪爪村”的宠物友好环境氛围营造。综上，从总体布局、公共服务、环境营造三大维度出发，开展将“爪爪村”打造为宠物友好特色乡村的营建实践，实现宠物友好构想在乡村空间的精准转译。

1. 总体布局：划定主题鲜明的功能分区板块

根据不同功能合理划定空间分区，形成三大主题鲜明的区域板块：秉持“人宠友好、主客共享”理念的“宠爱里”游客综合服务区；以“携宠遛街、潮流靓仔”为主题的“遛遛街”休闲商业街区；倡导“放肆奔跑、尽情撒野”的“撒欢游乐园”娱乐游憩活动区。不同主题板块的合理划分与精心打造，为游客与宠物提供全方位、多维度的良好游玩体验。

“宠爱里”游客综合服务区作为村庄门户片区，规划为乡村生态语境下的人宠友好型综合旅游服务中心。首先值得关注的是，乡村旅游服务中心与一般性的景区旅游服务中心在设计思路上有较大区别：一是乡村旅游服务中心的设计更侧重与周边乡村环境的和谐共生，强调对乡土文化和自然景观的尊重与保护；二是在规模和布局上，乡村旅游服务中心相对较小，需更注重空间的灵活性和多功能性，景区旅游服务中心则需要更大的空间来应对旅游高峰期的人流，同时在布局上更强调效率和流畅性；三是乡村旅游服务中心需要创造具有地域特色的建筑形态和空间布局，打造乡村的“网红引流点”。由此，考虑到和景区旅游服务中心的区别，乡村旅游服务中心在空间选址、功能布局、建筑风格以及环境营造上都需要进行更为细致的考量。“爪爪村”的游客服务中心片区——“宠爱里”，占地面积 5450 平方米，预计建筑面积 1200 平方米，以人宠双向友好为主题，规划宠物主题停车场、游客服务中心、入口广场等空间，旨在打造集旅游接待、形象展示、网红打卡、宠物文化体验等多功能于一体的游客综合服务区。片区选址位于村庄西北侧，临近主客流方向，自然引导游览流线从主要交通干道至村庄内部，为乡村旅游体验奠定良好的第一印象。在动线设计上，宠爱里片区采用了环形动线的设计策略，引导游客自然地流向停车场、休息区、餐饮服务等各个服务点，优化游客的行进体验，提高服务效率，同时为紧急情况下的快速疏散提供了便利。在功能上，除了基本的咨询、导览、休息等服务外，“宠爱里”还特别增设乡村特色文化的展览陈列区和互动体验区，让游客在享受服务的同时，也能感受到浓厚的乡村文化氛围。在建筑风格上，“宠爱里”则注重与周围自然环境的和谐共生，采用当地传统材料和工艺，打造兼具乡村特色和现代风尚的建筑风貌。“宠爱里”游客综合服务区的规划设计，不仅体现了对乡村生态环境的尊重和保护，也展现了对乡村旅游实际需求的深刻理解，成为展示乡村文化和宠物友好理念的“第一窗口”。

“遛遛街”主题休闲街区作为乡村商业集聚区，打造别具匠心的乡村宠物友好消费目的地。乡村商业街区的规划，面临着与城市商业街区截然不同的挑战与机遇：城市商业街区往往以高密度、多功能、现代化为核心特征，而乡村商业街区则需更注重生态保护、文化传承和在地参与。值得注意的是，乡村商业街区的建设规模应控制在适度范围，一方面是因为乡村旅游承载量显著低于城市，过量建设容易造成浪费；另一方面则是为了保护原乡风貌，防止乡村过度商业化。“遛遛街”片区布局于村庄西侧，占地面积 28 公顷，预计建筑面积 19284 平方米，规划叁脚猫文创店、“吾爱吾宠”摄影馆、撸宠馆、喵汪星球实验室、潮宠买手店等宠物主题店铺，拟打造为集人宠购物、休闲体验、文化创意等功能于一体的特色商业休闲街区。不同于城市商业街区的高密度建筑与统一外观，片区的建筑设计采用了小单体、院落式的建筑形式，这种设计契合了乡村的地理环境与人文特色，并且通过灵活多变的布局，为街区融入了更多的空间层次与视觉变化。同时，小单体建筑形式便于灵活招商和未来业态升级，是街区推进渐进式招商模式的有效支撑。院落式的设计为街区内的每个商户预留了充足的户外空间，便于适应不同的功能需求和未来的场景扩展：屋后的院落可以作为厨房后场、停车卸货等配套服务空间；堂前的院落为休憩中庭、打卡景观等乡村新商业场景提供了无限可能。在交通流线的考虑上，片区设计妥善分离了游客动线和服务动线，避免人流与物流的交叉干扰，街区整体的运营效率与游客的舒适度得到提升。环境营造方面，片区采用了大胆的建筑配色，结合吸睛的宠物景观小品，为街区增添生动活泼的气息，强化宠物友好乡村的主题定位。通过精心的规划和设计，“遛遛街”将商业发展与乡村的自然生态、文化传承相结合，打造了一个既具有商业活力又充满乡村魅力的宠物主题商业示范街区。

“撒欢游乐园”娱乐游憩区作为户外活动区，实现品种各异、体格不同的宠物与大自然亲密互动的美好愿景。亲近自然是动物的天性，然而在城市环境中，允许宠物自由玩耍的户外空间往往稀缺且受限。相比之下，乡村地区拥有广袤的自然风光和宽松的环境条件，正是营造宠物友好型户外空间的理想之地。“撒欢游乐园”片区规划位于村庄东侧，邻近水库，且周边多为基本农田，是村庄内最适合宠物们撒欢玩耍的完整自然生态空间。片区占地面积约 11.88 公顷，预计建筑面积仅为 480 平方米，以“最小化建筑占地、最大化自然空间”为原则，精心设置了“撒欢乐园”、奇妙物语绘本馆、大中小型宠物活动区、“狗 GO 滑草坡”以及戏浪水世界等多个功能区域，打造集人宠互动与户外体验于一体的综合性娱乐游憩区。其中，“撒欢乐园”作为核心活动区，布局了飞盘、滑梯、秋千、狗狗过山车等多种游乐装置，为宠物们提供了尽情撒欢、打滚、卖萌的社交场所。同时，乐园内配套设置了宠物厕所、冲洗区、饮水点等设施，不仅为宠物们提供了便利，也维护了园区的整洁与卫生。宠物活动区的规划充分考虑了不同体型与性格宠物的需求，划分了大中小型宠物活动区：大型宠物区域侧重于锻炼类设施，如障碍赛道、攀爬架等，帮助提升宠物的体能与协调性；中小型宠物区域则更多设置了玩耍类及互动性器械，如迷宫隧道、互动球池等，激发宠物的探索欲与社交能力。“撒欢游乐园”娱乐游憩区的规划布局，不仅满足了宠物们的多样化活动需求，也确保了它们在游玩过程中的安全与舒适，为宠物和宠物主人提供了一个理想的户外休闲场所。

2. 公共服务：提升全域公服体系适旅化水平

适旅化公共服务配套设施是构建宠物友好型乡村旅游目的地的关键一环。宠物友好型的公共服务体系包括规划便捷的交通路网、容量适度的停车场、信息集成的游客服务中心和符合宠物习性的配套设施。完备的公服设施能够显著提升旅游目的地的整体品质，增强旅游目的地吸引力，提高游客满意度与复游率。

规划疏密有间的道路交通路网，打造宠物主题生态停车场，设计特色旅游游线。提升乡村的交通集散效率，有助于提升村庄的整体形象和吸引力，为游客提供更加便捷、舒适和有趣的出行体验。首先，优化整体交通路网设计，采用密路网、窄街区的布局模式，塑造外通内达的路网体系。同时构建慢行交通系统，将步道与水系相结合，合理串联公共空间，形成移步换景、节奏有序的步行感官体验。其次，在停车空间美化方面，以色彩鲜明、主题突出、造型新颖为关键词，打造“吸客驾到”宠物主题网红生态停车场。以狗和猫两类主要携宠出游对象为主题，分别设置“汪星人”停车区和“喵星人”停车区。“汪星人”停车区的车位以不同品种犬类卡通头像为地面彩绘，并设置品种简介铭牌；“喵星人”停车区的车位以不同品种猫的形象为地面彩绘，结合标识中国古代不同品种猫的雅称。同时，设计特色旅游线路，形成“一街五巷”的网红打卡游线。通过“奇妙物语绘本馆”串联起“遛遛街”与“撒欢游乐园”，打造集人宠购物、文化创意、休闲活动于一体的网红打卡游线。打开村庄与安基山水库沿线的道路，打造环安基山水库骑行路线，供大型犬主人遛宠。此外，“爪爪村”可与江苏园博园、汤山紫清湖、汤山矿坑公园等景区组合形成主题丰富的多日游游线，进一步提升村庄的旅游吸引力，实现客源的有效引流。

打造人宠友好服务与网红吸睛打卡兼具的游客服务设施。在“爪爪村”的所有建筑中，“萌主会客厅”与“奇妙物语绘本馆”两大公共建筑尤为引人注目，它们不仅集成多种功能，同时兼具网红效应，因此是“爪爪村”的重要地标建筑。首先，遵循“主客共享、人宠友好”理念，打造“萌主会客厅”游客服务中心。服务中心主要包含以下几个功能板块：接待服务大厅，确保游客与宠物能够轻松获取所需信息与服务；乡村记忆馆，承载着孟塘北村的乡村历史与文化，展示宠物友好乡村建设的历程与成果，让游客深刻感受到乡村文化的魅力；会议室与研学教室，为各类学术交流及研学活动提供了专属空间，促进了宠物知识的传播与共享；咖啡休闲吧与宠物主题艺术展馆，让游客在品味香醇咖啡的同时，也能欣赏宠物艺术展览，进一步丰富了游客的休闲体验；宠物医疗服务站，确保宠物能够享受到专业的医疗服务，体现了对每一位“小客人”的关怀与照顾。“萌主会客厅”不仅是一个提供基础旅游接待服务的空间，更是一个集乡村记忆、文化交流、会议研讨、研学教育及休闲娱乐于一体的多功能场所。此外，融合教育性和趣味性，建设“奇妙物语绘本馆”公共观景塔。观景塔以猫爬架造型为设计灵感来源，巧妙地将观景构筑物与网红猫咪元素相结合，为游客提供了一个观赏乡村美景的绝佳位置。并且，观景塔通过分层设计，融合了自然教育、亲子玩乐、休闲餐饮等多种功能：主题绘本馆位于一层和二层，精选国内外优秀的自然生物主题绘本，为孩子们打开一扇探索自然奥秘的窗口；自然萌宠主题咖啡馆位于三层，融合独特的萌宠元素装饰与美味的宠物元素饮品，成为游客们休憩放松、拍照留念的理想之地。“奇妙物语绘本馆”的创意设计，使其成为村中重要网红打卡点，满足了游客对于知识获取与休闲娱乐的双重需求，能够进一步提升宠物友好乡村的吸引力。

考虑宠物的动物习性与生活需求，布局宠物友好服务设施。“爪爪村”的宠物友好服务不仅考虑了宠物的“吃喝拉撒睡”等基础生理需求，还细致考虑了宠物的日常活动、互动社交、健康安全等多维度的需求。第一，设置兼顾实用性与美观性的宠物卫生间。合理布局宠物卫生间，将其设置在宠物和主人活动频繁的地区，如公园入口和宠物活动区附近，能够有效减少宠物在不适当地点排泄的行为。采用封闭式或半封闭式的宠物厕所，内置环保型宠物便便箱，配备沙土等吸水性强、易于清理的材料，并配套便捷的清理工具与消毒用品。定期清理与维护卫生间，保持环境的整洁与卫生，减少疾病传播的风险。第二，在宠物活动频繁的区域布置饮水区、拴宠桩和洗脚池。宠物饮水区配备自动饮水器或水碗，采用易于清洁且防溅的设计，确保水源的清洁与充足。同时，考虑到不同季节的气温变化，可配备自动加热或冷却系统，以提供更加贴心的服务。为了保障宠物在户外活动时的安全与管理，在乡村的绿地、步道及商户周边布置拴宠桩，不仅便于宠物主人控制宠物的活动范围，也减少了宠物走失或意外发生的可能性。宠物在户外活动后，脚部可能会沾染泥土和细菌。因此，在宠物活动区出口或宠物卫生间附近设置洗脚池，让宠物主人在宠物回家前能够清洁宠物的脚部，从而减少室内污染。第三，编制“爪爪村”宠物友好地图。采用鲜明的色彩和符号标注乡村内共35种宠物友好设施，包括宠物公园、宠物友好餐厅、宠物商店和宠物医院等。地图上的每个设施点都附有详细的服务信息，包括营业时间、服务项目、预约需求以及是否提供宠物看护服务等。此外，用户可以对各个设施发布线上评价，为其他宠物主人提供参考。地图会定期更新宠物友好活动和节日信息，同时支持多语言版本，展现“爪爪村”是世界各地的宠物主人和宠物的共同温馨家园。通过布局宠物友好服务设施、制定宠物友好地图等措施，构建一个全方位、“宠”性化的宠物友好型乡村服务示范地。

3. 环境营造：营造宠物主题街区奇趣性氛围

作为宠物主题乡村，街区的特色氛围营造至关重要。打造满足“宠物安全”、充满“宠物趣味”的宠物特色街区，既要充分考虑宠物活动的安全无害，也要将宠物主题特色融入场景空间设计。特色街区营造不仅为宠物和宠物爱好者提供了一个充满乐趣和安全感的休闲场所，更为“爪爪村”增添了持续吸引力和网络关注度。

合理规划配置植物群落，打造宠物安心活动玩耍的绿色生态环境。宠物友好型生态空间的设计策划应综合考虑不同宠物的行为习性，选择对宠物健康无害的植物，同时为宠物户外活动提供阴凉和庇护所。草坪植被种植方面，选取如地毯草、果岭草、高羊茅及百慕大等质地柔软、生长低矮、耐踩踏且具备强大自我修复能力特性的草种，为宠物提供理想的奔跑与嬉戏空间，既满足宠物尽情撒欢、享受自然的需求，又能减少频繁活动造成的土壤裸露与生态破坏。乔灌植物选择上，应用芳香类植物和防尘降噪类植物，缓解宠物活动区域可能产生的气味、噪声污染问题。广泛种植薄荷、黄菊、百里香及迷迭香等具有天然香气的植物，这些植物不仅能够有效中和或掩盖宠物粪便及毛发带来的不良气味，还能通过其独特的芬芳营造出清新宜人的生态环境。在临近民宿区的绿化带，选用防尘降噪类植物，如桉树、相思树等速生且抗逆性强的树种，它们能够有效阻挡外界噪音，减少宠物活动产生的声污染对人类生活的影响，其茂密的枝叶还能吸附空气中的尘埃颗粒，改善空气质量。同时可布局如悬铃木、国槐与元宝枫等冠型丰满、枝叶茂盛的落叶乔木，丰富景观层次并满足宠物多样化的活动需求。这些树种在夏日为宠物及人类提供了凉爽的树荫，其开阔的树冠空间自然形成了宠物绕树追逐嬉戏的趣味场景，增加了宠物活动的趣味性和互动性。值得注意的是，在整体绿化设计与实施过程中，严格遵循植物毒性原则，避免种植对宠物有害的植物种类：对于狗而言，需特别警惕杜鹃花、夹竹桃、绿萝等含毒性成分的植物。而对于猫，则需远离百合类、水仙、夹竹桃、杜鹃花及绣球花等植物，排除以上有毒植物，确保宠物在享受自然乐趣的同时，其健康安全得到最大限度的保障。

将趣味宠物元素融入街景小品和导览系统，塑造独特宠物风情街区风貌。通过运用形式多样的狗、猫、兔子等元素的装饰，赋予街区生动活泼的宠物特色，营建萌宠网红打卡胜地。打造猫咪墙、狗狗墙、宠物标识牌、宠物艺术装置等系列萌宠街景小品构成的网红打卡序列。在街区活动的核心广场，布置一系列宠物主题的艺术装置展示区，如巨大的狗狗雕塑在喷泉边嬉戏，猫咪造型的秋千随风轻摆等。街头设置的狗狗立牌，展示了不同品种的狗狗形象，并附有二维码连接至宠物领养与保护知识，既增添了趣味性，又提升了公众对宠物福利的关注与认知。选取部分墙体作为画布，策划“萌宠壁画”创作项目，猫咪墙绘满了慵懒晒太阳的猫咪、追逐尾巴的趣味场景，而狗狗墙则记录了狗狗与主人温馨相伴的瞬间，每一幅作品都充满了故事感与情感共鸣。此外，打造“科学家遇稻里”稻草乐园网红打卡地，利用村庄西南侧农田，结合动物和科学家的经典故事，如巴甫洛夫的狗[①]、薛定谔的猫[②]、斐波那契的兔子[③]等，布局多种动物的稻草可爱造型，为游客带来一场寓教于乐的知识之旅。以上一系列创意设计共同构成了由萌宠元素串联的网红打卡序列，使得整个村庄充满活泼趣味与无限魅力。同时，设计人宠共用的导览系统，营造一个既符合人类视觉习惯，又能被宠物清晰识别的视觉环境。导览系统的设计充分考虑宠物视觉的独特性，如狗类能够辨识蓝色、黄色及灰色，而猫类则主要对蓝色和绿色敏感，创新性地采用蓝色与黄色作为导览导视系统的主色调。同时，运用温馨而质朴的木质材料，将狗、猫、兔子、蜥蜴等宠物元素的图案与符号，巧妙地融入平面图导览牌、景点介绍牌、方向导视牌、垃圾桶及卫生间标识之中，形成了一套既实用又充满趣味的宠物友好导览系统。

---

① “巴甫洛夫的狗”是心理学领域的一个经典例子，它展示了生物体如何通过条件反射学习和适应环境。著名的俄国心理学家巴甫洛夫用狗做了这样一个实验：每次给狗送食物以前打开红灯、响起铃声。这样经过一段时间以后，铃声一响或红灯一亮，狗就开始分泌唾液。

② “薛定谔的猫”是奥地利著名物理学家薛定谔提出的一个思想实验，即将一只猫关在装有少量镭和氰化物的密闭容器里，镭的衰变存在概率，如果镭发生衰变，会触发机关打碎装有氰化物的瓶子，猫就会死；如果镭不发生衰变，猫就存活。根据量子力学理论，由于放射性的镭处于衰变和没有衰变两种状态的叠加，猫就理应处于死猫和活猫的叠加状态。这只既死又活的猫就是所谓“薛定谔的猫”。

③ 斐波那契数列，又称“兔子数列”，指的是这样一个数列：1、1、2、3、5、8、13、21、34……在数学上，斐波那契数列就是前两个数的和等于第三个数的值。斐波那契数列源于1202年意大利数学家斐波那契提出的兔子问题：假设一对初生兔子一个月到成熟期，一对成熟兔子每月生一对兔子，那么由一对初生兔子开始，6个月后会有多少对兔子？

运用灯光艺术点亮“爪爪村”夜经济，拓展旅游时间边疆。多样化的灯光艺术，如动物灯具、创意发光字体、特色店招灯牌以及灵动灯带等，已成为塑造繁华街区环境氛围、激活夜间经济活力的重要元素。将动物型灯具融入夜景设计之中，丰富街区的视觉层次。打造夜间的“爪爪村”梦幻动物王国，布置形态各异的灯具，如憨态可掬的熊猫灯、灵动的鹿形灯等，为街区增添浪漫童话氛围，激发游客的探索欲与消费欲，为夜间经济注入新的活力。应用创意发光字体与特色店招灯牌，强化街区的品牌识别度与商业氛围。运用高亮度、色彩鲜艳、变化多端的LED灯牌，清晰地展示商家的品牌信息与村庄节庆活动，不仅带给商家更多的曝光度，也为街区带来了更多的商机与活力。同时，在建筑物轮廓、道路两侧以及绿植间巧妙布置装饰灯带，形成一道道流动的光影风景线，为游客提供夜间行动导览。“爪爪村”富有吸引力的夜间游览空间塑造，是实现乡村旅游从传统日间消费模式向全天候消费模式演化的重要环节。

四、业态置入：构建多元宠物经济产业生态圈

围绕“吃、住、行、游、购、娱”六大旅游要素，布局宠物友好住宿、餐饮、交通、旅游、娱乐、文创产品等业态，打造完整的宠物文旅产业链。合理分配村庄业态，“爪爪村”业态以特色住宿（30%）、餐饮小吃（30%）、宠物服务（10%）为主，其次为购物零售（15%）、休闲娱乐（10%）、文化体验（5%），实现了宠物经济业态全覆盖，搭配营造独特体验式宠物主题消费场景，构建一个全方位、多层次的乡村宠物经济生态圈。

1. 多元食宿：宠物友好住宿集群与人宠双享美味餐饮

餐饮与住宿作为旅游消费的基础，其重要性不容忽视。构建多层次的特色宠物友好住宿体系，不仅涵盖各类标准、各种场景的住宿设施，更特别引入宠物友好的设计元素与管理制度，以保障宠物与主人的舒适与安全。同时，引入多元化的餐饮小吃业态，既满足游客的多样化口味需求，也考虑宠物的

饮食健康，力求实现人宠双重味蕾的愉悦满足。

构建多层级特色宠物友好住宿体系，包括宠物友好酒店、宠物友好民宿、特色乡野民宿等。打造“三顾猫庐”猫主题精品民宿、“道格公馆”宠物友好酒店、“集宠野宿”独栋民宿集、“精灵树屋”度假木屋群等，通过深化设计理念、优化空间布局、完善设施服务、丰富活动组织等方式，为宠物主及其宠物提供舒适、安全、有趣的住宿环境。“三顾猫庐”猫主题精品民宿以猫与洞穴为设计理念，为爱猫人士提供完美的住宿体验。部分房型可以携带猫咪入住，携猫房型在墙面上布置高低错落的猫爬架，豪华主题的房间更是配备了独立的“私猫露台”，让猫咪们享受到专属的户外活动空间。房间内配备了猫咪专用的磨爪床榻、猫爬架及投影仪，白天播放自然世界等类型影片供人猫共赏，晚上则播放温馨的壁炉电影，营造出一个既舒适又充满乐趣的居住环境。此外，民宿还提供牵引绳、猫砂、猫罐头等基础用品，并定期在大厅举办猫咪小剧场和派对。“道格公馆”宠物友好酒店以狗狗为设计主题，打造适宜人狗共同居住的舒适环境。酒店设计独特的二层室内空间，楼上为卧室，楼下为活动区，既保证了宠物的活动自由，又确保了人类的休息质量。室内设计部分特别设置了满足宠物生活尺度的低矮空间和宠物视角小窗，房间内配备了宠物食盆、宠物浴巾、宠物尿垫、宠物除臭喷雾等生活用品，让宠物也能感受到家的温馨。硬件上，酒店采用白色窄边框的简约风格门窗，让室内光线更加充足、适宜，同时每间客房都配置了视线独立的小型室外活动空间，方便狗狗们室外玩耍。“集宠野宿”独栋民宿集基于自然共生、人宠友好的理念，让游客在独特的乡风野韵中带着“毛孩子”拥抱、亲近自然。每一栋民宿的设计都充分考虑周围环境要素，或隐匿于林间，或依偎于山脚，巧妙利用地形与植被，实现与环境的和谐对话，同时配套露天泳池、休闲躺椅等设施，形成网红地标民宿建筑群落。“精灵树屋”度假木屋群以自然、生态、梦幻为关键词，让游客近距离享受大自然的美丽和神秘。利用村庄南部相对独立、私密的用地条件，结合周边围合的树林、农田等生态环境，打造树屋民宿集群。民宿主要由木材等天然材料搭建而成，每个房间都以大自然的宠物小精灵为主题进行精心装饰，游客可以根据自己的喜好选择不同主题的房间，如森林精灵、海洋精灵、花间精灵等，每一个主题都充满奇幻色彩，为游客提供独特的、梦幻般的童话住宿体验。

引入人宠共享的餐饮小吃业态，包括宠物餐厅、连锁快餐、零食烘焙、茶饮甜品等。将旅游餐饮与宠物经济创新结合，创造既满足味蕾又充满温情的人宠共同餐饮体验，创造“人宠共乐”的美食天堂。打造“小主子宠物餐厅”，推出宠物特色食谱。餐厅主营宠物餐饮、宠物生日宴等，由专业的宠物营养师精心搭配食材，推出一系列“高颜值”的宠物餐点，如三文鱼套餐、鸡胸肉套餐、牛扒套餐等，出餐均要求达到全价粮的营养价值标准。坚持“无过度加工”的原则，采用制作流程可视化的方式，让宠物主人能够清晰地看到餐品的制作过程，确保食品的安全与健康。引进肯德基、麦当劳、汉堡王、SHAKE SHACK 汉堡等国际连锁品牌快餐，特别设置宠物友好用餐区域。划分携宠区和普通区两类用餐区域，并布置拴狗桩、宠物卫生间、宠物饮水区等宠物友好设施，减少宠物对其他客人用餐的干扰。推出宠物专用奶油杯、冰激凌等新潮产品，同时推出宠物限量套餐、联名宠物玩具用品等，让宠物主人与宠物在享受美食的同时，也能收获独特的纪念品。餐厅门口设置宠物打卡拍照区，设计一系列趣味标语互动手举牌与宠物形象氛围牌，顾客可以挑选自己喜爱的手举牌和氛围牌，与爱宠进行合影留念，留下美好的回忆。营建充满创意的宠物友好零食茶饮主题店，提供个性化零食定制服务。融合萌宠元素，打造“就宠你·茶饮吧”休闲饮品店。茶饮吧内布置萌宠毛绒墙、萌宠照片墙等，重点推出鸡肉、鸭肉、牛肉三种口味的狗狗专属特色奶茶和三文鱼、鳕鱼和赤虾三种口味的猫咪专属奶茶，让宠物也能享受“吸奶茶”的快乐。“旺福零食烘焙屋”则是一家“零食自选 + 蛋糕定制”的颜值派宠物零食店，店内设置全透明宠物厨房，提供宠物比萨、鸡肉甜甜圈、猫爪布丁、宠物粽子、宠物饼干等各类零食，并提供宠物蛋糕定制服务。打造宠物友好的“日咖夜酒”休闲社交场所，延长人宠消费时间。将狗文化展示和咖啡结合，打造“WO 爪咖啡”狗主题咖啡馆。店内展示狗文化起源、世界狗品种、狗相关趣味知识、狗网络热梗等，向公众宣传狗与人类的亲密关系。此外，还可选择柯尔鸭、小香猪、浣熊等动物作为咖啡馆主题，打造异宠咖啡馆。选择蜥蜴、树蛙、蜘蛛、蝾螈、蛇等稀奇古怪的动物，在咖啡桌边摆放雨林缸、水陆缸、沙漠缸等景观缸，满足部分游客“猎奇”的心理。融入猫咪装饰元素，开设浪漫情调的猫咪主题“夜猫子”酒吧。酒吧散养缅因、美短、银渐层等亲人的猫咪品种，演出音乐以民谣、爵士、蓝调等为主，邀请驻场歌手和乐队进行现场演出，为游客提供一个轻松、愉悦的夜生活场所。

2. 休闲文娱：一站式宠物游购园与萌宠主题休闲娱乐

在乡村旅游与文化旅游的融合发展趋势中，休闲文娱项目已成为吸引旅游消费的核心要素。可设置一站式宠物用品购物中心，引入宠物主题休闲娱乐业态，融入宠物友好的文化体验，以满足现代旅游者对消费产品新鲜感和个性化的需求，从而将“爪爪村”塑造为宠物主题消费时尚潮流高地，创造“爪爪村”的出圈爆点和营销亮点。

策划覆盖宠物生命全周期的一站式购物街区，包括宠物用品商超、潮宠用品体验店、宠物主题文创店等。购物街区采用温馨、舒适的装修风格，提供便捷的支付方式、周到的售后服务以及丰富的会员福利等，为宠物主人及宠物提供一个全面、便捷的购物和体验空间。“宠之家”综合体以全面、丰富的宠物产品陈列，营造一站式宠物零售体验空间。打造集宠物用品零售、宠物销售、宠物服务于一体的综合性宠物用品购物中心，在购物中心定期举办主题体验活动，通过宠物社交活动、宠物营养健康知识科普沙龙等形式，构建属于爱宠人士的交流社群。“叁脚猫”文创店以宠物为核心创意元素，展现潮流创意设计。设计包括服装、饰品、绘画、手办、雕塑、手提袋、背包、餐具、摆件、抱枕、文具等萌宠 IP 周边产品，为爱宠创意达人提供展示与交流的空间。文创店中的“爪爪作坊”提供宠物娱乐艺术衍生品的手工 DIY 体验，宠物主人可以亲手制作宠物服饰、猫抓板、狗窝、毛球等宠物用品，也可以制作宠物肖像手机壳、宠物羊毛毡、宠物项链、宠物抱枕等文创产品，宠物主人通过手工制作能更加了解自己的“毛孩子”，享受与宠物度过的每一个美好时刻。引入国内外知名品牌潮宠用品体验店，创造互动式线下消费体验。“喵汪星球实验室”以科技养宠、时尚养宠、精细化养宠为理念，招引柯学主义 Corgiology、PAWBBY 猫猫狗狗科技、魔力猫盒 Molly Box、Purlab 噗扑实验室、未卡 VETRESKA、有哈、蔚刻等创意宠物用品潮流品牌，售卖科技创新、时尚美学、原创设计等新锐宠物用品，引领现代化科学养宠生活方式。“宠之乐”宠物玩具体验店与 PETSVILLE 派思维、贵为 GiGwi、嬉皮狗等国内外知名宠物玩具制造商合作，出售宠物毛绒制品、宠物益智玩具、发声互动玩具、耐磨耐咬橡胶制品玩具等，提供宠物用品的品牌背书和品质保证。

开发宠物主题的潮流休闲娱乐业态，包括撸宠馆、数字宠物馆、宠物摄影馆、萌宠露营地等。设计综合性宠物休闲体验街区，招引宠物主题相关泛娱乐业态，吸引宠物主人和宠物爱好者等来“爪爪村”打卡，打造乡村文旅的新亮点。布局人宠互动业态，服务线上线下多种互动场景。打造“亲亲撸宠馆”，参考基厂、冲鸭俱乐部、白日梦撸猪社等成熟撸宠店模式，引入布偶、大橘、狸花等亲人品种猫咪，或者小香猪、柯尔鸭等小型可爱动物，让顾客可以与它们进行亲密互动。结合云端技术，营造“它宇宙”数字宠物馆，搭建以“云养宠”为卖点的社区交流平台，提供与现实养宠相近的互动体验。玩家可以在云社区中互相交流养宠心得，也可以在平台上领养自己喜爱的宠物：每一只待认养的动物，都有自己的档案，同时宠物馆提供认养纪念品邮寄、个人 / 家庭云端养护体验活动。引入宠物拟人服务业态，为“毛孩子”提供更好的服务。布局“吾爱吾宠”摄影馆，与海马体照相馆、PawPawPhoto、Angel 宠物摄影等知名摄影馆品牌合作，提供让宠物体验不同角色扮演的“职业照”、搭配不同底色与服饰的“证件照”、萌宠喜结连理的“结婚登记照”等产品，为“铲屎官”提供定制化宠物摄影纪念。引入“萌宠画像定制馆”，签约多位专业画师，提供铅笔速写、法式油画、日常漫画等各种风格的宠物肖像定制，定制的画像可以作为挂画、立牌、抱枕、海报等，打造“人宠精致”生活方式新样板。建设“小篷友露营地”，丰富户外休闲活动体验。利用村庄东北部良好的自然环境和草地，设置网红泡泡屋、宠物帐篷及宠物垫、户外露天电影院等，满足游客携宠露营、野餐、烧烤、喝酒、遛狗等需求，晚上可播放与狗和猫相关的主题电影，为游客和宠物提供更加丰富的娱乐体验和社交活动。

将宠物友好融入文化体验业态，打造宠物主题书店、宠物文化博物馆等。打造宠物文化体验街区，推动宠物文化的普及与发展，为宠物爱好者提供一个集休闲、学习、交流于一体的综合性文化空间。多方合力搭建平台，共同建设宠物友好主题书店。当前，宠物主题书店[①]作为新兴的文化消费热点，正逐步在全国范围内铺开文化版图。“爪爪村”可寻求与新华书店、凤凰书城、猫的天空之城、西西弗书店等知名品牌书店深度合作，共同探索适合乡村特色的宠物友好书店模式。此外，打造“这有猫书店”村庄自营书店，通过猫咪玩偶、猫咪壁画以及专为爱猫人士设置的“安静撸猫区”，营造出一个以猫咪为主题的温馨阅读环境。打造世界宠物文化博物馆，呈现古今中外的“宠物友好”理念。博物馆内设置宠物历史展区、宠物艺术展区、宠物科技展区等多个展区，通过丰富的展品和互动体验，让游客深入了解宠物文化的多样性和包容性；积极组织阅读服务、美学教育、艺术沙龙等多元化活动，将博物馆打造为集文化体验、知识分享、情感交流于一体的乡村宠物文化空间。

---

① 2022年9月25日，北京市新华书店旗下首家“宠物主题书店”开张迎客。新店吸引了众多萌宠爱好者前来打卡。该店打破了传统书店的经营服务方式，尝试跨界新型业态合作模式，将书香文化与宠物主题相融合，带领读者感受一种边读书边撸猫的沉浸式文化阅读生活体验。2023年7月21日，首家熊猫主题书店在成都诞生，凭借其自身的鲜明特色和文化价值迅速“出圈”。

3. 特色服务：贯穿宠物全生命周期并涵盖室内外场景

精准定位宠物在不同生命阶段的具体需求，进而规划并引入一系列特色鲜明的宠物服务业态，不仅全面覆盖宠物食品供应、医疗保健服务、宠物美容洗护等基础领域，还进一步拓展至宠物训练指导、寄养托管服务、宠物社交活动以及宠物婚庆策划等宠物服务前沿领域。通过提供一系列全方位、一站式的专业宠物服务，“爪爪村”致力于为宠物打造一个温馨、舒适且充满乐趣的成长环境，同时也为宠物主人带来更加便捷、贴心的服务体验。

布局宠物全类目服务业态，包括宠物医疗、宠物生活、宠物寄养、宠物婚介等。构建“爪爪村”宠物经济生态圈，推动宠物服务业态向全面、专业、具有创新性的方向迭代升级，满足宠物主人及宠物的多样化需求。**打造宠物健康诊所，提供全方位宠物诊疗服务。**和安安宠医、芭比堂动物医院、艾贝尔宠物医院等知名宠物医院搭建宠物医疗联合诊治平台，配备充足的执业兽医师及助理兽医师，设置诊疗室、处置室、手术室、药房、化验室等专业区域，以及手术、消毒、冷藏、常规化验及无害化处理等先进动物诊疗设施，保证宠物的健康与福祉。**建设宠物寄养中心“毛孩子托管所”，提供个性化、专业化的宠物照料方案。**根据宠物的种类及不同年龄段的需求，托管所划分了多个寄养区域，确保不同类型的宠物都能得到最适合的照顾。除了基础的喂食、清洁、陪玩服务外，托管所还可提供上门喂养、宠物清洁等增值服务，满足宠物主人在离家、出差等特定情况下的特殊需求。针对到周边景区游玩的宠物主人，托管所提供短期寄养服务，确保宠物在主人外出期间也能享受安全、舒适的生活环境。**营造宠物生活精品馆，提供全方位、高品质的宠物照料服务。**生活馆内汇聚如小佩宠物、派多格、圣宠宠物、宠物家 Pet’em 等国内外知名宠物服务品牌，设有宠物买卖、洗护美容、高级 SPA、寄养日托、宠物用品售卖等多个功能区：美容洗护区采用全透明式设计，让宠物主人在等待过程中也能清晰地看到宠物的洗护过程，增强服务的透明度；另设有宠物主及宠物专门的休憩区域，营造出温馨、舒适的社交空间。**创新“宠爱一生”**

宠物婚介所，突破传统宠物生活想象。宠物婚介机构根据宠物的名贵程度及寻找伴侣的难易程度，提供包括宠物归档、照相、体检、相亲、婚礼在内的全方位服务。机构将会定期举办“宠物相亲会”，不仅为宠物搭建了相识相恋的平台，还通过现场组CP与婚礼仪式等活动，让各位铲屎官吃到真“狗粮”，增强了宠物社交的趣味性与仪式感。

丰富宠物户外活动体验，布局宠物训练营、宠物泳池、宠物沙滩等开放空间。为宠物及其主人创造安全、健康、有趣的户外环境，让“毛孩子”在快乐中成长，创造宠物、主人与自然零距离接触的欢乐时光。打造汪稚园训练营，帮助狗狗建立良好的生活行为习惯。训练营重点面向幼犬训练，结合周边场地进行室内、室外训练，通过科学、正规、人性化的训练课程体系，帮助纠正幼犬吠叫、随地大小便、乱咬家具、爆冲、护食等行为，同时可训练狗狗花式才艺科目，如听口令坐、卧、立、吠叫、打滚、转圈、握手、叼飞盘等。设置多样化的宠物开放交互空间，并建立相应防护措施。为宠物陆地活动场地配备安全栏、安全门，将活动区分隔为大型犬类[①]活动区、中小型犬类[②]活动区，大型犬每场数量上限为20条，中小型每场数量上限为50条，宠物入场需要统一通过微信平台预约，方便管理方合理分流。利用村庄东侧原有水池，建造宠物泳池：为确保宠物的健康与安全，狗狗下水前需要经过耳螨、皮肤病、外伤三道检查程序；泳池水全部经过过滤消杀，实时监测泳池的pH值，按时清理池中的宠物毛发；配备专用救生衣、冲浪板、玩具球、狗狗跳水台等设施，让宠物安全健康地尽情享受游泳乐趣。打造创意“紫宠你沙滩”，以温暖紫色为主调，通过紫色沙子、紫色艺术装置等布景，配合周边的水世界和夜间灯光秀，营造独一无二的梦幻沉浸式户外体验。配置户外宠物服务驿站，保障人宠户外活动的安全与便利。驿站为宠物主人和宠物

---

① 指肩高≥60厘米、体重≥30公斤的犬类。

② 指肩高＜60厘米，体重＜30公斤的犬类。

提供临时休憩、宠物饮水、简易清洁、遛宠用品租赁、宠物推车租赁、宠物丢失寻回、人宠医疗急救等服务，体现宠物友好乡村的“宠本关怀理念”。

五、品牌共建：营造安全温馨的宠物友好社区

长效运营维护和持续营销推广等服务建设，是“爪爪村”塑造独特文旅品牌 IP、确保村庄长期发展的关键。应积极搭建市场运营平台，采取多渠道营销推广策略，深度挖掘并广泛传播“爪爪村”特色 IP，从而提高“爪爪村”在长三角文旅市场中的知名度和影响力。创新搭建多种盈利模式，为未来乡村营收增长提供有力支撑。对“爪爪村”的游客与商户制定对应的宠物管理公约，明确各方责任与义务，形成多方共治的宠物管理模式，营造和谐有序的宠物友好乡村环境。

1. 营销活动：多渠道塑造“爪爪村”品牌形象

通过故事化、形象化的方式，打造“爪爪村”品牌 IP，增强品牌记忆点，提升与游客的情感共鸣。设计“爪爪村”系列品牌文创产品，满足游客的购物需求，进一步强化品牌形象。策划品牌节庆系列活动，吸引游客参与并鼓励宣传分享。采用全方位、互补式、年轻态的营销渠道推广策略，精准触达目标受众，提升品牌的知名度。

打造“爪爪村”品牌形象 IP。面对 Z 世代消费群体崛起的时代背景，一个独具特色且富有情感共鸣的品牌形象 IP，是品牌与消费者之间情感纽带的关键载体。因此，需要通过深度融合形象设计与价值理念，构建“爪爪村”独特品牌 IP 形象。在 IP 形象的设计上，紧密围绕“爪爪村”的宠物友好理念，深度挖掘古今中外宠物文化，精心打造一系列以宠物（特别是受众面最广的狗狗与猫咪）为主角的拟人角色。通过丰富多彩的故事背景以及充满趣味的场景设定，让这些角色成为“爪爪村”的代言人，与消费者建立起深厚的情感联结。同时，注重 IP 形象的视觉统一性，在不同宣传媒介和村庄标识设计上保持一致的品牌识别度，进一步加深消费者对品牌的印象。此外，积极利

用社交媒体、短视频平台以及知名 KOL 进行推广，通过内容创作、互动活动及跨界合作等营销手段，不断拓宽 IP 的受众范围，为衍生品销售、广告合作、品牌授权等 IP 变现途径提供更大的操作可能性，从而实现“爪爪村”品牌的持续发展与壮大。

举办宠物友好主题活动。依托宠物友好乡村的公共广场和露天草坪，结合时下热门的露营元素，打造由宠物文化市集、宠物亲子运动会、宠物选美大赛、宠物才艺大赛等系列活动组成的“宠爱无界游园会”主题活动。筹办宠物文化市集，汇聚众多知名宠物用品、潮流品牌和文创好物，为爱宠人士提供全方位的娱乐逛游场所。打造宠物时尚快闪大秀，集结如 lazyeazy、BONDIR、WagWellies 等潮奢品牌，串联人、宠、亲子、生活等多个元素，打造多元化、时尚化的潮牌快闪体验活动。组织宠物亲子运动会，设置障碍跑、飞球赛、飞盘赛、竞速赛等运动项目，为主人和狗狗提供绝佳的互动机会。举办专业宠物美容师职业资格认证赛，与知名宠物美容俱乐部合作，邀请行业内知名的评审老师，按照宠物美容师考证标准[①]进行比赛。赛程中穿插宠物选美大赛，让宠物穿上由主人亲手设计或购买的特色服装，走上 T 台展示，采取线下走台 + 线上视频结合的方式，设置最佳着装奖、最佳台风奖等奖项，充分激发宠物主人的参与热情。举办宠物才艺展示大赛，展示宠物的独特技能或才艺，如狗狗跳跃障碍、小鸟歌唱表演等，设立最佳才艺奖、最具创意表演奖等奖项，增加活动的趣味性和互动性。此外，“爪爪村”还将定期组织宠物慈善公益活动，如宠物食品捐赠、流浪动物救助站探访、宠物义诊、宠物领养日等，倡导社会对宠物的关爱和帮助，进一步提升“爪爪村”的社区凝聚力和社会形象。

设计“爪爪村”系列文创产品。将宠物特色主题元素巧妙融入产品之中，

---

① 参考《宠物美容师国家职业技能标准》、《犬美容国际标准教程》、FCI犬种标准、CKU美容师资格认证等相关标准。

不仅是对“爪爪村”宠物文化的深度诠释，同时也能提升文创产品附加值、丰富游客购物体验。首先，将日常物品如杯子、笔记本、手机壳、帆布包等作为文创产品的载体，平衡文创产品的实用性和日用性，有效传播“爪爪村”的品牌形象。在设计过程中，深入挖掘宠物文化的精髓，通过卡通化的宠物形象、温馨的宠物生活场景以及富有趣味性的图案设计，将宠物元素自然地融入产品之中。其次，注重产品的创意包装设计。包装是品牌形象的重要展示窗口，可采用环保材料在包装上印制“爪爪村”的品牌标识、产品介绍等，使包装本身成为一件艺术品。在营销策略上，通过故事化的方式，将“爪爪村”系列文创产品与古今中外的宠物文化相结合，讲述产品背后的宠物文化故事。此外，在“爪爪村”内设立专门的文创产品体验区，推出DIY宠物形象的手机壳或帆布包等各种手作文创产品，让游客可以参与到产品的制作过程中，提升游客的参与感和满意度。

2. 长效运营：市场化运营机制保障未来发展

通过乡村市场化运营[①]，实现“爪爪村”的资产积累、资产增值、资源变现。搭建政府引导、企业主体、市场联动的运营平台，形成完整宠物经济产业链，促进乡村旅游可持续发展。构建“三阶段＋九模式”的长效盈利机制，确保村庄经济收益稳定增长。制定灵活的投融资方案，实施整体招商策略，吸引优质项目与资源落地，为“爪爪村”的未来发展奠定坚实基础。

搭建“三阶段＋九模式”的长效盈利机制。首先，**构建一个集流量转化、品牌树立与产业整合于一体的长效盈利机制，实现宠物友好乡村的持续繁荣与增长**。该机制分为三个阶段：第一阶段着眼于基础人气聚集，通过“溜溜

① 乡村市场化运营，即对乡村进行市场化运营，通过与爱乡村、会策划、懂营销的乡村运营师团队开展合作，将乡村资源优势、生态优势转化为经济优势、发展优势。参见澎湃新闻. 乡村运营，让“美丽资源”变身“美丽产业”[EB/OL].（2021-09-13）[2024-10-12]. http://www.thepaper.cn/newsDetail_forward_14488761。

街区”“撒欢乐园”等核心项目的场地租赁和活动门票销售，迅速吸引游客，奠定人气基础；第二阶段着力树立区域旅游品牌，引入亲子娱乐、会员服务、文创产品等配套设施，提升游客体验，培养目标游客市场；第三阶段注重产业整合与长期盈利增长，利用地域品牌效应，整合上下游产业，拓展产业投资、合作开发等盈利渠道，构建目标客群常态化消费体系，实现长期稳定的盈利增长。其次，设计九种盈利模式，强化支撑“爪爪村”发展三阶段。一是商业空间租赁，将村庄中的商铺租给各种商家，获取租金收入。二是特许经营模式，引入知名品牌，通过品牌特许使用费和销售提成获取收入。三是广告收入模式，通过租赁广告位、悬挂广告牌、屏幕广告等形式，获得广告收入。四是活动策划模式，策划节日庆典、主题展览等活动，通过门票销售和赞助商支持实现盈利。五是服务收费模式，提供停车、物业、安保等增值服务，向商家和用户收费。六是自营项目收入，通过售卖自营游乐项目的门票，如“撒欢乐园”“戏浪水世界”“狗 GO 滑草坡”等，获取一定收入。七是特色场地租赁，利用公共广场、游客服务中心等空间，支持会议、研学、市集等活动举办，通过场地租赁、摊位出租等方式获得盈利。八是会员服务模式，设立会员制度，消费者支付会员费后可享受会员权利，增加复购率和用户黏性。九是多元化附加收入模式，通过租赁遛宠设备用品、露营装备、销售文创产品等增加额外收入。综上，通过三大发展阶段的逐步推进与九种盈利模式的应用，构建一个充满商业活力的宠物友好乡村，实现经济效益与社会效益的双赢。

制定整体化、专业化运营策略，建立优惠政策库。组建专业运营团队，成立“爪爪村”文旅运营公司，负责村庄的总体管理、日常运营和品牌建设。加强村庄安全保障，完善包括旅游警察大队、旅游巡回法庭、旅游工商执法大队等在内的旅游综合执法体系，通过客流管控、宠物防疫、治安保护等措施提升村庄旅游管理水平。建立“爪爪村”专属优惠政策库，综合提升乡村营商环境，吸引投资、企业、人才等多要素集聚。构建多元融资模式，积极引入 PPP 等多样态的投融资渠道，积极吸纳社会资本参与，推行市场化运作机制，确保项目资金的充足与稳定。采用整体招商策略，设计企业吸引与激励政策体系，针对满足经济与产业发展扶持条件的企业，提供相应的奖励与补贴措施。建立政策资金池模式，设立“爪爪村”文旅产业发展基金，针对乡村建设、乡村旅游等关键领域进行专项申请，以获得更多的政策支持和资金扶持。创新人才培育机制，搭建宠物行业人才、创新创业人才、文旅运营人才等多元培训平台，全面提高产业人才职业能力水平。

建立覆盖宠物全产业链的村庄业态品牌招引名录。深入分析当前我国宠物产业链各环节的特点，并据此制定差异化的招引策略。针对产业链上游：面对普遍存在的规模效应不足、市场集中度低且小微企业众多的现状，筛选引入能够优化资源配置、促进健康市场竞争的优质业态；加快村庄内宠物交易领域的产业布局，积极与圣宠宠物、袖虎宠物、派多格等知名线下门店及京东、宠小宝等线上平台建立合作关系，同时深化与平安阿福流浪动物救助中心、金陵领养日等宠物领养平台的联动，推动宠物领养文化的普及，鼓励更多人通过领养而非购买的方式获得宠物，从而在源头上减少流浪动物的数量，营造更加和谐的人宠共存环境。针对产业链中游：鉴于宠物食品与用品的国际市场激烈竞争及国产品牌迅速崛起的发展态势，采取“引进国外”与“扶植本土”并重的策略，平衡国内外品牌招引比重；与渴望、K9、爱肯拿、百利等国际知名宠物主粮品牌建立优先合作关系，确保村民与游客能够享受到高品质的宠物产品；大力支持如麦富迪、网易严选、阿飞和巴弟等国产优秀品牌的入驻，推动国内宠物产业的持续升级和蓬勃发展。至于产业链下游：鉴于服务多样化、市场碎片化以及消费者需求多元化的现状，引入并培育一批具有影响力的宠物服务品牌，提升宠物服务质量与市场集中度；与瑞鹏宠物医院、芭比堂动物医院、艾贝尔宠物医院、美联众合动物医院等优质宠物医疗机构达成深度合作，为宠物提供全面、专业的医疗服务；引入派德宠物、爪爪宠物店、Mr.Bear 宠物、圣宠宠物、派多格宠物等综合型宠物商城，以及柯学主义、猫猫狗狗科技、魔力猫盒、噗扑实验室、未卡等宠物用品新锐设计品牌，为宠物主人提供一站式购物体验；积极补充如寻它、宠物家、SHAN ANGEL善使、念宠国际NIANPET、TIANPET天等宠物代养、宠物寻找、宠物殡葬等细分领域的专业品牌，提升村庄的宠物业态丰富度，以满足宠物主人多样化的需求。

3. 共建共治：制定多方共识的宠物管理公约

制定游客、商户、管理方等多方参与的宠物管理公约，打造真正意义上宠物与人和谐共处的乡村典范。明确宠物在户外、室内的行为规范守则，保障村庄环境的整洁和人宠的健康安全。积极倡导并鼓励村民、游客及商户等多方主体参与到宠物管理模式的共建中，提升村庄的治理管理水平，增强各方的归属感和责任感，真正建立温馨有爱、安全和谐的宠物友好社区。

拟定“爪爪村”宠物友好公约。近年来，关于养宠影响公共环境的舆论日益增多，据统计，公众最不能接受的不文明养宠行为中，弃养、随地便溺不清理、遛犬不拴绳排在前三位[①]——为营造和谐、友好的乡村宠物友好环境，亟须拟定一份《“爪爪村”宠物友好公约》。首先，为保证人宠安全，明确禁止烈性犬、鳄鱼、蛇等危险动物进入，其他入村宠物需携带宠物证件及合法有效免疫证明。其次，制定宠物主、管理方各责任主体应遵守的规范条例。第一，保障人宠健康安全。明确宠物主的责任，包括保证对宠物的有效管控，确保宠物的行为不会对其他人造成伤害或不适；随身携带宠物的必要证件，包括宠物健康证明、疫苗接种证明等；进入公共区域应让宠物佩戴牵引绳，遵守街区、酒店/民宿及各门店携宠入内规定。第二，保护村庄环境整洁。宠物主应及时处理宠物的粪便、尿液及其他可能造成的卫生问题，确保公共场

① 派读宠物行业大数据平台. 2021年宠物行业白皮书发布［EB/OL］.（2022-01-21）［2024-08-26］. http://www.inpai.com.cn/news/redian/2022/0118/012022_120100.html.

所的环境卫生。第三，规范宠物友好设施建设。公共场所应当配备宠物活动区、宠物饮水处等宠物友好设施，并设置明显的标识和说明，方便宠物主人使用；提供如宠物便携推车、宠物牵引绳、一次性尿垫、拾便袋等宠物友好用品租借服务；保障宠物友好乡村安全管理，健全安全应急预案，完善安全管理保障措施；建立专业宠物后勤队伍，负责宠物管理、服务、安全、卫生等工作。

制定户外携宠管理守则。"遛遛街"商业街区、宠物公园等作为主要的户外公共空间，需要规范宠物管理，确保宠物与公众的安全和谐共处。对"遛遛街"商业街区，制定如下管理守则：街区商户应注明宠物入内要求，除宠物专用餐厅，其他宠物友好餐厅需划分携宠用餐区域；街区入口、墙面、显示屏、灯箱等显眼处应标识"宠物友好乡村""大型犬请小心牵好""文明遛宠"等字样；布局宠物卫生间、饮水区、拴宠桩、洗脚池、宠物便便箱等便利服务设施，提供宠物推车、遛宠用品、一次性手套等宠物用品租赁；设置宠物诊所和医疗服务站，为宠物、游客提供医疗急救等服务；建立清洁消毒解决方案，保障街区环境卫生、清洁、舒适。对于宠物公园，首先应科学组合宠物活动板块，组合宠物跳圈、宠物平衡木、宠物穿杆、宠物跑道、嬉戏草坪等模块，配置各类活动器械；其次设置单一出入口，采用双层门设计，外层与内层相距 1.5 米左右，形成缓冲空间，主人可以在此完成宠物犬的解绳和系绳，为进入活动空间做准备，双层门的开启方向应一致并朝向活动空间内部，以避免犬只意外逃窜；再次设置全封闭式围栏，围栏的高度应大于 1.5 米，确保宠物犬不能随意翻越，同时在围栏处种植篱带，形成厚实的天然屏障，分隔区域的同时起到美化与装饰的作用。

制定室内携宠管理条例。对宠物友好酒店、宠物友好民宿等人宠共居空间的宠物管理提出规范要求。第一，配备必要的宠物友好设施。客房应提供宠物睡窝、笼子、口粮、玩具、水碗等宠物友好用品。客房布置体现宠物友好，如物品和接线布置均遵守高于 1.5 米的安全标准、地面使用防滑地板并避免使用地毯、采用木质透气地板等。第二，营造卫生洁净的公共环境。提供入住前宠物预检服务，邀请客人填写宠物信息表与宠物预检表[①]。保证客房和公共区域的卫生，增加清洁和消毒的频率，以确保宠物不会带来异味、污染或感染病原。第三，打造宠物安心管家系统。配备宠物友好专业服务团队，提供包含宠物日常检查、宠物行为预警、宠物预检流程、宠物急救、应急事件处理与客房特殊清洁等服务。同时，明确宠物主对自家宠物的管控约束要求，包括公共区域应束宠物牵引绳；保证公共区域卫生整洁，不遗漏宠物粪便；不能将宠物单独留在房间；宠物损坏酒店设施要照价赔偿等。

在乡村空心化、老龄化的趋势背景下，众多资源禀赋相对平庸的乡村面临着尤为严峻的挑战。其未来的长远发展需要打破传统发展模式的桎梏，创造增长方式大于增长本身的范式[②]。宠物经济，作为当前新经济形态的典型代表，其快速增长的市场规模与广泛的消费群体，展现了巨大的市场潜力，为乡村经济转型发展提供了新的着力点。南京市江宁区孟塘北村，作为一个典型的长三角都市圈普通乡村，其地理位置的优越性使其成为探索新经济助力乡村旅游转型的理想试验田。在孟塘北村的案例中，确立以“宠物友好乡村”为主题的乡村旅游定位，从空间重塑、业态置入、品牌共建三个维度进行村庄的系统性策划与设计，打造集休闲、娱乐、体验于一体的宠物友好型乡村旅游目的地。依托新消费趋势“从无到有”地塑造村庄唯一性定位，展现了孟塘北村在资源禀赋有限的条件下寻求差异化发展的智慧，为类似乡村提供了可借鉴参考的范例。未来，随着新经济向乡村地区加速迁移外溢、新消费场景的不断迭代升级以及乡村振兴战略的深入推进，更多类似的案例有望涌现，共同呈现未来乡村的多元形态与无限可能。

---

① 宠物信息表包含近期有无驱虫、有无手术史、疫苗是否齐全等六项信息。宠物预检表包含四肢、口腔、毛发、皮肤、指甲、尾巴等十四项健检流程。

② 张鸿雁.论当代中国城乡多梯度社会文化类型与社会结构变迁——依据“社会事实”对“二元结构”的重新认知[J].南京社会科学，2007（11）：74-80.

参考文献

【外文文献】

［1］The 45 places to go in 2012［N］. NEW YORK TIMES.（2012-09-29）［2024-09-02］. https://www.nytimes.com/2012/01/08/travel/45-places-to-go-in-2012.html?pagewanted=all&ref=general&src=me.

［2］AFFOURTIT L J. Visualizing decolonial democracy in the Oaxaca commune［M］. Minnesota：University of Minnesota，2020.

［3］AKER J C，GHOSH I，BURRELL J. The promise（and pitfalls） of ICT for agriculture initiatives［J］. Agricultural economics，2016，47（S1）：35-48.

［4］ALLEN K E，ORTIZ-PRZYCHODZKA S，COELHO-JUNIOR M G，et al. Grassroots relational approaches to agricultural transformation in Latin America［J］. Ecosystems and people，2024，20（1）：2390470.

［5］ANCUȚA C，JUCU I S. Sustainable rural development through local cultural heritage capitalization：a case study of Hărman，Romania［J］. Land，2023，12（7）：1297.

［6］ANTONS C.Intangible cultural heritage，intellectual property，and the politics of development in Southeast Asia [Z]. Taylor & Francis Online，2022.

[7] APAYDIN M，THORNBERRY J，SIDANI Y M. Informal social networks as intermediaries in foreign markets [J]. Management and organization review，2020，16 (3)：629–656.

[8] APOSTOLOPOULOU E，BORMPOUDAKIS D，CHATZIPAVLIDIS A，et al. Radical social innovations and the spatialities of grassroots activism：navigating pathways for tackling inequality and reinventing the commons [J]. Journal of political ecology，2022.

[9] ARNÉS GARCÍA M，SANTIVAÑES T. Nature–based solutions in Europe and Central Asia [Z]. Google Books，2021.

[10] AULISIO A，PERENO A. Regenerative design approach for twin transition in travel and tourism sector [C]//Sustainable tourism design. Berlin：Springer，2024.

[11] BAHIA K，CASTELLS P，CRUZ G，et al. Mobile broadband，poverty，and labor outcomes in Tanzania [J]. World bank economic review，2023，37 (2)：235–258.

[12] BAKER C. The pet’s ‘Perfect Bowl’：environmental and welfare discourse in alternative pet food movements [D]. Lexington：University of Kentucky，2022.

[13] BAKKEN B. The exemplary society：Human improvement，social control，and the dangers of modernity in China [M]. Oxford：Clarendon Press，2000.

[14] BARHAM E. Translating terroir：the global challenge of French AOC labeling [J]. Journal of rural studies，2003，19 (1)：127–138.

[15] BATHELT H，GLÜCKLER J. Institutional change in economic geography [J]. Progress in human geography，2014，38 (3)：340–363.

[16] BAYCAN T，GIRARD L F. Case study window–culture in international sustainability practices and perspectives：the experience of “Slow City Movement–Cittaslow” [M] //The routledge research companion to planning and culture. London：Routledge，2016：273−289.

[17] BELL D. Variations on the rural idyll [J]. Handbook of rural studies，2006：149−160.

[18] BELLETTI G，MARESCOTTI A，TOUZARD J−M. The geographical indication pathway to sustainability：a framework to assess and monitor the contributions of geographical indications to sustainability [J]. Sustainability，2021，13（14）：7535.

[19] BESSIÈRE J. ‘Heritagisation’，a challenge for tourism promotion and regional development [J]. Journal of heritage tourism，2013，8（4）：275−291.

[20] BIRÓ Z A，SÁROSI−BLÁGA Á. Embeddedness or marginalization? Aspects for analysing the local embeddedness of innovative agricultural enterprises in Szeklerland [J]. Acta Universitatis Sapientiae. Social Analysis，2020，10：77−93.

[21] BOFULIN M. Imported commodity city：a new model for the development of China’ s emigration hometowns? [J]. Anthropological notebooks，2021，27（2）：29−45.

[22] BOUDREAUX K C. Land governance as a corporate performance standard：opportunities，challenges and recommended next steps [J]. Bonn（Germany）：global donor platform for rural development，2015.

[23] BREZNITZ S M.The fountain of knowledge：the role of universities in economic development [M]. Palo Alto：Stanford University Press，2014.

[24] CAOUETTE D，TURNER S. Agrarian angst and rural resistance in

contemporary Southeast Asia [M]. London：Routledge，2009.

[25] Carbon Fund. Ministry of Agriculture and Rural Development，Vietnam Final ER-PD [R]. 2016.

[26] CHEN L. Quality management，certification and related agricultural organisations along the value chain [D]. Bonn：University of Bonn，2015.

[27] CHEN P. Urban-rural mobility，landscape，and displacement：rural tourism makers in China [D]. Southampton：University of Southampton，2021.

[28] CHEN X.This small Chinese inland county makes 90% of coffins in Japan [EB/OL].（2021-05-27）[2025-05-23] . https://www.globaltimes.cn/galleries/3900.html.

[29] CLOKE P，THRIFT N. Class and change in rural Britain [M]//Rural restructuring. London：Routledge，2023：165-181.

[30] DALLA TORRE C，RAVAZZOLI E，DIJKSHOORN-DEKKER M，et al. The role of agency in the emergence and development of social innovations in rural areas. Analysis of two cases of social farming in Italy and The Netherlands [J]. Sustainability，2020，12（11）：4440.

[31] DAS G. Conclusion：OBOR architecture and BCIM-EC：an interplay of geo-economics and geo-politics [M]//BCIM Economic Cooperation，2018：261-268.

[32] DE GROOTOVÁ Ž. The role of art and culture in the revitalisation of shrinking regions in Japan [J]. 2022.

[33] DE ST MAURICE G. The Kyoto Brand：protecting agricultural and culinary heritage [D]. Pittsburgh：University of Pittsburgh，2015.

[34] DOORLY B V. Megatrends defining the future of tourism [M]. Berlin：Springer，2020.

[35] DUBOIS A. Transnationalising entrepreneurship in a peripheral

region–the translocal embeddedness paradigm [J]. Journal of rural studies, 2016, 46: 1–11.

[36] DUXBURY N, CAMPBELL H. Developing and revitalizing rural communities through arts and culture [J]. Small cities imprint, 2011, 3(1): 1–14.

[37] EAP Region. Country Partnership Framework for the Republic of the Union of Myanmar for the period FY15–FY17 [EB/OL]. World Bank Group, 2015.

[38] ELLIS M E, OTA M, CHEN A N. Digital divide of perceptions, usage, and purchase items in Japanese e–payment adoption [J]. Journal of international technology and information management, 2021, 30 (2) : 30–58.

[39] FAITH B, BANGA K. How digitally restructured value chains are reshaping labor futures for women in the Global South [J]. SSRN 4037243, 2021.

[40] FAN H, LI X. Research on the evolution of the governance logic of ethnic–minority villages from the perspective of tourism development—a case study of Longjing Village, Guizhou Province [J]. Sustainability, 2023, 15 (4) : 3187.

[41] FANG W, YONG Z, HUA L. Cultural impacts of mass tourism at hidden costs for local communities [R]. JTCMS, 2024.

[42] FEI X. Globalization and cultural self–awareness [M]. Beijing: Foreign Language Teaching and Research Press, 2015.

[43] FERNANDEZ–STARK K, BAMBER P, COUTO V. Analysis of the textile and clothing industry global value chains [R]. Inter–American Development Bank, 2022.

[44] FERRARO R. The Chinese urban–rural digital divide and the development of E–commerce in rural China [R]. 2020.

[45] FLINZBERGER L.Geographic Indications as flagship products for sustainable landscape management in the European Union[D]. Göttingen: University of Göttingen, 2023.

[46] FOUNTAIN J, CHARTERS S, COGAN-MARIE L. The real Burgundy: negotiating wine tourism, relational place and the global countryside[J]. European urban and regional studies, 2021, 28(2): 178-193.

[47] GAVA O. Opportunities and threats of farm biogas diffusion at the regional level in Italy[D]. Padova: Università degli Studi di Padova, 2017.

[48] GEREFFI G, HUMPHREY J, STURGEON T. The governance of global value chains[J]. Review of international political economy, 2005, 12(1): 78-104.

[49] GHODSI M. The impact of Chinese technical barriers to trade on its manufacturing imports when exporters are heterogeneous[J]. Empirical economics, 2020, 59(4): 957-986.

[50] GHOSH A, RAMACHANDRAN R, ZAIDI M. Women workers in the gig economy in India: an exploratory study[J]. SSRN 3944205, 2021.

[51] GOULD H. When death falls apart: making and unmaking the necromaterial traditions of contemporary Japan[M]. 2023.

[52] GRAHAM M. Changing connectivity and digital economies at global margins[J]. Digital economies at global margins, 2019: 1-18.

[53] GRANDI C, TRIANTAFYLLIDIS A. Organic agriculture in protected areas: the Italian experience[R]. FAO, 2010.

[54] HAUGER G, STAGL S, BRAITH J M, et al. International platform for the regions of the future: recommendation paper[A]. 2022.

[55] HE S Y, JIAO W J, MIN Q W. The transition of the food system for a nature-positive world: a GIAHS-based solution[J]. Journal of ecology and rural

environment，2022，38（10）：1249−1257.

［56］HECHT S. The new rurality：globalization，peasants and the paradoxes of landscapes［J］. Land use policy，2010，27（2）：161−169.

［57］HERRERA J L Q，PÉREZ−TAPIA G. Tourism as a driver of soft power：the case of South Korea［J］. Sustainable tourism，culture and heritage promotion：development，management and connectivity，2024：221.

［58］HIELM A，SAMPSON G，PAMPIN M P，et al. Improving standards and certification in agri−food supply chains：ensuring safety，sustainability and social responsibility［Z］. 2024.

［59］Hilton. The 2022 traveler：emerging trends and the redefined traveler［R］. Hilton，2021.

［60］HORLINGS L G，MARSDEN T K. Exploring the ‘New Rural Paradigm’ in Europe：eco−economic strategies as a counterforce to the global competitiveness agenda［J］. European urban and regional studies，2014，21（1）：4−20.

［61］HUANG J，DING J. Institutional innovation and policy support to facilitate small−scale farming transformation in China［J］. Agricultural economics，2016，47（S1）：227−237.

［62］HUNGERFORD L J. The sugar industry as a commodity system：an analysis of agricultural restructuring within the Australian sugar industry［D］. Rockhampton：Central Queensland University，2001.

［63］ITO J，BAO Z，NI J. Land rental development via institutional innovation in rural Jiangsu，China［J］. Food policy，2016，59：1−11.

［64］JONES L，HELEY J，WOODS M. Unravelling the global wool assemblage：researching place and production networks in the global countryside［J］. Sociologia ruralis，2019，59（4）：744−763.

[65] JUDIJANTO L，RESPATI R D，KARTINI R A，et al. Bibliometric analysis on ecotourism and cultural tourism development [R]. ResearchGate，2024.

[66] KANTAR，IAMAI. Internet in India report 2023 [R]. Internet and Mobile Association of India，2024.

[67] KAPUR D. Remittances：the new development mantra? [J]. Remittances：development impact and future prospects，2005，2（1）：331-360.

[68] KARLAN D，KENDALL J，MANN R，et al. Research and impacts of digital financial services [R]. National Bureau of Economic Research，2016.

[69] KATHURIA R，KEDIA M，VARMA G，et al. Future of work in a digital era：the potential and challenges for online freelancing and microwork in India [J]. 2017.

[70] KELEMEN E，MEGYESI B，MATZDORF B，et al. The prospects of innovative agri-environmental contracts in the European policy context：results from a Delphi study [J]. Land use policy，2023，131：106706.

[71] KHATER M，FAIK M. Tourism as a catalyst for resilience：strategies for building sustainable and adaptive communities [J]. Journal of hospitality & tourism education，2024.

[72] KLEINOD M.（2024）. The soft power of authenticity：Lao ecotourism as participatory exclusion [J]. Journal of political sociology，2024.

[73] KOECH R，et al. Twiga Foods case study [J]. FARA research report，2024，8（4）.

[74] KOSMAS P C. European SME going green 2030 report：boosting sustainable tourism in Europe [R]. 2022.

[75] LAEIS G. PhD thesis in development studies [D]. Palmerston North：

Massey University，2019.

［76］LEE J，GEREFFI G，BEAUVAIS J. Global value chains and agrifood standards：challenges and possibilities for smallholders in developing countries［J］. PNAS，2012，109（31）：12326–12331.

［77］LEUNG K Y，THORSEN L M. Experiencing art from a field of rice：how farmers relate to rural revitalisation and art at Japan's Echigo - Tsumari Art Festival［J］. Sociologia ruralis，2022，62（3）：611–631.

［78］LI D，XU D，ZHOU Y，et al. Sustainable rural development through slow tourism images：a case study of Gaochun International Cittàslow in China［J］. Journal of destination marketing & management，2024，32：100903.

［79］LI H，JUNG S. Networked audiences and cultural globalization［J］. Sociology compass，2018，12（4）：e12570.

［80］LI J，HAN Z，XIAN M. Exploration and application of agriculture–tourism technologies based on rape flowers in rural revitalization of China［J］. Oil crop science，2022，7（3）：122–126.

［81］LI Y，REN X. Everyday oblivion in eco–civilized China［J］. Theory and society，2024.

［82］LIANG T. Future development paradigms of smallholder economies and internet business opportunities［J］. Artificial intelligence and acientific research，2025，1（1）.

［83］LIU M. An analysis of the inheritance and development path of rural culture in rural revitalization［J］. Journal of humanities and social sciences，2024（12）：52–64.

［84］LIU Y，DAI L，LONG H，et al. Rural vitalization promoted by industrial transformation under globalization：the case of Tengtou village in China［J］. Journal of rural studies，2022.

［85］LOCKWOOD J. Training the call centre communications trainers in the Asian BPO industry［M］//The routledge handbook of language and professional communication. London：Routledge，2014：501−520.

［86］LONG N. Globalization and localization new challenges to rural research［M］//The future of anthropological knowledge. London：Routledge，2003：37−59.

［87］MAGUIRE J S，MATTHEWS J. Are we all cultural intermediaries now? An introduction to cultural intermediaries in context［J］. European journal of cultural studies，2012，15（5）：551−562.

［88］MANTINO F. Rural areas between locality and global networks. Local development mechanisms and the role of policies empowering rural actors［J］. Bio−based and applied economics，2021，10（4）：265−281.

［89］MAO Q， XU S. （2024）. How digital nomad communities can empower rural revitalisation［C］. AEIMPS，2024.

［90］MARSDEN T. Agri−food systems in transition：conceptual and methodological issues［J］. Journal of rural studies，2020，76：161−165.

［91］MARTINEZ C E. Rethinking structural inequalities and emotional injuries within Oaxacan communities［M］. Berkeley：University of California，2022.

［92］MARTÍNEZ−TORRES M E，ROSSET P M. La vía campesina：the birth and evolution of a transnational social movement［J］. Journal of peasant studies，2010，37（1）：149−175.

［93］MAYER F W，PHILLIPS N. Outsourcing governance：states and the politics of a ‘global value chain world’［J］. New political economy，2017，22（2）：134−152.

［94］MHLANGA D. Digital revolution in african agriculture［J］. SSRN

4697324，2024.

［95］MIERIŅA I，ŠŪPULE I. Rise of remote work across borders：opportunities and implications for migrant–sending countries［J］. Frontiers in sociology，2024，9：1290629.

［96］MORETTI M，BELLIGGIANO A，GRANDO S，et al. Characterizing value chains' contribution to resilient and sustainable development in European mountain areas［J］. Journal of rural studies，2023.

［97］MOUAT M J. Assembling the land of milk and money：the work of money in New Zealand' s dairy industry［D］. Palmerston North：Massey University，2023

［98］MURDOCH J，PRATT A C. Rural studies：modernism，postmodernism and the 'post–rural'［J］. Journal of rural studies，1993，9（4）：411–427.

［99］MURDOCH J. Networking rurality：emergent complexity in the countryside［C］//CLOKE P，MARSDEN T，MOONEY P. Handbook of rural studies. London：Sage，2006：171–184.

［100］MUTSWIRI P. Institutional theory and rural connectivity：examining the interplay of ESG strategies and regulatory frameworks in Zimbabwe［J］. Journal for business，development and leadership，2024，1：2957–7136.

［101］MYTELKA L K. Local systems of innovation in a globalized world economy［J］. Industry and innovation，2000，7（1）：15–32.

［102］NARAYANAN S，NARAYANAN A. Digital platforms and agricultural marketing in India：promise and challenges［R］. Indira Gandhi Institute of Development Research（IGIDR），2020，Working Paper No. 2020–005.

［103］NATHAN D，KELKAR G，MEHTA B. Platform economy，techno–nationalism，and gig workers in India［M］//The Routledge handbook of the gig economy. London：Routledge，2022：374–391.

[104] NEILSON J，WANG，J H Z. China and the changing economic geography of coffee value chains [J]. Singapore journal of tropical geography，2019，40（1）：70–89.

[105] Nikkei Asia. China dominates Japan's coffin market，quietly [EB/OL].（2021）. https://asia.nikkei.com/Business/Markets/Commodities/China-dominates-Japan-s-coffin-market.

[106] NJONJO P. How Twiga Foods reduces the price of food in Nairobi using technology. How we made it in Africa [Z]. 2020.

[107] O'RIORDAN T. Globalism，localism，and identity：fresh perspectives on the transition to sustainability [M]. London：Earthscan，2001.

[108] OSAWE A I. Preserving the rural place：a geotourism in a globalized world [J]. Journal of tourism，hospitality and sports，2021.

[109] OUMA S. Global standards，local realities：private agrifood governance and the restructuring of the Kenyan horticulture industry [J]. Economic geography，2010，86（2）：197–222.

[110] PADHIARY M，ROY P. Collaborative marketing strategies in agriculture for global reach and local impact [M]//Handbook of research on agricultural marketing and supply chain management in the Global Economy. IGI Global，2025：143–161.

[111] PARRILLI M D，NADVI K，YEUNG H W C. Local and regional development in global value chains，production networks and innovation networks [J]. Local and regional development，2016：1–25.

[112] PENG Y. Transcendent boundaries：the impact of Art Festivals on rural revitalization in East Asia [D]. Sotheby's Institute of Art–New York，2024.

[113] PERLIK M. Mountains as global suppliers：new forms of disparities between mountain areas and metropolitan hubs [J]. Journal of alpine research|

Revue de géographie alpine，2015，103（3）.

［114］PETELCA O，GARBUZ V. Social and economic effects of rural tourism on the development of rural areas［J］. CES working papers，2020：123-143.

［115］PHILIP L，COTTRILL C，FARRINGTON J，et al. The digital divide：patterns，policy and scenarios for connecting the ‘final few’ in rural communities across Great Britain［J］. Journal of rural studies，2017，54：386-398.

［116］PHILLIPS J L F. Natural resources，opportunity，and global justice［D］. 2010.

［117］PICARD M. Bali：cultural tourism and touristic culture［M］. New York：Cornell University Press，2021.

［118］PIDO E J. Migrant returns：Manila，development，and transnational connectivity［M］. Durham：Duke University Press，2017.

［119］PORTER M E. Clusters and the new economics of competition［J］. Harvard business review，1998，76（6）：77-90.

［120］RADSTROM S.A place sustaining framework for local urban identity：an introduction and history of Cittaslow［J］. Italian journal of planning practice，2014，1（1）：90-113.

［121］RAJKHOWA P，QAIM M. Personalized digital extension services and agricultural performance：evidence from smallholder farmers in India［J］. Plos one，2021，16（10）：e0259319.

［122］RICHMOND S，BABE A，FERRARESE M，et al. Lonely planet Korea［M］. Lonely Planet，2024.

［123］RICHTER R. Rural social enterprises as embedded intermediaries：the innovative power of connecting rural communities with supra-regional networks［J］. Journal of rural studies，2019，70：179-187.

［124］ROBINSON D F. The Moroccan argan trade：producer networks and human bio-geographies［M］. London：Routledge，2020.

［125］ROMEO R，MANUELLI S，GERINGER M，et al. Mountain farming systems—seeds for the future［Z］. Google Books，2021.

［126］ROZELLE S，HELL N. Invisible China：how the urban-rural divide threatens China' s rise［M］//Invisible China. Chicago：University of Chicago Press，2020.

［127］Rural social movements［J］. The wiley-blackwell companion to political sociology，2012：431-443.

［128］SAHAY A. Indian industrial clusters［J］. Global business review，2006，10（4）：99-117.

［129］SALAZAR N B. Tourism imaginaries：a conceptual approach［J］. Annals of tourism research，2012，39（2）：863-882.

［130］SALEMINK K，STRIJKER D，BOSWORTH G. Rural development in the digital age：a systematic literature review on unequal ICT availability，adoption，and use in rural areas［J］. Journal of rural studies，2017，54：360-371.

［131］SHARMA G，SWADIMATH U C. Leveraging technology for inclusive rural development in India［J］. 2025.

［132］SHEN Y，YANG L，YANG R. Integrating Chinese and Western knowledge：a case of scholar Fei Xiaotong［J］. Higher education，2024，87（4）：1085-1101.

［133］SHI Y，ZHAI G，ZHOU S，et al. Slow City development in China：process，approaches and acceptability［J］. Third World quarterly，2019，40（7）：1265-1282.

[134] SHUBIN S. The changing nature of rurality and rural studies in Russia [J]. Journal of rural studies，2006，22（4）：422−440.

[135] SHUCKSMITH M，BROWN D L. Routledge international handbook of rural studies [M]. London：Routledge，2016.

[136] SIMON D. Peri−urbanization [C]//Global encyclopedia of public administration，public policy，and governance. Berlin：Springer，2023.

[137] SINGH P. Politics of knowledge in development：explorations in seed sovereignty [J]. Studies in Indian politics，2021，9（1）：105−117.

[138] SURI T，JACK W. The long−run poverty and gender impacts of mobile money [J]. Science，2016，354（6317）：1288−1292.

[139] TANDJUNG J E. A trade−oriented indonesian position on the protection of Traditional Cultural Expressions（TCEs）：a case study of Indonesian Batik [R]. 2017.

[140] TANG J，LI G，CHEN X，et al. Does multifunctional agriculture increase farmers' enthusiasm for production? Evidence from Chinese winter rapeseed farmers [J]. Evidence from Chinese winter rapeseed farmers.

[141] TANG L. Burnout market feminism：urban Chinese businesswomen in the internet age [D]. Oxford：University of Oxford，2020.

[142] TANG U. The recent development of the Cambodian garment industry：global firms，government policies，and exports to the US [D]. Athens：Ohio University，2016.

[143] THEODORAKOPOULOS N，BENNETT D，SÁNCHEZ PRECIADO D J. Intermediation for technology diffusion and user innovation in a developing rural economy：a social learning perspective [J]. Entrepreneurship & regional development，2014，26（7−8）：645−662.

[144] TRENDOV N M，VARAS S，ZENG M. Digital technologies in

agriculture and rural areas [M]. FAO，2019.

[145] TURNER S，CAOUETTE D. Shifting fields of rural resistance in Southeast Asia [M]//Agrarian angst and rural resistance in contemporary Southeast Asia. London：Routledge，2009：21–44.

[146] UN World Tourism Organization. Best tourism villages 2023 [R]. UNWTO，2023.

[147] URRY J，LARSEN J. The tourist gaze 3.0 [J]. 2011.

[148] VAN DER PLOEG J D. The new peasantries：Rural development in times of globalization [M]. London：Routledge，2018.

[149] VAVEKANAND R，KUMAR S. Rural agricultural development through e–commerce platforms [J]. Authorea preprints，2024.

[150] VIJAYABASKAR M. Constraints to upgrading and employment expansion in the Tiruppur knitwear cluster [M]//Industrial clusters in India：Theoretical and empirical perspectives. New Delhi：Routledge India，2021：49–72.

[151] VIJAYABASKAR M. Flexible accumulation and labour markets：case of the Tiruppur knitwear cluster [C]// RAY R. Handbook of labour in India. London：Routledge，2017：Chapter 3.

[152] VONG J，FANG J，INSU S. Delivering financial services through mobile phone technology：a pilot study on impact of mobile money service on micro–entrepreneurs in rural Cambodia [J]. International journal of information systems and change management，2012，6（2）：177–186.

[153] WANG C M，MAYE D，WOODS M. Planetary rural geographies [J]. Dialogues in human geography，2023.

[154] WANG Y. Urban regeneration through culture–led creativity [D]. Milan：Politecnico di Milano，2009.

[155] WILKINSON J. China：The pivot of the global agri-food system restructuring [M]//The global political economy of food systems. Bristol ：Bristol University Press，2024：Chapter 5.

[156] WOODS M，MCDONAGH J. Rural Europe and the world：Globalization and rural development [J]. European countryside，2011，3（1）：1-18.

[157] WOODS M. Globalization and rural areas [J]. International encyclopedia of geography：people，the earth，environment and technology，2016：1-6.

[158] WOODS M. Regions engaging globalization：a typology of regional responses in rural Europe [J]. Journal of rural and community development，2013，8（3）.

[159] WOODS M. Social movements and rural politics [J]. Journal of rural studies，2008，24（2）：129-137.

[160] WOODS M. Territorialisation and the assemblage of rural place：examples from Canada and New Zealand [C]// DESSEIN J，BATTAGLINI E，HORLINGS L. Cultural sustainability and regional development. London：Routledge，2015：29-45.

[161] WOODS M. The future of rural places [C]//SHUCKSMITH M，BROWN D L. Routledge international handbook of rural studies. London：Routledge，2019：582-591.

[162] WOOODS M. Engaging the global countryside：globalization，hybridity and the reconstitution of rural place [J]. Progress in human geography，2007，31（4）：485-507.

[163] World Health Organization，International Labour Organization. Global montoring report：WHO/ILO joint estimates of the work-related burden of

disease and injury，2000−2016［R］. WHO，ILO，2021.

［164］World Meteorological Organization. State of the Global Climate 2023［R］. WMO，2023.

［165］XIE L，CHEN G. Research on the development path of “Yin Yang and Five Elements” cultural creative products based on cross−border e−commerce［C］.The International Conference on Social Science and Education，2021.

［166］YAKOVLEVA S. Privacy protection（ism）：the latest wave of trade constraints on regulatory autonomy［J］. University of Miami Law Review，2019，74（2）：457−496.

［167］YANG C，SHAO J，ZHAO Y. Post−COVID−19 sojourn choices：exploring the distribution and preferences of Chinese digital nomads［J］. Sustainability，2025，17（1）：130.

［168］YAŞLAK B，AKGÜN A A，BAYCAN T. Social networks of online rural entrepreneurs：the case of Turkey［J］. The annals of regional science，2023，70（3）：705−721.

［169］YEUNG H W C. Transnational corporations，global production networks，and urban and regional development：a geographer’s perspective on multinational enterprises and the global economy［J］. Growth and change，2009，40（2）：197−226.

［170］YITAYIH M，KASSIE G T，DESSIE T. Evolution and scope of rural and agricultural finance in developing countries：a review［R］. CGIAR，2023.

［171］YU H，CUI L. China’s e−commerce：empowering rural women?［J］. The China quarterly，2019，238：418−437.

［172］ZEKOS G I，ZEKOS，G I. E−globalization and digital economy［M］//Springer handbook of e−commerce and digital economy，2021.

[173] ZHAI X，WANG K，LI Z，et al. Value accounting and evaluation of gross climate ecosystem product in Anji county，Zhejiang province [J]. Advances in climate change research，2024，20（4）：475.

[174] ZHANG C，LIN D，WANG L，et al. The effects of the ecological conservation redline in China：a case study in Anji county [J]. International journal of environmental research and public health，2022，19（13）：7701.

[175] ZHANG J，WU Z，ZHU X，et al. Strategies and economic benefit analysis for productive landscape of rape flower sea in cold regions [J]. Journal of Northeast Agricultural University，2024，31（2）.

[176] ZHANG L，MALEK J A，HUSSAIN M Y，et al. Identifying the characteristics of rural regions in China where e-commerce can effectively drive rural revitalisation [J]. International journal of services and standards，2024，14（3）：240-267.

[177] ZHANG S，QIU Z. Why is rural e-commerce successful? A sociological analysis of the mechanism for actualizing technological dividends [J]. The journal of Chinese sociology，2024，11（1）：2.

[178] ZHAO X，ELAHI E，WANG F，et al. Sustainable tourism development for traditional Chinese drama's intangible cultural heritage [J]. Heliyon，2024.

[179] 정선호 . How South Koreas media industry is impacted through digital trade [D]. 서울대학교 대학원，2022.

【中文文献】

［1］《开弦弓村志》编写组. 开弦弓村志［M］.南京：江苏人民出版社，2015.

［2］《求是》杂志发表习近平总书记重要文章《一个国家、一个民族不能没有灵魂》［J］. 党史文苑，2019（5）：57.

［3］2023年度中国慢城工作报告［EB/OL］.（2024-04-20）［2024-11-20］. http://chinacittaslow.com/index.php?c=article&id=1966.

［4］H. 孟德拉斯. 农民的终结［M］. 李培林，译. 北京：中国社会科学出版社，1991.

［5］QuestMobile. 2023宠物消费市场洞察［EB/OL］.（2023-10-17）［2024-08-26］.https://baijiahao.baidu.com/s?id=1779984306470264757&wfr=spider&for=pc.

［6］W. R. 葛迪斯. 共产党领导下的中国农民生活［M］//费孝通. 江村经济・附录. 南京：江苏人民出版社.1986.

［7］阿里研究院. 2023中国淘宝村研究报告［R］. 阿里巴巴集团，2023.

［8］阿友. 中国慢城 一个被上帝调慢时钟的小山村［J］. 资源与人居环境，2015（4）：60-65.

［9］艾斐. 文化自信何以为“更基础、更广泛、更深厚的自信”［J］. 红旗文稿，2017（1）：11-14.

［10］艾媒咨询. 2024—2025年中国宠物行业运行状况及消费市场监测报告［R］. 艾媒咨询，2023.

［11］艾瑞咨询. 2021年中国宠物消费趋势白皮书［EB/OL］.（2021-05-19）［2024-10-12］. https://www.iresearch.com.cn/Detail/report?id=3779&isfree=0.

［12］巴莫曲布嫫. 非物质文化遗产：从概念到实践［J］. 民族艺术，2008，90（1）：6-17.

［13］白雨. 南京高淳：擦亮产业“金名片” 打造幸福“慢”生活［EB/

OL］.（2023-09-22）［2024-11-20］.http://home.china.com.cn/txt/2023-09/22/content_42532677.htm.

［14］百度百科. 陈澄（第十四届全国人大代表，淮剧一级演员）［EB/OL］.［2025-05-19］. https://baike.baidu.com/item/%E9%99%88%E6%BE%84/5749763.

［15］不一样的响堂. 响堂记事丨DAMA，大马山麓的美好时光［EB/OL］.（2021-09-30）［2024-08-30］.https://baijiahao.baidu.com/s?id=1712307957084797556&wfr=spider&for=pc.

［16］财讯网. 2021年宠物行业白皮书正式发布：这7个变化值得关注［EB/OL］.（2022-01-18）［2025-05-17］. http://www.inpai.com.cn/news/redian/2022/0118/012022_120100.html.

［17］蔡东海. 助力国家经济建设 中国教育国际交流研修学院校友经济研究所正式成立［EB/OL］.（2022-08-15）［2024-08-30］.https://cn.chinadaily.com.cn/a/202208/15/WS62fa0111a3101c3ee7ae3d04.html.

［18］蔡伊琳. 厦门：23个校友招商项目签约 计划投资354.5亿［EB/OL］.（2022-07-03）［2024-08-30］. https://baijiahao.baidu.com/s?id=1737318514190260122&wfr=spider&for=pc.

［19］陈梦瑶. 宠物行业研究：它经济崛起，“精神寄托”利好宠物行业［EB/OL］.（2021-11-13）［2024-08-26］.https://baijiahao.baidu.com/s?id=1716187739752338941&wfr=spider&for=pc.

［20］陈其弟. 阊门 洪武赶散者的大槐树［J］. 江苏地方志，2011（5）：52-55.

［21］陈伟龄. 以品牌意识深化“我们的节日”主题活动［J］. 群众·大众学堂，2024（1）：41-42.

［22］陈孜. 南京市慢淳乡村旅游专业合作社：打造农旅融合新业态［J］. 中国农民合作社，2023（6）：46-47.

［23］程静. 以赛聚才引才“校友圈”撬动“产业圈”校友经济赋能西安高质量发展［N］. 西安日报，2023-04-11（3）.

［24］程志永，唐晓岚，罗振.湖州塘浦（溇港）圩田系统生态空间敏感性评价［J］. 地域研究与开发，2020，39（1）：139-143.

［25］崔曙平，于春，何培根，等.江南文化何所寄——江南的历史流变与苏南乡村空间特色保护的现实路径［J］. 城市发展研究，2016，23（11）：60-66.

［26］戴其文，代嫣红，张敏巧，等. 世界范围内民宿内涵的演变及对我国民宿发展的启示［J］. 中国农业资源与区划，2022，43（11）：262-269.

［27］戴为斌.淮剧声腔艺术初探［J］. 戏剧之家，2019（32）：29.

［28］戴学锋，杨明月.全域旅游引领县域治理的实践探索——以江苏省溧阳市为例［J］. 云南民族大学学报（哲学社会科学版），2021，38（6）：91-99.

［29］德清县旅游委员会，德清县市场监督管理局，浙江省标准化研究院，国际休闲产业协会休闲乡村专业委员会，伴城伴乡上海城乡互动发展促进中心. 乡村民宿服务质量等级划分与评定［S］. 2015-05-06.

［30］邓芬. 桑基鱼塘——珠江三角洲的主要农业特色［J］. 农业考古，2003（3）：193-196+201.

［31］动基准局 总务课.令和5年版 过劳死等防止对策白书［R］. 厚生劳动省，2023.

［32］段仁虎. 火爆15载 高淳金花节凭啥“破圈”［N］. 南京日报，2023-04-14.

［33］樊华.“校友经济”引爆西安发展新动能［N］. 西安日报，2018-05-26（7）.

［34］方标军. 用习近平总书记文艺工作重要论述领航定向——兼谈戏剧创作、评论的“江苏现象”［J］. 艺术百家，2023，39（2）：74-81.

［35］方旭东. 费孝通与《江村经济》［J］. 百年潮，2008（12）：67–69.

［36］费达生，曹鹨. 经纶天下　衣被苍生　挽回权利　谁之任?我国现代蚕丝科技革新的先驱者——郑辟疆［J］. 学会，1994（7）：43–44.

［37］费孝通. “三级两跳”中的文化思考［J］. 读书，2001（4）：3–9.

［38］费孝通. 费孝通文集：第2卷［M］. 北京：群言出版社，1999.

［39］费孝通. 江村经济：中国农民的生活［M］. 北京：商务印书馆，2001.

［40］费孝通. 江村经济［M］. 上海：上海人民出版社，2006.

［41］费孝通. 江村五十年［J］. 群言，1986（9）：8–11.

［42］费孝通. 重读《江村经济·序言》［J］. 北京大学学报（哲学社会科学版），1996（4）：4–18+126.

［43］凤凰网. 脉脉与校友经济服务中心达成战略合作 共同打造校友资源聚合平台［EB/OL］.（2021–01–21）［2025–05–17］. https://biz.ifeng.com/c/83D2Z3Zawr8.

［44］高淳国际慢城官网［EB/OL］. http://www.chinacittaslow.com.

［45］高淳国际慢城联盟会. 中国国际慢城发展指南［EB/OL］.（2016–01–01）［2025–05–19］. https://www.ebiaozhun.com/std/0c6c9cbf450948fdbd2192018c183e9f.html.

［46］高淳区人民政府.「小城追光——党的二十大精神在高淳」农家乐里奔幸福［EB/OL］.（2023–10–24）［2024–08–28］. http://www.njgc.gov.cn/cxgc/xydt/202310/t20231024_4038529.html.

［47］高淳区人民政府. 第二十届中国·高淳固城湖螃蟹节新闻发布会［EB/OL］.（2020–09–10）［2024–08–26］. http://www.njgc.gov.cn/hdjl/xwfbh/202009/t20200921_2412390.html.

［48］高淳区人民政府. 发展林果和房东经济 带动村民就业村集体增收［EB/OL］.（2022–12–09）［2024–08–26］. http://www.njgc.gov.cn/jrgc/

gcyw/202212/t20221209_3780289.html.

［49］高淳区人民政府. 高淳发布慢城典范计划 开启加盟国际慢联双通道［EB/OL］.（2018-12-29）［2024-08-28］. http://www.njgc.gov.cn/gcqrmzf/201901/t20190109_1368508.html.

［50］高淳区人民政府. 高淳区获评国家“两山”实践创新基地［EB/OL］.（2022-11-29）［2024-08-26］.http://www.njgc.gov.cn/jrgc/gcyw/202211/t20221128_3766410.html.

［51］高淳区人民政府. 中国·高淳国际慢城金花旅游节入选节庆品牌影响力百强榜［EB/OL］.（2024-01-24）［2024-08-26］. http://www.njgc.gov.cn/jrgc/gcyw/202401/t20240124_4153176.html.

［52］高淳区审计局. 江苏高淳：审计助力国际慢城“快”发展［EB/OL］.（2013-08-29）［2024-11-22］. https://www.audit.gov.cn/n4/n20/n524/c34979/content.html.

［53］高淳区统计局. 高淳区2022年国民经济和社会发展统计公报［EB/OL］.（2023-09-28）［2024-07-17］. http://www.njgc.gov.cn/gcqrmzf/202309/t20230928_4024011.html.

［54］高鸣，芦千文. 中国农村集体经济：70年发展历程与启示［J］.中国农村经济，2019（10）：19-39.

［55］公众环境研究中心. 蔚蓝地图年度报告2023［R］. IPE，2023.

［56］龚世俊，吴纪攀. 2024响堂栀子花大会暨山谷歌会在南京浦口举办［EB/OL］.（2024-06-16）［2024-08-30］.http://js.people.com.cn/n2/2024/0616/c360303-40880442.html.

［57］谷家荣，王慧珍.“老来依然一书生”：费孝通诗作中的乡村关怀［J］. 楚雄师范学院学报，2024，39（2）：19-27.

［58］顾建民，罗志敏.校友文化及其培育的阐释框架［J］.高等教育研究，2013，34（8）：15-22.

［59］关于国际慢城——台湾慢城联盟［EB/OL］.（2020–05–08）［2024–08–28］. https://www.cittaslowtaiwan.org/index.php/about–us/.

［60］广发证券. 2024年宠物行业专题报告：宠物医院乘东风而起，看好连锁化发展趋势［EB/OL］.（2024–12–06）［2025–05–17］. https://m.vzkoo.com/read/20241206aaae67e74a39a2eba50973de.html.

［61］郭焕成，韩非. 中国乡村旅游发展综述［J］. 地理科学进展，2010，29（12）：1597–1605.

［62］郭睿. 放大校友经济平台乘数效应［N］. 厦门日报，2023–03–30（A02）.

［63］国际慢城官网. 索诺马［EB/OL］.［2024–10–12］. https://www.cittaslow.org/network/sonoma.

［64］国家发改委社会司. 打造乡村旅游的路径探索——南京市江宁区［EB/OL］.（2020–11–25）［2024–09–02］. https://www.ndrc.gov.cn/xwdt/ztzl/qgxclydxal/tyggxxx/202011/t20201125_1251248.html.

［65］国家发展改革委，国土资源部，环境保护部，住房城乡建设部. 关于推进特色小镇和特色小城镇建设的若干意见（发改规划〔2017〕2084号）［EB/OL］.（2017–12–04）［2024–10–15］. https://www.ndrc.gov.cn/xwdt/ztzl/xxczhjs/ghzc/202112/t20211209_1307311.html.

［66］国立北平图书馆图书季刊编辑部. Fei，Hsuaio–tung：Peasant life in China（费孝通：江村经济）［J］. 图书季刊，1939，1（4）.

［67］国务院办公厅. 国务院办公厅关于加快发展生活性服务业促进消费结构升级的指导意见：国办发〔2015〕85号［EB/OL］.（2015–11–22）［2024–09–02］. https://www.gov.cn/zhengce/content/2015–11/22/content_10336.htm.

［68］国务院关于公布第二批国家级非物质文化遗产名录和第一批国家级非物质文化遗产扩展项目名录的通知［J］. 中华人民共和国国务院公报，

2008（18）：8–9.

［69］海外网. 德清发布首部县级乡村民宿地方标准［EB/OL］.（2023-05-14）［2025-05-17］. https://www.toutiao.com/article/4362370185/.

［70］韩国旅游发展局. 全州韩屋村［Slow City］（전북 전주 한옥마을 [슬로시티]）［EB/OL］.［2024-10-12］. https://big5chinese.visitkorea.or.kr/svc/whereToGo/locIntrdn/rgnContentsView.do?vcontsId=93722&menuSn=351.

［71］韩庆祥. 全面深入理解“两个结合”的核心要义和思想精髓［J］. 马克思主义研究，2021（10）：93–105.

［72］韩文龙. 以城乡融合发展推进农业农村现代化［J］. 红旗文稿，2019（1）：24–26.

［73］韩长赋. 从江村看中国乡村的变迁与振兴［N］.经济日报，2018-06-05（11）.

［74］何景明. 成都市“农家乐”演变的案例研究——兼论我国城市郊区乡村旅游发展［J］. 旅游学刊，2005（6）：71–74.

［75］何小芊，夏云帆. 中国非遗旅游发展的空间特征及影响因素——基于全国非遗与旅游融合发展优选项目的分析［J］.云南地理环境研究，2023，35（4）：20–28.

［76］湖南省林业局. 老山林场倾力打造南京城市“绿肺”［EB/OL］.（2022-08-01）［2024-08-30］.https://lyj.hunan.gov.cn/xxgk_71167/gzdt/gndt/202208/t20220801_27572374.html.

［77］花鸥. 江苏建康职业学院“健康科技产业园·中草药产学研基地”揭牌［EB/OL］.（2016-03-31）［2024-08-30］. https://www.jsenews.com/news/gx/201603/t20160331_2750886.shtml.

［78］华飞. 英国的“迈达斯灾祸”——对第一个工业化国家“城市病”的探讨［J］. 都市文化研究，2008（0）：295–306.

［79］黄春宇. 江村经济：历史、变迁与现状［N］. 文汇报，2016-04-08

（W08）.

［80］黄佳华. 数字技术赋能乡村产业振兴：意义、困境与路径［J］. 现代农业研究，2024，30（3）：61-63.

［81］黄小萃，周小进，钱逸宁，等. 苏州丝绸文化传承与发展实践研究［J］. 江苏丝绸，2024，53（3）：38-41.

［82］霍静仪. 老村子的文脉这样“活”起来［J］. 乡镇论坛，2023（36）：11.

［83］建湖日报. 九龙口旅游度假区：盐城市首家国家湿地公园［EB/OL］.（2021-07-16）［2025-05-19］.https://wm.jschina.com.cn/9661/jh/202107/t20210716_7158880.shtml.

［84］建湖文史网.《建湖淮剧》之淮剧的起源与发展［EB/OL］.（2016-12-07）［2025-05-17］. www.jhwsw.com/hjzj/ShowArticle.asp?ArticleID=376.

［85］建湖县人民政府. 九龙口沙庄戏苑开苑［EB/OL］.（2020-08-26）［2024-09-05］. https://www.jianhu.gov.cn/art/2020/8/26/art_32131_3794717.html.

［86］建湖县人民政府. 全国首张“碳中和景区”证书花落九龙口［EB/OL］.（2022-07-26）［2024-09-05］. https://www.jianhu.gov.cn/art/2022/7/26/art_12508_3883945.html.

［87］江村百年史［EB/OL］.（2019-07-24）［2024-09-27］. https://www.baike.com/wikiid/2644171765714605162?view_id=5kwe7sx5hks00&anchor=4.

［88］江宁区统计局. 江宁区2023年统计年鉴［EB/OL］.（2023-10-24）［2024-09-30］. http://www.jiangning.gov.cn/sjfb/tjnj/202310/t20231024_4038874.html.

［89］江浦街道. 华光社区［EB/OL］.（2012-07-01）［2025-05-19］. https://pkjp.jszwfw.gov.cn/art/2018/6/14/art_156952_3700.html.

［90］［91］江浦轩. 南京市融合发力，乡村遍奏“振兴曲”［N］.南京

日报，2024-08-09（A2）.

［91］江苏省人民政府. 江苏省国家级乡村旅游重点村镇、省级乡村旅游重点村［EB/OL］.（2024-05-15）［2024-08-26］. https://www.jiangsu.gov.cn/col/col89217/index.html.

［92］江苏省苏州市吴江区七都镇开弦弓村志编纂委员会，编. 开弦弓村志［M］. 北京：方志出版社，2017.

［93］江苏省文化和旅游厅. 关于第二批江苏省无限定空间非遗进景区示范项目和培育项目名单的公示［EB/OL］.（2023-05-26）［2024-09-05］. https://wlt.jiangsu.gov.cn/art/2023/5/26/art_699_10905325.html.

［94］江苏省文化和旅游厅. 关于公布第三批省级夜间文化和旅游消费集聚区建设单位名单的通知［EB/OL］.（2023-05-04）［2024-09-05］. https://wlt.jiangsu.gov.cn/art/2023/5/4/art_699_10883464.html.

［95］江苏省文化和旅游厅. 关于首批江苏省文化和旅游产业融合发展示范区名单的公示［EB/OL］.（2022-11-15）［2024-09-05］. https://wlt.jiangsu.gov.cn/art/2022/11/15/art_699_10666120.html.

［96］江苏省文化和旅游厅. 关于印发《江苏省乡村旅游民宿集聚区建设指南（试行）》的通知［EB/OL］.（2022-12-07）［2024-09-02］. http://wlt.jiangsu.gov.cn/art/2022/12/7/art_699_10700856.html.

［97］江苏省文化和旅游厅. 集聚发展能量，助推常州乡村旅游提质增效［EB/OL］.（2021-02-24）［2024-09-05］. https://wlt.jiangsu.gov.cn/art/2021/2/24/art_695_9679894.html.

［98］姜义华. 中国共产党与中华优秀传统文化［J］. 红旗文稿，2021（12）：11-15.

［99］金一虹，杨笛. 现代性的另类追寻——费达生20世纪20—40年代的社会改革研究［J］. 社会学研究，2017，32（1）：31-53+243.

［100］九龙口风景区官网［EB/OL］.［2025-05-19］. https://www.

jiulongkou.net/.

［101］康晨远. 发展乡村文旅产业 发掘乡村多元价值——记南京市慢淳乡村旅游专业合作社［J］. 中国农民合作社，2020（5）：22-24.

［102］雷诚，初筱，范凌云. 国际慢城：中国村镇振兴特色发展路径之经验镜鉴［J］. 规划师，2021，37（16）：35-41.

［103］李晨颖. 太湖流域塘浦圩田文化景观发展历史和特色——以长荡湖为例［J］. 现代园艺，2022，45（2）：79-80+83.

［104］李根. "非遗"明珠 建湖杂技［J］. 杂技与魔术，2021（1）：53-54.

［105］［李广荣.十八团把戏［J］. 江苏地方志，2017（6）：34-37.

［106］李娟华. "它经济"飘红小宠物"萌"动大消费［N］. 金陵晚报，2022-06-21（A04）.

［107］李君娜. 南洋公学同学会研究（1910—1949）［D］. 上海：上海师范大学，2020.

［108］李曼斯，唐璐，彭婷. 长沙湘潭"校友回湘"凝聚发展活力［N］. 湖南日报，2024-01-30（6）.

［109］李思梦、杨忍、龙花楼. 全球乡村发展理论演化及其对中国乡村现代化的启示［J］. 地理学报，2024，79（4）：854-872.

［110］李斯，张皓珏，陈一. 我国新型公共文化空间发展现状与未来展望［J］. 图书情报知识，2024，41（4）：6-13.

［111］李涛. 市委、市政府决定——老山林场整建制划入浦口［N］. 南京日报，2007-04-10.

［112］李友梅. "从实求知"与作为研究范式的"江村学"［J］. 江苏社会科学，2017（1）：53-59.

［113］李约瑟. 中国科学技术史［M］. 卢嘉锡，译. 北京：科学出版社，1990.

［114］李哲，石明芳，林冈. 苏州蚕桑专科学校简史［M］. 苏州：苏州大学出版社，2009：25.

［115］溧阳市戴埠镇李家园村：南山凝眸处 悠然李家园［N］. 新华日报，2015-11-12.

［116］溧阳市人民政府办公室. 市政府办公室关于印发《溧阳市鼓励和促进“溧阳茶舍”发展的实施意见》的通知：溧政办发〔2017〕102号［EB/OL］.（2017-09-18）［2024-09-05］. https://www.liyang.gov.cn/html/czly/2017/AQDDAJQO_0925/6700.htm.

［117］联合国教科文组织. 人类非物质文化遗产代表作名录［EB/OL］.［2024-09-05］. https://ich.unesco.org/en/lists.

［118］梁漱溟. 开弦弓村合作社办理之成绩［J］. 村治，1930，1（7）.

［119］林耀奔，刘圆圆，段学军，等. 发达地区县域村镇发展主导功能类型识别及形成机制研究——以江苏溧阳市为例［J］. 长江流域资源与环境，2023，32（9）：1908-1921.

［120］凌申. 历史时期射阳湖演变模式研究［J］. 中国历史地理论丛，2005，20（3）：73-79.

［121］刘豪兴.“江村调查”的历程、传承及“江村学”的创建［J］. 西北师大学报（社会科学版），2017，54（1）：5-20.

［122］刘晓倩. 国际背景下的“中国慢城”团体标准实践研究与思考［C］//中国标准化协会. 第十五届中国标准化论坛论文集.中国标准化协会，2018：4.

［123］刘秀梅. 评《败坏了哈德莱堡的人》的写作艺术特色［J］. 现代语文（文学研究），2007（4）：77-78.

［124］刘亚秋. 社区研究中的田野精神——以费孝通早期实地研究为例［J］. 社会科学文摘，2022（11）：103-105.

［125］刘彦随，龙花楼，李裕瑞. 全球乡城关系新认知与人文地理学研

究［J］. 地理学报，2021，76（12）：2869–2884.

［126］刘奕. 从天下粮仓到艺术中心，从建筑改造到乡村振兴［J］. 城市建筑空间，2023，30（8）：8–11.

［127］卢斌. 2024 南京高淳国际慢城马拉松昨日鸣枪开跑［N］.南京晨报，2024–11–04.

［128］罗志敏，李易飞. 大学—校友关系发展的历史变迁［J］. 现代大学教育，2018（5）：20–29.

［129］旅游业非标准住宿成蓝海［N/OL］. 经济参考报，2015–07–09［2024–08–16］. http://www.jjckb.cn/2015–07/09/c_134394686.htm.

［130］马格・戈拜. 情感化的品牌［M］. 上海：上海人民美术出版社，2011.

［131］迈克尔・伍兹. 全球乡村？——全球化背景下的乡村能动性与乡村转型［M］//龙花楼，等，编. 农政与发展. 北京：商务印书馆，2018.

［132］慢餐运动. 慢餐运动2023年年报［EB/OL］.［2024–11–20］. https://pub.slowfood.com/EN_Annual_Report_2023/index.html.

［133］猫眼电影. 陈明矿［EB/OL］.［2025–05–19］. https://www.maoyan.com/films/celebrity/2885544.

［134］毛小雨. 遗产保护与培育创新从非遗视角看传统戏剧的发展路径［J］.中国戏剧，2021（10）：30–32.

［135］美国旅游局. 加利福尼亚州索诺马县：在葡萄酒之乡尽享快乐假期［EB/OL］.［2024–10–12］. http://www.gousa.cn/experience/sonoma–county–california–8–simple–pleasures–savor–wine–country.

［136］孟鑫. 宠物行业研究：千亿级别蓝海，国产替代加速［EB/OL］.（2022–11–10）［2024–08–26］.https://baijiahao.baidu.com/s?id=1749068658587109236&wfr=spider&for=pc.

［137］米兰・昆德拉.慢［M］. 马振聘，译. 上海：上海译文出版社.

2003.

［138］苗成斌，柯华龙，赵扬波. 文化赋能乡村振兴的响堂探索［J］. 群众，2023（14）：44-45.

［139］南京日报.高淳2.6万亩生态茶园一年“吸粉”550万 理念大不同，茶叶变“网红”［EB/OL］.（2023-03-28）［2024-08-27］. https://nyncj.nanjing.gov.cn/nygzdt/202303/t20230328_3873015.html.

［140］南京市江宁区全域旅游发展研究中心，编. 全域旅游的江宁发展之路：江宁织造双面绣：“五位一体”城乡统筹［M］. 北京：中国旅游出版社，2020.

［141］南京市浦口区人民政府. 浦口文旅集团聚焦三“新”深化“响堂计划”［EB/OL］.（2024-06-21）［2024-08-30］. http://www.pukou.gov.cn/xwpd/bmdt/202406/t20240621_4695744.html.

［142］人民资讯. 念好一朵栀子花的“生意经”［EB/OL］.（2022-06-27）［2024-08-30］. https://baijiahao.baidu.com/s?id=1736731781168217594&wfr=spider&for=pc.

［143］鸟语花香宠物有限公司，弗若斯特沙利文. 2023—2024年度中国宠物用品消费趋势报告［R］. 鸟语花香宠物有限公司，2023.

［144］农民日报. 美美与共话姑苏——看一个特大城市农业农村现代化的高水平率先实践［EB/OL］.（2024-01-10）［2024-10-11］. https://nyncj.suzhou.gov.cn/nlj/zwyw/202401/e79d24f88c7e4acfb8714ce45dccb72d.shtml.

［145］欧阳曦，朱燚波. 五部门联合开展文化产业赋能乡村振兴试点工作［J］. 乡村科技，2023，14（2）：1.

［146］派读宠物行业大数据平台.《2023—2024年中国宠物行业白皮书》正式发布：市场规模达到2793亿元，犬猫数量实现“双升”［EB/OL］.（2022-01-18）［2025-05-28］. https://www.petdata.cn/infodetail_6815030695232512.html.

［147］澎湃新闻. 乡村运营，让“美丽资源”变身“美丽产业”［EB/OL］.（2021-09-13）［2024-10-12］. https://www.thepaper.cn/newsDetail_forward_14488761.

［148］浦口发布. 极美南京·人物｜山谷栀子花开 香飘1957公里外［EB/OL］.（2022-06-03）［2024-08-30］. https://mp.weixin.qq.com/s/ZVc38RbJgf7vbH7gIiMVHg.

［149］浦口发布. 今天，响堂迎来“新村民”［EB/OL］.（2021-03-31）［2024-08-30］. https://weibo.com/2608703882/K8RfwCD3W.

［150］浦口区人民政府. 浦口区发布浦口区2024年义务教育学校招生信息一览表［DB/OL］.（2024-05-20）［2024-08-30］. extension：//ngbkcglbmlglgldjfcnhaijeecaccgfi/http://www.pukou.gov.cn/pkqrmzf/202405/P020240520521132813538.pdf.

［151］浦口区文史编撰委员会，政协浦口区委员会教卫文体（文史）委员会. 浦口文史第十五辑 留住乡愁——浦口古老街村录［EB/OL］.［2025-05-17］. http://www.pkzx.gov.cn/zxws/pkws/ws15/files/basic-html/page165.html.

［152］浦口区文史编撰委员会，政协浦口区委员会教卫文体（文史）委员会. 浦口文史第十四辑 遗珠采撷——浦口非遗民间文学集［EB/OL］.［2025-05-17］. http://www.pkzx.gov.cn/zxws/pkws/ws14/files/basic-html/page251.html.

［153］千际投行. 2024年中国宠物行业研究报告［EB/OL］.（2024-01-17）［2025-05-17］. https://www.21jingji.com/article/20240117/herald/100e75780066b931e56c2d585b19b3a5.html.

［154］钱乘旦. 工业革命与英国工人阶级［M］. 南京：南京出版社，1992.

［155］钱晓燕，王来刚. 留存江村记忆丰富乡土文化——吴江开弦弓村口述历史资料采集工作的实践与思考［J］. 档案与建设，2019（2）：51-53.

[156] 乔治·瑞泽尔. 社会的麦当劳化[M]. 顾建光，译. 上海：上海译文出版社，1999.

[157] 秦静. 中国古代壁画保护与历史文化价值[J].档案与建设，2021（2）：90-91.

[158] 秦雪. 费孝通《江村经济》对当下的启示[N].团结报，2023-11-16（7）.

[159] 邱萍，牟琳. 非物质文化遗产与旅游业融合：机遇、挑战与策略[J]. 标准生活，2023（6）：18-25.

[160] 全国地理标志农产品信息查询系统[EB/OL].[2024-10-12]. http://www.anluyun.com/Home/Product/27795.

[161] 中华人民共和国教育部. 全国高等学校名单[EB/OL].（2024-06-21）[2024-08-30]. http://www.moe.gov.cn/jyb_xxgk/s5743/s5744/A03/202406/t20240621_1136990.html.

[162] 人类口头和非物质遗产代表作[J]. 文化艺术研究，2018，11（1）

[163] 人民日报. 激发旅游发展更大活力[EB/OL].（2022-02-16）[2024-09-05].https://www.gov.cn/zhengce/2022-02/16/content_5673829.htm.

[164] 人民网. 在校大学生首超百万人 南京发布人才政策礼包[EB/OL].（2024-05-19）[2024-08-30]. http://js.people.cn/n2/2024/0519/c360307-40848743.html.

[165] 任宣羽. 康养旅游：内涵解析与发展路径[J]. 旅游学刊，2016，31（11）：1-4.

[166] 商务部 商贸服务管理司.商务部关于加快住宿业发展的指导意见[EB/OL].（2010-04-12）[2024-09-02].http://www.mofcom.gov.cn/zcfb/zgdwjjmywg/art/2010/art_d56b179a0fc64ee8b08dcfdb2d1effc1.html.

[167] 商务部. 中华人民共和国国内贸易行业标准农家乐经营服务规范

（SB/T 10421—2007）［S］. 2007—03—28.

［168］邵颖萍. 打好旅游民宿“六张牌”［EB/OL］.（2023—05—16）［2024—09—02］. https://www.163.com/dy/article/I4RSTT5Q05505AV6.html.

［169］邵颖萍. 落脚乡村与民宿经济——莫干山特色文化重构［M］. 南京：江苏凤凰教育出版社，2019.

［170］沈正禹. 高淳：强县富民的生动实践［EB/OL］.（2007—09—14）［2024—08—22］. https://txhistory.zjol.com.cn/txnews/system/2007/09/14/010056385.shtml.

［171］盛文虎. 浦口响堂连续三年发出“端午邀约” 一朵栀子花，开出“三重”味［N］. 新华日报，2023—06—22（1）.

［172］施德浩，陈浩，于涛. 城市要素下乡与乡村治理变迁——乡村振兴的路径之辩［J］. 城市规划学刊，2019（6）：107—113.

［173］施益军，翟国方，关雷. 中外慢城发展模式比较研究［J］. 城市问题，2016（3）：13—21.

［174］施益军，王培茗，李建桦. 桠溪国际慢城发展模式研究［J］. 城市建筑，2013（20）：305+307.

［175］石慧霞. 科举时代“同年会”与现代大学校友会之比较［J］. 现代大学教育，2009（4）：78—82.

［176］史裕华，朱新法. 从李家园村看溧阳“改村”之路［N］. 新华日报，2006—12—27（B1）.

［177］孙保忠，史裕华. 南山竹海处 悠然李家园——省“康居示范村”溧阳市李家园村采访记［J］. 群众，2009（6）：77—78.

［178］孙根紧. 慢城运动对我国小城镇发展的启示［J］. 发展研究，2012（7）：105—109.

［179］田超，易昂. “校友回湘”成果斐然［N］. 湖南日报，2024—11—21（4）.

［180］王飞. 践行“两山”理论的特色田园乡村建设路径探究——以高淳三条垄—青山片区为例［J］. 现代城市研究，2021（8）：99-107.

［181］王建民. 个人、学术与国家的关联——费孝通“江村调查”的学术心态史及其启示［J］. 社会学评论，2017，5（3）：51-64.

［182］王立. 国外慢城市生活研究进展及启示［J］. 现代城市研究，2012，27（6）：95-100.

［183］王鹏.万亩油菜花即将盛放！2024年高淳国际慢城金花旅游季开幕［N］.现代快报，2024-03-16.

［184］王溥，胡方园.校友资源对区域经济发展影响与路径选择［J］.技术经济与管理研究，2020（8）：119-122.

［185］王琦宇. 略论唐代的同年关系［J］. 西安文理学院学报（社会科学版），2014，17（1）：38-42.

［186］王琼. 文化赋能乡村振兴的浦口响堂探索［EB/OL］.（2023-11-16）［2024-08-30］. https://www.xhby.net/content/s6555e1e8e4b0a0c56d71732e.html.

［187］王莎莎. 江村八十年——中国乡村研究的回顾与展望［J］. 原生态民族文化学刊，2016，8（4）：85-96.

［188］王诗露，陈敏. 激活文化动能 全面塑造江宁乡村振兴新态势［N］. 农民日报，2023-04-04（4）.

［189］王易. 推进文化自信自强铸就社会主义文化新辉煌［J］. 红旗文稿，2022（21）：25-28.

［190］王志凯，史晋川. 苏南模式演进与发展［J］. 上海交通大学学报（哲学社会科学版），2024，32（1）：101-116.

［191］文化和旅游部，公安部，自然资源部，等. 关于促进乡村民宿高质量发展的指导意见：文旅市场发〔2022〕77号［EB/OL］.（2022-07-08）［2024-09-02］. https://www.gov.cn/zhengce/zhengceku/2022-07/19/

content_5701748.htm.

[192] 文化和旅游部. 文化和旅游部关于加强旅游服务质量监管提升旅游服务质量的指导意见：文旅市场发〔2021〕50号 [EB/OL] .（2021-05-21）[2024-09-02]. https://www.gov.cn/zhengce/zhengceku/2021-05/22/content_5610396.htm.

[193] 文化和旅游部. 我国成功当选保护非物质文化遗产政府间委员会委员国 [EB/OL].（2024-06-12）[2024-09-05]. https://www.mct.gov.cn/preview/whzx/whyw/202406/t20240612_953464.htm.

[194] 文彤.家庭旅馆业的发展——以桂林龙脊梯田风景区为例 [J]. 旅游学刊，2002（1）：26-30.

[195] 我苏网. 蟹苗投放正当时 高淳小螃蟹托起富民大产业 [EB/OL].（2023-02-10）[2024-08-26]. http://www.ourjiangsu.com/a/20230210/1676034849786.shtml.

[196] 乌丙安. “人类口头和非物质遗产保护”的由来和发展 [J]. 广西师范学院学报（哲学社会科学版），2004，25（3）：5-11.

[197] 吴公然，王义正，廖洁. 从湘商回归到校友回湘，湖南在下一局什么大棋 [EB/OL].（2024-01-31）[2024-08-30]. https://baijiahao.baidu.com/s?id=1789617668202150017&wfr=spider&for=pc.

[198] 吴建征，武力. 国家整合与体制重塑：以1949—1956年农业合作化运动为中心考察 [J]. 湖北社会科学，2018（12）：29-35.

[199] 吴江区农业农村局. 吴江蚕桑文化系统入选第六批中国重要农业文化遗产候选项目公示名单 [EB/OL].（2022-01-08）[2024-09-29]. https://www.wujiang.gov.cn/zgwj/bmdt/202107/992d0d1e37dc48c98ab9b55924d0034b.shtml.

[200] 吴江通. 熏豆茶 [EB/OL].（2020-02-07）[2024-11-20]. https://www.zhongguodiqing.cn/msdg/202002/t20200207_5086279.shtml.

［201］吴文仙. 邓敏文：后“申遗”时代的侗族大歌［J］. 当代贵州，2013（33）：54–55.

［202］武汉市商务局. 对市政协十三届三次会议第20190324号提案的答复［EB/OL］.（2019–08–26）［2024–08–30］. https://sw.wuhan.gov.cn/zfxxgk/fdzdgknr/qtzdgknr/s_jjytabl/202001/t20200106_570601.shtml.

［203］习近平. 高举中国特色社会主义伟大旗帜 为全面建设社会主义现代化国家而团结奋斗［EB/OL］.（2022–10–26）［2025–05–17］. https://jhsjk.people.cn/article/32551700.

［204］习近平. 在文化传承发展座谈会上的讲话［J］. 求是，2023（17）：4–11.

［205］习近平在文化传承发展座谈会上强调担负起新的文化使命努力建设中华民族现代文明［J］. 党的建设，2023（7）：8–10.

［206］夏明霞. 立足传统文化，厚植人文底蕴［J］. 北京教育，2024（19）：78–79.

［207］乡村文化与旅游融合，助推乡村振兴与产业转型［EB/OL］.（2025–03–20）［2025–05–19］. https://baijiahao.baidu.com/s?id=1827064471619352253&wfr=spider&for=pc.

［208］响堂.中国·国家地名信息库［DB/OL］.［2025–05–19］. https://dmfw.mca.gov.cn/.

［209］向柏松. 中国民间文化艺术之乡建设的发展与规范［J］. 中南民族大学学报（人文社会科学版），2019，39（4）：23–29.

［210］向勇. 文化产业赋能乡村振兴的理论与方法——以白马花田营造社的创新实践为例［J］. 艺术管理（中英文），2023（1）：83–95.

［211］肖振，张恩达，林敏. 中国医疗矿泉定义与分类方案专家共识（2017年）［J］. 中国疗养医学，2017，26（6）：668–672.

［212］新华日报. 浦口响堂连续三年发出“端午邀约”［EB/OL］.（2023–

06-22）［2025-05-19］. https://zgjssw.jschina.com.cn/shixianchuanzhen/nanjing/202306/t20230622_7984254.shtml.

［213］新华社. 习近平在福建考察［EB/OL］.（2021-03-25）［2024-09-05］.https://www.gov.cn/xinwen/2021-03/25/content_5595687.htm.

［214］新华社. 中共中央　国务院关于实施乡村振兴战略的意见［EB/OL］.（2018-02-04）［2024-09-05］. https://www.gov.cn/zhengce/2018-02/04/content_5263807.htm.

［215］新华网. 王璞：汇聚各方力量 推动校友经济发展［EB/OL］.（2024-08-19）［2024-08-30］. https://education.news.cn/20240819/9b9f8d99329849b98387976ae2c0a56f/c.html.

［216］邢虹. 栀子花开清香溢 端午文化踏歌来［N］. 南京日报，2021-06-13.

［217］徐柳怡，张玲玲. 武汉“校友经济”发展研究［J］. 现代商业，2019（28）：111-113.

［218］徐玉英. 20世纪二三十年代中国乡村危机的书写偏向——以江苏开弦弓村、山东台头村、福建黄村为考察中心［J］. 琼州学院学报，2016，23（3）：38-44.

［219］许兆广，胡存楼. “小沙庄”古往漫话［EB/OL］.（2017-06-20）［2025-05-19］. http://www.jhwsw.com/wstx/ShowArticle.asp?ArticleID=9718.

［220］薛峰：我在南京“寻灵兽”［N］. 江苏商报，2023-08-04.

［221］荀慧.浅谈淮剧之起源与发展［J］. 大众文艺，2011（10）：99.

［222］桠溪国际慢城［EB/OL］.［2025-01-03］. http://www.chinacittaslow.com/index.php?c=article&id=975.

［223］盐城市统计局. 数据解读：一图读懂 2023年建湖县经济运行情况简析［EB/OL］.（2024-06-12）［2024-09-05］. https://tjj.yancheng.gov.cn/

art/2024/5/16/art_1773_4193213.html.

［224］杨蓓蓓. 南京浦口：青山不老 文旅赋能［N］. 新华日报，2024-08-22（7）.

［225］杨威. 高淳国际慢城村落景观情境研究［D］. 南京：南京林业大学，2020.

［226］杨艳文.《江村经济》对农民合作社本土化实践的启示［J］. 华中农业大学学报（社会科学版），2022（6）：135-144.

［227］杨伊宁. 返乡青年的认知重构与价值重塑——基于“慢城”生活方式的研究视角［J］. 中国青年研究，2020（12）：65-70+99.

［228］杨伊宁. 价值植入与文化建构——慢城特色小镇的本土实践［M］. 南京：江苏凤凰教育出版社，2019.

［229］杨怡. 非物质文化遗产概念的缘起、现状及相关问题［J］. 文物世界，2003（2）：27-31.

［230］叶敬忠.《江村经济》：中国的农政问题与农政转型［J］. 社会，2021，41（3）：1-38.

［231］易申波，彭鑫. 中国社会调查的两种传统：发展历程与前景展望［J］. 上海行政学院学报，2023，24（6）：23-36.

［232］游善涛，徐东亮，张峰. 湿地生态旅游的合理化发展模式研究——以江苏建湖九龙口湿地为例［J］. 环球人文地理，2016（6）：262-263.

［233］余广彤. 蚕魂——费达生传［M］.苏州：苏州大学出版社，2002.

［234］余广彤. 费孝通和姐姐费达生［M］.北京：中央文献出版社，2007.

［235］袁兰，胡月明，程家昌. 基塘农业研究概述［J］. 广东农业科学，2014，41（5）：38-41+70.

［236］张冠生. 费孝通［M］北京：群言出版社，2011.

［237］张广海，孟禺.国内外民宿旅游研究进展［J］. 资源开发与市场，

2017，33（4）：503-507.

［238］张海洲，陆林，张大鹏，等. 环莫干山民宿的时空分布特征与成因［J］. 地理研究，2019，38（11）：2695-2715.

［239］张鸿雁，邵颖萍. 文化产业赋能，绘就乡村振兴新图景［N］. 江南时报，2023-05-05（A01）.

［240］张鸿雁. 论当代中国城乡多梯度社会文化类型与社会结构变迁——依据“社会事实”对“二元结构”的重新认知［J］. 南京社会科学，2007（11）：74-80.

［241］张鸿雁. 论重构中国乡村的文化根柢［J］. 中国名城，2016（3）：4-13.

［242］张鸿雁.网络社会视域下的全球城市理论反思与重构［J］. 探索与争鸣，2019（5）：158-172.

［243］张鸿雁.西方城市化理论反思与中国本土化城市化理论模式建构论［J］. 南京社会科学，2011（9）：1-4.

［244］张鸿雁. 中国城市文化资本论［M］. 南京：南京出版社，2024.

［245］张健，窦永群，桂仲争，等. 南方蚕区蚕桑产业循环经济的典型模式——桑基鱼塘［J］. 蚕业科学，2010，36（3）：470-474.

［246］张进中，左年生. 江苏高淳：“生态立县”渐入佳境［N］. 经济日报，2007-09-25（3）.

［247］张茂元. 近代珠三角缫丝业技术变革与社会变迁：互构视角［J］. 社会学研究，2007（1）：23-48+243.

［248］张念宏. 中国教育百科全书［M］. 北京：海洋出版社，1991.

［249］张书玉. 文华奖概述及其审美内涵简析［J］. 人文天下，2022（9）：46-49.

［250］张甜甜. “宠”出来的它经济“养”出巨大市场［N］. 金陵晚报，2024-03-29（A03）.

［251］张毅琳. 闽南语广播对建设闽南文化生态保护实验区的作用［J］. 科技传播，2019，11（12）：27–28.

［252］张兆端. 正确认识和科学对待中华优秀传统文化——论习近平的马克思主义传统文化观［J］. 东北师大学报（哲学社会科学版），2017（1）：47–53.

［253］张志强. 当前时代，我们该如何看待中国哲学？［J］.中国哲学史，2017（4）：5–8.

［254］赵汗青，沈骁茜. 乡村振兴视角下的村庄建设提升策略探索——以高淳国际慢城吕家村为例［C］//中国城市规划学会，杭州市人民政府.共享与品质——2018中国城市规划年会论文集（18乡村规划）. 南京大学城市规划设计研究院有限公司，2018：13.

［255］赵毅，黄丽君，秦振兴，等.江村的过去、现在和未来——《江村经济》与江村价值的再认识［J］. 城乡规划，2022（4）：18–27.

［256］郑卫荣. 市场、社会与行业技艺——以近代南浔辑里丝改良为中心［J］. 江海学刊，2020（1）：187–196.

［257］政协浦口区委员会办公室，政协浦口区委员会教卫文体（文史委员会）. 浦口文史第十辑 "浦口文化"集萃之五——探源浦口文化（专辑）［EB/OL］.［2025–05–19］. https://zxws.wyyli.cn/a/dzs/882?pid=227.

［258］中国非物质文化遗产网·中国非物质文化遗产数字博物馆.建湖杂技［EB/OL］.［2024–09–05］. https://www.ihchina.cn/project_details/13858.

［259］中国国家地理. 中国国家地理首个"双框之城"：江苏九龙口的水乡传奇［EB/OL］.（2022–08–22）［2024–09–05］. https://news.qq.com/rain/a/20220822A06SJW00.

［260］中国科学院. GEP核算，认与知［EB/OL］.（2021–08–11）［2024–08–26］. https://www.cas.cn/zjs/202108/t20210811_4801684.shtml.

［261］中国青年报. 胡锦涛在中央人口资源环境工作座谈会上的讲话［EB/

OL］.（2004-04-05）［2024-08-22］. https://zqb.cyol.com/content/2004-04/05/content_849960.htm.

［262］中华人民共和国文化和旅游部. 江苏现代戏淮剧《小镇》荣获十一艺节第十五届文华大奖［EB/OL］.（2016-11-03）［2024-09-05］. https://www.mct.gov.cn/whzx/qgwhxxlb/js/201611/t20161103_782426.htm.

［263］中华人民共和国国家旅游局. 旅游行业标准：LB/T 065-2017 旅游民宿基本要求与评价［S］.2017.

［264］中华人民共和国民政部，编，黄树贤，总主编，侯学元，本卷主编. 中华人民共和国政区大典 江苏省卷［M］. 北京：中国社会出版社，2014.

［265］中华人民共和国文化和旅游部. 旅游行业标准：LB/T 065-2019 旅游民宿基本要求与评价［S］. 2019.

［266］中华人民共和国文化和旅游部. 文化和旅游部关于发布旅游行业标准《旅游民宿基本要求与评价》第1号修改单的公告［EB/OL］.（2021-02-25）［2024-09-02］. https://zwgk.mct.gov.cn/zfxxgkml/hybz/202102/t20210226_921876.html.

［267］中华网. 全国高校大企业创新平台成立及项目路演活动成功举行！［EB/OL］.（2024-04-24）［2024-08-30］. https://hea.china.com/article/20240424/042024_1510275.html.

［268］中华网. 校友经济理论25周年研讨会在京顺利召开［EB/OL］.（2022-12-31）［2025-05-17］. https://hea.china.com/article/20221231/122022_1205731.html.

［269］中商情报网. 2023年中国宠物行业产业链上中下游市场分析［EB/OL］.（2023-05-18）［2025-05-17］. https://www.163.com/dy/article/I515JMP1051481OF.html.

［270］周爱明，刘全民.【奋进新征程 建功新时代】他带领10万户农民走上共富路［N］. 南京日报，2022-05-23.

［271］周飞舟. 将心比心：论中国社会学的田野调查［J］.中国社会科学，2021（12）：37-54+200.

［272］周平，刘婷，熊少波. 民族传统节庆体育与旅游产业融合发展研究——以黔东南苗族传统节庆体育为例［J］. 广州体育学院学报，2017，37（6）：50-53.

［273］周星. Ancient Villages and Old Towns in Contemporary Chinese Society［J］. 文明 21，2022（48）：15-33.

［274］周拥平. 江村七十年［J］.中国农业大学学报（社会科学版），2007（1）：38-45.

［275］朱旖旎，于洁尘，王婷婷，等. 守正创新，让传统文化融入百姓生活［N］. 南京日报，2023-06-22.

［276］宗仁. “国际慢城”在中国及其现实意义研究［J］. 现代城市研究，2011，26（9）：14-17.

［277］宗晓莲. 丽江古城民居客栈业的人类学考察［J］. 云南民族学院学报（哲学社会科学版），2002（4）：63-66.